教育部人文社会科学重点研究基地
云南大学西南边疆少数民族研究中心书系

追求美好生活：
西南边民的经济活动与文化传承实践

张锦鹏　主编

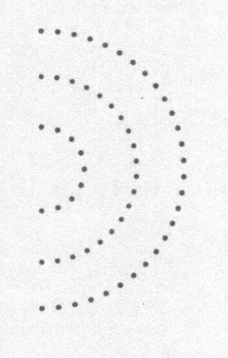

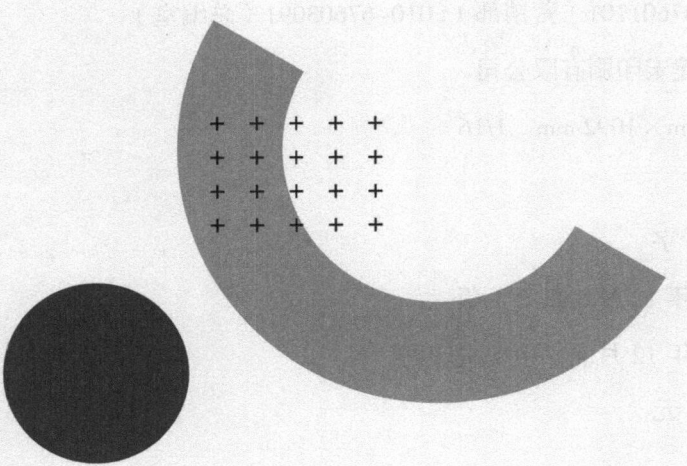

学苑出版社

图书在版编目（CIP）数据

追求美好生活：西南边民的经济活动与文化传承实践 / 张锦鹏主编 . -- 北京：学苑出版社，2024. 12.
ISBN 978-7-5077-7001-8

Ⅰ．K280.7-53

中国国家版本馆 CIP 数据核字第 2024B4A635 号

责任编辑：战葆红
出版发行：学苑出版社
社　　址：北京市丰台区南方庄 2 号院 1 号楼
邮政编码：100079
网　　址：www.book001.com
电子邮箱：xueyuanpress@163.com
联系电话：010-67601101（营销部）　010-67603091（总编室）
印　刷　厂：北京建宏印刷有限公司
开本尺寸：787 mm×1092 mm　1/16
印　　张：24.25
字　　数：300 千字
版　　次：2024 年 12 月北京第 1 版
印　　次：2024 年 12 月北京第 1 次印刷
定　　价：88.00 元

云南大学民族学与社会学研究生研究成果文库
编委会

主　编：何　明
副主编：谢寿光　　李晓斌
委　员（按姓氏笔画为序）：
　　　　马凡松　　马居里　　马翀炜　　王越平　　伍　奇
　　　　李志农　　杨绍军　　胡洪斌　　高万红　　谭同学

目 录

导论　在不断改变中追寻美好生活……张锦鹏 / 1

老虎嘴梯田土地流转与元阳哈尼农耕文化变迁……康潇艺 / 7
 引言 / 9
 一、元阳哈尼族梯田农耕生计变迁 / 18
 二、老虎嘴梯田流转的原因 / 31
 三、老虎嘴梯田土地流转的情况 / 46
 四、土地流转对社会文化的影响 / 63
 结语 / 87

跨国熟人关系与越南边民入境消费习性研究
 ——以云南省麻栗坡县茨竹坝为例……周春婵 / 91
 引言 / 93
 一、中越边境上的茨竹坝 / 100
 二、"跨国熟人关系"的成因与特征 / 118
 三、越南边民的生产性消费习性 / 127
 四、越南边民的日常生活消费习性 / 141
 五、越南边民的节俗消费习性 / 154

六、越南边民礼仪消费习性 / 165

结语 / 178

中缅边境傣族村寨的婚姻策略研究
——以云南省瑞丽市弄岛镇弄麦村为例……王　燕 / 183

引言 / 185

一、田野点概况 / 189

二、跨越边界的婚姻 / 199

三、家庭本位下傣族妇女的招赘婚姻 / 238

四、"外娶内招"的婚姻平衡策略 / 273

结论 / 284

秩序的表演
——云南省澜沧县酒井乡老达保村拉祜族扩塔节研究
……李迎莺 / 291

引言 / 293

一、拉祜族扩塔节的历史 / 296

二、拉祜族扩塔节的现状 / 304

三、扩塔节与自然的秩序 / 336

四、社会秩序的表演 / 348

结论 / 377

导论
在不断改变中追寻美好生活

张锦鹏

创造美好生活，是人类生产活动和社会生活始终追求的目标。当人类还在茹毛饮血的时代，走进洞穴点燃火堆，在这一遮风避雨的庇护所中感受到全身温暖，这是原始人的美好生活；当人类进入传统农耕时代，天天起早贪黑在土地上盘弄庄稼，秋收时节金灿灿的谷物堆满粮仓，这是传统农民的美好生活；当人类进入工业社会时代，在工厂流水线上每天辛勤工作，按时上下班，领到的工资不仅能够支撑一家人的生活，还能够买到全套家用电器，这是工人的美好生活；今天，我们身处现代化快速发展的新时代，随着物质生活的日益丰盛，高新技术的日新月异，文化生活价值观念的多元趋向，人们对美好生活的向往也日益多样化，每个人都有自己心目中的美好生活愿景，每个人都积极奔跑在追求美好生活的征途中。

党的十八大以来，中国特色社会主义进入了新时代。这是决胜全面建成小康社会，进而全面建设社会主义现代化强国的时代，是全国各族人民团结奋斗、不断创造美好生活、逐步实现全体人民共同富裕的时代。随着国家日益走向富强，人民生活水平显著提高，各族人民对美好生活的需要也日益广泛，广大人民群众希望有更多的获得感、幸福感、安全感，对"过上好日子"有了更多的期冀。

改革开放、不断创新赋予了我们新时代前进的动力，也为我们每个人追求美好生活提供了可达性。换句话说，美好生活既是一种追求的愿景，也是一种可达的现实。如何可达？关键在于改变。改变自我，去应对新的环境、去适应新的挑战，才会有新的生活向你呈现。所谓"美好生活"也是当前生活的高级化和品质化，就是改变了的生活，所以只有"改变"才能实现"可达"。

如何改变？改变传统的生计模式，按照市场需求来进行生产经营决策。在发展现代农业，促进农业经营规模化，提高农业劳动效率的目标下，很多乡村土地已经由来自现代部门的农业经营公司连片承包，土地被承包的个体农民也随之转化为半农业工人，不仅"生产什么"他们说了不算，就连"如何生产"也需要听人指挥。他们曾经掌握的农时节令、生产经验以及由此而形成的耕作文化等等，统统面临着失效危机和失传风险。这些为追求美好生活带来的变化，很多时候令他们始料不及，难以应对，反而为他们的现实生活带来诸多困惑。

本书第一个专题《老虎嘴梯田土地流转与元阳哈尼农耕文化变迁》就是这样一个个案。

元阳哈尼梯田是云南著名的旅游景点，也是中国为数不多的被联合国教科文卫组织列入世界文化遗产名录的区域。之所以被列入世界文化遗产保护名录，正是在于千百年来，哈尼族人民世世代代的梯田耕作技术、农事活动、农耕民俗所构成的哈尼梯田文化具有独特的文化传统，对哈尼族人民生产生活产生深远而持久的影响，在今天仍然以令人震撼的自然景观和文化景观鲜活保存，因而得到了联合国教科文卫组织专家的承认。老虎嘴梯田是世界遗产保护的核心区域，梯田文化的持有者显然是生活在这里的村民，耕作在这片梯田中的村民。为了更好地保护梯田景观和梯田文化的原状，元阳县动员老虎嘴村民将100多亩梯田流转给云南世博元阳哈尼梯田旅游开发有限公司，试图通过公司的统一经营，来达到保持传统梯田景观和实现"稻-鱼-鸭"生态种养模式。签订了土地流转的老虎嘴村民虽然可以通过优先受雇于公司继续在自己的梯田里生产，但是"生产什么""如何生产"的决策已经完全被剥夺，他们只能听命于公司的生产安排。过去他们掌握的农时节令和梯田维护等地方性知识已经无用武之地。更为重要的是，土地流转之后，公司为了提高效率采取小型机械化生产，降低了劳动力使用，一部分失地农民不得不进城打工，并且很难再回归到土地上了，他们曾经持有的梯田文化也面临走向式微的危险。村寨传统组织结构和社会关系，因新生产关系进入而发生变化。

为了保护哈尼族的梯田景观和梯田文化，对老虎嘴村民的梯田进行了流转经营，而结果却导致梯田文化的加速消失。这种改变，让老虎嘴的村民在生计转型和文化变迁中难以适应，美好生活并未因为这里变成了令人瞩目的"世界文化遗产"和大批游客的到来而获得，他们自己内心的不安却在失去世代赖以为生的土地中变得日趋强烈。这就是需要反思的问题，"改变"是否真正能"可达"到改变者期望的美好生活？以村民为主体来设计政策，以村民为中心来设计美好生活的目标，是人类学倡导的归旨。

追求美好生活，是人类社会的本性。中国日益增长的物质文化和不断丰富的精神文化，也强烈地吸引着与中国毗邻的境外边民，他们为了追求美好生活，也在积极地构建与中国边民的跨国熟人关系，以充分利用中国经济发展的溢出效应。

本书第二个专题《跨国熟人关系与越南边民入境消费习性研究》

就是讨论了这一主题。

熟人社会是中国传统乡村社会的基本社会关系，它根植于中国传统文化，在传统乡村社会发挥着凝聚社群关系的重要作用。作者发现，熟人社会不仅存在于同一地域有亲缘关系的社群之中，而且也存在于文化相近、地域相连的两个国家边境之间，人情、面子、信任、习惯法等熟人社会的社会规则，对跨境边民之间的社会交往同样发挥着重要作用。云南省文山壮族苗族自治州麻栗坡县茨竹坝村，因紧邻中越边境，跨境边民之间的互动十分频繁，在长期的跨国走亲戚、跨国通婚、跨界赶集等交往中，跨境熟人关系在形成、巩固、瓦解、重新组合的过程中螺旋式生成发展。与此同时，商品的跨国流动进一步带动了熟人关系的跨界而生和不断发展，特别是在市场经济快速发展过程中，市场交易形成新的拟亲属关系，这种市场熟人关系又使得跨国熟人关系进一步扩大。国家为发展边境地区社会经济发展而实施的边境旅游开发等措施，也便利和规范了中越边民的跨界交往，有利于民心相通，有利于跨国熟人关系存续和健康发展。

在跨国熟人关系支持下的越南边民，无论是生产性消费还是生活性消费，都主要依赖于中国境内的市场，茨坝村为越南边民提供了农用生产资料供给、日常生活消费和休闲娱乐消费。越南边民的节庆习俗消费和礼仪消费的习俗也与茨竹坝村民是一致的，这表明跨境熟人关系联结下的中越边民具有经济互利和文化共享的特征，这是构建人类命运共同体的基础。

婚姻是改变人的生活境况和社会环境的一种手段，良好的婚姻家庭关系也是获得幸福感的最直接源泉。

本书的第三个专题《中缅边境傣族村寨的婚姻策略研究》就是讨论中缅边境傣族村民们通过婚姻策略来追求美好生活的个案。

在《中缅边境傣族村寨的婚姻策略研究》专题中，作者以云南省德宏景颇族自治州瑞丽市弄岛镇弄麦村为田野点,讨论中缅边境跨境婚姻问题。跨境婚姻一直存在于弄岛镇傣族村民的婚姻传统中,但跨境婚姻明显地受到时代影响,村寨中不同年龄段的傣族的跨境婚姻策略就有很大的不同。近年来,因中国经济发展,少数民族村寨年轻人外出打工,人口大量流向城市,导致村寨婚姻挤压,出现了大量傣族男性娶缅甸掸族女性,留在村落的大部分傣族女性招赘汉族上门女婿的现象。跨境跨族"外娶内招"婚姻是边境村落解决适婚男女性别比例失调的基本策略。这一婚姻策略选择的原因,对于傣族男子而言,主要是缅甸媳妇低彩礼、能干活,且能找到年轻女子。嫁入中国的缅甸掸族女子则看中的是中国边境农村生活条件远远优越于缅甸,而且在中国有安定的社会环境。弄岛村傣族女子愿意招汉族男子入赘,看中的是汉族男子有家庭责任心、能吃苦会赚钱,招汉族女婿成为当地很有"面子"的一门亲事。而汉族男子愿意"远嫁"傣族村寨,也主要是内地农村找媳妇困难和高昂彩礼无法承受。

这四个群体的婚姻策略,虽然表现为追求物质利益和象征利益最大化,但每一个家庭的缔结,都有一个对未来生活的美好向往,那就是拥有一份温暖的爱,拥有一个安稳的家庭,拥有一份安定的生活和有保障的未来。中缅边境傣族村寨村民的婚姻策略,客观上创造了边境地区族群和谐,维护了边疆社会的稳定。

本书的第四个专题《秩序的表演》,主要研究了云南省普洱市澜沧拉祜族自治县老达保村拉祜族扩塔节的仪式与表演。

扩塔节,是拉祜族的传统新年,传统的节日过程包含了"扩哈""扩鲁""扩野"等不同的阶段,每个阶段都有标志性的仪式和表演,仪式和表演密不可分,无法将其用"传统"与"现代"进行区分。在以发展旅游为目的的大型扩塔节活动中,表演中贯穿着传统意义极强的仪式。具体而言，作为岁时节日的扩塔节集中表现了自然秩序，这是日常农事生活的象征化表演，以及对自然秩序的遵循。这些都是拉祜族朴素的人与自然关系的哲学思想体现。拉祜族扩塔节还集中表现了社会秩序，体现了村落权威的影响，体现了社会等级秩序，体现了拉祜族特有的"两性合一"男女平等的社会秩序。在扩塔节仪式中，老达保人围绕村寨的"年桩"所进行的一系列仪式与表演，"敬神"与"敬人"之间切换，仪式与日常生活也因此获得了有机联系。

在拉祜族扩塔节中，男人吹起芦笙跺起脚，用低沉深远的芦笙旋律和踏向大地的坚实舞步，感谢天神厄莎赐予他们美好的生活；女人们跳起摆手舞，用优美的舞蹈动作表现她们插秧、收获、采茶、种甘蔗的劳动场景，期望新的一年生产丰收，日子过得像甘蔗一样甜蜜；老人们吟唱起创世史诗《牡帕密帕》，悠远的古歌传唱着拉祜族的宇宙秩序观、自然生态观、族群社会秩序、族群价值伦理等等。对于文化持有者而言，他们按照传统依次完成仪式，从中获得文化的力量，去追求更加美好的生活。对于观光的游客而言，他们观赏民族文化表演，感受"他者"文化的魅力，以此来进一步理解"他者"文化，这也是美好生活追求的另一面。

以上四个专题，是云南大学民族学硕士研究生的毕业论文，今天我们选取这四篇优秀硕士毕业论文结集出版，试图通过他们的研究来呈现边疆各民族追求美好生活中的不同侧面。这些论文，是以较为丰富充实的田野工作为基础，以民族学人类学的理论为指导进行研究的成果。尽管他们的理论思考还很稚嫩，研究方法也需要提高，但是他们在用自己所学到的理论，积极思考民族传统文化价值，探究边疆经济社会发展路径，探讨边疆民族积极追求美好生活的方式。他们的这些努力，是值得肯定的。

老虎嘴梯田土地流转与元阳哈尼农耕文化变迁

作　　者：康潇艺
　　　　　云南大学民族学与社会学学院2016级民族学专业硕士
指导老师：马翀炜

引言

（一）研究缘起

我国实行家庭联产承包责任制以来，土地流转逐步松动，1988年我国土地流转在国家法律层面走向合法化，之后土地流转政策不断放宽，发展至今已近40年。随着农业农村经济的发展，以及农业产业化和农村劳动力转移的推进，土地流转发生主要是通过集中土地资源进行机械化生产经营来提高劳动生产率和土地效益，解决传统农业经营粗放的问题，推进农业专业化、规模化、品牌化和现代化发展。

但是，我国土地流转区域发展呈现不平衡，一些受山地高原环境限制的地区和土地市场发育度低的地区，很少有农业企业、种植大户等经营主体有意愿进行土地流转经营。面对这一困境，政府主导下的土地流转为这些地区土地流转提供了可能。2016年底，云南红河哈尼族彝族自治州元阳县攀枝花乡发展梯田旅游的世博公司（元阳）流转了老虎嘴梯田的上百亩农耕地，就是政府主导的结果。

老虎嘴梯田位于我国西南山地民族地区的攀枝花乡，其境内沟壑纵横，山形箕状，东西狭长，南北稍宽，断面呈"V"形。其最高海拔2221米（猴子寨后山），最低海拔650米（路那山），相对高差1571米。这里的梯田山势险峻，最大坡度达到75度。从其地理环境来看，公司在流转后很难进行机械化经营。再者，梯田田块细碎不规则，也很难推广机械化和规模化经营。公司流转土地后如何经营？这是本文思考的一个问题。另一个更重要的问题是，红河哈尼梯田于2013年6月22日被第37届世界文化遗产大会列入联合国教科文组织世界遗产名录后，成为我国第45处世界文化遗产。根据《元阳县红河哈尼梯田世界文化遗产管理办法》第十条"保持基本农田的范围、水稻耕种性质、视觉景观等不变，禁止任何单位和个人占用基本农田发展林果业和挖塘养鱼，禁止任何单位和个人闲置、荒芜基本农田"的规定，公司在流转了老虎嘴梯田后不得改变农地的耕种性质，仍要保持传统水田的经营。从经济效益的角度来看，公司流转土地后的盈利点将会在哪里？

经过对以上两个现实问题的初步追寻，得知老虎嘴梯田在其特殊的自然地理环境和社会条件下开展了以政府为主导、引进企业资本进行流转的"支部＋合作社＋公司＋农户"模式。在该地开发梯田旅游资源的公司通过流转梯田来经营传统特色农业产业，实施元阳县重点打造的农业生态项目规划，创建梯田旅游品牌，并打算将此流转实践作为探索保护梯田农耕文化遗产和促进梯田旅游发展的多赢路径。

本研究借鉴了土地流转、梯田旅游发展、梯田农耕文化遗产保护的相关研究，从人类学、民族学的研究视角切入，对公司流转土地后如何以耕地关系重构当地社区的内外社会关系；"支部＋合作社＋公司＋农户"的土地流转模式带来的新的经营方式——合作社的成立和运营，对当地社会结构和秩序产生的影响；企业对农耕生产的管理方式、对传统地方性知识会有什么样的影响等问题进行探讨。

另外，本研究以颇受关注的民族文化旅游发展和农耕文化遗产保护作为背景，以当地正在发生的土地流转实践为切入口，从人类学、民族学的视角，探讨在制度变迁和社会变迁过程中梯田农耕之于当地农民的角色和意义的变化，探究梯田农耕地从内部社区流转出来和外来资本进入社区后对该社区的社会结构和社会关系等产生的影响。其结论将为探索元阳梯田公司化经营对促进旅游经济发展和文化遗产保护措施是否达到双赢路径提供分析。

（二）本课题的田野研究

红河哈尼梯田既是一个地域概念，又是一个文化概念。地域上的哈尼梯田有广义和狭义之分。广义上的红河哈尼梯田泛指今天云南省境内红河哈尼族彝族自治州外（红河南岸）哀牢山南麓1000平方千米区域的元阳、绿春、金平、红河四县境内集中连片的水稻梯田，总面积约54700公顷。[1] 元阳县隶属云南省红河哈尼族彝族自治州，县城所在地为南沙镇。该县位于云南省南部、哀牢山脉南段，红河南岸，东经102°27′~103°13′、北纬22°49′~23°19′之间。地处低纬度高海拔地区，全境为山地所控，地形呈"V"形发育，具有"两山两谷三面坡，一江一河万级田"的特殊地形地貌。全县辖14个乡镇、138个村委会（社区）、1006个自然村，土地面积为2189.88平方千米。在此世居哈尼族、彝族、汉族、傣族、苗族、瑶族和壮族7个民族，民族人口占总人口的89.2%，是以哈尼族（占总人口的74%）为主的多民族聚居区，其生产、生活方式多样，具有丰富多元的民族文化。2013年6月22日，"红河哈尼梯田"[2] 被联合国教科文组织第37届世界遗产委员会列入世界文化遗产名录。哈尼梯田也被先后冠上了"国家湿地公园""全国重点文物保护单位""中国重要农业文化遗产""联合国粮农组织全球重要农业文化遗产""中国最美风景县云南十佳"等殊荣。其中元阳县是红河哈尼梯田的核心区，根据《红河哈尼梯田申报世界文化遗产》文本，红河哈尼梯田元阳核心区又有3个片区，总面积为69236亩。其中：多依树片区22405亩、坝达片区23480亩、老虎嘴片区23351亩。3个片区均位于旅

---

[1] 资料来源：云南省人民政府颁布实施的《红河哈尼梯田保护管理规划（2011—2030）》。
[2] 根据云南省人民政府颁布实施的《红河哈尼梯田保护管理规划（2011—2030）》，从地域上来讲，广义的红河哈尼梯田泛指今云南省境内红河哈尼族彝族自治州江外（红河南岸）哀牢山南麓11000平方千米区域内的元阳、绿春、金平、红河四县境内集中连片的水稻梯田，总面积约为54700公顷。

游环线上，旅游环线全程50千米，其中坝达景区至多依树景区有8千米，多依树景区至老虎嘴景区有16千米。本研究主要以老虎嘴梯田①为研究点展开。

1. 老虎嘴梯田

老虎嘴梯田在元阳县攀枝花乡境内，地处藤条江支流碧播河和垭口河两岸。距元阳县城南部50千米处，距老城街20千米处。这里海拔1200~1700米，坡度25~70度，稻作春种秋收的立体分层较明显，山脚偏热地区的稻谷收完了，山头的谷子才开始拔节抽穗。从藤条江边沿东北岸，一直延伸到半山区多沙寨脚，梯田层数多达3000余台，6900余亩，分布有勐品、洞浦等4个村委会的梯田。其中晋思公路沿线，老虎嘴下方口的勐品田坝最具特色。②

除了独具特色的勐品老虎嘴梯田外，攀枝花乡境内主要还有阿勐控梯田、保山寨螺丝田、勐弄司署遗址、勐品古彝文文化等。当地政府重点围绕"云上梯田·梦想红河"旅游品牌品，以"梯田骏马"和"勐弄司署"为亮点，以民俗文化和哈尼土司文化为依托，倾力打造哈尼梯田旅游胜地。③

2008年，元阳县引进云南世博集团参与元阳哈尼梯田旅游的合作开发并签订了合作协议，成立了云南世博元阳哈尼梯田旅游开发有限责任公司。2009年编制了《红河州元阳县旅游发展规划》《元阳哈尼梯田旅游区总体规划》等9个专项规划，完成了《元阳县多依树至勐品建设项目可行性研究报告》《景区哈尼民俗文化旅游（六个）建设项目可行性研究报告》等可研报告，投资1156万元收集景区建

---

① 老虎嘴：当地彝语称"倮尼皮"；哈尼语称"多沙点玛"，汉译为"老虎嘴"。据说，由于在这片梯田附近的悬崖上有一堵突出的石头，其形状非常像一只猛虎的嘴巴而得名。
② 云南省元阳县志编纂委员会编纂：《元阳县志》，贵阳：贵州民族出版社，1990年，第46页。
③ 资料来源：《元阳县攀枝花乡扶贫开发整乡推进试点项目补充实施方案》，2016年12月。

设用地 880 亩，支持和帮助世博元阳公司投资 1380 万元，完成了老虎嘴、多依树、坝达景区一期基础设施建设。2010 年投资 2755.36 万元的多依树至勐品旅游环线路基工程基本完成，2011 年 3 月底竣工投入使用。同年，投资 1300 万元的老虎嘴景区、多依树景区等景点建设工程竣工。

2. 老虎嘴梯田上的村寨

攀枝花乡境内最集中连片的老虎嘴梯田片区主要分布在勐品村委会和阿勐控村委会之间。其中景观梯田主要位于勐品寨脚，多数为勐品村委会（勐品村、东林寨、多沙村）所有。勐品村委会距老县城新街镇 20 千米，主要的交通道路是 214 省道。根据地势和地理位置，勐品村委会的三个自然村分布呈三角形状。勐品彝族村寨在海拔 1520 米，处于晋思公路旁。东林和多沙两个哈尼族村寨海拔分别是 1600 米、1780 米，位于晋思公路上方。勐品村委会位于东林寨脚一块背靠山的平地处，此处也是从勐品村到东林寨的一条近道。其中，以晋思公路为中心，勐品村和东林寨遥相呼应，而多沙则在山头另一面。

表 1　2016 年勐品村委会基本情况统计

村小组	民族	海拔（米）	区域面积（km²）	人口情况 户数	人口情况 人口	人口情况 劳动力	耕地面积（亩）水田	耕地面积（亩）旱田	耕地面积（亩）总计	粮食产量 人均（公斤）	粮食产量 总产量（吨）	经济收入 人均纯收入（元）	经济收入 总收入（万元）
勐品	彝族	1520	3.07	350	1710	1420	732	453	1185	304	658	6298	1128
东林	哈尼	1600	0.85	115	624	439	195	90	285	256	222	6504	691
多沙	哈尼	1780	4.15	314	1679	1402	498	467	965	262	545	6554	1013

资料来源：《攀枝花乡 2016 年基本情况统计表》，从勐品村委会提供资料整理，2017 年 2 月。

勐品①村辖1个村民小组，有农户350户，有乡村人口1710人，由少量的哈尼族与彝族插花居住，语言主要通用彝语。农民收入主要以种植、养殖、旅游为主。该村只有1个村民小组，2位村小组长（组长与副组长）组织村寨日常工作。村寨内有8间公房②、9支文艺队③和4支狮子队④，它们主要为村寨内部的红白喜事和村寨节庆服务。勐品村以农耕经济为主，兼营畜牧业。改革开放以来，农业生产不断发展，畜牧业和传统手工饰品的加工也逐步向商品经济发展，村内剩余劳动力外出务工也越来越多。2000年前后，陆续有外来游客前来观光旅游。2009年，县政府引进云南世博旅游公司前来开发梯田旅游，勐品村的旅游业和相关的餐饮业等陆续发展起来。

东林寨有1个村民小组，辖4个小组。村寨内仅有1处村民小组活动室（也为公房），但是没有文艺队以及狮子队等内部组织。同样，4个小组内凡有成员家里有红白事，该小组成员会前来活动室帮忙（主要是组建炊事班）。在集体节日和活动中（如昂玛突），炊事班任务由这4个小组每年轮流。哈尼族节日较多，东林寨主要过"昂玛突""苦扎扎""十月年"三大节，以及"合什扎"即新米节。其中，"昂玛突"意为祭寨神，是在春节过后，农历二月的第一个属马

---

① 根据本寨一位老人的介绍，"马"的哈尼语是"勐品然"。据说，该处原为哈尼土司放马的地方，故得名勐品村。也有人说，因为勐品寨脚就是呈"骏马图"的梯田，村寨与水田交织，故得名勐品村。

② 公房：将村寨内农户按照"就近原则"组织在一起，利用可供公用的土地共同出资出力修建的房屋，内设该公房农户集体所有的灶头、桌椅、碗筷等用品。不论公房所属的哪一户有红白事，所在公房的所有人家需要出人参与事情的料理（主要是炊事料理）。8处公房分别为哈尼公房（41户）、尼苏公房（46户）、中心公房（84户）、六五公房（65户）、四家姓公房（24户）、水井公房（27户）以及未命名的2家公房。

③ 文艺队：一般每处公房都有所属的一支文艺队，但是也有3处公房目前因为无排练场地等问题，暂无文艺队。村寨内于2014年就设有的村寨所有的3支文艺队（老年文艺队、中年文艺队和青年文艺队），以及后来在老虎嘴景区门口经营生意的"老虎嘴文艺队"。文艺队不仅传承传统的民族舞蹈艺术，同时也是为村寨红事活动和其他节日增加气氛和助乐。

④ 狮子队：村寨内部组织，为丧葬祭祀而舞。

日过；"苦扎扎"在每年夏历六月头一个属狗日至属鼠日过；新米节在每年夏历八月新谷上场后过；"十月年"为最盛大的节日，每年夏历十月的第一个属龙日至属马日为节期。在过这些传统民族节日的时候，山下勐品村的彝族也可以上去一起吃喝欢度。东林寨的经济发展主要依靠第一产业和外出务工。至今，村寨内有80%的劳动力在外务工。村寨的梯田，少部分在老虎嘴梯田片区，其他均在保山寨与其路段的螺丝田片区。近年来，由于世界文化遗产的标签和旅游业的开发，使得同样为梯田文化实践者的他们，有了自己文化的认识和自觉，也渴望获得更多的发展机会。

多沙村①作为勐品村委会的另一个哈尼族村寨，村寨所在海拔高于东林寨，全寨有314户1679口哈尼族人民，人口规模是东林寨的两倍多，村寨占地面积是三个村最大的。多沙村大部分田都在勐品坝子（老虎嘴梯田），从村子到田里有一条土路近道，只有当地人知道，且下雨天不太好走。其地理位置距离老虎嘴梯田较远，自梯田旅游发展以来基本没有参与到老虎嘴梯田旅游经济之中。多沙村的经济发展主要依靠第一产业和外出务工、承包工程项目、经商、运输等。多沙村只有1个村民小组，辖6个小组。村寨内仅有1处村民小组活动室，无文艺队以及狮子队等内部组织。在集体节日和活动中（如昂玛突），炊事班由这6个小组每年轮流承担。作为哈尼族，多沙与东林寨的风俗习惯相同，像"昂玛突""苦扎扎""十月年"三大节，以及"合什扎"即新米节等都基本同个时段过。

随着旅游的发展和外出务工人员的增加，人们生计方式的选择也更多样化，更多的劳动力从梯田农耕中走出来，致使一些梯田景

---

① 多沙：以人名命名。民国五年（1916年）哈尼族女青年卢梅贝率领穷苦乡亲举行了威震江内外的农民起义，受到穷苦人民的爱戴，人们亲切地称她为"多沙阿波"，故她出生的村子也就得名为多沙。同时，作为村寨名，为哈尼语，有深山平地之意。

观和生态环境都受到影响。由此，攀枝花乡决定在2014、2015两年中，每亩梯田给予农户200元补助，并召开群众动员会说服农户管好种好梯田，然而见效甚微。遂于2016年引进世博公司承包农户梯田土地流转经营权，对梯田进行开发运作管理和保护。

本研究主要以老虎嘴梯田的土地流转为主，涉及流转土地的为勐品村、多沙村村小组，涉及的村委会为勐品村委会。笔者从2016年底开始进入该田野点开展调研，本文所做论述主要以老虎嘴梯田片区的勐品村委会为主，田野调查在2017年1月到2018年8月。

（三）本研究的基本思路

本文以云南红河哈尼族彝族自治州元阳县梯田核心区的老虎嘴梯田所在地勐品村委会为个案，结合现有对土地流转、梯田旅游发展，以及梯田农耕文化遗产保护的研究，从民族学研究视野出发，抓住该民族村寨内农民是如何看待他们赖以生存的梯田，以及他们与梯田的关系变化，对民族地区在发展乡村旅游业背景下的土地（特指耕地）流转所带来的社会文化变迁和社会结构重构进行研究。

老虎嘴梯田在进入旅游市场之前，仅仅是当地人的农耕生产地，梯田稻作族群的生活、生产、文化，以及社会关系等都与梯田农耕文化传统息息相关。但是，在国家制度变迁和市场经济发展潮流中，梯田农耕不可避免地受到人口增长耕地紧张的人地矛盾影响，以及新稻作品种的培育和推广、农业劳动力的流失、农耕生态环境受破坏、国家土地政策和农村发展战略以及新的经济体（旅游经济）进入等因素的影响。这就从客观上造成哈尼梯田面临现代化发展挑战，以梯田稻作为生的实践者们不再单纯依赖农耕生产而是转向更多的"非农产业"，使得其传统农耕程序被改变和简化、农耕文化习俗得不到有效传承、哈尼梯田农耕文化处于危机境地。

但是，哈尼梯田无论是作为传统上农耕经济发展的生产要素，还是作为现在旅游经济发展的资源，以及申遗成功后作为世界文化遗产保护的对象，农耕生产的发展和梯田景观的保护都是最为基础和至关重要的，且都必须以梯田农耕文化的"活态"传承与发展为前提。

旅游公司流转农耕地的实践活动，一方面将"牵绊"在经济收益不高的梯田农耕生产活动中的一些劳动力解放出来，使村民生计方式选择更为自由和多元化，为增加农民经济收益提供了可能。另一方面，旅游公司在流转的农耕地发展与梯田旅游相关联的产业化农业，有利于促进旅游转型和助力全域旅游发展建设。但是，旅游公司在参与到梯田经营的过程中，与村寨内部村民的利益关系日益复杂。村民被动地进入流转后，经济处境处于边缘境地。公司在追求经济效益的过程中，将现代管理模式运用在梯田农耕生产中，也导致传统农耕文化进一步变迁。新的社会经济组织——农民产业合作社的进入，对村寨内部原有的社会组织结构的功能和村寨内外部的社会关系也进行了重构。

总之，老虎嘴梯田的土地流转是根据当前梯田保护和传统文化存续所面临现实问题时选择的一条创造性发展路径。但是，如果保护梯田农耕文化遗产不能以梯田农耕实践者为主体，不考虑当地哈尼族、彝族社区的农耕社会结构的变迁和传统文化调适，发展梯田旅游不能将特色农业、农耕传统文化和梯田旅游有效联结并深度结合的话，对这种政府主导、企业资本进入流转土地来保护老虎嘴梯田农耕文化遗产和促进旅游发展的路径就有必要进行深入反思和审慎探索。

一、元阳哈尼族梯田农耕生计变迁

哈尼梯田与中国西南独特的自然生态、地理环境、民族文化息息相关。虽然梯田农耕并不是属于哈尼族独有的生产方式,但是根据哈尼族史诗《哈尼阿培聪坡坡》的记载可知,梯田稻作传统是哈尼族民族历史、民族文化的核心内容。稻作精耕农业是哈尼族长期以来主要生计手段,千百年来的哈尼族定居农耕文化都紧紧围绕着梯田稻作而产生。进入现代生活以来,农耕环境发生了很大变化,现代农耕对传统农耕文化带来很大冲击。与此同时,国家土地经营制度的变迁,使元阳县哈尼族梯田耕种者对梯田的"土地观"及以梯田农耕为生计方式的选择产生了很大影响。正是这些社会、文化、制度变迁,使哈尼族的稻作经济逐渐从自我平衡中走向失衡,农耕文化面临危机。这就是老虎嘴梯田走向土地流转的背景。

（一）元阳哈尼族传统梯田农耕生产方式

1. 传统农耕生产时序

农业历法是指导农业生产实践的重要依据,是村落中所有农民行为的内在参照系。布迪厄曾对阿尔及利亚的 Kabylian 部落进行了文化人类学的研究。Kabylian 部落是一个与外界相对封闭、自给自足的农业部落,其农业生产具有周期性特征。Kabylian 人以"历法"为生产活动和各项社会功能的运行设立了"可操作的时间表",历法中的季节更迭、节庆祭祀等规定与当地人的农业生产活动和在室内的副业生产劳动规律深度交织在一起。布迪厄以此作为解密当地文化的社会结构的切入点,通过对历法的分析,发现历法不仅直接构成了农业生产、节庆等深层结构,这种结构还渗入每日的劳作安排、人口再生产，乃至食物的烹饪。①哈尼族传统的"十月太阳历"历法与之相似，哈尼族凭着长期从事梯田农耕积累了丰富的农耕生产经验，总结了一套具有实用价值的梯田农事历法，还赋予某些特别的礼仪把这些日期突出出来，久而久之演变成世俗的节日活动。②这些节日活动和祭祀活动与其农耕时节紧密相关，同时与自然物候变化密切相关，成为梯田稻作文化的核心内容。

根据《哈尼族四季生产调》或《翻年歌》来看，哈尼族农事历的基本内容和功能略似农历。根据自然物候的变化，一年分为四季，即"窝巴拉"（干季，相当于农历二、三、四月）、"惹巴拉"（雨季，相当于农历五、六、七月）、"主巴拉"（热季，相当于农历八、九、十月）、"丛巴拉"（冷季，相当于农历十一、十二、一月）。

表2 传统农耕时序的生产安排情况

四季	农历月份	劳作工序
干季（"窝巴拉"）	二	第二遍犁田、第一或第二遍耙田：疏松土壤、修补埂子、蓄水；整理秧苗田和撒谷种
	三	第三犁和第二、三耙的耕作程序、栽秧（男子负责犁耙工序、拔秧苗和运输秧苗，女子负责栽秧工序）
	四	
雨季（"惹巴拉"）	五	中耕程序：秧苗移栽25日后进行田中第一遍除杂草，秧苗打苞时进行第二遍除杂草
	六	砍除田埂草、割田埂上的青草喂牛
	七	举行驱鬼辟邪仪式：祈祷人畜避瘟疫，让田中的稻谷避虫害；准备谷船、修整田间运输稻谷的道路
热季（"主巴拉"）	八	"尝新谷"后进入收割程序
	九	梯田收割期（收割时女子负责割谷秆，男子负责脱粒）
	十	犁翻谷茬田（即犁翻头道田）
冷季（"丛巴拉"）	十一	一犁一耙的耕作工序：犁翻头道田后垒筑田埂子（打埂）、夺铲或锄头铲除埂壁上的杂草入田中、将田水灌满，再用牛耙一遍、泡田休耕
	十二	
	一	

资料来源：卢朝贵：《红河哈尼梯田农耕文化》，云南红河州元阳县内部刊物，2004年6月版。

---

① 陆祥宇：《稻作传统与哈尼梯田文化景观保护研究》，清华大学2012年硕士学位论文。
② 黄绍文：《哈尼梯田——千古不绝农耕文化大乐章》，《民族论坛》1999年第4期，第40页。

由此，按照传统农耕时序的生产安排，梯田农耕者们花费大量的时间和精力来精耕细作，年复一年的生活基本在繁忙的农耕生产劳动时序中度过。

2.传统农耕垦殖技术

（1）传统的农作物品种

据《元阳县农牧志》《元阳县志》记载，县内种植水稻134种，红米多，白米少。传统的水稻品种主要有大红谷、红小谷、白小谷、红早谷、糯谷、老粳谷、花谷、观音山谷、香谷等。传统的陆稻品种主要有蚂蚱谷、花地谷、苦聪谷、地谷糯、大白壳糯等。传统的玉米品种有黄金苞谷、早苞谷、小黄苞谷、糯苞谷等。还有苦荞、甜荞、黄豆、甘蔗、棉花等作物。[①] 但是，从1958到1983年，县内先后引进水稻新品种，以及开始实验推广杂交稻。

（2）传统的农耕程序

哈尼族传统的梯田基本耕作程序是三犁三耙，第一节的"农耕时序的生产安排表"就简单梳理了农耕程序。

具体来讲，根据不同海拔地区稻谷的收割前后的时间，一般进行一犁一耙的工序在农历九月中下旬至十月年前夕，收割完谷子便立即犁翻谷茬田（哈尼语称"相汗补"，即犁翻头道田）。犁翻谷茬田之后的工序是垒筑田埂子，将犁翻过的田中泥土用锄头抬到埂子上夯实，即打埂。用夺铲或锄头铲除埂壁上的杂草入田中，将田水灌满，再用牛耙一遍，使谷茬和杂草在水田中浸泡腐烂，增强土壤肥力。

农历二月"昂玛突"节之后，梯田进行第二遍犁田和第一或第二遍耙田，顺序还是先犁田后耙平，目的是疏松土壤，同时修补埂

---

① 云南省元阳县志编纂委员会编纂：《元阳县志》，贵阳：贵州民族出版社，1990年，第119页。

子漏水地方，保持田中一定的蓄水量。在这个时节最重要的耕作程序是整理秧苗田和撒谷种等程序。

第三犁和第二、三耙的耕作程序是在农历三月下旬至四月栽秧时节。这一遍是犁耙工序和秧苗栽插工序同时进行，目的是松土平土后好栽秧。高山地区的梯田一般耙过之后为防止泥土板结必须在当日内栽进秧苗，原则是耙好一丘田就栽好一丘田的秧苗。主要是男子负责犁耙工序、拔秧苗和运输秧苗，女子负责栽秧工序。

农历五月"莫昂纳"节之后梯田进入夏季管理的中耕程序。一般秧苗移栽 10 日左右就开始返青，大概 25 日之后进行田中第一遍除杂草，秧苗打苞时进行第二遍除杂草。农历六月"苦扎扎"节是盛夏的标志，此时下半山区梯田稻秧开始抽穗、扬花。需除田埂草，一般是割田埂上的青草喂牛。

农历七月举行驱鬼辟邪仪式，祈祷人畜避瘟疫，田中的稻谷避虫害。同时，准备谷船、修整田间运输稻谷的道路。农历八月，田野间一片金黄，哈尼族过完"尝新谷"之后，进入了紧张的收割程序。农历八月中旬至九月下旬为梯田收割期，收割时女子负责割谷秆，男子负责脱粒（脱粒的方法是拿起一把连谷稻秆，让谷穗在谷船两端的枕木上撞击脱粒，谷草摊晒在田埂上，待其晒干后收拢运回家中存放备用），最后装好脱粒稻谷后，由男子女子背、扛回家。[①]至此，完整一轮的梯田农耕程序结束。

哈尼族人传承千年的传统耕作方式，使得他们每年耕作都需要经历挖头道田、修水沟、犁、耙施肥、铲埂、修埂、造种、泡种、放水、撒种、薅草、拔秧、铲山埂、割谷、挑谷、打谷、晒谷等 20 余道工序。传统梯田农耕工序繁杂，相当耗费劳动力。

---

① 本部分内容参见卢朝贵：《红河哈尼梯田农耕文化》，云南红河州元阳县内部刊物，2004 年 6 月版。

3. 传统农耕文化习俗

（1）农耕节日与祭祀活动

由于哈尼族的月历的更替都有相应的节日祭祀活动，农事历又是以自然物候变化为基础的，所以梯田农耕活动时节也与祭祀活动密切相关。

哈尼族的梯田农业祭祀主要体现在两个重大节日：一是"苦扎扎"节；二是"昂玛突"节。"苦扎扎"是农业祭祀活动，按照哈尼族的历法节令，此时春耕栽插大忙季节已经全部结束，人们希望天神保佑禾苗成长，使粮食获得丰收。"昂玛突"节意为祭寨神或者祭地神，其中包括田地、稼禾、农事及寨神，此时哈尼族梯田农耕即将来临，"昂玛突"后即行播种。主要活动有祭献鬼神，对大地之神寄予厚望，祈求风调雨顺。"昂玛突"的第二天祭祀五谷神和举行农耕仪式，结束后就在村寨举行街心酒宴，全村寨人聚在一起讲叙历史、总结农耕经验，并向青年一代传授农耕知识。①

当然，与梯田农耕生产相关的祭祀活动还有阳春三月插秧时节到来前的"开秧门"（哈尼语称"吾主主独"），此时整个寨子充满着热烈的生产气氛。自古以来，哈尼族把"吾主主独"当作一个重要节日看待，体现了对梯田农耕活动的重视。农历四月举行的"莫昂纳"祭祀活动，主要是对犁耙和水源进行祭献，祈求水源充沛，源远流长，安抚田神看护好庄稼，祈求来年庄稼兴旺，标志着栽插季令的结束，进入夏季的梯田管理。

同时，哈尼族举办的这些与农耕息息相关的村寨性的年节活动、祭祀仪式等活动，也达到了整合村寨的社会目的。这些村寨性活动更多的是处理村民与村民之间的关系、村寨与村民之间的关系，有

---

① 王清华：《梯田文化论：哈尼族生态农业》，昆明：云南大学出版社，2011年，第210—220页。

时也需要处理本村寨与附近其他村寨之间的关系。①

（2）农耕谚语与民俗

"三犁三耙才下田，田平泥化才插秧""三年一换种，不栽白水秧""梯田精耕细作，谷子满筐满箩""泥土耙成浆，谷稻装满仓""只要勤耕耘，黄土变成金"等，这些民间谚语无不反映了哈尼族在长期梯田农耕中的精耕细作，以及以梯田稻作为主要的生计方式。

在哈尼族婚俗中，新娘过门第四天需要跟新郎一起下田，先挖三块地，再挖三块新田，婚礼仪式才算正式结束。②在哈尼族新生儿取名礼俗仪式中，村寨长老和摩批主持下，进行象征性的梯田农业劳动。由此可以看出梯田农耕在哈尼族家庭生活、生产中的重要地位。

哈尼族农事历的计算、梯田农耕的传统都是长期生产生活中延续下来的农业实践经验。同时，从农耕时间、梯田农耕祭祀和相关节日看得出，传统梯田农业生产的重要性不仅满足人们填饱肚子，这种农耕生产已成为文化根植于人们的社会生活之中。

（二）现代梯田农耕生产变迁

人类社会是建立在某种生态环境之上，经济文化特点又与生态环境之间有着重要的关联。③以梯田稻作为主要生计方式的哈尼族、彝族在长期的生产和生活实践中，根据自身的生存和发展的需要，积极适应现有的自然条件和社会发展，形成了"森林—水系—村寨—梯田"组成的复合生态系统。

---

① 马翀炜、张雨龙：《国家在场对于文化多样性的意义——中、老、泰、缅、越哈尼-阿卡人的节日考察》，《世界民族》2013年第5期，第69—77页。
② 元阳县民族事务委员会：《元阳民俗》，昆明：云南民族出版社，1990年，第21—27页。
③ 林耀华主编：《民族学通论》，北京：中央民族大学出版社，1997年，第79页。

（1）梯田农耕的自然生态环境

红河南岸的梯田主要有水田、干田、旱地、轮歇地4种，水田和旱田普遍只种一季作物。1958年政府为了增加梯田复种指数，把秋收后的雷响田犁翻后播种小麦、蚕豆、油菜等小春作物，甚至部分保水田也把田水放干种小春作物。其结果是第二年春季放水栽秧时，梯田渗漏严重，甚至田埂塌翻。保水田放干后容易产生裂缝，发生梯田垮塌等地质灾害。尤其2010年以来，西南大干旱的背景下，高山区的部分梯田也改为旱地来种植玉米、黄豆等旱地作物。其中就包括攀枝花乡的保山寨梯田和老虎嘴梯田（先后改为旱地种植玉米、黄豆的有2000多亩）。此次对老虎嘴梯田的景观造成一定的影响，比如在"骏马"的颈部、腹部等许多地方出现了斑痕，晚霞下的骏马图不再完美呈现。[①] 再者，随着人们追求更高经济利益，将涵养水源能力强的土生杂木大量砍伐，而大批种植经济林木杉木，造成森林涵养水源能力减弱，破坏了原有的生态系统，导致水源不足，无法栽种水稻，被迫梯田水改旱。最后，还因大量的青壮年外出务工，留守梯田农耕的劳动力不足，无法继续栽种水稻。

表3　2009—2014年攀枝花乡梯田水改旱面积变化

乡镇	2009年梯田面积/hm²	2014年梯田面积/hm²	改旱面积/hm²	备注
攀枝花乡	549.33	547.33	92	改旱地

资料来源：王红崧、王云月、张立阳：《农耕传统知识对哈尼梯田传统稻种多样性的影响》，《云南农业大学学报（社会科学版）》2017年第11期。

（2）农耕作物品种改变的影响

元阳梯田耕作中另一个明显变化主要表现在稻谷品种上。传统水稻的经济效益低，在市场经济条件下，一旦有了经济效益更高的

[①] 马翀炜分册主编：《中国民族地区经济社会调查报告·元阳县卷》，北京：中国社会科学出版社，2015年，第21—23页。

作物可选择时，人们就会放弃传统水稻种植，选择经济效益更高的作物来代替。

从20世纪90年代初期开始，当地政府开始引进外地品种，其中因杂交稻产量高被大面积地推广。红河州农科所也在元阳县以大粒香12号和高山早谷杂交后培育出梯田红米著名品牌"红阳3号品系"，其特点是高产、抗寒、抗稻瘟病、耐贫瘠性等，并于2000年试种中亩产达632公斤，对照老品种增产高达50%以上。

但是，对杂交水稻种植也带来了相应的问题。首先，杂交稻在施化肥的情况下才能够增产，大量使用化肥破坏了千年来哈尼培育出的有机水稻土。其次，由于杂交稻籽种必须从市场购买，经营梯田成本增加。这些成本的增加，致使一些农户宁愿选择外出务工。传统的梯田精耕细作工序逐渐被简化，梯田农耕管理观念逐渐被改变。

（三）农耕方式的变迁

关于农耕方式的变迁，主要从农耕管理、耕作技术和劳动力的投入来探讨。其中，就农耕管理而言，又可以分为梯田大田管理（包括犁田、耙田和泡田）和梯田秧苗田管理（包括秧田放水、搭田埂、施加底肥、翻耕秧田、挖排水沟、捡拾杂物等），[①] 以及水稻的播种管理（包括秧苗管理、稻田中耕管理和收割管理）。

（1）农耕管理方面

元阳哈尼梯田是一年一熟制。在传统上，梯田农耕需三犁三耙（详细内容见本部分第一小节），但现在一些村民不再在稻谷收割后就犁田、耙田，而是在要插秧之前才犁田、耙田一次。同样，费时

---

① 卢鹏：《哈尼族传统稻作及其农耕祭祀》，《农业考古》2013年第1期，第275页。

费力、辛苦烦琐的赶沟①、施绿肥的工序不少农户也不会刻意去做。传统上，梯田需人工薅草三次，但现在已减为一到两次，并且大多数村民在栽秧七八天后在田里打除草剂。② 这种在农耕管理中精简农耕工序和除草剂的使用，更是让人们节约了劳动力和劳作时间。

（2）工具和技术

为了追求时间效益和节省更多的劳动力，元阳县从 20 世纪 60 年代就开始了各种尝试和探索。比如：1958 年，试用铁制新式步犁和山地犁，因不适应山区条件未能推广；1964 至 1967 年，推广脚踏打谷机、电动打谷机，由于梯田田块较小，使用不便，以及农村缺少电，未能推广；1976 年试用水稻直播机和牵引犁，但是不适应当地条件未能推广；1978 年进行山地机耕实验，因投资过大费用过高未能坚持推广。③ 直至今天，老虎嘴梯田耕作仍然没有推广应用机械耕作，但是从 20 世纪六七十年代就开始对生产工具和运输方式上的探索和更新的追求，反映出人们试图农业提高生产率，减少劳动力投入。

（3）劳动力的投入和分配

20 世纪 80 年代推行家庭联产承包责任制后，农业生产率大大提高，全县有 30% 左右的剩余劳动力。不少农民开始从农业中分离出来，从事劳务输出，经商办店，跑运输，搞采矿，开发第二、第三产业，但是多数剩余劳动力仍无出路。20 世纪 90 年代，令人惊叹的元阳梯田景观被发现，以梯田为旅游资源开发的第三产业逐渐兴起，这里的"大门"逐渐打开，生活逐渐丰富起来。

---

① 赶沟（水冲肥）：每年雨季来临期间，枯枝、牛马粪便和农户堆积在积肥塘里或村寨专门水塘的农家肥就顺山水而下，流入山腰水沟，农户把漫山而来的肥料顺水渠疏导入各家梯田。
② 卢鹏：《哈尼族传统稻作及其农耕祭祀》，《农业考古》2013 年第 1 期，第 275 页。
③ 云南省元阳县志编纂委员会编纂：《元阳县志》，贵阳：贵州民族出版社，1990 年。

无论是"走进来"开发梯田旅游资源的外来人，还是"走出去"从事务工、经商的当地人，以及"留下来"参与当地梯田旅游发展的本地人，他们祖祖辈辈以此为生计的梯田稻作方式已成为旅游资源、文化遗产，这个转变让他们以梯田为荣，但是自给自足传统的梯田农耕生产却满足不了他们的生活需要。直至今日，元阳县剩余劳动力除了每年自发外出务工、经商、运输、投入旅游产业外，政府和地方人力资源公司还积极组织协调，多渠道输出劳动力。

（四）土地制度的变迁

土地制度对农业和农村经济发展具有重要影响。本节通过将元阳县土地制度史划分为三个历史阶段——勐弄土司时期、新中国成立以后、改革开放以后，梳理这三个阶段的土地所有制的性质和形式、国家的土地政策、劳动者和土地相结合的方式、土地经营方式变迁。

1. 土司掌权时期

勐弄司署是封建王朝在云南边疆实行"以夷制夷"统治的职权机构，对红河南岸哈尼族地区的政治经济文化军事产生过深远的影响。自清雍正十三年（1735年）至1950年，勐弄司土司治理时期历经215年。勐弄司辖187个自然村，有哈尼、彝、壮、傣、苗、瑶、汉等7个民族，3万余人。勐弄土司鼓励村民开垦梯田、兴修水利，对当地的梯田农耕影响深远。其中，勐弄司治在黄草岭时计划引水上山开垦田园；司治在哈村播时，从哈播到多沙一带开垦大片农田；1929年土司让永顺里冷水一带的老百姓沿水源地方开田；1938—1940年土司指派老百姓修建从黄兴寨后山到攀枝花旧街大丫口的水沟，并在水沟通水后进行开田工程，今蚂蚁寨、攀枝花寨脚的田都是当时开垦的。①

清末实行改土归流，部分地区封建领主经济向地主经济过渡，地主经济开始出现，但是大部分地区领土经济还不同程度地保持着，一直到中华人民共和国成立前夕。②1950年废除了土司制度，但是该地的土地仍然未曾改变私有制的属性。

2. 中华人民共和国成立以后

中华人民共和国成立之后，我国土地制度主要经历了1950—1952年土地改革时期。《中华人民共和国土地改革法》明确提出"废除地主阶级封建剥削的土地所有制，实行农民的土地所有制，借以解放农村生产力，发展农业生产，为新中国工业化开辟道路"。至此彻底废除封建土地所有制，建立农民土地所有制。1953—1957年农业合作化时期，对农业进行社会主义改造，将农民土地所有制转变为集体所有制，实行平均分配；③1958—1978年人民公社时期，个体农民土地私有制宣告结束。

元阳是边疆、山区、民族"三位一体"的农业县，由于交通闭塞，各族人民长期处于自给自足的自然经济状态。新中国成立后，于1950年废除土司制度，但是该地土地私有未改变。直至元阳县和平协商土改试点结束后，于1956年制定并实施了《红河哈尼族自治区和平协商土改条例（草案）》，使得农民获得了发展生产的基本条件，土改的胜利完成使得封建领主在政治上的统治机构也彻底摧毁。④

由于该地的土改较晚，农业合作化时间也相对开展较迟但进程

---

① 本部分内容参见皇封世袭勐弄司署内的勐弄土司展示厅中墙壁挂图《勐弄土司史话》。
② 红河哈尼族彝族自治州概况编写组：《红河哈尼族彝族自治州概况》修订本，北京：民族出版社，2008年，第75页。
③ 从农业合作化的整个过程看，采取了土地私有、共同劳动的互助组，土地入股、统一经营的初级农业生产合作社，以及土地归公、集体所有的高级农业生产合作社。
④ 红河哈尼族彝族自治州概况编写组：《红河哈尼族彝族自治州概况》修订本，北京：民族出版社，2008年，第81页。

很快。在农业合作化运动中,根据民族多而分散的特点,既强调坚持社会主义的共同原则,又要从实际出发照顾地区和民族的特点。这段时间内,发展互助组和试办合作社是比较稳当的,对民族特有的风俗习惯也特意加以照顾。但是到了1958年秋,受到"左"倾影响,错误地提出"迎接合作化高潮的到来",一刀切搞集体化、吃大锅饭,农业生产和群众生活出现了困难。①1970年在"农业学大寨"高潮中实行政治工分,大搞平均主义,挫伤了农民的生产积极性。

3. 改革开放以后

1978年11月,元阳县委派工作组到保山寨大队攀枝花三队进行包产到作业组的试点,1979年召开农业先代会鼓励大胆试验和提高农民的生产积极性。1981年7月红河州委制定《关于进一步健全和完善包产到户包交提留到户生产责任制有关问题的意见》,当年底90%以上的生产队建立了各种形式的生产责任制。1987年进一步优化双层经营新体制,稳定家庭联产承包责任制,强化合作经济组织的管理、服务职能。这种家庭经营组织形式确立了农户在农业生产经营中的主体地位,其生产方式具有灵活性。②

随着农村生产结构的调整,劳动力过剩现象也渐次出现,剩余劳动力寻求出路无形中冲击着哈尼族封闭的自然经济和古朴的传统社会之门。每到冬夏农闲期间,青壮年男子大多外出搞副业:搬运物资商品、修路、建桥,或帮其他民族建房、修沟、打坝、播种、收割等,出卖劳动力所得的收入用以添置家庭物质生活资料之不足。③1994年出台了《关于深化农村改革加快农村经济发展的若干政策》(40条),

---

① 红河哈尼族彝族自治州概况编写组:《红河哈尼族彝族自治州概况》修订本,北京:民族出版社,2008年,第84—86页。
② 红河哈尼族彝族自治州概况编写组:《红河哈尼族彝族自治州概况》修订本,北京:民族出版社,2008年,第87—89页。
③ 红河哈尼彝族自治州民族研究所编:《红河民族研究文集(第一辑)》,昆明:云南大学出版社,1991年,第56页。

1997年为进一步加快农村改革,稳定土地承包关系,建立了土地使用权流转机制。2004年开始引进龙头企业,扶持发展农业产业化经营,初步形成具有红河特色的烤烟、甘蔗、除虫菊、水果等产业。①在2006年取消农业税后,减轻了农民负担,人们的土地使用权意识也逐渐加强,村寨内部出现"代耕""寄耕"等私人流转方式。

农业我国基础但弱势的产业,2006年国家在取消农业税之后加大了对农业生产补贴的惠农政策、中央一号文件连续对"三农"问题的关注、大规模的脱贫攻坚战略,以及如今乡村振兴战略等的实施,从国家层面和地方层面都在不断探索农村土地合理流转这一重要问题。

作为稻作农耕民族而言,生活在这里的哈尼族、彝族等农耕民族创造和经营着一种独特的与当地地理环境相吻合的梯田农业模式,长期以来他们依靠自己建造的梯田为生,梯田农耕生产养育了他们,围绕梯田运行的文化系统渗透在他们生活的方方面面,梯田农耕文化也造就出了现在灿烂的民族传统文化。

但是,随着社会的发展,逐渐出现的人地矛盾、生态失衡、文化冲击、新的生计手段的谋求,使得当地人不再满足于传统农业生产所能给予的简朴物质生活,他们不再囿于这座大山中继续默默耕耘,不再一年四季围在田里精耕细作苦口粮,农民自身的"土地观"也在变化,在现代化发展中他们看到更多机会和可能,参与到更加多元的生计方式选择中。同样地,缺少充足劳动力去精耕细作"呵护"的水梯田,也不得不面临着被改旱、被荒置的命运。

---

① 红河哈尼族彝族自治州概况编写组:《红河哈尼族彝族自治州概况》修订本,北京:民族出版社,2008年,第87—91页。

二、老虎嘴梯田流转的原因

位于元阳县哈尼梯田遗产核心区的老虎嘴梯田作为世界文化遗产，其梯田文化景观和梯田文化传统必须得到有效管理和保护。但是，在社会经济快速发展背景下，因农耕技术变迁、人地矛盾出现、经济发展冲击、国家政策影响等因素，导致老虎嘴梯田文化景观破坏和梯田农耕文化流失。目前，老虎嘴梯田旅游仍然处在梯田景观旅游阶段，观赏和拍摄梯田落日①风景是最主要的旅游项目。梯田农耕社区梯田景观和梯田文化在当地旅游发展中并没有得到很好的融合，致使其梯田旅游陷入发展困境。

在这一背景下，修复老虎嘴梯田景观与振兴农耕文化成为保护梯田文化遗产和发展旅游的共同使命和努力方向。为实现这一目标，当地政府与旅游公司达成协议，通过引进企业对老虎嘴梯田进行土地流转，来修复和保护梯田景观，发展特色农业来振兴梯田农耕文化。

本章就从老虎嘴土地流转的两个原因——文化遗产保护的需要和梯田旅游发展的需要进行探析。

（一）文化遗产保护的需要

世界文化遗产是由联合国教科文组织确认的具有科学、审美、文化价值的自然景观与人类历史遗存。可将其分为自然遗产、文化遗产、自然遗产与文化遗产混合体（即双重遗产）和文化景观以及近年设立的非物质遗产等五类。哈尼梯田是为当地民族世世代代赖

---

① 哈尼梯田最让人震撼的是冬季梯田灌水，成百上千阶梯田波光粼粼像千万面镜子映射出不同的美景，因此冬季被游客和摄影爱好者认为是最佳观光旅游时期。老虎嘴梯田在发展之初就有这样的旅游宣传语——"日出多依树，日落老虎嘴"，致使老虎嘴梯田旅游更是形成了时段性，只有旅游黄金期的下午 2 点时段以后才会有游客陆续赶过去，下午 4 点至傍晚 7 点是游客高峰期。

以生存的资源,在历经1300多年之后被世人发现其震撼人心的梯田景观,从20世纪90年代末开始被当地精英意识到其物质文化价值和可贵性。哈尼梯田在当地政府、文化精英、学术界等多方努力下,历经13年漫漫申遗之路成为世界文化遗产,列入保护名录。但是,目前梯田农耕文化传承不力,梯田景观受损,与世界文化遗产的保护目标出现了差距。本节主要以哈尼梯田申遗所付出的努力和应尽的文化遗产保护责任出发,从梯田文化遗产的核心文化——农耕文化的危机对遗产的影响入手,探析老虎嘴梯田走向土地流转来保护遗产景观和文化的原因。

1. 申遗的努力和保护的责任

(1) 申遗付出的努力

哈尼梯田在地方精英、政府部门,以及学术界的多方努力之下,经过漫漫13年申遗之路才走向成功,主要从以下三个阶段可以看出申遗工作不但是一个历时长、包含内容广的项目,还是一个综合地方传统知识和全球现代知识[1]的复杂工程:

第一阶段:拉开序幕。1999年史军超研究员在云南省委、省政府主办的首届"云南建设民族文化大省研讨会"上发表《关于"建立元阳哈尼族梯田文化奇观保护与发展基地"的构想》一文,并首次提出向联合国申报世界遗产的建议;同年3月,红河州《梯田文化报》全文刊发他的申遗理念,哈尼梯田申报世界遗产一事逐渐引起关注;2001年,红河州人民政府成立红河哈尼梯田申报世界遗产工作专家组,并成立申遗协调领导小组办公室,启动申遗工作。[2]

第二阶段:提上议程。2002年云南省建设厅申请将红河哈尼梯

---

[1] 范可:《"申遗":传统与地方的全球化再现》,《广西民族大学学报(哲学社会科学版)》2008年第5期,第46—52页。
[2] 参见屈册、金钰涵、张朝枝:《哈尼梯田"申遗"过程与旅游发展中的权力实践》,《广西民族大学学报(哲学社会科学版)》2018年第3期,第65—66页。

田列入中国申报世界遗产预备名单，2006年哈尼梯田再次入选中国世界文化遗产预备名单，2007年红河州哈尼梯田管理局和元阳县梯田管理局正式获批成立，进行遗产资源普查、传统村落整治，撰写申遗文本。同年，国家林业局正式批准哈尼梯田为"红河哈尼梯田湿地公园"。

第三阶段：成功申遗。2008年世博元阳旅游公司观景台建设项目由于与周围环境不和谐，被红河州梯田管理局以破坏遗产价值，阻碍申遗进程为由予以制止。2009年云南省政府领导率队到国家文物局汇报申遗筹备工作。2010年云南省政府成立哈尼梯田申报世界文化遗产领导小组。2012年经国务院批准，"红河哈尼梯田文化景观"被确定为中国2013年世界文化遗产提名项目。同年，经云南省、红河州批准和审议通过，红河州正式颁布实施《云南省红河哈尼族彝族自治州哈尼梯田保护管理条例》，使梯田保护管理提升至法律层面，成为后来梯田保护管理实践的重要法律依据，哈尼梯田景观保护和环境整治工作也基本结束，国家文物局相关领导对哈尼梯田进行实地考察、国际古遗址理事会委派工作人员对哈尼梯田进行实地考察评估。2013年6月22日，红河哈尼梯田文化景观在第37届世界遗产大会上通过审议，正式列入世界遗产名录。

（2）文化遗产保护的责任

因为申遗工作的开展和它最终的成功，使得哈尼梯田被更多、更广泛的人群认识，由此也为当地旅游业的发展带来更强的推动力。然而，申遗的成功并不是结束，恰恰只是对梯田保护管理工作的开始。

根据《世界遗产公约》，哈尼梯田申报世界文化遗产后，为达到长期有效的管理，及时成立了哈尼梯田遗产管理机构，制定了相应的管理规划，对世界文化遗产哈尼梯田进行保护管理。

笔者在初次进入田野点就拜访了位于哈尼小镇的元阳梯田管委

会，在对办公室 Y 主任的访谈中具体了解了梯田管委会的职责和具体工作。《红河哈尼族彝族自治州哈尼梯田保护管理条例》第二十三条规定："利用哈尼梯田资源从事经营、旅游或者其他活动的单位和个人应当依法缴纳相关费用。自治州以及元阳县、红河县、绿春县、金平县人民政府应当从收取的相关费用中划出一定比例用于补偿哈尼梯田重点保护区内种植水稻的梯田承包权人。具体补偿办法由自治州人民政府制定。"《元阳县红河哈尼梯田世界文化遗产管理办法》第十条规定："保持基本农田的范围、水稻耕种性质、视觉景观等不变，禁止任何单位和个人占用基本农田发展林果业和挖塘养鱼，禁止任何单位和个人闲置、荒芜基本农田。"Y 主任介绍梯田管理规定时，向笔者进一步明确了"梯田放荒两年的话，政府要收回"的基本农田保护条例，所以得出"农民还是耕种梯田的，只是不得破坏梯田原有的景观，如将水田耕作旱田是严格禁止的"结论。

所以，目前主要的保护责任在于如何根据遗产特点进行"活态"保护，如何建立多方参与的系统性保护机制。

2. 传统梯田农耕的危机对文化遗产的影响

哈尼梯田不仅是世界文化遗产，还是全球重要的农业文化遗产，作为遗产其核心的价值来源与要素是梯田农耕（稻作）生产。梯田农耕传统危机对遗产价值最直接的影响就是梯田出现撂荒、水改旱后的文化景观受损。

梯田不仅是哈尼族经济的载体，还是文化的载体。从总体上看，哈尼族的文化由两部分组成：一是迁徙历史文化；二是定居梯田农业文化。它的文化传承主要又有"示范身教"和"口耳相传"两种方式。这些示范性活动具有极强的文化传承效果。如：开秧门祭祀活动，是伴随着德高望重的咪咕等老一辈人主持下进行的象征性的农业祭祀活动，这些象征性的劳动仪式的社会示范作用和文化传承功能是毋庸置疑的。①另外，在长期的"示范身教"和"口耳相传"的文化传承过程中，哈尼族社会中形成了一个摩批文化阶层。

由于哈尼族文化中的各种祭祀活动，特别是公共祭祀活动均有明确的农耕生产指向。摩批等村寨的文化阶层通过记述系统的农业实践知识，主要通过祭祀活动向村民传播。但是，随着稻作耕作传统衰微后，与梯田农耕紧密相关的祭祀节庆就受到了威胁。以勐品的农耕祭祀节庆为例，其传统式微主要体现在两个方面：一是祭祀阶层地位的下降；二是祭祀活动从简，并且与日常生活逐渐脱离。勐品村有两位"咪咕"和一位"摩批"，两位"咪咕"除了在传统祭祀、节庆活动中出现，在日常生活和生产中的存在感和影响力几乎没有。

根据对摩批的访谈了解到，他本人17岁时就开始跟随前辈学习，现在已经快70岁了。让他很忧虑的是，他自己的两个儿子如今都在外面务工，不是很有兴趣学习继承，他最后还是让在蒙自打工的大儿子每逢种田、收谷子，以及过节的时候就回家跟随他学习，然而彝文学习很难，学习的内容庞杂，需要静下心来花时间去学习，而且要想成为真正的被认可的摩批几乎要耗尽毕生的精力。加之，现在摩批的社会地位也不比从前，那些农耕生产的祭祀活动也简化了，摩批的社会角色日益弱化。对年轻人而言，他们对那些祭祀仪式意义了解不多，只是对"咪嘎豪"这种大的传统节日有所了解，也演化成每年过年回家来参加一次的欢腾庆祝节日。那些几乎包括了所有的传统知识——梯田农业知识、节庆、生活风俗、物候历法、伦理道德等的古规古训，也鲜被新的一代人流传学习。

但是，哈尼梯田毕竟不是园林景观，它的观赏性不是本质属性，生存的必要性才是其本质。创造哈尼梯田稻作农业的世居民族，既

---

① 王清华：《梯田文化论：哈尼族生态农业》，昆明：云南大学出版社，2011年，第286—287页。

是传统水稻梯田系统的维护者，又是梯田遗产价值（正面或者负面）演进变化的原始动力。对传统价值观的认同是遗产价值延续的认识基础，如果他们失去了与传统农耕相关的知识、信仰和习俗礼仪，他们就无法成为时代变迁中的梯田的维护者。

（二）梯田旅游发展的需要

自元阳哈尼梯田逐渐走入外界的视野，元阳县以梯田旅游为主的第三产业就崭露头角，为当地经济发展带来新希望。2008年开始正式引进云南世博集团合作开发旅游资源，规划系列建设项目，更是让梯田旅游发展走向快速发展的道路，同时也为当地的经济、社会发展带来了诸多积极影响。然而，老虎嘴梯田在一时的发展历程中陷入发展困境。本节主要以梯田旅游进入后从老虎嘴梯田旅游目前发展的瓶颈与困境的分析入手，探析旅游公司为什么要以土地流转来促进梯田旅游发展的原因。

1. 梯田旅游带来的发展和机遇

（1）地方产业结构变化和产值贡献

根据元阳县国民经济社会发展统计提要的数据来看，在21世纪初期，元阳县第三产业的比重就达到了32%，随着元阳县委政府对做强旅游业发展战略和推进旅游业为主的第三产业发展计划的重视，到2005年以后，第三产业的发展就超过了第一产业，成为元阳县产业结构中所占比重最大的产业。[1] 如今，元阳县第三产业的产值将近占地区总产值的一半。而第三产业最主要就是以旅游为主导发展起来的相关服务业，包括各类住宿、餐饮、旅游纪念品销售，以及"梯田红米"系列产品销售。

---

[1] 马翀炜主编：《中国民族地区经济社会调查报告·元阳县卷》，北京：中国社会科学出版社，2015年，第46页。

表4 2013—2017年元阳县三大产业产值统计　单位：亿元

	2013年	2014年	2015年	2016年	2017年
地区生产总值	32.6	37.44	41.66	44.97	50.13
第一产业	10.5	12.04	12.56	13.09	13.57
第二产业	9.9	11.17	13	13.76	15.72
第三产业	12.2	14.23	16.1	18.12	20.84

资料来源：根据历年政府工作报告整理。

元阳县旅游业的发展是起源于哈尼梯田被外界发现。20世纪80年代，一些摄影师的镜头将元阳哈尼梯田推向世界，很多摄影爱好者和旅游观光者慕名而来（自由行）。进入21世纪，更多的人知晓了这个"世外桃源"，来此处旅游的游客越来越多，元阳的旅游经济也很快发展起来。2001年到元阳的游客8.21万人，旅游收入为0.41亿元。到2013年哈尼梯田申遗成功后，游客人数突破百万人次，因哈尼梯田旅游带来的综合收入达到12.8亿元。2017年，前往元阳旅游的游客高达292万人次，为当地创下39.36亿元的旅游综合收入。哈尼梯田的知名度和影响力也因为旅游的发展与日俱增。

表5 2013—2017年元阳县旅游人数、旅游收入贡献值

	2013年	2014年	2015年	2016年	2017年
接待旅游总人次（万人）	100（突破）	125.3	156.5	220.6	292
旅游综合收入（亿元）	12.8	17.6	19.88	30.28	39.36

资料来源：根据历年政府工作报告整理。

（2）人口结构的分化

在旅游开发之前，该少数民族村寨基本属于单纯的农业社区，绝大多数劳动力主要从事农耕生产和家畜养殖的第一产业，当然也

有外出务工从事非农产业的人员。但是，伴随着旅游区的开发和建设，该少数民族村寨的人口职业构成发生了变化。主要体现为非农产业的劳动力进一步增加，变化最明显的是妇女从农业劳动中脱离出来，她们开始经营旅游工艺品、旅游的食宿接待服务、摆卖农副产品等，旅游给社区居民带来了一些直接的就业机会，该村寨经济结构也从传统的农业转变为以农业和非农业共存。许多人的生计方式脱离了土地，但是他们仍然生活在农村，形成"离土不离乡"的生活方式。①

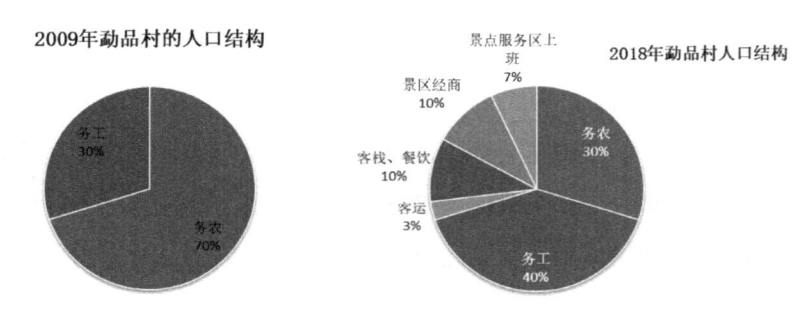

图1 勐品村人口结构变化

数据来源：作者根据田野调查资料绘制。

（3）基础设施的建设和生活环境的改善

在梯田旅游发展之初，元阳县编制完成了《元阳县旅游发展总体规划》等九个旅游专项规划，完成了老虎嘴、多依树、坝达景区景点、箐口游客服务中心、"一镇六村"民族特色村、梯田小镇改造等设施建设。②2008—2014年在老虎嘴梯田景点投入978万元用于景点钢结构观景长廊建设、休憩游路、上下观景平台、旅游公厕、商铺、

---

① 周大鸣主编，秦红增副主编：《文化人类学概论》，广州：中山大学出版社，2009年，第377—378页。
② 马翀炜主编：《中国民族地区经济社会调查报告·元阳县卷》，北京：中国社会科学出版社，2015年，第47页。

电力系统、环境绿化建设等。并在旅游环线上打造特色村寨，配合政府有关部门通过村容村貌整治、改善脏乱差等环境问题，投入资金修护建设村庄房屋和道路。

（4）社会交往的扩大和思想观念的转变

哈尼梯田也逐渐成为当地的一张地理名片，向外界展示着自己的独特魅力。国内外的游客为当地带来了经济收入的同时，还带来了更多新奇的事物、多元文化和现代观念，也扩大了当地人们的社会交往活动范围。

以我刚刚入住该村寨的一家客栈后与客栈女主人初次见面后的事件为例，客栈女主人主动拿出手机说："我们留个电话，加个微信吧，你有事可以直接跟我说，我婆婆他们的话你听不懂的。等你下次再来提前跟我说，我还给你留这间房。"在她添加我的备注的时候我发现她给我备注了"客人—××+时间"，微信联系人里出来了好多这样类似备注的联系方式，而且好友人数多达好几百。我开玩笑地说她的社交圈真大，朋友圈如此丰富。她告诉我都是来这里旅游，她去帮忙背包、带路，以及来她家食宿的客人，碰到这些人她能要到联系方式的都会要下，说不定他们下次还会来就可以直接找她，也说不定可以帮她推广一下。我不禁感叹她太会做生意，脑子太活了，她不好意思地笑笑告诉我是曾经来她这里住宿游玩的一个游客姐姐传授给她的。她现在有时间和精力还会在微信里和一些关系好的客人互动，她还告诉我，她手机通讯录里还有一些客运司机、旅行社的联系方式呢。现在寨子里的客栈、餐馆又多了几家，老虎嘴景区这边的生意没有多依树那边的好，如果不这样想办法怎么在景区做生意赚钱，怎么和寨子里其他客栈、餐馆竞争呢？自客栈经营以来两年多时间，这位客栈女主人（嫁过来的文山汉族）也经常穿着彝族妇女服装和寨子里其他开客栈、餐馆的彝族妇女去路口招揽客人，也会经常约着下午一起去景区门口守着给游客和摄影爱好者背包（上下一趟50元）。

由此可见，村民的社会交往观念更加开放，社会关系和社会网络得以拓展。对市场的把握、对游客需求的了解、对外界信息的掌握等都是村寨经营者们不断学习获得的。

发展的最直接的原因来自两个方面：一是生产力水平的提高；二是人的社会交往活动范围的扩大。生产力水平的提高的直接结果，就是人们能更有效地从自然界获得更多的可供支配的物质产品，这是最起码的个体生存和种族延续的保障；社会交往活动范围的扩大的直接结果，就是多种生活方式的选择机会。[1]正是梯田旅游的发展，形形色色的游客往来此处，给当地人带来了更多更好的发展点子和机会。当地人的社交范围和社会关系也不仅仅限于寨子里而是不断向外扩展，在之前的梯田农耕社会中，村寨人之间换工协作的关系也因寨子里客栈、餐饮、销售等发展，变成了暗地里和明面上的竞争关系。

2. 老虎嘴梯田旅游面临的困境

（1）客栈、餐饮服务业情况

2017年1月笔者第一次到田野点拜访过乡镇府的CY副书记后，经他引荐认识了勐品村的MXL，他在老虎嘴梯田景区售票厅工作，负责检票登记每日游客量，以及日常景区的卫生环境检查、游客安全巡视工作，同时他也是在这次土地流转中公司委派具体跟进挖田用工监督的工作人员。在得知笔者到此处还没有落脚的地方，他很热心地推荐了一家叫"梯田人家"的客栈，后来才得知MXL和这家客栈的主人是亲戚。

那家客栈位置不是很好，它离景区还有好长一段路。如果不是

---

[1] 马翀炜、陈庆德：《民族文化资本化》，北京：人民出版社，2004年，第45页。

门口挂了客栈招牌的话,看不出来是客栈。这栋房子两层高,一楼正对马路开着门的是堂屋,也是他们家的客厅,客厅右耳边套着一间卧室就是主人张大哥和妻子、小女儿的卧室。客厅出来左手边的一间是厨房,拐角有个楼梯上去就是二楼,共有6间客房。二楼的客房会在寒暑假家里人多的时候自家人住。二楼客房走廊里摆着一组沙发和一张大理石桌子,上面堆着一些客房的床单被套和自家的衣物。6间客房里只有两间为单间,且空间紧促,设施简单,其余4间均为标间,标间在旅游黄金期的价格也会比单间高很多。平时的话(尤其是淡季)单间一般50元一天,标间70元一天。简单从客栈的外观设计和装修,以及客栈内的基础设施等条件看,品质和舒适度一般,只适合中低端旅游消费。据了解,老虎嘴梯田景区的14家客栈的条件基本差不多,只是有的客栈装修比较新。但是基本设施差不多,且为家庭式混合客栈。

在笔者调研期间与客栈女主人交流中得知,她老公是苦笋寨那边的人,是20世纪80年代兄弟分家从那里迁过来落户此处的,这座房子是她老公在外面跑活打工赚钱盖起来的,已经四五年了。当时盖房子的时候本来打算自家住,结果看到寨子里已经有人家盖了好多房间在旅游旺季给游客住,所以他们就在二楼盖了六七间当客房。寨子里的十几家客栈都是本寨人经营的,也都是依着在寨子上方马路边的优势,寨子里和寨子下面的人家就没有这么好的机会了。但是这些客栈有的是他们这种形式,有的一整栋两三层都设成客房,主人家基本都是住在一楼的一两间房里,一楼客厅摆几张大餐桌还可以设成餐馆,厨房就是他们家用的,主要就是自家人做,包括打扫客房卫生也不太会请工帮忙,如果旺季实在太忙的话会有亲戚过来帮忙做一点。床单被套这些也是伙着自己家的衣物被套在一台洗衣机洗了,也没必要和渠道送去专门的保洁单位洗。因为平时来这里住宿的人不多，基本都是去新街、多依树景区附近住宿，所以那时的住宿费也就五六十元一晚。村里开客栈的媳妇都要去马路上追车拉游客停车住宿，或者去景区门口拉游客，如帮带路、背包，顺便拉客人到自家客栈住宿。旅游旺季的话，在这里看完日落赶不到多依树那边住宿或者在多依树那边没有预定到住宿的就住在他们这里，只有那时候村里的客栈都是住满的，一晚上一间可以收两三百元。不过，大姐告诉我，因为她家在旅游公司有点关系，过完年后家里的客房将长期租给公司建停车场的工人了，所以她不用去路口追车。来她家住的不是亲戚朋友熟人介绍来的，就是过路看到她家牌子进来的。那些追车拉客人去住宿的大多都是年轻媳妇，她们整天围在一起能追会说，能抢生意。

截至 2018 年 8 月，老虎嘴梯田景区共有客栈和餐馆 14 家，均为本寨农户经营，老虎嘴梯田景区除了下观景台处有一家咖啡屋是腾冲人士经营的，基本没有外来资本进入开发客栈和餐饮。而且，只是寨子上方沿着晋思公路边的人家才有这样好的位置和条件经营客栈和餐馆。客栈和餐馆的经营管理统统都是主人家亲力亲为，没有雇工，最多就是亲戚朋友在旅游黄金期过来帮忙。

寨子里的小卖部有 7 处，沿着公路的有 3 处，寨子里有 4 处，景区服务区有摊位卖烧烤米线的格子铺，也有零售饮品之类的，但是商品不齐全，食品安全卫生保障性也不强。笔者曾在景区碰到过几位法国游客围着服务区到处找便利店和超市，上前询问得知，他们想买咖啡，但是景点服务区的摊位都没有卖的，景区做生意的当地人也听不懂他们的需求，只是一味地推荐他们吃烤豆腐和米线。

长期在景区门口追游客的本寨开客栈的一些妇女之间既有竞争也有合作。比如，在淡季时大家都会各顾各的生意，有时甚至会出现抢客人现象。在旺季时关系好的客栈经营者会将满客后的客人介绍给对方，也有单纯经营餐饮和单纯经营客栈住宿的经营者搭帮合作，彼此介绍或安排客人。

正是在景区的住宿经历、参与观察，以及从客栈大姐口中简单了解的老虎嘴景区旅游服务业和相关产业发展的情况，给笔者最直观的感受是，老虎嘴梯田景区旅游资源开发模式单一，不是整个寨子的人都能够有机会和条件参与到旅游发展中得益。那些参与到旅游发展相关服务业的，如客栈经营、餐饮经营、小卖部零售等的经营主体又没有良好的经营能力和规范的经营模式，而且，没有外来资本进来参与经营竞争，使得本村的市场经营活力不足、品质不高，没有很强的学习意识来提升和改进服务。所以，也无法为每年到此景区旅游的中外游客提供良好的旅游体验，反过来也会影响游客在此景区的消费情况。

（2）停车场问题

勐品村沿晋思公路下的坡地顺势而建，它所处的地理位置使得整个寨子空间紧促，人多地狭，公共空间并不充足。沿着寨门马路口进入村寨，只有三个广场。一处是中心公房处一块小广场；一处是勐品村小组委员会门口的广场；还有一处是接近寨脚的四家姓公房门口的广场，但是该处广场空间较小，无法停车。村寨内的广场主要给本寨人家停车。另外，在老虎嘴景点服务区有一处广场，但是该广场主要摆摊设点卖小吃、小商品、旅游纪念品、水果等。倒是沿晋思公路两边有些空地，包括马路边农户家门口空地作为临时停车点。除此之外，目前在景区没有专门的停车场供游客停车。因为停车场基础设施的不完善，在旅游旺季会给游客造成停车不便，甚至无处停车的困扰，更是导致旺季游客量高峰期，下午往返老虎嘴梯田景点游客和车辆堵塞的直接原因。

也正是因为停车场空间不足，每逢旅游旺季在老虎嘴梯田景区有一个特别的现象，就是马路两边有自家空地的妇女就会在车位紧张的时候成群结队去追游客的车。如果自己家有开客栈或餐馆的就以此为条件拉拢客人去自家住宿和吃饭。如果自家没有客栈或餐馆的，就单纯收停车费。2018年春节时期，老虎嘴零散停车位收费是20~30元一处。在此处单独交停车费的行为让很多游客不满，虽然"游客中心"可以投诉，但是投诉基本无果。

（3）独自热闹的文艺表演

2014年勐品村成立了村寨所属的3支文艺队（老年文艺队、中年文艺队和青年文艺队），之后在村内每处公房的基础上又各自组建起公房所属的文艺队（3处公房因场地空缺而未成立），以及后来在老虎嘴景区门口经营生意的"老虎嘴文艺队"。勐品村的文艺队成为有别于附近几个哈尼族村寨的特色队，其组建方式是在社区内部自发组织起来的，并不是政府的要求，也无旅游公司的关系。文艺队主要是传承传统的民族舞蹈艺术，同时也为村寨红事活动和其他节日增加气氛和助乐。而文艺队舞蹈编排和选曲工作也是由本寨的两位老师业余时间自愿承担起来。寨子里的文艺队活动最多的是过年前后，务工上学的人员回寨后婚嫁高峰期，办事情的男女双方家都要付钱请文艺队去跳舞助兴，增加欢乐喜庆的氛围。如果办事的人家正好是文艺队成员，整支文艺队可以免费去表演，相当于帮忙。可见，文艺队组织也为队内的成员间相互协助找到归属。近几年，由于勐品村的文艺队比较多而且也挺活跃，所以附近有些寨子有喜事需请文艺队的话也会来联系请她们去表演，一般事主家要包车来接或者她们自己找车后事主家报销，表演一天差不多600元左右。有的文艺队会集中放一起作为共用资金，有的会当时平摊给个人。

整个寨子的文艺队聚在一起活动就只有每年过"咪嘎豪"时组织的"传统民族祭龙活动文艺表演"，那时候整个寨子的文艺队会在村小组委员会活动广场比舞，为节日添加热闹的气氛。全村老小都会去观看，文艺活动毕，正好就是长街宴。但是，这种文艺活动是村民自发组织起来，只是为了给传统节日添气氛，也是一年辛苦忙碌后大家聚在一起热闹的自发行为，并没有和当地的梯田旅游产生联系。

行为主体在做出选择时都有各自的考量和内在行动逻辑，其实践都有自身的意义价值。对于主导此次土地流转的当地政府，一则有管理和保护世界文化遗产的责任，二则有推动当地产业发展、促进当地社会经济发展、提高当地农民的生活水平等责任。当地在没有第二产业支撑的情况下，如何发展好第一产业和利用好第三产业是主要考虑的突破点。结合当地围绕梯田农耕生产的第一产业，和借助梯田发展旅游的第三产业的发展现状，抓住梯田核心要素，明确多方发展的共同利益联结点，试图探索引进旅游公司的资金进行流转梯田农耕地来达到保护梯田景观和推动旅游发展的方法。

对于在该地开发利用梯田旅游资源的旅游公司而言，他们首先是对梯田景观的开发利用，其次是考虑结合当地文化深入开发和进一步拓宽旅游发展深度。其最终的目的是取得经济效益，保证旅游公司的发展。如今面对开发旅游资源地梯田景观的受损，影响到了游客和摄影爱好者在该景点的旅游体验度，也直接影响着该景点的旅游发展和经济收益。再次，依据老虎嘴梯田景区目前的发展困境——旅游景区停车场、游客休息区等基础设施建设有待完善、景区内客栈住宿、餐馆饮食经营和旅游商品销售均为本民族村寨人经营，缺乏外部竞争和活力，服务尚不规范，水平有待提高。针对该景区的旅游发展模式单一问题，公司也力图改善发展状况、寻求拓展旅游深度的途径。在这种情况下，公司愿意借助政府的发展政策，投入资金流转土地。

三、老虎嘴梯田土地流转的情况

前两部分从梯田农耕生计方式模式及变迁呈现了老虎嘴梯田农耕文化走向危机的现实，也从世界文化遗产的殊荣和旅游发展的现状出发探析了促成土地流转的地方性原因。如今当地政府借助国家振兴乡村建设、鼓励土地流转的相关政策，进一步引入旅游企业的资本介入农耕土地的生产中，试图让资本在保护当地农耕文化和促进梯田旅游发展中发挥重要作用。

（一）土地流转的规划和模式

1. 流转的规划

（1）流转对象

老虎嘴梯田片区土地流转主要涉及勐品村委会的两个村民小组：勐品村小组和多沙村小组。第一轮流转（2017—2026）面积总计250亩，涉及农户160户。笔者以老虎嘴片区的梯田和村寨（梯田耕种者）为对象，在调研走访中对旅游公司在本次流转中选择的流转对象进行了分析。

首先，老虎嘴梯田老虎嘴片区位于元阳县文化遗产区南部，属阿勐控河和戈它河流域。梯田总面积23351亩（1481公顷），田块最大面积2000平方米，最高海拔1996米，最低海拔603米，海拔落差1393米，最集中的分布区是勐品、阿勐控、保山寨等村寨。该片区山高谷深地势陡峭，梯田建设在沿箐谷由东向西排列的陡峭谷地。由此，可以看出老虎嘴梯田文化遗产区不仅仅是勐品片区被旅游公司修建观景台的那一片广为游客和摄影爱好者熟知的"奔马"梯田。但是本次旅游公司流转的梯田主要就集中在勐品片区观景台处可见的区域，比如"马头""马腹部"等位置。

其次，老虎嘴梯田上的实践者。包括勐品村委会（辖3个村小组）、阿勐控村委会（辖4个村小组）、保山寨村委会（辖9个村小组）等。但是，涉及本次流转的村寨只有勐品村委会的勐品村小组（彝族）和多沙村小组（哈尼族）。其中勐品村小组流转43亩，多沙村小组流转117亩。根据2017年初对勐品村委会基本情况统计，勐品村小组有350户，种植水田732亩、旱田453亩，总计1185亩。多沙村小组有314户，种植水田498亩、旱田567亩，总计1065亩。作为整个村委会户数最多，耕地最多的勐品村委会仅流转了水田43亩，而多沙村小组流转出去的水田占总水田面积的四分之一。

社会学领域中詹姆斯·C.斯科特就"面对土地流转时，农户最为关注的是什么？"问题，提出了农民道义经济理论并做出解释：农民选择土地流转对象时追求的是较低的风险及较高的生存保障，而非一味追求地租等经济收益最大化。[①] 笔者在调研期间，为了解流转土地与没有流转土地的村民的选择原因时，分别去了勐品村委会的三个自然村，现以三个典型的访谈呈现村民的流转意愿：

个案一：我家田的位置不是很好（指：在观景台看不到，不属于景观田），他们（村委会的相关负责人）也没来动员我们流转，就算让流转，我们也不愿意流转给公司。他们流转就要签合同，一签就是几十年，谁知道他们流转去怎么种，万一十年二十年后把我家田给种废掉了，我去找谁？而且，我们家的田本来就不多，主要就是种种自家吃，他们那个租金一年500元，不划算。我们自己开客栈，常年都在家里，不用外出，所以顾得过来，我叔叔家的那点田我们都在帮着打理呢！我们自己种的话，还可以种些菜、养一些梯田鱼，

---

① [美]斯科特：《农民的道义经济学：东南亚的反叛与生存》，程立显、刘建译，南京：译林出版社，2013年。

田里还可以赶自己家的鸭子。这样也正好照应到我们家客栈、餐馆的生意。①

个案二：我爸妈很早前就在个旧打工了，我家本来好多年就不指靠下面那点田吃饭了，梯田旅游也挨不到我们村里，守着那点田也不划算，所以这次就流转给公司了。2013年我大学毕业去了南方电网（个旧）工作，就在那里买了房，我老婆在县城（南沙）发改局上班，我们在南沙也有房。我爸妈现在随着我住，帮忙带孩子，就更没办法回来经营那点田了。我们家的几小块田就给我大伯家种了，只要他们把田给我们守好，我们也没要过租金和谷子。后来我大伯他们也要出去打工，他们家的田也给村里其他人耕种，那家人要流转土地给公司，那就我家、大伯家的田地只好也一起流转了。公司说要流转，每亩500元，我爸妈决定流转给公司，就不用操心了。②

案例三：我们家的田不在老虎嘴，在沿着去乡政府路上的螺丝田那一块，有几小块。我在昆明、个旧跑着打工做活，已经好几年没种了，但是我老父亲今年68岁，身体还可以，就算不流转，自家也种得了，再说我大哥家也会帮忙种。③

从以上三个访谈案例以及笔者在村寨内部参与观察和访谈到的其他案例中得出，被流转出去的梯田，绝大多数都是因为农户家里没有足够的劳动力耕种。他们有些是夫妻二人常年在外地务工，无暇顾及农耕生产；有些是从事了非农行业移居城镇；有些是年纪大了或者身体抱恙无法投入农耕生产中；有些是在个旧、新街、南沙等周边地区半工半耕的家庭，他们更愿意将土地暂寄在守在村里务

---

① 个案一：报道人 CJ（男，1989 年生），访谈时间：2017 年 8 月 5 日，访谈地点：勐品村。
② 个案二：报道人 LJK（男，1983 年生），访谈时间：2017 年 8 月 12 日，访谈地点：多沙村。
③ 个案三：报道人 LXZ（男，1973 年生），访谈时间：2017 年 8 月 5 日，访谈地点：东林寨。

农的亲戚家或者同村关系好的人家种植，帮忙管护好水田即可。但是，这些暂时脱离农耕的人在政府和公司要促成土地流转中更容易被说服流转。相反在老虎嘴景区的勐品村小组，由于旅游而带动的客栈、餐馆、小商铺（摊位）、客运（私人面包车载客）等服务行业的发展，他们更愿意守在村寨，一边借助旅游做生意，一边种水稻、玉米、豌豆等来继续经营梯田农耕，所以他们流转土地的意愿和可能就很小。

而且，当地村民在本次土地流转中只考虑自己家的耕地有没有能力自己经营、是选择流转给公司还是继续"寄耕"给村寨内的熟人，并没有关注到政府和旅游公司流转土地后发展什么，也不会思考和认同该土地流转会对梯田保护带来什么积极或消极影响。

（2）流转规划

首先，在与梯田管委会 YL 主任和攀枝花乡政府 CY 副书记的交流中，笔者认为此次梯田流转实质上是一个政府与公司的试点。元阳县虽然有梯田旅游资源，但是作为农业县，仍然处在经济贫困的窘境里。截至 2016 年底，全县建档立卡贫困人口在全省排第八，红河州排第一。元阳县在借助梯田文化遗产这种乡村资源发展旅游业到如今，旅游规模、层次和质量仍然有待提升，需要将以种植为主的农业发展理念转变到一产与三产融合发展上来，采取"稻—鱼—鸭"种养模式与精准扶贫、哈尼梯田品牌创建相结合的模式，推动农业生产、家庭物业经济与乡村旅游相结合。位于世界文化遗产保护核心区和元阳哈尼梯田旅游核心区的老虎嘴梯田面临着梯田水稻种植保护等问题，所以希望借助元阳县经济发展战略和相关政策，通过这一批的梯田流转经营，探索保护梯田、发展农耕产业和旅游持续发展的三者兼顾目的。

其次，政府规划流转中通过成立合作社来实现勐品村委会流转土地农户在"地租+务工费+土地入股分红"中得益,增加他们的收入。关于土地入股分红,CY 副书记于 2017 年 1 月告诉笔者,流转梯田的农户实质上是以土地作为资本入股的,只要在企业经营盈利的情况下,老百姓就可以得到分红。在企业流转经营后盈利的情况下,会拿出 60% 分红给合作社。这部分给合作社的分红扣除了合作社日常运营经费,剩余的会分给合作社流转土地的农户,具体给农户分红多少并也没有定下来。但是,如果企业不盈利的情况下,流转土地的农户只有出租土地的费用以及来给企业打工的工钱。末了,CY 副书记还略显消极地表示到,按照现在这种工序和投入,预计最初的几年公司不可能盈利,甚至可能会亏损,那么老百姓就得不到分红。

同时,合作社作为集体组织会与县粮食购销公司签订合同、领取红米种子、确立订单收购合作,还将会与云南锦丰农业开发有限公司等合作,建设"稻-鱼-鸭"生态立体农业示范基地,由合作社自行管理,最后"稻-鱼-鸭"产品由公司按照市场价收购销售。

最后,流转之后将在老虎嘴梯田推广元阳县重点打造的"稻-鱼-鸭"综合种养模式,以及哈尼梯田红米产业的发展计划,来提升梯田亩产综合效益。根据笔者了解,元阳县自 2012 年以来就先后在新街、牛角寨、马街等乡镇开展了稻鱼鸭综合种养模式试验示范。至 2016 年,元阳县就已示范实施稻鱼鸭生态种养 8000 亩。2016 年底,红河州农业局印发《红河州哈尼梯田稻鱼鸭生态种养模式实施方案》,正式实施哈尼梯田增收计划,在保护区四县以种植梯田红米为主体,推广稻鱼共生、稻鳅共生和稻鱼鸭共生等种养结合模式,辐射带动和建立南部梯田综合种养基地。与此同时,元阳县编制了《元阳县哈尼梯田红米产业发展三年行动计划(2016—2018)》,总投资 2.6 亿元实施发展优质梯田红米产业 14 万亩,还以红米为依托开发出食品类、日化类等衍生品,制定出台《发展生产脱贫一批三年行动计划》,

进一步完善"稻-鱼-鸭"共生种养模式相关政策扶持机制，优先把"稻-鱼-鸭"生态种养项目作为重点产业进行打造，优先安排产业发展资金，会对集中规模发展"稻-鱼-鸭"的种养殖大户给予梯田红米种子、鸭苗、鱼苗补助。[1] 2017年，元阳县被农业部列为"水稻绿色高产高效创建项目县"后，加大推动稻鱼鸭共生种养模式。推广结合"十三五"农业发展规划，编制了"稻-鱼-鸭"共生种养模式发展规划，提出了至2020年发展到13万亩的目标任务。老虎嘴梯田这一批土地流转的经营规划正是按照当地政府推出的振兴当地特色农业产业发展战略进行的。

2. 流转的模式

目前，土地流转（这里主要指耕地）根据流转的规模和推动主体的不同，可以大致分为三种模式：一是自发的小规模土地流转，由农民自由自愿开展的流转；二是集体推动的土地流转，由村民集体确定流转的方法和流程；三是政府推动的大规模土地流转，由各级政府动员农民进行土地流转，并以形成规模化的耕种为主要目标，流转的土地一般交由企业或大户耕种。[2] 老虎嘴梯田的流转大体上属于第三种，但是当地政府部门相关人员特别强调，政府在本次土地流转中起到协调监督和政策引导的作用。流转土地的农户是以土地承包经营权入股农业合作社，按"支部＋合作社＋公司＋农户"的土地流转模式。

（二）土地流转的过程

1. 协商合作并成立合作社

流转合作协商达成后，在乡政府的协助下，勐品村委会成立起

---

[1] 参见岳晓琼：https://www.yndaily.com/html/2018/yunshijue_0720/110808.html，2018年7月20日。
[2] 吴秋菊、林辉煌：《促进减贫的土地流转模式研究》，《云南社会科学》2018年第4期，第134页。

了临时的农业合作社。合作社主要由党组织带头、党组织干部和部分农户当理事，也有一部分流转梯田的农民当监督。合同是流转梯田的农户先与合作社签，然后合作社集中把土地流转给公司和公司再签合同，政府与公司只是签框架协议。

合作社原计划是在2017年3月左右正式挂牌成立梯田流转的合作社进行运营，但是，从2016年底和公司协商好流转事宜后，是一直由临时合作社来负责。根据梯田管委会YL主任的说法，合作社的成立需要将申请上交给梯田管理中心，由管理中心上报州政府审批，再由政府部门工商管理部门审核。在经过1年考核后（2017年11月左右），效果达到的情况下才能正式运营。这个工作主要是由乡政府来负责。在拜访乡政府的CY副书记时提到这个问题则表示材料基本都整好了，但是乡政府脱贫攻坚工作很忙，加之年底工作考核等，使得负责该工作的人手不够，致使此事耽搁。直至2018年11月4日在攀枝花乡召开了乡、村两级合作社成立大会，元阳县攀枝花乡勐品稻鱼鸭种植养殖农民专业合作社才正式挂牌成立。

2. 确定流转土地并签订合同

根据对元阳县国土资源部门的走访得知，元阳县委、县政府于2015年就制定了农村土地承包经营权确权登记工作的指导意见和工作方案等，并于2016年在县、乡、村三级召开动员培训大会。采用政府公开采购和招标的形式对元阳县各乡镇分两个阶段进行确权工作的录入登记，其中老虎嘴梯田所在地攀枝花乡的确权工作为第一阶段，在2016年底之前，攀枝花乡完成6个村委会的确权工作，完成3761户农户录入，其中包括勐品村委会的土地确权工作已经完成，勐品村委会梯田农耕地使用权的明晰化为该地土地流转打好了基础。

经过公司和政府有关负责人实地对老虎嘴梯田的情况做了了解

和勘察后，确定了流转的范围，由临时合作社的负责人及村委会、村小组有关人员根据要流转的田块片区进户动员流转，并与流转农户签订流转合同。

土地流转合同只是保护农户与合作社的合作，流转目的主要是"有效保护好老虎嘴片区的梯田，确保基本农田的耕种，有效增加农民收入"。合作社的股本主要是"争取的项目、项目资金和上级部门针对项目开发扶贫资金"，利润的分配则是要"待合作社经营产生利润后"。最后，合作社再给企业签（也可以说是反租倒包）的形式合作，具体的经营方是合作社，但是要怎么规划种植、养殖由公司掌握，劳务开支、种养管理开支等由公司决定。

从动员村民签订合同中可以看出土地使用权拥有者在流转中处于被动位置，是在劝说和引导下进行土地流转。而在调研了解中发现流转土地的农户本身对合同的关注点也只是在"流转出去多少年"和"流转费用有多少"，对于流转的目的、流转后去怎么经营和发展也无权参与。

3. 流转梯田的管护工作

在双方协商成功并确定了流转的梯田后，紧接着攀枝花乡人民政府及世博元阳公司通过实地踏勘，分析梯田撂荒年数、地质、水系等情况，决定分批次、分区域进行恢复。2016年12月7日，由攀枝花乡人民政府及世博元阳公司组织，雇用了流转梯田农户及当地的一些耕种能手下田进行老虎嘴梯田流转试点项目的翻耕工作，正式进入梯田"一犁一耙"管养的程序：首先处理沟渠，引水泡田，观察山体及地质情况是否稳定。其次对山体及地质情况稳定的撂荒梯田进行翻耕，灌水涵养。再次对已经翻耕的不稳定田埂进行修复、加固。最后清沟、固沟，保证水系畅流，同时加强进水口管理，保证复垦梯田中水量适中，田埂牢固。

2017年1月13日笔者第一次进入该地，正逢开展流转梯田"一犁一耙"管养程序，与有关负责人沟通后，跟随劳作队伍分别下田两次开展了实地调研。根据调研情况，田里劳作的雇工都是本地人，以40岁左右的妇女为主。他们都是由合作社临时负责人LX从勐品、东林和多沙这三个村小组招过来的，其中有一部分是流转户的劳动力。之所以雇用他们，是因为这些流转的梯田主要就是他们这三个村小组的（尤其是勐品村和多沙村），流转完有了剩余劳动力；雇用本地人做工成本不是特别大，因为除了按照市场劳动价支付劳务费外不用额外负责交通费和餐食费；本地人熟悉自己的田，管护、耕作技术熟练，不用再培训。经过大致的统计，得出当天田间做活的男女劳动力50人有余，按照合作社临时负责人LX的陈述，每位女工按照当地的市场价60元/天，每位男工80元/天，管护工作预计从2016年12月7日到2017年1月19日，每日用工人数相当，本阶段的用工总开支将会达13万多元。

在本次管护程序中，除了这些雇用劳动力外，公司和合作社各派相关工作人员每天来跟进工作进程。其中，公司派了三名工作人员，一位是在老虎嘴景区服务大厅的，他本人正是勐品村小组的，对梯田情况比较了解，主要负责记录抛荒情况、滑坡情况、每天具体开工中雇用了多少劳动力、做了哪些活计之类的，每天结束要将这些工作信息上报公司。一位是阿勐控村的，他本人主要是搞摄影的，对拍摄设备比较熟悉。所以主要负责无人机航拍，通过彩色、黑白、红外、摄像技术拍摄空中影像数据，然后回公司用计算机对图像信息加工处理。这种高科技设备的运用，可以整体上记录流转梯田的作业情况，有助于对撂荒梯田复垦进行分析，还能对老虎嘴梯田的水渠、河流进行勘察，这也在一定程度上代替了人工巡沟，节省雇用劳动力。公司另外一位工作人员是刚退伍的小伙子，主要负责在临时合作社（一间田棚）准备下田的公司和合作社人员的午饭。合作社也有三位人员，临时合作社负责人LX和勐品村的两位50岁左右的老大哥，他们一方面巡查梯田里的作业，一方面也会加入进去一起打埂劳作，他们的工资同样由公司支付。

另外，按照农耕传统来讲，以上对梯田的管护（"一犁一耙"管养程序）结束后，人们就进入农闲准备过年，之后在农历二月"昂玛突"节后，梯田就要进行第二遍犁田和第一或第二遍耙田。但是公司工作人员告诉笔者，如果像他们这样设备跟踪拍摄和集中人力管护，"一犁一耙"足够了，等到农历三月下旬至四月栽秧时节再耙一次就够了。

4. 流转经营情况和用工情况

（1）经营情况

"红米计划"：长期以来，红米是这一片大多数农民的生计来源。哈尼族梯田一年只种一季作物，秋收后到翌年插秧之前闲置土地。红米栽秧株距无规则，每丛秧苗1~2株，1亩田收入不足2000元。现在政府鼓励种植优质梯田红米红阳3号和红阳6号，这些品种比以前传统的红米品种产量好一些。每亩产量只有350~400公斤，是杂交水稻的一半，市场价却比杂交稻高一些，能卖出每公斤6~7元的高价。单纯红米种植生产一项的亩产值能达到2500元左右。但是，红米栽种只能在海拔1400~1800米之间，种植过程中不可使用一切工业化肥。因为施农药化肥后反而会出现稻瘟等病害，加之，红米的产量又不如白米。所以，据临时合作社负责人LX介绍，考虑到农作物种植的成本投入和收益问题，流转第一年并不全部种植红米，根据海拔等因素先保守地选择水稻品种、产量来种植。

"稻—鱼—鸭"生态种养模式：过去这里就有在梯田里养鱼、养鸭的传统，但管理粗放，几乎没有任何经济效益，主要就是自家吃一吃。现在利用流转来的梯田分节令每亩养殖30只鸭子、10公斤鲤鱼。根据LX的预算，每亩梯田里养30只鸭子，一只鸭子每年产蛋保守估计约150枚，鲜鸭蛋的市场价格约为2元/个；每亩梯田养鱼约40公斤，梯田产的鱼吃的是纯天然的谷子、小虫、稻叶，肉质鲜美，市场价能卖到约每公斤80元，收入3200元。再加上田埂上种豆子，产蛋量少的鸭子还能出售，最终梯田亩产值平均约为1.7万元，减去必要成本，梯田的亩产值约为1.1万元。按照此预算，250亩流转梯田在一个完整生产周期结束后的农耕生产收入可达250多万元。但是笔者在2018年8月的调查中，跟随LX到梯田"马头"处，这一片梯田区域属于恢复阶段，在第一轮种植中休耕，遂将此处设为梯田鸭基地，搭建鸭舍，培育好的鸭苗就在这一片集中圈养。2018年7月，分头期和后期分别在此放养了1400只和4000只左右的梯田鸭。该圈养工作由一个劳动力主要负责，放养180天后预计开始产蛋，但是现在还在前期投入工作中，而且，梯田鸭对田埂破坏大，目前在养殖中，死亡损失不小，并不能达到理想状态每亩可以养30只产蛋鸭的。

就算从全县的梯田"稻—鱼—鸭"产业来讲，现在也停留在粗加工阶段，当地企业精深加工能力差、人才缺乏、技术创新能力也弱，对快速带动老虎嘴梯田"稻—鱼—鸭"发展的后劲并不足。

（2）用工情况

从第一部分传统农耕生产得知，以家庭为单位的经济组织在农耕生产活动中将大部分劳动力主要集中在农耕和养殖的第一产业中。且梯田（水田和旱田）的种植以人力为主，辅以畜力，整年的农事活动耗费了他们大部分的精力。

之前对CY副书记的访谈中就曾算过一笔账，传统农耕中从梯田的养护、耕种到收获的工序，1亩大概需要35个工。劳动力的投入和最后的收成比是1∶1持平的状态。所以，老百姓自己种田只是解决温饱问题，几乎没有收入的提升和生活水平改善的可能。

表6 哈尼梯田水稻耕作工序和每亩水田的用工量 （人）

耕种面积（亩）	种子数（斤）	工种	犁二道（秧田）	耙二道（秧田）	施肥二道（秧田）	铲埂（秧田）	修埂（秧田）	泡谷种	撒谷种	薅秧田草	犁二道（稻田）	耙二道（稻田）	铲埂	修埂	放水	拔秧	背秧	栽秧	薅秧	锄山埂	割挑、打谷子	晒谷子、挑草	合计用工量
1	9	人工	1	1	3	1	1	0.5	0.5	3	2	2	1	1	2	1	3	1	5	3	5	5	3	2	45
		牛工	2	2							4	4													12

资料来源：云南省编辑委员会：《民族问题五种丛书·哈尼族社会历史调查》，民族出版社，2009年。

CY副书记表示，如果公司流转规模梯田后，集中人力、畜力，以及利用小型机械设备，可以优化劳动力结构和投入强度，达到有效劳动数量的目的。笔者三次下田，对每次工序中的劳动力使用情况进行简单统计：暂且将流转的150亩计作农耕用工田[①]，第一阶段梯田管护工序前后共计进行了44天，每天男女劳动力以50人计算；将250亩分为4个片区，雇用4个劳动力（勐品2个、多沙2个）专门负责放水、管水沟工作；插秧和收谷子更是集中人力的时候，收谷子前后共计15天左右，每天8个劳动力，外加两台收谷的小型机器。主要的劳动是挖田打埂、插秧、收谷子，这一系列用工程序结束，整体上公司流转经营后每亩用工量在15~20个工。由此，流转公司后集中请工耕种的方式确实提高了劳动生产率，但是，对于

---

① 总计流转250亩，第一年只耕种150亩，另外100亩分别是"马头"的50多亩和"马腹部"的40多亩，为修复田，休耕一年。其中，"马腹部"的塌方处已经报备国土局，等待政府相关部门出修复方案。

当地村民而言，土地流转产生的富余劳动力不一定都能够回到梯田农耕生产中。

（三）流转后的成效及问题

1. 农业产业化的"骨感现实"

根据土地流转研究的文献资料，我国土地流转成效目前主要表现在：促进农业产业化发展，推动规模经营；促进农业结构调整，提高经济效益；促进农村劳动力转移就业，增加农民收入；促进生产要素的优化配置，创新开发模式。①

老虎嘴片区的梯田面积23351亩，流转出去了250亩，仅占整个片区梯田的百分之一，流转的田块虽然细碎，但还算相对集中，方便集中雇用劳动力生产经营，且主要以"稻—鱼—鸭"种养模式为主，在一定程度上推动了规模经营，促进生产要素的优化配置。雇佣的劳动力目前大多为勐品村委会的村民，除了秋收驮粮的马队是从隔壁乡雇过来的，合作社雇用劳动力还错开了和当地自耕农户的用工时间，这给当地农民又提供了务工机会，尤其是给无法参与到老虎嘴梯田旅游发展的多沙村和东林寨40岁左右的哈尼族妇女提供了就近务工机会，增加了他们的家庭经济收入。

农业产业化实质上是对传统农业进行技术改造，推动农业科技进步的过程。这种经营模式从整体上是以推进传统农业向现代农业转变为目的，是加速农业现代化的途径，但是，根据流转规划中对发展"红米计划"和"稻—鱼—鸭"生态种养模式计划，从2017年1月到2018年8月底第一个完整周期的农耕生产活动结束后，"稻—鱼—鸭"生态种养模式开展并不顺利，这种特色农业和产业化试点

---

① 李静丽：《孟津县土地流转的成效、问题及建议》，《河南农业》2018年第34期，第7—12页。

也正在探索中。所以,无法在流转之初就达到促进当地农业产业化发展和农业结构的调整。

与此同时,因为流转费用和前期的梯田管护,以及第一轮生产经营中雇用劳动力费用投入较多,经济收益并不乐观。正如刚开始CY副书记预料的一样,前两年的农业经营并不会盈利甚至不会持平,合作社也得不到分红,入股合作社流转土地的农户只能得到每亩每年500元的土地租赁收入,如果他们被雇用才有工资收入,真正意义上带动当地流转农户增加经济收益的效果并没达到。

最后,要认识到农业生产是自然再生产与经济再生产相互交织的过程,它既受自然因素的影响,也受经济政策、经济环境的影响。农业建设项目一般具有建设周期长、见效缓慢的特点。尤其是在西南边疆山地区的农耕生产,投入大效益低,还不能推广机械化、规模化经营。所以,从其农业生产效益来考核其流转成效,就目前流转第一年来看,于公司、于当地农业发展而言,都没有达到预期效果,甚至导致投入大于收益的局面。

2. 梯田旅游发展的"触礁"

公司作为资源开发方和资本运营方而言,是以尽可能开发利用旅游资源和辐射带动旅游相关的第三产业来获利的。所以,旅游公司承包流转农耕地的意图更是在于把做大旅游规模、提升旅游层次、提高发展质量作为旅游业大发展的战略基点。打算借助当地特色农业和农产品的种植,来进一步开发梯田旅游品牌产品,形成旅游发展的新格局。

然而,如果不考虑2017年到2018年景区附近道路和上观景台塌陷而关闭了部分看台和2018年6月严重的滑坡造成上百亩梯田被毁迫使老虎嘴景点关闭数月所造成的旅游经济损失,仅仅从老虎嘴梯田旅游发展长期存在的问题和困境来看,即便旅游公司"梯田旅游+"的新方案实施，老虎嘴梯田景区的旅游发展也并没有因此进入发展转型期，更无法达到相应的经济效益。原因在于：首先，旅游公司流转老虎嘴片区一小部分农户的梯田，绝大部分的农户（尤其梯田所在地勐品村的）并没有意愿流转给公司。流转出去的梯田没有与农耕生产的文化旅游相结合，农民只是他们雇用的劳动力而并非农耕生产里的文化主体。旅游发展还是处于梯田景观旅游，只是旅游公司又多了一个投资农耕地、雇用劳动力来发展特色旅游农产品的业务。其次，老虎嘴梯田旅游景区的基础设施建设不到位，尤其停车场问题始终没有得到很好的解决，造成停车不便等问题。再次，景点服务区的住宿和餐饮等服务行业的发展层次和服务质量有待提升，服务业有待规范和完善。最后，关键的是当地人参与旅游的机会不均等，村寨、人、梯田不能成为梯田旅游全域发展的完整因素。

况且，2018年6月严重的滑坡造成上百亩梯田被毁景观受损，老虎嘴景区被迫关闭，这场天灾对老虎嘴梯田景区的旅游发展更是沉重的打击。不仅仅是旅游公司的门票收入受到影响，骤跌的客流量对景区的客栈、餐饮、特色产品销售等服务业的消极影响也很大。

3. 农耕文化遗产保护的"难以周全"

从长远来看，梯田旅游公司在投资流转土地后对流转梯田保持水稻种植，发展"稻—鱼—鸭"传统生态种养模式，对梯田景观的保护具有一定的积极效应。同时，公司大力宣传企业履行保护世界文化遗产的社会责任，对带动当地老百姓提高文化遗产保护意识，也有积极影响。

但是，梯田农耕文化遗产最直接危机是景观受损，而这主要又源于传统"森林—水源"生态环境的变迁，使得梯田灌溉水不足而导致的。对于这种灌溉基础设施建设主要还是政府出力担当，包括旅游公司流转的 250 亩梯田中塌方、改旱、受损的梯田面积达 100 亩左右①均由政府承担。为此政府斥资对梯田景区的灌溉沟渠进行修缮整治，其中对老虎嘴片区 16 条（总长 44.549 千米，倒塌、破损长度 36.808 千米），控制灌溉面积 107~3429 亩，涉及流量 0.016~0.526 立方米/秒的倒塌、破损的渠道进行修复改造。由省级相关部门于 2016—2018 年筹集 1 亿元省级专项资金对元阳哈尼梯田核心区的多依树、坝达、老虎嘴三个片区沟渠专项整治建设。然而，老虎嘴片区 23351 亩梯田的灌溉水源主要依靠红河流域勐品河取水，各沟渠取水面积以上的积水面积为 29.4 平方千米。②由于渠首缺乏调蓄水库，汛期余水不能有效调节利用，即使完成了田间沟渠整治，梯田枯季缺水问题依然存在。

所以，公司对于梯田文化遗产景观的修复上也难以顾全，如公司一员工所言，"保护世界文化遗产大家都有责任，公司已经在流转费用和劳动力雇用上开支太大了，老虎嘴景点的旅游门票收益本来就不是很好"。由此，在梯田农耕生产及其文化不能服务于旅游业的情况下，这种靠流转土地发展传统水稻种植和特色农产业来促使梯田文化遗产保护效果有待重新考量。

另外，按照粮农组织对全球重要农业文化遗产的定义"农村与其所处环境长期协同进化和动态适应下所形成的独特的土地利用系统和农业景观，这种系统与景观具有丰富的生物多样性，而且可以满足当地社会经济与文化发展的需要，有利于促进区域可持续发展"。哈尼梯田属于农业文化遗产，就其性质，它属于"活态"的遗产。梯田景观仅具表面的观赏价值，实质价值则在于以梯田农耕为核心

---

① 其中，"马腹部"的梯田虽然流转了，但是因为塌方受损严重，报备元阳县国土局等相关部门后等着政府和梯田管委会等作出整修恢复的方案。
② 该处资料数据来源：《云南省水利厅关于红河哈尼梯田元阳核心区梯田沟渠整治项目 2016 年度实施方案的复批》。

衍生出来的各个关联文化，这些文化长期渗透到当地人的生产、生活，甚至性格和价值观念中。梯田农耕、农耕文化，以及人之间形成了紧密的关联。要想保护这份"活态"的遗产，就离不开人的参与。公司在流转梯田的农耕活动中主要雇用了勐品村委会的劳动力，但是公司在投入中又尽可能考虑提高劳动利用率，缩减开支降低成本。从无人机航拍技术的应用、小型收谷机的使用、农耕祭祀和习俗的简化情况，以及耕种程序和用工分配可以看出，公司目前只是暂时将流转土地"资本化"了而已，对文化遗产保护的积极效果还没实质性地形成。

四、土地流转对社会文化的影响

费孝通指出，乡村"土地问题决不能视为一个独立的问题。一地方土地制度的形态其实是整个经济处境一方面的表现"[①]。就整个乡村社会而言，它是一个相对完整的有机体，土地流转所产生的叠加效应势必会波及乡村社会的方方面面。所以，在老虎嘴梯田土地流转的具体研究过程中，讨论土地、人、社会、文化、经济等各要素之间的关联性，来分析土地流转是否造成社区内部的一些新问题。

（一）流转农户生计方式的变迁

生计是人们维持生活的技能和办法。人的生计模式与自然环境、人口、劳动工具，以及所种植作物等因素密切相关，这些因素发生变化时生计方式也就相应地发生变化，可称之为生计变迁与转型。[②]

老虎嘴梯田所在地攀枝花乡的农业人口占全乡总人口的90%左右，由于地处偏远和交通不便，而且，攀枝花乡基本没有第二产业，尤其是勐品几乎没有乡村工业，所以长期以来该地主要是以梯田农耕生产和家畜养殖的第一产业为主要生计方式。

攀枝花乡境内有丰富的乡村旅游资源，如勐品梯田、阿猛控梯田、保山寨梯田、勐弄司署遗址、勐品古彝文文化、彝族刺绣等。21世纪初，在该地完成景点建设开发利用旅游资源，攀枝花乡的第三产业也逐步兴起，旅游相关的服务业、销售行业从业人员不断增加，经济发展以第一、三产业为主。虽然旅游产业有一定的发展，但还未形成辐射带动作用，对该地的影响仅限于改变了老虎嘴梯田

---

① 费孝通：《云南三村》，天津：天津人民出版社，1990年，第15页。
② 周大鸣主编，秦红增副主编：《文化人类学概论》，广州：中山大学出版社，2009年，第103页。

景区所在地勐品公路沿线上下的一部分村民参与到旅游发展相关服务业中，对于同样是老虎嘴梯田农耕生产者的多沙村村民生计方式的影响甚微。正是由于当地的产业结构不能解决大量闲置劳动力的就业问题，村民开始寻求新的生计模式，外出打工谋生。

如今，因大多数青壮年从土地上分离出来从事非农产业，使得梯田农耕走向危机，没有人种梯田梯田景观受到损失。当地政府和旅游公司欲以"党支部＋公司＋合作社＋农户"模式的梯田流转试点为契机，重构当地的劳动生产关系，将当地劳动力再一次吸引到梯田农耕和旅游发展当中。

但是，根据第三部分所述内容，作为老虎嘴梯田农耕实践者勐品村、硐浦村、保山寨村、阿勐控村四个村委会内诸多村落（自然村、村小组）的农户，参与流转的只是勐品村委会的勐品村小组和多沙村小组，其中又以多沙村小组流转为主。在当初签订土地流转合同中"按当地市场用工价格，在同等条件下，优先招用乙方的剩余劳动力参与示范基地建设"的协约在先，流转后公司在经营土地耕种和农业生产中主要的劳动力就是从勐品村委会雇过来的，尤其是东林寨和多沙村的哈尼族妇女。旅游公司就相当于先租用农户现有的土地使用权，再把依附在土地上的农民变为土地上的工人，这使一直未参与到梯田旅游发展中来的多沙村哈尼族村民以这种方式介入进来。

在传统农业社会中，土地是家庭中最重要的生存资源，家庭也是主要为农业生产提供劳动力。这种小农生产，特点就是季节性强，农忙时劳力不足，农闲时劳力空置。对于多沙村流转土地后的村民而言，家庭的主要劳动力（男性）就有更加自由和充足的时间去外面参与非农产业劳动，而留在家里的女性劳动力也从自耕土地上解放出来，她们大部分选择在家门口打工，变成公司流转土地上的工人，或者在农忙时去到别的村寨的农耕地上打工，也有些有了外出务工的选择，或者从事手工制作（民族传统服饰）。这就使得多沙哈尼族妇女从流转前的家务、子女照管和自家农业生产活动转变成一边操持家务，一边在附近务工，同时也开始经营手工副业，逐渐从单纯的农业生产中走出来。

（二）流转后社会关系的变迁

"社会不是由个人构成的，而是表示这些个人彼此发生的那些联系和关系的总和"，[①] 人与人之间的关系是由生产方式决定的，"社会生产方式与社会交往方式是紧密联系、相互依存的：生产以个人之间的交往为前提；而交往的形式又是由生产决定的"。[②] 老虎嘴梯田片区农耕社会关系主要是围绕农耕生产建立起来的关于社区内部和外部之间的联系。尽管后来随着旅游发展的进入，使得社区与外部的联系扩展到旅游公司和外来游客，但是在土地流转进入之前，以农耕活动为中心的社会关系影响并不深远。

1. 社区内部的社会关系变迁

哈尼梯田农业是千百年来农耕实践的积极成果，是哈尼族集体劳作、互助的结果。开挖梯田、开沟引水、修沟护渠、保山护林、农忙换工及各种祭祀活动无不体现出其相互帮衬、团结一致的集体精神、民族凝聚力和向心力。[③] 哈尼族在家庭观念上奉行"树大分枝"的原则。无论是大小家庭，内部每个人都有一定的位置和职责，认真履行着尊长护幼"上下相接皆有礼"的民族道德原则。比如，父

---

① 《马克思恩格斯全集》第46卷（上），中共中央马克思恩格斯列宁斯大林著作编译局译，北京：人民出版社，1979年，第220页。
② 曹阳、潘海峰：《人际网络、市场网络：农户社会交往方式的比较》，《上海交通大学学报（哲学社会科学版）》2009年第1期，第5—12页。
③ 王清华：《梯田文化论：哈尼族生态农业》，昆明：云南大学出版社，2011年，第96页。

亲的地位最高，安排全家的劳动生产，他一辈子的劳动必须为儿女们做出表率，积累的知识和从事梯田劳作的技艺必须在儿女成年前全部传授给他们。① 邻里之间也是相互需求和相互依存。尤其在梯田农业这种集体共同劳动中，他们共同对抗险恶的自然环境和自然灾害，共同从事梯田农业生产，共同生活中相互协作、关照。② 哈尼梯田的农耕生产就是社会人际关系的纽带。

（1）社区内部帮工关系的变迁

勐品和多沙的田基本集中在老虎嘴梯田勐品田坝，因为半坡寨脚梯田到坡底田坝的海拔落差大，所以农耕时间稍微有所差异。在栽秧、收谷等环节需要集中在几日内完成，因此在此种情况下，村寨劳动力互换与出让的行为是广泛存在的，一般情况有"换工"和"请工"两种方式。其中，"换工"主要是其中一家会在农忙时请其他人家的劳动力前来帮忙，等来帮忙的那几家到农忙时他们再去"还工"。除了劳动力之间的互换，当地还有"牛工换人工""牛亲家"等换工方式。在当地一般按照一个牛工换两个人工来计算，而"牛亲家"是一种变相的耕牛出租的行为。据当地人讲，一般是山上多沙、东林寨的哈尼族会养牛，当他们农闲时就把牛租给半山腰勐品村的彝族使用，租用的人家在这期间要负责喂养和照料好牛，并且承担耕牛伤病死亡的赔偿。当然勐品的彝族也会养牛，但是近些年很少养牛了。这种"牛亲家"也是当地山上的哈尼族和半山腰的彝族两个族群之间长期以来的一种互动和交流合作。另外，"请工"也就是雇用附近村寨或其他海拔位置的劳动力在农忙时帮助自家耕作数日，前些年费用为每天30元，并且中午在田棚还要管一顿午饭。尽管是

---

① 王清华：《梯田文化论：哈尼族生态农业》，昆明：云南大学出版社，2011年，第171—186页。

② 王清华：《梯田文化论：哈尼族生态农业》，昆明：云南大学出版社，2011年，第186—195页。

"请工",在当地也需要有较好的社会关系来支持,但是对于"换工"而言,这种社会关系相对较弱。

然而,土地流转之后,流转土地给公司的农户已经没有耕地了,家里有劳动能力的男性基本外出务工、经商、跑运输等,他们不用再牵挂家里的农事活动。留在家里的妇女,有些成为公司雇用在流转地上做工的劳动力,有些在家操持家务,照顾家庭。他们基本不用因为农耕劳作而要去跟村寨别家"换工"或者做"牛亲家",就算农忙时候被其他人家请去帮忙也不同往日,劳务费的价格标准也随着公司在当地雇用劳动力的标准(或劳动力市场标准)来确定。

(2)社区内部流转关系的变迁

根据爱访谈人陈述,从20世纪90年代开始,由于有人开始外出附近个旧、大坪等矿上做工,也有人开始出去外面打工,该地自发的小规模土地流转就在村寨内一直存在这种土地流转模式,大致分为两类:一是家庭代际间的自发流转;二是不同农户之间的自发流转。勐品村土地内部流转关系主要发生在家庭代际间、村内同个社会组织[①]间。农户间自发的土地流转一般是不收取租金或者象征性地收取少量租金(多数时候给的是一定数量的粮食)。笔者调研访谈中得知,在该地零租金的内部土地流转占比高。正如在多沙一家访谈中,报道人就曾表示自己父母早年就在外务工、经商,除了过年过节短暂回来,基本是常年在外,所以没办法经营耕地。但是又不想把自家那几块水田给荒置弄坏了,所以就托给大伯家帮忙打理,只要大伯家看护管理好水田就好。至于每年能收多少谷子,他们都没有过问和索要过,更是没有收过租金。因此,对于转出土地一方来说,土地流转本身并不会给他们带来更多的经济收入,他们的主要目的是能够以土地的生产为代价来换取土地被管护打理,以保证

[①] 公房、文艺队、狮子队等社会组织。

土地转出一方结束在外务工生活后回到村寨可以继续有田种。这类土地流转模式的另外一个特点是无固定租赁期限或较短的租赁期限。而且，对于转出方来说，正是没有一定的书面契约，所以在时间上比较灵活，可以随时拿回自己的土地。①

这种村寨内部土地流转的活动发挥着人情往来纽带的作用，流转当事人对于土地的流转并没有追求土地收益最大化的经济效益，而是遵从村寨中互惠性的伦理及人情、信任等道德规范进行流转的。正是从这种出发点进行流转土地，转出土地的农户的关注点主要在土地是否被利用本身，而不是梯田的田租是多少。

公司决定流转土地时，当地农户对流转土地给公司赚取地租并没有什么热情。当地人本来就对旅游公司这个"外部"关系不是很信任，而且与公司流转土地需要签订长期的书面合同，不能随时要回土地的使用权，让他们对于这种流转心里"没底"。根据 CY 副书记的看法，这主要是因为当地农民长期的小农意识，需要乡政府和村委会对他们进行思想开导和提升认识，所以临时组织的农民合作社的负责人和村委会、村小组的负责人入户宣传，并引导流转土地的农户积极加入农民专业合作社，以土地入股的形式参与流转农耕地的产业经营分红。正是因为经过了入户宣传、动员和入股合作社参与利润分红的引导，才实现了 250 亩的流转。

随着旅游公司外部资本对土地流转的进入，使得原本"嵌入"村寨社会内部土地的礼俗式流转逐渐走向终结。同其他地方一样，资本下乡与政府干预造成的大规模土地流转趋势，致使土地流转不再受制于乡村社会规则的约束，而是依照市场经济的交易法则运行，

---

① 张国锋：《我国农村土地流转的经济学分析》，西南财经大学硕士学位论文，2011 年。

对乡村社会将形成全方位的影响①。正是土地要素从村寨内部到旅游公司方，耕地的使用权不再属于村寨农民，他们从土地的主人变成土地上的务工者，或者由此与土地的联系弱化。所以之前以土地建立起来的村寨内部的人际关系的联结趋向淡化，生产和交换方式从传统的乡规民约和人情往来的影响转到市场经济经营模式，新的土地经营制度在村寨内产生。

2. 社区与外部社会关系的变迁

旅游公司在流转土地前仅是在旅游资源的开发利用上与社区发生关系，但是流转土地后又在土地耕种经营上与社区发生新的关系。梯田农耕实践者在与旅游公司签订土地流转"死合约"之前，他们是以家庭或者村寨为整体与其他村寨或族群产生外部联系。主要表现在：村寨间有梯田相连，水沟相接，弯曲的山道互相沟通，使得梯田用水往往不是一村一寨的事情，而是从探水源、挖水沟、护水沟、分田水都得由灌溉区域内的村寨相互协调、共同合作来进行。②这是传统意义上的外部社会关系，本部分主要讨论的外部关系是旅游公司这个外部社会如何以土地要素与该社区构成新的合作与竞争的关系。

（1）流转之后村民与公司的合作

根据老虎嘴梯田的流转情况看得出，参与流转的主要是多沙村的土地，而多沙的农耕地主要就在老虎嘴梯田勐品坝子。自从梯田旅游发展以来，多沙的海拔较高，梯田旅游并没有惠及他们，他们更没有参与到梯田旅游发展中。当然，村民也会抱怨说，"我们的田，自己辛辛苦苦种，却成了公司收门票的景观"，尽管如此，多沙的社

---

① 马流辉:《"脱嵌"的土地流转——实现机制与社会效应》,《内蒙古社会科学（汉文版）》2016年第37卷第5期，第159—165页。
② 王清华:《梯田文化论:哈尼族生态农业》,昆明:云南大学出版社,2011年,第195页。

会经济主要还是以农耕生产和外出打工、包工程、做生意、搞运输为主。

但是，在这次公司以促进梯田旅游发展和保护梯田农耕文化为目的的土地流转中，多沙村流转了114户，占整个寨子总户数的三分之一，而且按照流转原则"流转后的用工以优先考虑流转户的劳动力"，使得这些家庭中的劳动力（尤其是妇女）从自耕农变成在公司承包的土地上务工的劳动力。自此，多沙哈尼族村寨以这种土地流转的方式进入旅游发展中来，与公司一方面以土地要素进行合作，一方面以流转户的劳动力要素进行合作。

（2）流转之后村民与公司的竞争

相比较多沙而言，勐品村占据着有利的梯田旅游发展位置，然而，由于元阳梯田旅游还未形成全域性旅游，每年冬季梯田灌水被认为是旅游观光黄金期，所以每年过年前后才是游客量最大、最集中的时段，而且在元阳哈尼梯田旅游环线上，老虎嘴梯田被认为是看日落的风景点，多依树是看日出的最佳风景点，游客为了赶上日出，一般都会选择当天下午在老虎嘴看完日落就回到多依树入住。所以老虎嘴梯田景区的客栈、餐饮生意相比旅游环线景区的其他景点而言有些萧条，勐品村经营旅游相关服务业的彝族妇女都会结伴去追游客的车，以带着游客走小路逃票下田拍照和看梯田风景的方式拉客人入住，或者赚取带路费、背包费。逃票的风波在勐品不是一次两次，但是由于老虎嘴景区的工作人员很多都是当地人，勐品村的村民也经常以"看的是我家的田，田是我家种的"为由争执，所以一般也不好说他们更多。

但是现在梯田景观受损、农耕文化走向危机，一方面影响到了旅游中的景观体验效果，一方面公司在"两保护一带动"[①]的发展模式中集中流转耕种生态农业，建立旅游品牌，探索全域旅游发展模式。所以，公司在流转土地后准备规范老虎嘴梯田旅游发展，但是这对于勐品村民而言，公司就是进一步抢夺他们的梯田旅游资源。而且在本次土地流转中勐品村的土地基本没有太大的流动，村民不是很愿意再把土地出让，这样显得旅游公司更有"资格"在此利用梯田旅游资源。

以2018年大年初二在老虎嘴景区发生的一件利益争端事件为例，因为勐品村的彝族妇女们私自带着游客走小路，被公司治安负责人阻拦，双方发生了一次大的争执，最后还动用了景区治安巡逻的警察。事发后，在景区做生意的妇女们很是气愤，甚至纷纷在微信朋友圈发事件部分过程的小视频，对严格执行公司工作安排的治安管理员（本村人）抱怨满满，生气地说道，"我们的田又没给公司流转，还是我们自己的，凭什么不让我们带游客去看，大家都是一个寨子的，你在公司上班领工资就不得了啦……"然而，在景区上班的本寨村民表示也很为难，因为这是公司今年底的工作要求，要保证旅游黄金时段的游客均要检票。其中，一位穿着公司工作服的大哥告诉笔者，公司进入景区为修复梯田景观和水稻种植投入了很多，现在公司需要规范旅游景区的发展。然而，对于勐品村的村民来说，公司流转土地、耕种梯田是以保护为由来进一步拓展公司的旅游空间和发展权利。这让他们之间的关系更加"紧张"，更具竞争性。

斯科特在《弱者的武器》中说道："穷人所捍卫的价值观毫无例外地与他们作为一个阶级的物质利益紧密联系在一起。"[②] 在本研究

---

① "两保护一带动"：保护梯田、保护村落，按照全域旅游发展模式，大力发展县域旅游，带动全县44万及其中12万贫困人口脱贫致富奔小康。
② [美]斯科特：《弱者的武器》，郑广怀、张敏、何江穗译，南京：译林出版社，2011年，第286页。

中，该少数民族村寨内的村民与有社会资本的旅游公司相比，就处在弱势地位，①使得村民不仅在经济发展中逐渐感受到被边缘化，更是担心作为梯田耕种主体的身份被边缘化。

（三）社会结构的重构

民族学、人类学中，社会结构"泛指整个社会中的要素或单位（如行为、组织、制度、权力、财富）的相互关联及其模式……唯物史观认为，社会的基本结构是社会经济基础和上层建筑在不同的生产资料所有制基础上建立起来的社会结构的性质是不同的，它从根本上决定了人与人的相互关系"。②社会结构由若干个部分组成，其中最为核心的是社会阶层结构。林辉煌指出，在农民频繁流动且日益分化的现实背景下，土地流转不仅重构农村的阶层关系，也塑造了乡村治理的主体。③

1. 功能转向：村寨内部的民间组织

吉登斯的结构化理论聚焦于社会结构在人的日常生活中的形成过程，认为人是有知识的行动主体，强调结构与行动的互动关系，并主张通过对日常生活的研究，来分析制度化实践的再生产过程。而行动者和结构的构成过程，并不是彼此独立的两个既定现象，而是在互动中反复生产出来的。社会结构对于个人而言也并不是"外在之物"，它们总是具体地体现在各种社会实践，并且"内在于"人

---

① [美] 斯科特：《弱者的武器》，郑广怀、张敏、何江穗译，南京：译林出版社，2011年，第221页。
② 陈国强主编，石奕龙副主编：《简明文化人类学词典》，杭州：浙江人民出版社，1990年，第287页。
③ 林辉煌：《土地流转与乡村治理的阶层基础——以江汉平原曙光村为考察对象》，《中州学刊》2012年第2期，第92—97页。

的活动之中。①勐品村寨内部的人们通过日常的生产、生活，彼此间在协作、互动中自发形成具有整合性的内部组织。

（1）公房协会

随着人口增长和分家立户越来越多，勐品村的村寨空间不断扩展，村寨里弟兄、亲戚被打散居住，社会空间也拓展开了。而且，勐品村地势较陡，从马路沿线的上寨到寨脚距离较远，村民互相之间往来不是很方便。为便于居住周边家户之间在日常生活、生产中相互配合、协助，从2002年开始建设村寨的第一家公房——中心公房，此后陆续在村里建成了共计8间公房。在选择好公房位置后，周边的几十户人家分别筹钱、水泥、砖等，除此之外还有村民拉来的社会赞助，以及县民政局、乡政府的适当赞助。每间公房都会在内部民主推选出两名责任人：一名会计和一名保管负责该公房农户集体所有的灶头、桌椅、碗筷等用品。不论公房所属的哪一户有红、白事，所在公房的所有人家需要出人参与事情的料理（主要是炊事料理），以及在全寨最重要的"咪嘎豪"节日的时候，举行长街宴也是由各个公房负责自己所属的那几十户。同时，有些公房又叫"田房"，即所属本公房的这几十户人家在农耕期间方便互相结对帮工。

（2）文艺队组织

勐品村目前有8支文艺队，文艺队主要是由妇女组成。一般每间公房都有自己的公共活动空间，遂以公房集体为主来组建文艺队。但是，目前有3家公房因活动空间问题暂时还没有自己的文艺队。文艺队主要是为本公房内部成员家结婚、生小孩、建新房来跳舞表演庆祝，烘托热闹气氛。如果不是给本公房的人家去表演的话就会收钱，但是在本寨和外面寨子表演的话，收钱标准又不一样。同时，

---

① [英]安东尼·吉登斯：《社会的构成：结构化理论大纲》，李康、李猛译，北京：生活·读书·新知三联书店，1998年，第89—90页。

村寨内的文艺队也是各个公房内部妇女交往、合作的纽带。平时农闲时的排练将这些彝族妇女集中在一起，给她们提供了娱乐锻炼、拉家常、倾诉抱怨家庭内的繁杂事、打发无聊时间的方式，增强彼此的信任；农忙插秧、割谷子时她们会根据关系疏远和感情深浅组成合作关系。后来随着旅游的进入，在老虎嘴景区做生意、开客栈的一些年轻媳妇经常凑在一起又形成了一支"老虎嘴文艺队"，主要在景区门口表演。后来景区旅游发展不景气，她们为了组织的继续发展，就在寨子里和到其他地方（外寨和附近乡镇）去表演，表演一次的收入在400~1000元不等。

（3）狮子队组织

据当地人介绍，彝族的狮子舞源于100多年前，纳楼土司领地的三猛大部分地区的民众组织团练武术抗击外敌流传下来的，元阳的彝族为了保存团练时期的武术和兵器，从汉族那里引进狮子舞，利用舞狮子来保存武术动作和兵器，传统保存至今。随着狮子舞传统文化的继承发展渐渐专门为丧葬仪式来舞。就勐品村而言，现在还保留着4班狮子队，每班有三四十人，主要是中老年男性参加。每班狮子队都有一个班长来指挥和保管狮子头，内部又有各自的分工，比如舞狮、逗狮、敲锣打鼓、撑旗等。由于舞狮主要服务于"白事"，平常不能动不能看这些道具，只有出工前通过一系列的仪式才能请出来。这4班狮子队又分为两队，一班和二班为一队，三班和四班为一队，每队内部成员家有白事都会内部互相帮忙。但是，如果是村寨其他人家有白事需要请他们，就得收取一定的礼数钱，同样狮子队也会被请去外面的寨子舞。因为舞狮群众形成了一定的非正式组织关系，在这个组织内部除了因"白事"活动联结在一起，平时的农耕活动中也会彼此合作。但是，报名参加舞狮队的必须是男性且加入时需要交钱，随意退出的话也要交钱，训练时候不去或者有活做的时候缺工还要罚款，组织内部有相应严格的规矩。现在，村寨内的中青年男性劳动力更多的是外出务工，加之土地走向流转后，村寨内农耕活动中的劳动交换和合作没有之前必要，男性劳动力更是解放出来涌入非农产业。这也导致目前村寨内的狮子队新加入的成员不多，更迭缓慢，主力为老成员，这个村寨内部组织的存在感也渐弱。

从民间的社会组织看得出，无论是女性组织的文艺队，还是男性组织的狮子队，以及集体组织的公房，它们从婚丧嫁娶、生小孩、建新房、耕种劳作，以及日常生活的各种活动都囊括在内，自发构成内部一个完整的体系，有内部共同认可的规矩，将组织或协会的成员聚合在一起，共同协作、应对生产、生活中的各项事务。但是，在土地流转之后，以耕种劳作为合作的社会组织关系就受到一定冲击，这些民间组织在村寨内部的农耕生产活动中的组织协作社会功能渐趋弱化。

2. 组织重构：从传统组织到"村三委"

勐品彝族和多沙、东林哈尼族村寨的社会在历史上属于"政教合一"的社会制度，从老户中选出来的咪咕①最早也可能是"政教合一的村社领袖"。②其社会宗教祭祀组织由"咪咕"和"摩批"③组成。后来随着土司制度的建立，破坏了社会中"咪咕"或"摩批"的政治权力，但是，因为长久以来的历史传统、以农耕生产和农耕文化形成的社会中，"咪咕""摩批"在村寨、家庭和个人的祭祀、主持地位仍然很高，受人敬拜。又因为三个村寨两个族群之间又有着一

---

① 咪咕：在村寨的节日祭祀活动期间主要主持各项祭祀活动，平时也不脱离生产。
② 哈尼族简史编写组：《哈尼族简史》，昆明：云南人民出版社，1985年，第26页。
③ 摩批：哈尼族有民间说法"摩批不在鬼为王，工匠不在田荒芜"，所以摩批是哈尼社会历史上的能人之一。他的主要宗教功能和作用有：参加全寨性的祭祀活动，通过占卜为整个寨子预测未来；在日常生产生活中，通过他们掌握的知识来指导和安排生产；主持家族性祭祀等，祭祀时是人神间的媒介，平时不脱离生产。

定的互动，比如，在解放之前，山上的哈尼族（多沙）由于海拔高、耕地少，生活条件没有半山腰的勐品彝族村寨好，所以就会有一些哈尼族来勐品当长工，后来土改分了田就在勐品落了户。因而两个族群关系往来、互动就更多，传统的风俗习惯、宗教信仰、祭祀节庆、农耕文化又有着相似之处。是在勐品村委会成立之前，勐品彝族村寨和多沙、东林两个哈尼族村寨都有着自己内部传统的社会组织结构和社会规范，由传统农耕文化和宗教精英人士来维系非正式制度。

另外，元阳彝族自称罗倮，即虎的民族，新建村时首先打一个石虎立于村旁。其次在村上划定一片树林为管地林，中间立一棵树为管地树。再就是建一个土主庙，又称祖先神庙。土主庙里供养汉藏语系、藏缅语支共同祖先阿普笃慕，彝语为"搓耶"，哈尼语为"搓莫耶"。勐品村寨脚的一片树林处也有这样的一座建寨时建的土庙，每年农历三月初二和农历八月初二的日子，整个寨子的男丁都要来此处祭祖先神庙，一来是保佑全寨人出入平安，二来会在这里组织召开寨子内部会，商量解决一下平常寨子的事务。根据勐品村小组长的介绍，在20世纪90年代初村委会设立之前，这种集体祭祀的活动是寨子内部自治的重要方式之一。

改革开放以后，随着国家"乡政村治"的建构出现了乡村正式制度安排和治理方式[1]，村民委员会成为村民自我管理、自我教育、自我服务的基层群众性自治组织，村委会成员从事村委会的工作主要涉及调解民间纠纷，维护社会治安，向人民政府反映村民意见、要求和提出建议，负责本村的公共事务和公益事业，为促进本村的

---

[1] 刘守英、熊雪锋：《中国乡村治理的制度与秩序演变——一个国家治理视角的回顾与评论》，《农业经济问题》2018年第9期，第10—23页。

经济建设和农村发展而服务。①这就需要出现有经济能力、社会影响力的"权威代言人"和"能人"来治村。以勐品村委会为例，其村委会主任是多沙哈尼族卢姓，为人胆大敢闯，在新街镇有建材生意且经营状况良好，经济情况颇佳。村委会副主任勐品彝族，为人精明、能说会道，高中毕业在管电站工作，后来回到寨子任村委会副主任后，在乡镇集市兼做水果蔬菜生意。监督主任东林哈尼族，曾经当过东林寨咪咕，又是当地农业科技能人和民间草药医生。从勐品村委会的成员组成来看，不是村寨大姓，就是有一定的经济能力、组织能力和社会影响力的人。这些正式制度下的组织人员不仅负责宣传宪法、法律、法规和国家的政策，还要在村寨的经济发展、村寨发展上发挥作用，从各个方面对村寨进行管理。笔者在勐品村过了两年的彝族"咪嘎豪"，都是村委会和勐品村小组协助组织起来的。据勐品村的组长LJG说，村委会事务繁忙，上面有什么工作一级一级最后都会落下来，包括现在的扶贫工作、梯田旅游发展和梯田保护工作，以及土地流转的事情等。组长LJG感叹道，"我们的这个工作都没人想做呢，拿的钱又少，要做的事情又很多"。其实，村委会在勐品的社会组织和社会秩序中发挥的作用越来越大。尤其在扶贫攻坚和乡村振兴战略的实施下，当地政府力求建设"一村一品"，意图结合勐品的梯田旅游和梯田农耕来发展农业专业化和农产品品牌化。在当地政府的支持下勐品村成立农民专业合作社，村委会和村小组成员需要动员农民流转土地、入股合作社，村委会的监督主任还担任合作社的负责人，与公司和政府对接流转工作。

建立在传统生计方式和土地村寨公有制度基础上的传统的村社组织逐渐式微，村委会（村小组）这样的基层政治组织在村寨的社

---

① 《中华人民共和国村民委员会组织法》：1998年11月4日第九届全国人民代表大会常务委员会第五次会议通过，2010年10月28日第十一届全国人民代表大会常务委员会第十七次会议修订。

会管理和一些新出现的"意见领袖"、社会组织影响着村寨社会的管理与发展。

3. 新兴组织要素：两难的合作社

梁漱溟说："理想社会的成功，一面要生产技术进步，一面要社会组织合理。"① 他在乡村建设中就提出了成立"合作社"的必要性。我国合作社的发展历程从 20 世纪 90 年代末，专业技术协会、专业合作社、联合体等专业合作组织再次重卷而来，1994 年农业部完成了《农民专业合作组织示范章程》的起草工作，"公司专业合作组织 + 农户"逐步成为农业产业化经营的主要模式。2007 年我国《农民专业合作社法》正式实施，开始规范了合作社的发展，2013 年中央一号文件提出了"农民合作"的概念，并指出："农民合作社是带动农户进入市场的基本主体，是发展农村集体经济的新型实体，是创新农村社会管理的有效载体……鼓励农民兴办专业合作和股份合作等多元化、多类型合作社。"合作社实践的探索发展在我国农业发展现代化、产业化的发展趋势下如火如荼地开展起来了。②

从"元阳县攀枝花乡勐品稻鱼鸭种植养殖农民专业合作社"的组织创建来看，它的兴办形式主要是依托政府部门关于把"稻—鱼—鸭"生态种养项目打造成该县的重点产业的相关政策下成立的。通过合作社的成立来流转村寨内部的土地，然后再以合作社的名义流转给旅游公司发展"稻—鱼—鸭"生态农业产业。而合作社对土地的流转实现了"土地资本化"，被流转的土地正是通过合作社集中起来进行重新整合。从公司方面来讲，主要想通过合作社这一主体来管理广大农户（社员），以便降低公司直接与分散农户打交道的成本。

---

① 梁漱溟：《乡村建设理论》，上海：上海世纪出版集团，2006 年，第 156 页。
② 参见杜婵：《中国农民合作社发展历程与未来趋势》，《当代县域经济》2016 年第 3 期，第 46—47 页。

同时，借助于合作社这一载体，公司和农户的连接空间变得很大[①]。

现在，旅游公司虽然以农民专门合作社这个平台来进行土地流转，但是农民对合作社的认同感不是很强，笔者在调研期间询问土地流转情况时，村民基本都说"我家的田没给公司流转"或者"我家的田现在是公司的了"，而谈及合作社，村民大多表示"他们也是公司的"。包括村委会的办公室副主任也时不时在抱怨合作社负责人——村委会监督主任，现在是公司的人，整天就知道为公司办事情领工资，村委会的工作也不好好做了。在村民看来，合作的性质已经发生了变化，由此使得合作社角色尴尬，其功能被淹没。但是，无论是公司还是当地政府在成立该合作社时都是以促进当地旅游发展和推动当地经济发展为憧憬。旅游公司流转土地借助新成立的这个社会经济组织，期望以此为利益纽带，深化公司与农户的关系。

（四）传统地方性知识的解构

格尔兹在《地方知识》中试图给读者揭示"把特定类型的现象放在能够引发回响的联系之中"，他在本书中致力于，一方面保留事物的个别性，同时在更大意义世界中把它们展开。让人们坦然面对人类在起居过活的行动中所建构起来的生活方式的丰繁多样性。[②] 当然，"地方性知识"的概念并非格尔兹独创，它主要源于"ethno"有关的知识考察，或者是"ethnosciences"有关的知识概念。人类学家在研究西方文化时表示，这些所谓的"地方性知识"与本土的种族、民族有关，它离不开这些地域，或者说在这些地域之外这些知识是不存在的。

---

① 王冲：《论红河哈尼梯田的"两保护—带动"模式》，《中共云南省委党校学报》2017年第18卷第3期，第113—120页。
② [美]格尔兹：《地方知识：阐释人类学论文集》，杨德睿译，北京：商务印书馆，2014年，序言第3页。

1. 被挤压的地方知识：农耕生产中的现代化管理

由于老虎嘴梯田地处山区，梯田顺陡峻坡地开垦出来的，所以每丘田既不规则，其大小、面积也不一样，要想准确地丈量每丘田的实际面积是不可能的。在当地原有的土地利用的地方性知识中，当地农民基本不用"亩"之类的概念来衡量田地的面积，而是直接用"产量"（所谓的产量是指每丘田的稻谷收获量）来指每丘田面积的大小的时候，我们看到地方性知识的结构。现实生活中，当村民之间互相问起承包了多少田地时，得到的答案基本上是如"我家有多少斤产量的田地"之类的答案，而不是多少"亩"，因为"亩"的概念在现实生活中的意义已经不大。笔者在访谈勐品村农户，问他们家里有几亩田，一般耕农中（尤其是老人、妇女）都会告诉笔者不晓得具体几亩，但是他们清楚自家有几块田，在哪个地方，哪块田的质量好点能收多少谷子。而那些跟合作社签了土地流转合同的农户一般都能告诉笔者他们具体流转出去了几亩。而且，他们之前是自发地、私下跟亲戚或者同村的这些"自己人"进行流转，大家对梯田大小、面积的丈量通用"产量"比较方便，而现在农户跟公司——"外人"要流转土地，就会由公司勘测确定具体面积，以明确流转经费。

另外，哈尼梯田稻作生产之所以可以维持至今，主要是以梯田稻作为主要生计的农耕族群对农耕生产技术的掌握和传承。然而，流转以后大量的梯田在公司这里集中耕种经营，这就需要改变管理模式，不能再以之前的小农户耕种方式来进行。主要原因：一是公司成本会加大，效率和效益无法满足；二是流转之后青壮年男性宁愿在非农产业中赚取更多的工资，也不愿意留在梯田上为公司打工。所以，梯田农耕的劳动力结构的变化，迫使公司需要借助小型收谷机收谷、无人机巡沟、马队和货车集中驮运等方式经营。这些耕种技术的现代化和经营方式的企业模式化，以及经营主体的不同，使得那些农耕传统和农耕信仰开始失效。而农耕民族传统的文化为村民习得那些传统的农耕技术提供了必要的帮助，传统文化对人们生计维持的巨大帮助反过来加强了传统文化自身的维持和发展。公司的流转经营中为提高生产效率和劳动利用率，势必将新的技术、设备和现代经营管理方式带入进来，无形中加速了传统农耕文化的变迁。

再者，梯田农耕中的水渠灌溉非常重要，梯田农耕族群对灌溉梯田的各条水沟特别重视。据村寨一位曾经管理沟渠的大伯讲，以前每个寨子在每年的八月十五前后集体要把沟渠修理一下，还要做一下相关的仪式。村寨里管沟的人是集体选出来的，他需要在八月十五之前，把他负责的整条沟的杂草、垃圾清理一下，才要交给下一个管沟人。一年一度要清理得干干净净交给下一个管沟人，其他人也才佩服他的管沟能力。基本上一条沟由一个人管，有些年头轮着管沟，但要是哪一年谁管得好，就可以接连几年给他管。

然而，这对流转后的250亩"公司的田"而言，灌溉这些梯田的水沟得由公司专门付钱雇用当地的村民去看管。而且为了便于管理，公司将流转的区域划分成4块，分别雇两位管水的人，雇用的管沟的村民不一定流转了土地给公司，他们每个月有600元的工资，只需要保证自己所负责的沟里有水和处理巡沟期间临时的问题。这就使得管沟人与梯田农耕的关系发生了变化，哈尼梯田存续和发展中最重要的元素——水源、水沟的管理模式发生了变迁。

2. 凋敝的地域实践：灾害的现代化解释与应对

据哈尼族大量以迁徙为主题的民间口述史记载，哈尼人迁徙进程中经历了诸多灾害，诱发这些灾害的因素可以分为社会灾害和自然灾害，自然灾害又可以概括为单纯的自然灾害以及人为因素引发的自然灾害。山体滑坡、持续干旱、洪灾等自然灾害，属于纯粹自然性灾害。人为引发的自然性灾害，通常是由于人类过度作用于自然环境所触发的。在历史发展进程中哈尼族也逐渐积累了一套应对灾害的特殊认知经验，也可以说该族群在应对灾害时有自己系统的"地方性知识"。① 但是，灾害应对经验并非先验的，它与人们的社会发展和社会实践息息相关。哈尼族应对灾害形成的"地方性知识"是在生产生活实践中充分把握了人与自然、人与人、人与社会三组关系之间的秩序逻辑后形成的"天地人神"四位一体传统哲学宇宙观。

人们处理生态环境的问题实质上就是处理人与自然的关系的问题，而如何处理人与自然的关系往往也对应着如何处理人与人之间的关系以及个人与社会之间的关系。

（1）传统社会中对自然灾害的解释与应对方式

水是哈尼族梯田农业的命根子，但是，水又是人类难以驾驭的。所以哈尼族文化中对水长期以来都有着虔诚尊重、极度渴望和担忧畏惧。而且，在哈尼族社会中流传着关于"洪水荒年"的各种传说故事。其中流传着的有关洪水荒年的故事都说明了洪水泛滥是人类自己造成的，惹怒了天神或龙王来惩罚人类，也隐含着从事梯田农业的哈尼族对水的畏惧。毕竟水灾一旦泛滥就会山崩田塌、屋寨被毁，人死畜亡。因而在哈尼族现实生活中，为了避免水灾，村寨里都有"赶沟老信"，守候水沟和水口，随时疏通。②

在哈尼族的传统观念中，水是神灵司管着的。天上的诸神中，管水的神叫"阿波"，管沟的神叫"阿扎"。③ 在每年隆重的农业祭祀

---

① 罗丹、马翀炜：《哈尼族迁徙史的灾害叙事研究》，《西南边疆民族研究》2018年第2期，第179—190页。
② 王清华：《梯田文化论：哈尼族生态农业》，昆明：云南大学出版社，2011年，第224—225页。
③ 王清华：《梯田文化论：哈尼族生态农业》，昆明：云南大学出版社，2011年，第224—226页。

节日"苦扎扎"和"昂玛突"期间都要专门祭祀水神，求水神保护梯田和人畜，风调雨顺，水量均匀。笔者在攀枝花乡东林寨做调研时发现，该村寨的哈尼族祭水神时，要在泉水边放一只竹篾编织成的大螃蟹作为水神象征物，村民会在祭祀节点进行虔诚祭祀。

另外，哈尼族每个村寨均在每年农历三月放水泡田栽秧之际，要在水沟祭祀水神、七月稻谷抽穗扬花之际，要在水沟冲肥入沟之前进行追肥，因而要祭水神，十一月农事活动全部结束，谷茬田翻犁好，要放水泡田，要进行集体性的水神祭祀。[①]

（2）现代社会中面对自然灾害的解释与应对方式

2008年，元阳县由于全年降水偏多，强降雨引发了洪涝、山体滑坡、泥石流等严重的自然灾害。灾害造成5.1722万人受灾，农作物受灾880.28公顷，损坏房屋145间，倒塌247间，大牲畜死亡4头，因灾死亡1人。其中，老虎嘴梯田也被冲了100多亩。根据勐品村的部分村民回忆：灾害发生后，除了涉及被毁梯田的人家以及各自的亲戚过来帮忙要去重新挖田，勐品村委会也发动组织勐品和多沙每家出一个劳动力参与到治理中，大家齐心协力、互相帮忙挖田整治，耗时两个月左右才把田给挖回来。那一次的滑坡灾害发生后村里有人认为是山神发怒造成的，虽然在访谈中再提及此事时村民会笑着说，"那是迷信了，我们不兴那样了，主要是天气不好，雨水太多"。然而村民仍会说，"遇到这种事情嘛，还是要以寨子为集体来杀一两只鸡，去叫一下魂之类的，来祈求山神保佑寨子平安"。

但是，土地流转发生以后，原来那一套农耕相关的社会内部的规则和关系已经被打破，再次面对农耕生产中自然灾害的应对文化和策略也随之发生变化。

---

① 王清华：《梯田文化论：哈尼族生态农业》，昆明：云南大学出版社，2011年，第226—227页。

2018年6月份元阳县境内连续发生强降雨，6月26日县内攀枝花乡降雨量累计已达194.9毫米。由于连续的强降雨致使攀枝花乡老虎嘴梯田片区观景台右下方100多米处发生山体滑坡，有172.6亩梯田不同程度损毁。灾情涉及勐品、多沙两个自然村共93户，其中有很大一部分正好是旅游公司流转的土地，但是无人员伤亡和房屋损坏。事发后，当地政府的相关领导、梯田管委会、旅游公司的有关负责人等都赶赴现场查看灾情，并及时向上级汇报，旅游公司也关闭了老虎嘴景点。之后，当地政府在勐品村老虎嘴梯田景区成立滑坡治理项目部门，并请地质灾害防治工程勘察、设计、施工、评估的西南能矿建设工程有限公司驻队开始勘查和评估，介入此次灾害治理前期工作中。

笔者于2018年7月中下旬到勐品村后，地质勘探队仍然在老虎嘴景区驻扎开展第一个阶段的情况勘测和数据化的工作。通过驻村的地质灾害勘察组工作人员得知，因为仍在雨季，工作队雇用的工人没办法如期下到灾害点进行勘察，而且老虎嘴片区滑坡点不仅下面的一个，必须进行专业勘测和分析后才有利于治理方案的设计。治理方案需要提交元阳国土部门、梯田管委会等，政府部门会邀请专家对项目进行评审，最后通过后才能施工治理，预估治理修复工作前后得耗时近一年。

针对这次自然灾害评估，专业勘查结果表明：1.斜坡区原地表覆盖较厚的人工素填土层，结构松散，土体遇水力学强度降幅较大、地表汇水较易下渗，导致土体强度大幅降低；2.土岩结合面坡度较陡，坡度20°~40°，对斜坡稳定性造成一定的影响；3.斜坡区地势相对低洼，两侧及上游一定范围内地表水及景区生活污水均从此向下游排泄，对斜坡稳定性有一定影响；4.持续的暴雨天气，大量的雨水通过地表及土岩结合面向下游排泄，对斜坡的平衡造成影响。

然而，在调研期间听到当地很多农户都在抱怨这次严重的滑坡灾害就是旅游公司造成的。其中有一位40多岁的村民曾说："因为旅游公司在上面建了观景台对山体地质造成影响，旅游公司还在下观景台修了厕所，也没有处理排水，直接排下来，就是旅游公司造成的。"虽然根据专业的勘察结果表明，确实是因为景区生活污水均从此向下游排泄，对斜坡稳定性有一定影响，但是包括旅游公司在内勐品村350户人家都有在排生活污水。

还有一些年纪大一点的村民解释说："按照我们的说法，去年属鸡，今年属狗，属狗的年份会多灾多难，'鸡荒狗饿'这种说法了嘛。你看这个天气，变化这么大，白天还是大晴天，晚上就是大雨倾盆，雨还不会停。像今年这样的年头，雨水这么多，谷子都收不起来，会泡烂在田里。"而负责土地流转的监督主任告诉笔者："很多农民都不懂，他们有的迷信，有的怪公司。其实最主要的原因就是现在这个气候环境变了，这里地势又高坡又陡，连续这样子下雨肯定会滑坡，就连村委会所在地现在都是山体滑坡危房区。另外，现在农业生产中，大家用农药、化肥多了，对土质、植被的影响很大才造成如今这个灾害。"但是，也不会集体做仪式了。

村小组长感叹道："以前么，田被冲了都是找寨子里的摩批做仪式，带全寨人去挖田。后来么就是我们村委会的要组织寨子里的人去挖田，这一次被冲掉的田就得等政府怎么安排了，我们再配合组织。"拉帕波特在《献给祖先的猪：新几内亚人生态中的仪式》一书中认为："仪式行为是一种应对环境的可行性对策，在调节族群与群体、群体与环境之间的关系中扮演着重要的角色。"[1] 哈尼族人社会有着较为丰富的关于如何处理人与自然关系的地方性知识，这些地方

---

[1] [美]拉帕波特：《献给祖先的猪：新几内亚人生态中的仪式》，赵玉燕译，北京：商务印书馆，2016年，第3页。

性知识更多地包含在农业祭祀仪式、农耕节日和宗教信仰等方面的知识里。[1] 然而这些在传统社会能够较好地处理人与自然之间的关系的地方性知识已经很难帮助人们去解释和处理当今所面临的人与自然之间较为紧张的关系,也无法以传统的地方性知识去解释和应对农耕生产中的灾害风险。

---

[1] 张雨龙:《从边境理解国家:哈尼/阿卡人橡胶种植的人类学研究》,北京:社会科学文献出版社,2018年,第217页。

结语

在传统社会，老虎嘴梯田农耕族群或社区内部以梯田稻作为主要生计方式，他们所有的生产、生活、关系、情感、价值和追求基本都以农耕生产为核心。随着人口增长、社会发展变迁、旅游进入（同时有新的资本和产业进入），人们交往阻隔渐消且变得频繁，生计方式选择多样化，价值观念也日趋多元化，已有的自然资源和生活方式无法满足人们渐增的需求。这种情况下，原来以稻作农耕为主的生活和以此衍生出来的一系列社会规范、传统文化，以及信仰价值无法保持原来的状态，社会变迁必然就此发生。

从实际发展来讲，无论是主观因素还是客观因素的影响，老虎嘴梯田农耕者在以梯田稻作为主要依附到"半工半农"的生计选择，甚至梯田稻作生计方式趋向失效，农耕文化和传统式微，其传承与存续面临危机，都是社会发展变迁中的现实问题。尽管如此，我们也不能否定变迁对当地社会发展的积极影响，应该承认这必然是文化主体在面对现实生存所抱有的发展渴望和自主做出的理性选择，接受变迁已是不可逆转、不可抗拒、不可消除的，关键是我们在面对变迁时如何根据社会内在组织结构和文化逻辑做出调适，对民族文化和民族地区社会经济进行创造性地保护和发展。

本研究将土地流转放置在梯田旅游发展和梯田农耕传统文化的保护中，也将土地流转作为对当地旅游和传统农耕文化的发展与保护的一种探索路径。旅游公司在老虎嘴发展梯田旅游和进行土地流转时势必会触碰到该地的经济社会关系与文化建设。虽然旅游公司通过流转土地发展传统稻作农耕模式，试图以传统农耕文化保护的身份来唤醒当地的文化传统，但是老虎嘴梯田的土地流转和现代农业产业的探索发展更是推动了让当地农民从传统的产业中分离出来，进一步改变了流转土地农户的生计方式，与此同时，也牵动了围绕农耕文化建立起来的社会关系和结构。

　　作为促成土地流转的外部行为主体——政府和旅游公司，他们在本次流转实践中处于主导地位。恰恰是梯田农耕实践者的村寨农民成为土地流转中的被动参与者，他们只知道政府鼓励他们把土地流转给公司，他们只考虑是否要放弃自己家耕地经营权，他们只会权衡土地流转后生计的选择和家庭经济来源和收益情况。流转土地的农民并不是很清楚政府和公司集中流转土地后进行现代产业化农业发展试点对他们有什么影响，他们也不会去关注公司深入开拓全域梯田旅游会与他们有什么关联。正是由于村寨农民没有真正参与进来，对发展目的并不明确的情况下，土地流转实践不能真正使旅游资源和村寨发展得到新的整合，不能对梯田旅游规模进行有力的推动，也无法实现村寨与旅游公司在当地的共同发展的愿景。

　　那么，回到最初对老虎嘴梯田流转实践的"双赢"憧憬——促进梯田旅游发展和保护世界文化遗产中来，政府和公司要探索这条流转梯田发展特色农产业来保护梯田景观和梯田农耕文化的路径时，曾经是否深入思考和进一步追问过"发展谁、保护谁？""为谁发展、为谁保护？""谁来发展、谁来保护？"[①] 从短短一年的初级探索实践中，旅游公司的资本从梯田景观开发深入梯田农耕地的开发，从当地流转土地的村民以梯田主人的身份转变成土地上的雇用劳动力，流转后的土地成为公司现代农业产业的探索，农耕生产中的传统耕作技术、农耕方式、农耕习俗文化，以及与农耕相关的自然信仰等，在现代农业产业发展和追求生产经济效益中又一次被迫变迁。当地的梯田农耕族群并没有因为流转而真正参与到梯田农耕旅游文化的发展中，当地农耕社区与旅游公司的关系从旅游资源到农耕地资源

---

① 马翀炜、陈庆德：《民族文化资本化》，北京：人民出版社，2004年，第14页。

发生了再度联系和撕扯，土地流转实践暂时落入土地资本化，而非真正意义上的文化资本化。那么，公司作为土地流转的实践者如何在资本深入民族乡村旅游社区的根本——梯田农耕土地时，去考虑农耕族群的发展需要，去了解以农耕文化为主的村寨组织结构、社会关系，以及去面对村寨内部的文化调适，这对平衡旅游发展和保护梯田农耕文化的路径探索具有一定的思考价值。

　　旅游公司流转土地的出发点其实主要是以恢复梯田景观，保证游客的旅游体验，保证旅游的发展和经济效益的稳定的目标。旅游公司在流转农耕地的实践活动中，一方面在保持梯田的水稻种植和发展传统的"稻—鱼—鸭"生态种养中确实对已撂荒、改旱的梯田景观保护有积极意义。另一方面将"牵绊"在经济收益不高的梯田农耕生产活动中的一些劳动力解放出来，使得村民在生计方式上的选择更为自由和多元，也为增加农民经济收益提供了可能。尽管当地政府主导，引进旅游公司资本进行土地流转发展传统农业现代化的农业产业规划对保护传承梯田传统农耕文化的效果并不理想，甚至看似有些"貌合神离"。但是，我们也不得不从现实和理性的角度去接受没有一个万全之策是单纯地保护传统农耕文化甚至传统民族文化。当传统遭遇发展的时候，我们应该清楚地认识到，传统农耕经济养育了一代代以此为生的人们，在面对生存和发展道路选择的时候，必然会做出更加理性的选择，随之会放弃不能为他们更好地生活提供后劲的传统文化。在这种状态下要对传统文化进行保护则需要一定的成本和代价，更需要我们从现实出发、从发展的需要出发去发挥我们的才智，探索创造性的保护发展路径。

　　随着乡村振兴战略对农村改革的继续深化，乡村旅游开发与发展中试图通过土地流转对农村土地资源进行整合和旅游规模进行推动，这势必将呈现出更多的土地制度中的矛盾。对于发展乡村旅游的民族地区而言，土地流转的复杂性和这些矛盾相比汉族农村地区会更加复杂，对民族村寨内外部的生产关系重构和利益机制平衡这一问题进行进一步研究是具有必要性的。本文可作为对这一问题思考的抛砖引玉。

跨国熟人关系与越南边民入境消费习性研究
——以云南省麻栗坡县茨竹坝为例

作　　者：周春婵
　　　　　云南大学民族学与社会学学院2017级民族学专业硕士研究生
指导老师：邓玉函

引言

（一）选题缘由

1. 从"熟人社会"到"跨国熟人关系"

民族学人类学历来关注乡土社区，对中国农村的研究涉及各方各面，以人情、亲缘等熟人社会特质来研究传统社区的成果颇多。最早提出熟人社会概念的是费孝通先生，他在《乡土中国》一书中以"地缘"为基础探讨了中国乡土社会的主要特征：人们受限于自然条件与经济环境，生产与生活均局限于封闭且狭小的地域空间内，人与人之间相互认识，人际关系网交错相叠；时间上再往前人与人之间甚至为亲族关系，由此，地缘、亲缘则构成了社会关系的基本形式，此即"熟人社会"。[1] 在熟人社会中，人们以"己"为人际交往的中心，往来标准是相互之间关系的远近而非普世所认知的道德与法律，并且，人们基于身份认同而获得或具有共同利益，依据关系远近构成各种各样的人际关系。[2] 总而言之，学界关于熟人社会及其人际关系的探讨与理解，可用于解释人们在社会交往中的仪式、事务等互动行为。但学界对于熟人社会乃至其人际关系的研究，多认为这是解释东亚社会尤其是中国社会的一个视角，并且，这种社会形态多存在于农耕时代与乡土村落。而从区域上看则多研究中国内陆和沿海地区的农村，较少对边境地区进行此类的研究。笔者通过历史溯源和田野调查，发现熟人社会也还存在于文化相近、地域相连的两个国家边境之间。在其中，背景和关系网是其典型话语，人情、面子、信任与规则是其表现形式。也就是说，普遍而言，人们存在并体现

---

[1] 费孝通：《乡土中国》，上海：上海人民出版社，2006年，第2、43—46页。
[2] 宋丽娜：《熟人社会的性质》，《中国农业大学学报（社会科学版）》2009年第2期，第118—124页。

于一定的社会关系网络中,很多时候是从关系角度而不是其他途径参与社会生活。

中国边界线绵长,总长 5.52 万千米,其中陆地边界线全长约 2.28 万千米,与 14 个国家接壤,西南边境沿线陆上邻国有缅甸、老挝和越南,边境线长约 3886 千米,其中越南段长约为 1300 千米。中越边境地区有 13 个世居民族(按中国的民族划分标准)。因特殊的历史原因,加上山地地形的相对封闭性,中越边境地区形成了各少数民族和谐共生的生活圈,且这些生活圈的分布格局之形成早于现代国家边界线的划分。共同的历史记忆、相似的文化习俗、无法分割的亲缘地缘关系、亲友交往和物质交换的现实需要,以及中越边境山河相连、便道密布的便利条件,造成国家边界从未完全阻隔紧邻边界两边民众友好往来。如 20 世纪 70 年代起,因中越矛盾在边境地带埋藏了数百万枚地雷,山地地形复杂、地雷埋设密度高,使边民几乎无法逾越边界线往来。同时,边民跨境往来还受到边检部门严加管控,因此,边民们的生活范围大大萎缩于其各自的国家边界线内。但即便如此,边界两侧的民众往来也未完全停止——冒险走山野小路探亲访友、中越边民间互相通报无地雷的安全区域、彼此间进行互通有无的以物易物的生活物资交换,等等,边境线上形成了多处隐蔽的草皮街、露水街,这是边民往来的历史证据。1979 年下半年,而滇越边境线上,中国边民用缝纫机机头、棉布、暖水瓶、电筒、电池等生活用品和一些常用药品,与越南边民交换草果、木耳、香菌、砂仁、畜产品、野味等土特产;桂越边境上,1982 年越方边民到边境线附近用土特产与中国边民交换布、电筒、药品、解放鞋、酒等生活物资。① 中越关系紧张期间双方边民突破边境的军事封锁线,

---

① 数据于 2019 年 5—6 月于茨竹坝多个村寨的多次访谈中所得,已经向当地村委会、茨竹坝边境派出所等求证。

开展以改善生活、亲友走访为目的的跨境往来,这些都能找到相关的历史记载。

在中国云南,与越南交界的主要有红河哈尼族彝族自治州和文山壮族苗族自治州,除河口地区较为繁荣外,其他的发展限制较多。像中国文山州麻栗坡县中越边境茨竹坝一带,历史上该山区的中越边民为同源民族,双方联系较为便捷且频繁。从地理环境方面看,茨竹坝一带山高谷深的地形地貌在很大程度上限制了人口的流动,相对封闭的地理空间和社交空间又强化了人与人之间的物质联系和亲属关系。同时通过查阅资料发现,不管是新中国成立初期的边境农村社会,还是社会主义市场经济下的边境农村,村民之间的生产生活、交流往来等都暗含着熟人社会内在的关系、人情等互动互惠特质。因此,文章认为从"跨国熟人关系"及其文化内涵来分析边境村落,研究边民的跨境互动互惠行为,不失为一种学术尝试,同时这也较好地概括了边疆地区边民生活的历史与现实。

2. 从边民及边民流动到越南边民的入境消费

通过调查和研究发现,第一,无论是口岸建设,还是跨国经贸合作,抑或是边民跨国往来等,边民在当中都扮演着十分重要的角色,担任着十分重要的责任和义务。可知,边疆地区的建设与发展不仅是一方之责,更应该是官、民双方携手并进,协调合作。在茨竹坝一带,尽管有可满足边民日常生产生活需求的集市、街圩,但总体而言建设较为缓慢,生产、生活、跨境交易设施设备距离现实需要还有较大的差距。因此本文认为对于地方发展的研究,不应该仅看政府怎么出力,还要调动边民的主动性与能动性,发挥边民发展家乡的主位意识。

第二,从主位视角去看边民的生产与生活,其中对边民流动的研究是我们理解边民行为的方式之一。从现实层面看,中国西南边境沿线多为多民族乡村社区，各民族交错杂居。以往学术界普遍认为相邻两国之间以国为界，各民族跨界而居，且不同学科、不同学者各有侧重。但总体而言，不外乎四个方面，即边民的跨国婚姻研究、跨境经贸行为研究、边民流动与国家认同、民族认同的研究以及边民流动与其国家政策设计的研究。在茨竹坝一带，边民有中国边民和越南边民，而边民流动又各有其由，归纳起来不外乎出于政治、经济、婚姻、教育等目的。但无论其目的如何，总体起来就构成了该地区人口复杂的社会现实情况。

第三，我们探讨边疆建设，边民流动是其重点之一。本研究虽未直接指出越南边民的消费习性研究对边疆地区经济发展之间的联系和互动作用，而探讨更多的是越南边民入境消费习性形成和发展背后的文化意义和社会意义，但无可否认其中的经济效益也不可忽视，甚至我们也可以从边疆集市的发展中探讨口岸建设。换言之，茨竹坝一带作为整个天保口岸地区建设的节点之一，对口岸的建设方向、建成水平等都有一定程度的影响。而文化与经济是紧密结合的双向关系。有消费，就有生产，有生产，就需要投入资金、劳动力等。从越南边民的入境消费行为分析中又可以了解其与该地区社会发展、经济增长和边疆建设之间的互动关系，使其服务于边疆建设和地区经济发展。因此本文将越南边民作为主要研究对象，重点分析越南边民的入境消费习性与其所处的茨竹坝一带跨国熟人关系之间的内在联系，从边民的主位视角研究边民对地区经济社会发展的看法以及诉求。

3. 从边民行为研究到边民民心相通与边境互联互通建设

中国历来强调民族之间和谐发展，也强调民族文化的差异性与多样性。从区域发展角度而言，边民基于民族的同源性、地域的共同性以及文化的相似性，日渐形成一种趋于稳定且频繁的经贸、日常往来等常态现象。尤其在国家边界线明确化之后这些现象更为凸显，并已成为国家建设、国际交流与合作的重要关注点以及学界的研究热点。茨竹坝一带虽不在口岸附近，但从总体上看，边界线是连贯的，将国与国从国家政治层面上区隔开来，但经济的发展和文化的传播共享却是延续的，可跨越边界的，这也是"一带一路"倡议的追求之一，即实现中国与周边国家从经济、文化等方面的互联互通，以构建人类命运共同体。因此，茨竹坝一带的建设与天保口岸建设之间是紧密相关的关系，从"点"的边民流动及其行为研究也可看出国家在口岸的政策、方针等方面的变化。近些年来，随着国家"一带一路"倡议的深入贯彻与"两廊一圈"的建设完善，茨竹坝一带中越边民也深入其中，参与发展。经过20世纪末和21世纪前10年的发展，中国和越南在边境经济发展、口岸建设和边民生产生活等方面的工作也取得了显著成果。边民是边境主体，是兴边、活边、合边的主体，只有站在他们的立场上分析他们的社会现实、发展现状、未来出路，才能为边界线的睦邻友好和边民发展与互动提供广阔的空间。边民社会的稳定、健康发展与边民的和谐互动又为边疆经济发展、社会进步与边界线的睦邻友好提供源源不断的动力，二者相辅相成，相互促进。

综上，本文尝试利用传统熟人社会及其人际关系的相关研究从跨国、边民、熟人关系视角对进入中国茨竹坝村的越南边民之入境消费习性进行探讨，分析影响他们入境消费的原因、特征以及社会影响等。这既是对以往关于边民、跨国民族以及熟人社会乡土村落研究等传统课题的延续，同时更是一种大胆的学术尝试，并且又能为地方经济的发展、民心相通和"一带一路"建设服务。

（二）本研究的学理思考

文章研究的理论依据主要有麻国庆先生提出的"跨界人类学"[①]、薇薇安娜·A.泽利泽（Viviana A. Zelizer）等人的"文化与消费的关联互动"[②]以及邓玉函等人提出的"口岸人类学"[③]。首先，跨界人类学强调从有界到"跨界"，引导我们重新认识边界，并以此来分析边民或跨国民族"跨界"交换活动中参与中越政治、社会层面交流和经济合作发展的联系，从而有助于我们认知他者，反观自身，为构建中越边境地区秩序稳定、发展有序的局面做好基础性工作。其次，"文化与消费的关联互动"这一研究取向认为从社会关系类型可以定义出不同社会含义的经济类型，关联营造或关联取向强调的不仅仅是消费的经济行为，更多的是强调消费与文化之间的互联互动，消费与人际关系之间的双向紧密关系。因此本文采用这一理论视角将越南边民的互动互惠行为充分融入跨国熟人关系背景去讨论，探讨其背后的文化、规则、意义等。最后，"口岸人类学"理念秉持李绍明先生、费孝通先生的"民族走廊"内涵，能包容经济学、政治学、民族学、法学等学科的优点并弥补它们的不足，更具有整体性、比较性、"边民主位"以及"民心相通"等优势。从关注人，到关注边境社会，到关注文化，包罗万象。其从"文化优先"的角度补充了现有研究的不足，对于"一带一路"建设，边境地区民心相通具有至关重要的作用。

上述讨论旨在说明，本文为何选择茨竹坝一带这一边境地区作

[①] 麻国庆：《跨界的人类学与文化田野》，《广西民族大学学报（哲学社会科学版）》2015年第4期，第39—43页。
[②] [美]薇薇安娜·A.泽利泽（Viviana A. Zelizer）：《关联取向的经济社会学家以及如此转向的意义》，高崇、李兴华译，《广西民族大学学报（哲学社会科学版）》2016年第38卷第1期，第12—26页。
[③] 邓玉函、秦红增、陈子华：《跨境民族走廊新视野：口岸人类学初探》，《社会科学战线》2018年第12期，第20—27页。

为本文的研究范围，为何从文化角度去分析越南边民的入境消费习性。在当前突破了单一的"村落民族志"研究传统下，区域研究已逐渐成型、成熟，因此更要通过跨学科结合、整合多主题研究等方式去研究区域社会，以更好地理解幅员辽阔的中国与其文化，从而达到了解跨国民族文化，建设"一带一路"的目的。

一、中越边境上的茨竹坝

茨竹坝村委会位于中国云南与越南河江交接的边界线上，是中国众多的边境村之一。村委会下辖 29 个自然村，多在海拔 1700 米左右的高山土石区，主体民族为汉族，兼有少部分彝族、壮族和瑶族。在茨竹坝下辖的 9 个边境村寨中，大部分为归国侨胞，而与茨竹坝接壤的几个越南村寨边民同中国的汉族属于同源民族，且为从云南迁移到越南定居的汉族人，在越南国内被识别为艾族。[①] 由于彼此生活在共同的地理空间区域、毗邻的村寨内，加上历史上是为一国同胞的同源民族，因此生活习惯、文化习俗等方面具有高度的相似之处。而由于这一区域内的中越村寨均远离乡镇、县城集市，因此在中国茨竹坝街心这一行政区域范围内形成了早期的固定农村集市，中越边民的日常生产生活所需在此得到满足。之后由于国家政策的影响和中越双方的沟通合作，将这一互市迁移到中国石笋村，同时保存茨竹坝集市，以更方便中越边民进行交易。

（一）田野过程

本文研究属于民族学人类学视角下对跨国民族的跨界交流交往与其社会文化内涵的探讨，主要采用了民族学人类学的相关理论和田野调查方法。在民族学人类学的写作与研究中，田野调查被看作是人类学者的"成丁礼"，而本文也是在通过充实的田野调查收集相关田野资料而完成的，在调查过程中运用了参与观察法、访谈法、个案调查等方式方法获得所需材料，并通过阅读和查阅相关文献文

[①] 因为云南位于越南北部，故在历史上从云南迁移到越南的云南汉人被称为"上方人"，他们在越南 1959—1973 年确定民族成分的工作中被划分为"艾族"。[越] 阮筑平：《越南华族及其各支系的称谓》，《民族学通讯》1973 年第 3 期。

件佐以检查虚实，力求田野社会概况的真实性。

第一次到本课题的田野调查点，是在2018年8月，从普洱市孟连县中缅边境结束为期7天的田野调查后，稍做调整，我便匆匆赶往文山与此行的老师和同学们一同前往天保口岸进行预调查。去天保口岸之前，我们一行人先后同文山商务局、民宗委、文山学院等部门和单位开展了讨论会，从中获得了对文山天保口岸及其周边边境村寨总体情况的大致认识，包括天保口岸的建设、口岸边贸的现状、民族分布与交往、民族节俗、边民的跨国交往等方面情况。结束同上述部门和单位的讨论会后，我们一行又进行小组小结讨论，并制订下一步调查计划，之后直接乘车前往麻栗坡县。从文山州到麻栗坡县的道路有好大一段都是盘山公路，道路狭窄且多弯道，部分路况并不好，这也印证了几次讨论会提到的"要发展天保口岸跨境交易，就先要修建高速公路"这一说法。行车大概有三个小时，才抵达下榻酒店，稍做整顿后第二天又直接去茨竹坝。

早上从下榻的酒店出发，因不熟悉情况误到了西畴县的茨竹坝村，而非有互市点的茨竹坝。最后通过石笋村当地人介绍和带路，于当日下午2点左右才抵达石笋村，即互市开放的中国边境村寨，但当时互市已结束，边境上仅有边防官兵在设卡拦截询问。石笋村不大，一条水泥硬地面的主干道直接通到中越边境291号界碑处。道路两边都是一些楼房，有比较老式的土房子，也有新建的小洋房。房子和房子之间的土石空地里还种有一些玉米。当天正逢村里有人家办周岁宴，通过小组合作进行访谈，最后总结出四个个案，也算是大概了解了该村的情况。当天傍晚又回到县城，次日又到天保口岸进行初步调查。几天后，我们调查一行分成两个小组，一个小组回到昆明进行总结，另一个小组继续到河口进行调查。我被分到第一小组，回到昆明后通过小组会议总结了此次预调查的总体情况，并将天保口岸及周边村镇作为课题的一个田野点。这一学期结束后，因要提交课程期末论文，我将去茨竹坝调查所得资料，同时通过后期进行线上咨询访谈，整理出一篇小论文，并参加了2018年9月底学院举办的研究生论坛，这大致确定了我的选题方向。

从茨竹坝回校之后，我一直在同茨竹坝上山围村的游姓边民保持联系，询问当地情况。之后，在导师的指导下，通过对茨竹坝现实情况和历史上该地区中越边民往来情况的追溯，对小论文进行调整，此次调整包括选题、研究内容等方面，调整后于2018年11月又前往天保口岸进行半个多月的田野调查。因茨竹坝离口岸也不算远，同时也位于中越边境地区，但却有极大差别，如茨竹坝主体民族为汉族，而天保口岸周边村寨民族主要为瑶族，两者在民族文化和风俗习惯方面都差别极大。因此通过对比调查与分析，又获得了不少关于茨竹坝地区的情况。同时，在这一调查过程中，我还到口岸办、海关处进行了咨询访谈，从侧面也获得了一些关于天保口岸和茨竹坝的资料，尤其是在互市交易方面。之后，在天保口岸调查结束之际，我回到麻栗坡县，走访了他们的旅游局和县志办，获得了大量关于整个县城和边境村镇的资料。县志办的领导也十分热情，恰逢第二天周末，邀请我随同他们到边境村里进行脱贫扶贫考察，但由于时间关系，最终也未能同行。

回校后，我又抓紧撰写了此次田野的调查报告，并进行小论文调整后的初次修改，通过导师和各位老师的意见和建议，一直到开题，堪堪最终确定文章主题。开题结束之后，又于2019年5月份再次前往茨竹坝进行了将近一个月的田野调查，时隔近一年，茨竹坝的变化还是较大的，如建设了一个大棚式的农贸市场，有专门的管理员进行管理；石笋村互市点的建设；移民支边村寨建设等。这次调查主要内容通过与导师商量，并结合开题过程中各位老师提出的建议而调整，包括完善茨竹坝村的历史沿革、村民生活、中越边民交往的社会文化实质等内容。从总体上看，此次调查按照田野点的变化可分为三个阶段进行。

第一阶段，我在茨竹坝石笋村进行了为期七天的调查，整体上对这个开设边民互市的边境村寨有了较为全面的把握，包括当前为将互市点合法化而进行的易地搬迁移民支边、在法律允许的前提下提高互市交易额以达到开市门槛等。同时，在该村调查过程中，我也跟随我的报道人黄婶到紧邻的猴子箐村走访。当天下午 4 时左右从黄婶家里出发，大概走了十分钟就到其亲姐姐家，一起吃晚饭。当天吃饭的还有关系较好的邻居，还有从越南嫁到这边的新媳妇，云南方言说得很顺畅。饭后同大家一起坐在烤房（烤茶待客的一个厅，就在厨房旁边）喝烤茶，说起这边的跨国婚姻、跨国亲戚等情况，他们对我的提问和疑惑也一一解答，十分热情。当晚回到家中，我整理了一些个案，从中也获知了猴子箐和石笋的华侨归侨和跨境婚姻等情况。这一过程中，恰逢周六，碰上了石笋村的互市日，早上大概 7 点，茨竹坝边境派出所的民警就到边境线上设卡，对越南边民实行登记、拍照入境。而互市上的商贩部分从茨竹坝邻近的中越村镇而来，中越商贩依据规定分别将摊点设置在其国境上。经过观察，发现摆摊的商贩中国人较多，售卖的产品种类从农用工具、五金，到服装服饰、餐饮零食等应有尽有。而越南商贩售卖的更多的是一些蔬菜、药材等，摆摊的人较少，赶集的人较多。尽管越南边民通过登记可进入中国赶集，但他们不能离开石笋村到中国其他村寨去。

第二阶段，从石笋村回到村委会所在地，又进行了一个星期左右的田野调查，主要了解茨竹坝的历史、茨竹坝街的情况，等等。其间又逢周六，同时也是兔日，茨竹坝街天和石笋村互市开放同在一天，因这天天气较好，部分中国边民个体户又到石笋村摆摊做生意，其间有一越南妇女在得到中越两国边防官兵的同意后到茨竹坝诊所看病拿药，之后在中国派出所民警的引导下回到越南。当天因要进行扫黑除恶宣传，我又随同派出所民警在街头进行宣传，为登记参与的中国边民发放活动物资。同时，当天早上又到石笋村互市进行宣传，册子上的宣传文字大部分为中文，少部分印有越南文字，部分越南边民还拿起来阅读，由此可见，在这一边境地区，还是有越南人懂中文的。这一阶段的调查，在派出所和村委会的帮助下，村民对我的到来十分欢迎，并同我讲了许多关于这个村子的情况。在几天调查中，派出所的民警们也对茨竹坝各村存在的双重国籍人员进行排查，让其自愿选择国籍身份。之后，临结束前，派出所又邀请我同所里民警作汇报交流学习，其间也获得了较多关于茨竹坝的情况。

第三阶段，在当地村民的介绍下，我又到了其中一个村子进行入户调查，时间为一个星期左右。该农户因其外祖父全家于20世纪60年代从越南回到中国之后定居在此，之后未再到越南生活，但他们的身份户籍依旧是越南籍。在当地派出所进行人口普查过程中，让他们自愿选择国籍，最终成为中国人。因此从文章写作角度看，这个文案极为符合文章所描述的跨国亲戚和跨境婚姻的现实情况，对于我了解地方的人口流动和婚姻圈有很好的帮助。

此次调查在边防官兵的监控和支持下，我到紧邻中国的越南进行了较为粗浅的调查和访问，并沿着边防道路到紧邻村寨的中越边境山林里进行调查，从而获得更多有关中越边民互动往来和越南边民生计生活等方面的资料。这些材料支撑起了我的论文写作。此次调查结束，回到学校，又进行了第三次的报告写作，同时也将这次调查结合2018年11月份天保口岸的调查作为我学校课题的一个报告主体内容，进行分主题式写作。

最终，本文在踏实的田野调查和翔实的文献分析基础上完成，主要探讨中越边境地区茨竹坝一带跨国熟人关系的形成发展及其与越南边民入境消费习性之间关系，从人际关系视角分析了边境地区边民民心相通的构建和跨国民族文化跨国共享等议题。文章通过分析茨竹坝一带越南边民的入境消费习性，可以获知这一地区中越边民交流往来的文化脉络，从而获得对相关问题的事实印证。

本文将所获得的调查材料经梳理并查阅文献的基础上完成的主要分为绪论、正文、结语三个部分。绪论作为文章研究问题的提出与背景介绍，基本上交代了文章选题的缘起、前人的相关研究以及文章的创新之处与学术价值。

因地处边境，同时历史上又是部队驻守的边境村，故本文有关茨竹坝一带的田野点介绍，主要对该地区边民的跨界交往如跨界往来、跨界消费等互动互惠行为进行粗浅的描述，此即文章的第一部分。第二部分在第一部分基础上，将个案结合文献，分析了茨竹坝一带跨国熟人关系的成因与发展，以及消费的分类等内容。之后，通过分析边民生产生活，将越南边民的入境消费分为四个方面进行讨论，从而也证实了在跨国熟人关系下，茨竹坝一带越南边民的入境消费习性得以形成，反之，越南边民的这种入境消费实践经过长期演进，最终也影响了跨国熟人关系的发展，彼此之间也是一种和谐共生、相互促进的关系。最后，即结语部分，主要对研究内容进行了总结。通过上述分析，其一，乡土社区的人际关系是可跨越国家边界而存在的，并随着边民的流动得到强化、拓展。其二，文化的传播与共享是跨越国家边界而徐徐进行的，乡土社区的人际关系对其社区范围内的群体行为与个体行为具有规范性。其三，从边界线上某个"点"之边民行为的分析中，可以窥探这个点所在的这一段边界线边民往来、流动的历史与发展，及整个口岸地区的建设与规划，并在此过程中实现"一带一路"倡议的互联互通。

（二）茨竹坝村的地理与历史沿革

1. 地理环境

茨竹坝村隶属于中国云南省文山州麻栗坡县，地处麻栗镇东面，距离县城19千米。茨竹坝村北面与越南官坝县接壤，南达麻栗坡县，东临金厂乡，西接豆豉店村委会，全村下辖29个村民小组。其地处山区，面积58.78平方千米，离麻栗镇15千米，海拔1720米，全村下辖的29个自然村大部分在海拔1700米左右的山上，其中热带雨林地、山地面积占99%以上。年平均气温14.10℃，属于热带雨林气候，年降水量1472.50毫米，适宜种植玉米等农作物，主要有山鸡、果子狸、野猪等野生动物。其境内与越南接壤的边界线约为14.4千米，边境便道统计在数的有3条，设有一个跨境的边民互市点，管护287至294号界碑。

2. 历史沿革

麻栗坡县茨竹坝村民委员会地处山区，因驻地茨竹坝得名。其位于麻栗坡县东南方向，距离县城15千米左右。明末清初茨竹坝属于牛羊土司，清末及民国时期属于天保对汛。至民国三十八年（1949年）1月中国共产党桂滇边纵部队解放了麻栗坡县城，编为第一区，将原天保对汛所辖的茨竹坝划入麻栗坡区，并在1953年的土地改革过程中，划归麻栗坡县麻栗镇管辖。1965年当地政府又将茨竹坝从麻栗镇分出，同大坝、金厂、中寨、茨竹坝组成金厂区，1970年改为大队。1983年，该地撤销公社建制，改设区、乡，同时茨竹坝乡又重新划入麻栗坡区管辖。

茨竹坝乡建成之后，在乡政府所在地即今天的街中心，陆续又增设了邮局、供电所、粮站、供销社、学堂、卫生院和广播站等单位和机构，同时由于人员的流动与聚集，在这个办公区域内还开设了不少商店、摊点，每到赶街日都十分热闹。① 在 20 世纪八九十年代中越两国未发生矛盾时，茨竹坝乡已有边防分队驻扎，村里还有一个民兵连。中越关系紧张时，在茨竹坝一带山林里埋了许多地雷，并有许多残留的铁丝网和碉堡等，到如今还影响着该区域边民的生产生活。在同茨竹坝派出所的民警们沿边巡视时，可以看到在现今设立的 293 号中越界碑处，有一条小路可骑摩托车往返中国和越南之间，是中越边民常走的山间便道。在沿边公路上还可以发现众多便道，不时还有边民走动，或交易农产品，或砍树、放牧，或做点小生意发点小财。

你看看这个界碑这边，以前的边界线就是用这个石头堆起来的一个拱门，人通过这个门口出入中越两国，周围就是一片平地，上面有些石头堆起来，表示这是边界线，不能随便跨越。现在这个条件好了，边界管理也更加严格了，就用水泥做了一个界碑，边界线可以做起来的，就用一些铁丝网围着，拦住人们不给随意出入。而且这里现在都安了摄像头了，我们在警务室也时常可以看到有边民在这里放牛，有时候牛没有人看就过界了，又得拉回来，说不给走，好像也不太可能。然后你看，地上很熟的这个路，磨得很滑，都不长草了，就是人们经常走动造成的。②

1988 年区乡体制改革中，麻栗镇（小镇）又被并入麻栗坡区，将茨竹坝乡改为办事处，归麻栗镇管辖，全村下辖 28 个自然村。1996 年，全村人口统计数为 802 户 3915 人，其中 9 个边境村的人口

---

① 云南省麻栗坡县地方官志编纂委员会：《麻栗坡县志》，昆明：云南民族出版社，2004 年，第 59—67 页。
② 访谈对象：HYJ，42 岁，男，纳西族；访谈时间：2019 年 5 月 8 日；访谈地点：中越边境 293 号界碑处。

数为237户1113人，皆为汉族。① 截至2017年统计数据显示，中国茨竹坝村国土面积为58.78平方千米，东邻越南，南达天保镇，西接豆豉店村委会，北邻金广乡，辖上、下草果冲等29个村民小组，包括上山围、下山围、石笋村、猴子菁、上月亮坝、下月亮坝、大山后、小山后、猪厂等9个边境村民小组。现有农户1053户、乡村人口4062人，其中农业人口3908人；汉族占95%以上，总体以汉族为主，兼有少部分彝族、壮族和因婚姻等而来的瑶族等同胞。2016年全村经济总收入3512.00万元，村民人均纯收入8646.00元，主要以种植、养殖业为主。② 由于民族成分比较单一，管理较为方便，因此相对多民族杂居的乡土村落而言，社会治安较为稳定，是当时有名的治安"模范乡"。

自1979年以来，茨竹坝村陆续安置了被越南当局驱逐回来的华侨，才导致了当地居民成分的复杂化。被驱逐回国的华侨主要分布在上三为、下三为、石笋、上坝、下坝、大山后、小山后、猪厂等村寨。但总体而言，由于该区域中越边民大部分以汉族为主，同时长期聚居在同一边境山区中，因此语言相通，主要讲云南方言。刚回国之时，这些村寨的边民因在越南有亲戚，因此也常出现部分村民私自收留外来人员、偷偷过境探亲访友的情形。同时，因姻亲关系而互相熟知的跨国婚姻圈的存在，也使得这些边境村的中国边民同紧邻的越南金竹林、王家坪、南湾等村寨互相通婚的情况习以为常。这些边境村多位于海拔1500米左右的土石山上，林地多，可耕作面积较少，且因中越交战山间多雷区，村民也无法对山林进行开垦耕种。总体看来，由于地形与历史原因，该地发展较为滞后，在

---

① 云南省麻栗坡县地方官志编纂委员会：《麻栗坡县志》，昆明：云南民族出版社，2004年，第59—66页。
② 云南省文山麻栗坡县麻栗镇茨竹坝村委会，http://www.ynszxc.gov.cn/S1/S943/S982/S983/S214539/.

居民营生方面，除大豆、玉米、草果等农业种植和鸡、鸭、猪、牛、羊等家禽家畜养殖外，还有以中年男性为主体的建筑装修和以年轻人为主流的外出沿海地区务工等生计方式。而该山区中越边民日常所需的大米，也仅能依靠从集市上买回。

（三）中越边民的赶街场所

据茨竹坝一带边民介绍，历史上这一山区仅有茨竹坝街一个集市，按照兔、鸡日赶集。在还未严加管制时期，茨竹坝周边的村民无论是中国的还是越南的都可到此赶集，购买需要的物品和服务。茨竹坝集市自设立以来，就成了该边境地带中越边民满足日常生产与生活需求的主要场所。随着中国对边境管理的严格化，已不允许越南边民到茨竹坝集市赶集，他们的活动范围被局限于邻近的中国边境村之间。从现实层面讲，茨竹坝边境一侧的越南村寨远离其国内的集镇和市区，日常生产生活需求难解决，因此地方政府考虑在茨竹坝石笋村增开互市，在满足边民需求的同时，拉动地方经济发展，促进中越边民之间的和平友好往来。目前，在茨竹坝一带一共有两个赶街场所，一是仅容中国人赶集的茨竹坝街，二是新增设的石笋村互市，越南边民通过合法手续可以进入中国石笋村赶集。

1. 茨竹坝街

历史上，"茨竹坝互市"赫赫有名，开于清嘉庆年间，当时还是民间草市。清光绪二十三年（1897年），中法两国协定，中国和越南分别于中国麻栗坡和越南河阳（今河江）对设督办，督办下设若干对汛以管理边境治安、边民涉外事务等，其中茨竹坝于天保对汛期间在今天的茨竹坝街心设立了茨竹坝边民互市市场，街期为兔、鸡日。截至1991年还未成为官方指定的交易场所。茨竹坝互市赶集的边民群体主要有汉族、瑶族等，越南边民人数占20%左右。1991年中国政府正式确定茨竹坝为中越边民互市点，有公路直通街市。当时在街市买卖的产品主要有蔬菜、粮食、肉食、禽蛋、农副产品以及日用百货、服装服饰等，其中干鲜竹笋、竹麻、草果、核桃等为该区域的名特产品，每次街日成交额在1万~2万元。[①]

在计划经济时代，物资都集中在供销社按人、按量进行计划销售，但越南边民也可在此获得相关物资。发展至今，茨竹坝街已成为该区域范围内最大的交易市场，还增加了建材等商品进行销售。茨竹坝供销社在越来越多的个体小摊经营的挤压下，也逐渐撤销。部分以前办供销社的边民，通过重组资源，根据地方需求对其销售的产品和服务进行重新规划，利用长期经营积累下来的客商关系在茨竹坝街继续做买卖，生意也较为红火。之后，中越政府根据现实情况，通过双方共同合作于中国石笋村设立互市市场，即今天的石笋村边民互市，以更好地满足边民的需求。

2. 石笋村边民互市

石笋村边民互市是指设立在茨竹坝下辖的石笋村边境上的互市交易点，其地海拔1900米左右，横跨中越两国边界，是当地有名的"国际市场"。石笋村边民互市可以说是茨竹坝互市点的迁移，因越南边民无故不能到茨竹坝购物，政府为方便这一山区民众的生产生活，通过中越双方的沟通协商，将茨竹坝互市点迁移到石笋村中越291号界碑外，在维持原有茨竹坝街的基础上，增设石笋村互市点。同茨竹坝互市不同的地方在于：一是石笋村边民互市的周期为一星期一次，固定在每周星期六，中越之间互相遵循；二是这一互市允许越南边民登记进入，进行买卖交易。

21世纪之初，石笋村就是远近闻名的民间交易村。因其地势较

[①] 云南省麻栗坡县地方官志编纂委员会：《麻栗坡县志》，昆明：云南民族出版社，2004年，第59—66页。

为开阔平坦，土地可利用情况较好，十分方便中越边民开店买卖。石笋村在边境线上，方便中越边民自由往来。因此，在未受国家规定撤销集市之前，越南边民在石笋村上可以获取其需要的生产生活物资，包括作物种子、农药化肥、机械、农具等生产用品以及食用油、五金、饮料、药品、家电等，而边民又可将自己种植的如玉米、蔬菜、瓜果等带到村里进行买卖挣钱。此外，石笋村还是一个"不夜村"——到了晚上，众多邻近村寨的中越边民聚集在此吃夜宵、喝酒，吵闹到半夜两三点才歇市。由于地理位置的便利性和人员往来的日渐复杂性等原因，石笋村走私情况很严重，影响了中国边境地区的治安与秩序，不利于国家的统一管理和边境的长治久安。在田野调查过程中，就有一个年仅二十一二岁的年轻小伙说道："我们小时候村里很热闹，很多人都走私木材、药材这些，没有办法，山里的人没有文化做不了其他的，走私还能挣点钱；到了晚上很多越南人来村里玩，吃烧烤、喝酒，到很晚才回去，或者就住在这里，因为他们在这里有亲戚……"为实现国家兴国安邦、稳边富边等目标，麻栗坡县地方政府下令禁止这一边境村的非法跨境交易，并严格控制未经许可的越南边民随意出入石笋村，这才逐渐将该村规范下来。但伴随而来的，是依靠这个村集市谋生的边民生活的困难。以往在中越之间还允许牲畜、玉米、大米等的进出口时，石笋村还经常有生猪、大米、玉米买卖等情况，市场繁华度不亚于茨竹坝街天。

在地方边民的强烈要求和国家发展边境乡村的综合考虑下，于2018年在石笋村设立边民互市试验点。设立之初，互市点都是用木板、石棉瓦搭起来的临时交易大棚，还有方便拆卸运输的遮阳伞。到2019年，越南已经有边民搬到了互市点边上定居以守土固边，这样也为石笋村边民互市聚集了人气。获得中越双方政府支持的石笋村边民互市，于每星期六早上8点开市，一直持续到当天下午2点，互市市址横跨中越两国地理空间（中国一段越南一段），越南边民需登记后方可出入石笋村，但不能无故到其他村寨去。若邻近村寨的越南边民有生病需要就医买药的情况，在获得中国茨竹坝边防派出所的同意并登记在册后，可到茨竹坝街心上的卫生所看医生、买药。而互市日的石笋村非常热闹，临时摊点开在道路两旁，还有互市边上的越南边民家也开起了商店，偶尔通过互市日进行补货。互市上买卖的东西主要有烹饪用具、服装服饰、零食、五金、禽蛋等，还有一些像穿山甲鳞片等的药材。而摊贩则主要来自茨竹坝街的店主和周围村镇的中越边民，十分热闹。茨竹坝派出所在石笋村设立了警务室以方便监管边境，防止走私贩毒等情况发生，而互市期间民警们在边境线上都设置了临时管制点。同时，自禁止大米等食品的私人交易后，在石笋村出291号界碑前20米左右的边境路上砌了四五个仅容一个人通过的石柱，以防止边民车辆和大米、生猪等私自出入边境。

2019年，麻栗坡及相关政府通过对茨竹坝各边境村寨易地扶贫搬迁、农村危房改造、产业基地建设、抵边搬迁项目建设等工作情况的考察，认为通过完善"村规民约"，采用"易地搬迁守土固边"的形式来扩大石笋村的村寨规模和增加石笋村的常住人口，从而增加该村边民互市的交易人数和交易额，以打造和发展石笋村边贸互市。同时，还可以促进这一地区边贸经济与文化的交流，有助于解决边民生产生活困境，达到稳边固边、巩固脱贫成果等目的。

（四）中越边民的互动互惠

社会互动是边民习惯性的行为表达，亲缘、族群记忆及人情关系成为边民互动往来首要考虑的三大因素。①"无边"使得边界线两侧村寨的民众往来更为畅然随意或混乱,"有边"又给边界民众之往来附上国家意志与规制的限制,而以亲缘与人情为基础的边境乡土社区,边民往来行为则具有互利互惠的特点。这种不受国家边界区隔影响而频繁进行的跨国互动互惠,最为核心的就是其本身历史上所形成并积淀下来的族群记忆与文化记忆,从人际关系角度而言,也就是我们所说的跨国熟人关系。同时,在跨国熟人关系基础上的边民互动互惠,同样也影响了越南边民入境消费习性的形成与发展。诸如此类由边民互动互惠日渐强化的民心相通和日渐构建起来的跨国文化圈与交流圈,也反过来形塑、加深边境乡土社区的跨国熟人关系的形成。

1. 跨国通婚

跨国熟人互动互惠的一个方面首先是跨国通婚,除同为同源民族的认同感外,相近的文化、复杂且亲密的跨国熟人关系和便利的地理条件也是茨竹坝一带中越边民乐于跨国通婚的前提。在调查中已知,在开设边民互市点的石笋村这个仅有163人的中国边境村寨中,就有五个越南媳妇;中国上山围边境村也有三个越南媳妇,而其他七个中国边境村的越南媳妇就有将近20个。这些边境村寨的边民与越南边民同居一山,村寨相连、邻里相望、互市相通,地缘上的便利使得这里的人们出入自如,自由买卖,交往频繁,相互之间可谓知根知底。且在当前中国经济发展飞速、国家对农民、边民的大力支持下,也对越南边民形成不小的吸引力。在对美好生活的向往之下,越南妇女嫁到中国生活的情况较为常见,尤其是双方村民皆为熟人更是如此。以石笋村为例,在越南有亲戚且还往来的中国人当

---

① 张含、谷家荣:《社会互动与滇越边民国家认同研究》,《云南民族大学学报(哲学社会科学版)》2012年第1期,第17—22页。

中，就有不少人在平时走亲访友的机缘下，为其村内村民或中国亲戚寻找合适的越南姑娘做媳妇。而跨国婚姻的结成，意味着跨国熟人关系得到一定程度的拓展与复杂化，从而也对越南边民的入境消费习性产生了一定的影响，如原有的买卖关系被强化或破坏，新的买卖关系形成，等等。①

我这会还在读高中，家里还有个妹妹。我家是上山围村的，就是从村委会过来石笋的路边，上山围到这里大概三四千米，骑摩托车一会就到了。今天我妈妈的妹妹也就是我小嬢，她小女儿周岁，在办酒席，邀请我们过来吃饭。小嬢嫁到石笋好久了，所以我经常到石笋来玩耍，有时候也跟我表哥他们到越南去玩。我们上山围村有三个越南媳妇，会说中国话，跟村里的人相处得很好，村里也没有人嘲笑她们。石笋村有五个越南媳妇，有一个跟人家去广东打工之后就跑了，留下一个小孩和老公在家里，其他的那些都过得挺好。这些越南媳妇很知足，她们觉得她们的生活过得比以前好，也没有以前那么辛苦。在这边或她们越南娘家农忙的时候，她们也会相互搭把手干活，在农闲的时候，就偶尔串串门走走。其他村还有一些，她们有些是亲戚介绍过来的，比如她们到越南走亲戚时，吃饭的时候就会聊天，聊到哪家的儿子还没娶媳妇，亲戚就会帮忙说介绍一下，有认识的姑娘就给介绍。这些越南新娘她们有些也有亲戚在中国，所以大家都知根知底，不会担心被拐骗，很放心嫁到中国。有些是通过媒婆介绍的，像那些经常在中国和越南走动的人，他们认识的人比较多，经常在给人家介绍对象。久了之后，就慢慢做成了媒婆，专门给别人说媒。

---

① 访谈对象：YFY，18岁，男，汉族；访谈时间：2018年8月7日；访谈地点：茨竹坝石笋村。

2. 跨国走亲戚

跨国熟人互动互惠的第二个方面是跨国走亲戚。经由调查与历史溯源已知，茨竹坝一带中国的 9 个边境村寨边民和相邻的越南村寨边民之间有亲戚关系。这些亲属来源主要有两方面，其一，因民族、宗族迁移定居后、国家边界线确定后造成同一宗族分属不同国家的跨国亲属；其二，因跨国婚姻而形成的跨国亲属。过去在"无边"的情况下，跨国走亲访友可谓自由来往，而跨境小圩市、草市林立边境线上，边民跨境交易异常活跃，方便那些跨国走亲戚的人。调查发现，边民在节日期间跨国走亲戚的频率较高，如传统的春节、清明节、中秋节等节日等，有部分距离较近的边民还在平时空闲时期到越南亲戚家玩耍。过年过节走亲戚就较为隆重，相互之间会带上酒、肉和礼品，并大摆筵席，聊一聊当前的边境政策对他们的生活有什么影响，哪家哪户小伙子、姑娘尚未婚配等。平时则是相互走动联络联络感情，偶尔叫上邻居一起喝酒吃肉等。但无论如何，这种互动行为都伴随着某种程度上的互惠特征，对该区域跨国熟人关系的形成产生了积极作用。这种作用表现在越南边民的入境消费方面，较为常见的有如"友情价""半卖半送"等。①

我是跟我爸妈他们一起过来的，参加我小孃她小女儿的周岁宴，小孃家有个亲戚是越南人，就是那个来喝喜酒的矮矮的那个，还有他的儿子、孙子，都一起过来了。我们家和越南人不是亲戚，不过因为我小孃和他们有亲戚关系，然后我们又经常走动，所以就比较熟，然后偶尔就会到他们越南那里玩。不过我小孃家倒是经常去，像过节的时候，喝大酒（比如喜酒、宴会之类）的时候就去，带一些礼品，就可以了。去越南不能骑自己的摩托车，越南人也不能骑过来，只能走路，到边境上边警就会给你拦下来。有时候去，就带上一些

---

① 访谈对象：YFY，18 岁，男，汉族；访谈时间：2018 年 8 月 7 日；访谈地点：茨竹坝石笋村。

自己种自己制作的老树茶，也可以带一些肉、面条等中国生产的农副产品，有时候是农闲在家无聊的时候去喝喝茶、聊聊天，当天去当天回。而年轻人，像我儿子和表侄子这些，有时候就待得久一些，主要是去那边游玩，带着证件，玩个两三天再回来。他们村里的有些人家，因为过去逃难到越南，有些亲人去世了就葬在那里，之后又有部分回到中国，部分留在越南。于是在清明节的时候，中国作为边境村越南的亲戚聚在一起，祭拜祖先，在越南吃过午饭就回来。这种情景是很常见的，大家也都习惯了这种往来。

3. 跨国赶街

跨国熟人互动互惠的第三个方面是越南边民跨国赶街。作为边境村茨竹坝一带边民在相当一段时期内过着政治环境松紧交替的生活，在中越两国关系缓和时期，国家权力并未过多干预该地边民的社会生活，茨竹坝一带的茨竹坝街、石笋村边民互市也在这种环境中缓慢发展着，成为满足中越边民生产生活需求的场所。在边民长期的跨国赶街行为过程中，逐渐建立起来的跨国熟人关系又是促成越南边民入境消费习性的原因之一。

从互市交易方式看，过去在茨竹坝中越互市上，边民交易除却清楚明了的银货两讫之外，更多的是一种以货易货的买卖形式，在此货物无论种类，只要有需要，都可以充当货币，而对于交换是否公允，则视双方需要来定。长久以来这种不涉及太大利益交换、彼此多靠"刷熟脸"、靠人情的交易模式业已成常态，我们多称之为互惠交换，或者互惠交易。从互市产品类型看，当前中国对互市交易有所限制，如不能在互市交易大米、玉米、牲畜、肉类食物等，也不能进行大额度（单日交易额不能超过8000元人民币）商贸往来。但对于该区域的中越边民而言，满足日常生产、生活需求为首，发展大计还需要紧跟国家政策走。互惠交换准则在熟人关系为基础的边境乡土村寨中，往往比明码标价的商品买卖更为适用，将自己所有带到互市上换取自身所需，以实现资源的优势互补，本身就超过了经济意义上的货币价值。①

去年，我们村在外面界碑那里成立了个边民互市点，其实是越南人搭的棚，也是为了方便他们买卖的。一开始想搭在中国这边，但是我们还没有做起来，越南人就做好了，然后就变成了现在中国一半、越南一半的样子。互市日在星期六开放，从早上一直到中午一两点。虽然互市点设在越南，临时大棚也是他们搭的，但是在互市上卖东西的人差不多有一半是中国人，一半是越南人，中国商贩多一些。卖的东西有一些蔬菜、水果，简易农具像弯刀、刮子等也有，此外还有一些生活小百货，不过像玉米、大米和鸡鸭等这些产品就不能随意买卖，买一点做吃的可以，买多了不行，国家有严格的规定，边警也不允许带过境。在边民互市的时候，主要是中国人从越南人那里买一些水果，然后越南人跟中国人买一些蔬菜、五金、农具，有时候他们还会到村里商店买一些啤酒或其他饮料。其实这里就是一个边境的农贸市场，没有什么大件的东西。像在几个墩子外面摆摊的，有一个是派出所辅警的老婆，她在茨竹坝街心市场也摆摊做一些油炸货之类的东西，这边互市的时候也过来摆摊，大家都熟悉的，有时候小孩子见到她，也会去买点。还有我们家老表，就是在界碑那边那个，他们家不是在那里有个小卖铺吗，越南人经常过来买啤酒，上次你见的那个拿了一件啤酒的小孩，他们的中国钱就是跟有些摊贩换的。还有我叔叔家的亲戚，就是那个表弟，他经常过来，他奶奶也经常过来赶街，买一些水果、蔬菜回去，有时候又卖点东西，就这样，换来换去，差不多到中午一两点就散街了。

---

① 访谈对象：HDW，24 岁，男，汉族；访谈时间：2019 年 5 月 12 日；访谈地点：茨竹坝石笋村。

二、"跨国熟人关系"的成因与特征

茨竹坝一带中越边民都生活在特定的社会群体与社会形态之内,有着较为固定的场域与文化,在观念、习俗、行为等方面,深受同种或类似文化、习俗、"潜规则"的影响。在现实世界里,虽越南边民不受中国相关制度的影响,但在同样奉行社会主义制度的中越边境地区自然具有其相似性,更别说他们历史上同族同祖同宗,因此文化内涵的相似性也高,长期联络往来与共性文化都影响了他们的消费行为。边民行为深受其社会环境影响,从一般行为到习性并非一日能成,它与时空相关,在长期的历史积淀下最终会成为一种与社会形态、社会环境与人文环境密切相关的习性。因此对越南边民消费习性进行研究,首先要分析跨国熟人关系的成因、发展与特征,从而更好地分析二者之间的关系。对促进边境地区商品经济发展具有积极作用,也与民心相通和"一带一路"沿线经济带建设密切相关。

(一)跨国熟人关系的成因

过去对于熟人社会的看法,很重要的一点即"自己人认同",[1] 也就是说人们基于身份认同而获得或具有共同利益,依据关系远近构成各种各样的人际关系网,并在这种关系网络基础上进行各种各样的社会行为。而"跨国熟人关系",通俗而言是对居住在边境线两侧的边民或跨国民族之间所形成的一种人际关系的概括,即他们之间在法律允许的条件下,从日常生活到农业生产,互通有无,守望相助,形成了一个边界线两侧的边民或跨国民族或边境线两边群体之间的"小圈子",人们以"己"为人际交往的中心,往来标准是相互

---

[1] 宋丽娜:《熟人社会的性质》,《中国农业大学学报(社会科学版)》2009 年第 2 期,第 118—124 页。

之间关系之远近而非我们所认知的道德与法律。此中，背景和关系网是这个小圈子的典型话语，文化生于其中又规范着人们的行为；人情、面子、信任与规则是其表现形式，潜规则要比明规则更为适用。并且当前在信息时代，网络发达、信息通畅，互联网、市场、组织等又对这个小圈子进行了二次重构，使其呈现出与以往不同的特征。但究其内涵，茨竹坝一带中越边民之间的小圈子形成于费孝通所言的"差序格局"的社会结构之中，同时在当前社会经济快速发展过程中又展现出"团体格局"特征。而跨国熟人关系的形成，则主要基于地缘、亲缘人情关系网和通信工具与移动互联网的共同影响。

1. 共同地域

地缘是茨竹坝一带跨国熟人关系形成的原因之一。据资料记载，在历史上，中国茨竹坝村的石笋、猴子箐、上月亮坝、下月亮坝等村寨和相邻的越南金竹林、王家坪、南湾等边境村寨同属中国，而后国家边界线的确定与行政区划的几经变化，形成了现在的茨竹坝有九个边境村寨和越南相邻的地理空间形态，但边民往来同其他农村地区的村民生活并无二样。共同地域将这一带中越边境村寨相连成片，村与村之间由国家修建的和村民集资修建的水泥路与土便道相连。山里人家以种植玉米、大豆、草果为生，在两国相连的原始森林里面还有一些草药、野茶树、菌子等，村民经常深入其中采摘草药、茶叶，栽种草果，不分彼此。直到现在，这一边境地带还埋藏了数万枚地雷，山地地形复杂、地雷埋设密度高，使边界线几乎无法逾越，且人们的跨境往来受到边检部门严加管控，边民们的生活范围大大萎缩于各自的国家边界线内。但即便在如此危险的情况下，边界两侧民众往来也未完全停止——冒险走山野小路探亲访友、中越边民间互相通报无地雷的安全区域、亲友间进行互通有无的以物易物的生活物资交换、边境线上形成了多处隐蔽的草皮街、露水街等。

山与山之间相连成片，使得这个地方的人们被长期束缚在较为固定和有限的地域范围内，并且，高山连片的地形又在很大程度上限制了人口的流动和物资的丰富性与流动性。边民基于共同地域长期生活在一起，在共同文化、语言和封闭又方便的社会环境中相互往来，人的流动带动了物资的流动，而通过物资又强化了人与人之间的物质联系和亲属关系。在交通、技术不发达的时代，人们可谓步履维艰，进出两难，边民们被限制在相对封闭且人口成分较为稳定的区域内，同时这样的地形地貌也限制了物资的供应，使边民的消费具有相当高程度的相似性与单一性。

2. 血脉姻亲

从民族迁移角度看，越南金竹林等村寨的艾族和相邻的中国茨竹坝村汉族历史上属于从其他地区迁往此山区定居的族群，在生活习俗、文化等方面均无二致。之后虽然因国家领土划定而使他们分属两国，成为当前国别基础上的跨国民族，但宗族、血缘关系不会随之一刀隔断。共同的历史记忆、无法分割的亲缘关系，是茨竹坝一带中越边民亲友交往和物质交换的现实基础，同时也是跨国姻亲关系的重要成因。茨竹坝一带中越边民在山河相连、便道密布的便利条件下，跨国走亲访友现象频繁发生，在一定程度上又促进了姻缘关系的形成，从而作用于其跨国熟人关系网，使之日渐复杂化，成为影响地方边民的行为因素之一。数据统计，截至2019年，整个中国茨竹坝村现有中越跨国婚姻不少于40桩（其中石笋村有5桩，猴子箐村有3桩，上山围村有5桩），[1]因此在这片边境农村逐步形成了"一表三千里"的亲属关系网络。

同时，亲属关系的存在又在一定程度上使各村寨村民之间知根

---

[1] 数据于2019年5月在茨竹坝多个村寨的多次访谈中所得，并已向茨竹坝边境派出所求证。

知底，人们的信息透明对称。乡土社会的伦理道德对人的社会关乎影响最为突出，其次是人情亲缘与习惯法。这些包含人情、伦理习惯的亲属关系的存在同样也影响了人们的行为，如在进行消费行为选择时，血脉姻亲的熟人关系是他们考虑的一大因素。从人口流动层面看，外流人口多于内流人口，婚姻作为人口变化的一个重要影响因素，由姻亲发展而来的亲属关系也不断形塑强化着熟人社会关系网。同时，人口的流动又带动了文化的跨国交流共享，并对两国边民消费习性产生深刻的影响。虽然当前在社会人口流动、阶层变动、血缘淡化等情况下，熟人之间未同过去那样熟稔，甚至变迁到"半熟人社会"状态，但在笔者看来，边民的行为和思维依旧遵循熟人社会的内在逻辑。

3. 人情关系

同传说乡土社会一样，在地缘与亲缘基础上，不断强化的人情关系网是边民跨国熟人关系不断发展的一个重要成因，也是这一边境地区边民行为的重要原因之一。边民因地缘和亲缘关系而熟悉，结成各种各样的关系，人与人之间的人情味较一般市民社会更为浓厚，这也使得人与人之间的私人关系也更为亲密，由此构造了庞大的人情关系网。此外，在同源或相近文化的影响下，人们的行为不断被规范约束，包括他们的消费、生产等。而边民各种行为反过来又影响、扩大这一边境农村的人际关系，使之形成一种具有十分浓厚的地域文化内涵的人情关系网。如互有人情的村寨之间，都会有劳动力的相互借用，这种借用一般不用金钱衡量，劳动力既作为"物品"，也作为"抵债品"，地方俗称为"以工换工"，也可以说是最原始的"消费"行为。

4. 互联网发展

移动互联网的快速发展也是跨国熟人关系形成的催化剂，如郝国强所认为，互联网技术带来的交流方式与信息交互的转变，使乡土社区的社会结构和组织形式变得更为立体而复杂。①"从前车马很慢，书信很远"，茨竹坝一带中越边民想要跨国传信虽然相对容易，但时效性和准确性相比信息时代而言则略差。而随着通信工具的广泛使用和互联网的飞速发展，茨竹坝一带中越边民的交流交往在一定程度上突破了时间和地理空间的限制，使他们能够快速地、及时地和跨国的亲人、朋友联系。并且，通过互联网和现代通信工具，既满足了中越边民之间的人际交往、建立人际关系的需求，又避免了人际关系的不利因素，使相互有需要的边民之间能够更好地解决需求，在互联网基础上建立的熟人关系通过随后一系列的实际接触催化后，又向现实人际关系发展，从而从中建立起真实的信任感和安全感。

总的看来，在这种相对而言既封闭又开放的边境地区，人们生产生活方式和其他地方一样，亲属关系纠结错杂，人与人之间的关系也错综复杂。地缘为人们提供生活、休闲场所，亲缘又在地缘基础上强化人们之间的关系，影响人们的行为，而人情关系网又使人际关系更为复杂，此外日益发达的通信工具与通信网络、日渐发展起来的市场与经济也参与其中，影响甚至重构跨国熟人关系结构与边民行为。

（二）跨国熟人关系网的特征

如前文所指，跨国熟人关系是对居住在边境线两侧的边民或跨国民族之间所形成的一种人际关系的概括。除基本的彼此相熟所形成的熟人关系可以称为跨国熟人关系，还有诸如通过跨国通婚、认干亲、拜把子等形式所形成的拟亲属关系也可以归入跨国熟人关系

---

① 郝国强：《优序求助：互联网时代的乡村互助关系重构》，《思想战线》2020年第2期，第92—100页。

范畴。甚至，即使毫不相识的两个人通过某个共同认识的朋友而成为朋友，这两个人照样可以划入"熟人"范畴。本文所使用的跨国熟人关系概念内涵也同于此。跨国民族和边疆社会的边民在长期交往共生共融的历史现实中早就形成了"你中有我，我中有你"的整体性，国界线两侧边民在跨国熟人关系基础上交流往来、守望相助。而我们对于这种跨国熟人关系网的分析与审视，也同样要在认清他们形成过程的同时，对其未来发展方向有大体的把握，以便我们更好地研究跨国民族的往来行为。就如同本文研究的茨竹坝一带中越边民，他们一是跨国民族，二是长期生活在这一共同地域、同一社会文化背景下的边民，从民族或族群以及国别含义上看，他们"有界"，但在经济生活和文化上他们彼此的联系、联结却十分稳固。由于现代社会经济的发展和渗入，"差序格局"的乡土社区又表现出了兼具公平与互惠的"团体格局"特征，两两互相影响，不断形塑着他们的消费习性实践。

1. 跨国拟亲属关系网的扩大

拟亲属关系作为亲属关系的延伸，是指在无血缘关系的非亲属群体之间通过该群体所在社会规定的一系列仪式性行为而缔结成的关系，如结亲家、认干亲、拜把子等，具有较强的社交场景性和虚拟性，在社会中尤其是乡土社区内广泛存在。这种拟亲属关系作为跨国熟人关系的一个组成部分，辩证统一地将强化了的信任关系与情感及利益关系。在茨竹坝一带中越边民长期的交流往来过程中，可以看到，彼此之间结成姻亲、干亲和朋友等拟亲属关系的比比皆是，在"有关系"的中越边民之间，有互帮互助的义务——如生产劳动的"以工代工""以工代劳"；日常生活的"半买半送""友情价"；礼仪场合中的"以劳代礼""以工为礼""人情红包"等，都是常见的互助行为。而这些互助行为实践的基础，其一就是跨国的拟亲属关系。如同下文对越南边民入境消费行为的分析中，可以十分清楚地得知，其中的经济利益性质并未完全抵消原本的互利互惠性质。换言之，在拟亲属基础上的跨国熟人关系对越南边民的入境消费习性影响是持续的、相对稳定的，并且和群体文化紧密相关，与传统的亲属关系互补交融。

本文通过对非亲属的跨国熟人关系基础上中越边民互动的分析中，可以看到，在当前边民之间不断扩大的亲缘和人情行为实践中，又将跨国的亲属群体和拟亲属群体拓展到更大范围，不同个体之间关系重新得到整合。同时，借由着快速发展的互联网和现代通信工具，跨国熟人关系又得到相当程度的拓展，为强化群体关系和社会结构打下基础。比如愈加增多的跨国婚姻案例，以及这些跨国婚姻办证（结婚证）数的不断增加，都使茨竹坝一带的跨国熟人关系相比之前得到扩大。同时，由于现代交通设施设备的不断完善，以及现代互联网和通信工具的广泛使用，使人们的联系突破了地理空间限制，因此，在此也出现了从非相邻的越南村寨嫁到茨竹坝村的越南新娘，这种跨国通婚虽不少见，但对这一带的跨国熟人关系的影响却不容忽视。

2. "差序格局"与"团体格局"交融并现

费孝通在《乡土中国》里提出了"熟人社会"这一概念，并用"差序格局"对传统中国乡土社会的贴切描述。茨竹坝一带这一跨国民族聚居的乡土社区也可用"差序格局"进行描述。同中国传统乡土社会一样，由于地形环境、交通条件等的影响，小农经济的不流通性使得这一边境地带的中越亲人跨国而处于相对较近的村寨之间，"每一家以己为中心，周围画出一个圈子，这个圈子要依靠中心势力的厚薄而定……各家向湖里投石子，激起一圈圈波纹，中心圈的波纹最明显，愈远则愈淡"。就像差序格局的乡土社会人际关系一样，每个中越边民或者说每个中越家庭以血缘关系为基础，形成一个跨国而存的亲属圈子，圈子里的家庭和边民在血缘关系下又使边民与边民之间的关系紧紧联系在一起，家与家之间相互联系，相互影响。同时在共同地域的影响下，中越亲属关系在地缘因素上又得到地理空间上的延展，从而使跨国而存的亲属关系得到波纹式的发展。

自从社会经济快速发展、人与人之间的联系突破了地理空间限制之后，西方社会的"团体格局"特征逐渐凸显。相比而言，家的规模在一定程度上有所缩小，如计划生育的实施导致茨竹坝一带的中越核心家庭人口普遍固定在四人左右，超过四人的大家庭较少。而这种家庭人数的减少也使得亲属圈子变小。并且，随着生活条件的变好，这一带中越边民也不习惯同以往那样一个大家庭同居在一套房子里，而是成家、生娃之后，另起新房分居。这也就使得亲属关系在一定程度上有所削弱、淡化。其中更为重要的是，互联网、微信、电话等通信设施设备的出现以及市场经济的冲击等，给茨竹坝一带的边民个体行为实践提供了更为广阔的舞台。这一带中越边民不再仅仅以血缘亲属来建立人际关系圈，交往屏障的相对弱化使得人们可以通过亲属关系、熟人关系等同其他圈子以外的人建立起新的联系，扩大了其原有的人际圈子。

但无论人际关系如何变化，在茨竹坝一带，差序格局的人情、亲缘、关系等依旧是这一带中越边民行事往来的重要内涵，在团体格局的影响下，又使这些内涵得到相当程度的稳固。这，也使这一带中越边民赋予自身更多的社会责任感，有利于和谐社会、稳定边疆的构建。

从社会学角度看，笔者认为边境地区边民的消费行为更多的具有文化性而非经济性，消费之于人，是生活的一个环节；之于社会，则是一种较为稳定的文化过程。本文用"习性"一词定义越南边民的消费实践，主要在于其基于特定的跨国熟人关系背景与文化背景，且具有其稳定性与历史性，两者之间是一种亲密的双向关系，彼此之间相互影响相互作用。同人与人之间的交往互动一样，中越边民的消费实践诸如节俗消费、礼仪消费、休闲消费等，很多时候都是基于跨国熟人关系上的实践活动，由其人际关系所处的社会内含之习惯法、礼节等文化工具则规约他们的行为，形塑他们的消费实践。

三、越南边民的生产性消费习性

马克思曾在《政治经济学批判大纲》中指出，生产与消费是不可分割的，二者可以构成直接的统一，生产决定消费的方式、水平和质量等，而消费水平的提高又能促进生产力的发展。本文所描述的越南边民的生产性消费，主要是指他们在进行农业种植与农业生产过程中所耗费的物质材料及其他物品，包括化肥、农药、种子、农用工具、劳动力等。并且，对于不同类型的生产性消耗，也具有较明显的季节性和集中性。

在这偏远的边境山区，邻里互相认识，村寨之间也彼此熟悉，因此在选择生产资料时，"邻居效应"或"熟人效应"十分突出。在茨竹坝街和石笋村边民互市，由于这两个集市点的日期时常是错开的，在这一带做相关生意的来来去去就那么三两家，店家和买家之间十分熟悉，边民在购买过程时也有明显的选择倾向和选择偏好。在购买之前，越南边民也会先"试用"，即在邻居家，或中国亲戚家借来试用几次，觉得可以才会进行购买。一来二去，边民的口耳相传，店家口碑自然也会得到传播，从而增加其产品的可信度和民众追求度。

（一）越南边民的生计方式

生计方式是不同的人类群体为适应不同的环境所采取的整套谋生手段，在一定程度上反映了其地理环境、社会经济、文化风俗等各方面特征。自茨竹坝一带有人居住以来，他们的生计方式经历了明显的变化，从最早的刀耕火种、山野狩猎到现在的科学耕作、科学养殖、自主创业等多种方式并存，这与国家政策和社会经济的转变紧密相关。经调查得知，茨竹坝一带边民的生计方式主要有农业种植、家禽家畜养殖、自主创业等。

1. 农业种植

在茨竹坝一带，金竹林等几个紧邻中国的越南村寨都在海拔1500米左右的山上，以林地为主，各村所辖之地多为土石相间的石山，可耕作面积较少。并且由于曾经作为战争发生地，山间多地雷区，村民也无法对山林进行开垦耕种。从气候条件看，茨竹坝一带年平均气温为14.10℃，年降水量约为1500毫米，适宜种植玉米、草果、豆类等作物。因山高坡陡，不便进行机械工作，限制了这一带中越边民的经济收入增长，这同样也是该地"以物易物"交易方式长期存在的原因之一。相对于紧邻的中国村寨而言，越南的村寨农业种植显然还要落后一些。

据调查，越南金竹林、田湾、李家坪等村寨人均耕地较少，主要种植玉米、豆类等作物，这些作物极大部分为一年一收，因此边民为获得更多饲养家禽家畜的口粮而采取大面积种玉米的农耕形式。这些边境村寨经济林地较多，主要种植梨、核桃等作物，但因气候不适宜，作物收成也不好。此外，越南边民还种植草果，但草果的生长较为缓慢，前期投入较大，种的人不多。以务农为主的越南边民，人均收入水平较低，也有部分越南边民选择打工来增加收入。

2. 家禽家畜养殖

在茨竹坝一带，除农业种植外，还有饲养猪、鸡等家禽和牛、羊等家畜作为养家糊口的活计。过去每家每户一般最多只养两头猪，到冬月时杀完。杀猪当天我会消费一些肉，作为杀猪饭的食物，剩下的作为全家一年的肉食储备和过年过节的礼物。进入新世纪，茨竹坝一带边民的生活和收入水平较过去有了很大的提高，养猪、养鸡的规模也比起以前有所扩大，出现了专门的养殖场。部分越南边民也建有专门的养殖场。如在金竹林，有一个专业养猪场，饲养了几十头猪，所饲养猪同中国边民饲养的相差无几。在王家坪村，越南边民开设了一个小型养鸡场，养有几百只鸡。而没有开设饲养场的越南边民，其养猪、鸡数量比起以前也有所增加，如每家每户养猪数量增多，基本有3~4头。家畜家禽的饲养技术也是随着经济水平变化而变化，以前都是散养，不注重家畜家禽的饮食、间隔密度等问题，现在随着家畜家禽饲养技术推广到农村且获得良好效益之后，越南边民也争相效仿，向中国的亲戚、朋友讨教如何饲养牲畜，有时候以支付报酬，或以农产品作交换，或者有时候以请吃一顿饭作为答谢。

3. 自主创业

久居山林里的越南边民，虽然拥有广阔的土地，但85%以上的土地面积是国家管控的森林，耕地面积有限，获得的作物也有限，因此较难形成大规模的农业种植。就调查资料来看，到目前为止，茨竹坝一带的越南村寨里并未有边民进行大规模土地承包耕作，仅是部分农户在原始森林里种一些草果作为收入补充。那些可以称为规模养殖、算得上自主创业的，则是上文提到的养猪、养鸡的养殖场。越南边民的养殖场所饲养的鸡、猪，大部分为外销品，即购买者主要是其国内邻近集镇和市区的餐馆、酒楼。以养鸡场为例，因其地处山区，茨竹坝一带的鸡都属于半放养形式，也就是俗称的"土鸡"。土鸡价格相比圈养喂饲料的肉鸡要高，但却是这一边境地区餐馆的常备食物。此外还有养猪场情况也如此，还有越南边民从金竹林等村寨异地搬迁到石笋村中越边界线附近定居、于互市点开办的小卖铺。但无论如何，除了需要耗费大量劳力经营的养殖场，其他类似开店铺、酿酒买卖等谋生方式都是一种"半工半农"的生计方式。

自1986年越南实行革新开放，进入社会经济快速发展时代，尤其是在相邻的中国改革开放后飞速发展的影响下,也使得越南边民向往美好生活的需求与日俱增。在保持原有的农村传统家庭制度同时,"半工半耕"也就成了茨竹坝一带中越边民的生计选择之一。如费孝通所说,"农民只能靠田吃饭,不能靠田生活",中国传统农村经济生活从来就不是纯粹的农业经济生活,而是农业和副业的有机结合,尤其是农业与家庭手工业的结合,而这种有机结合的经济形态又决定了传统农村的土地制度和社会秩序特征。① 同理,紧邻中国茨竹坝的越南农村也是如此,边境乡村传统上农民与土地的关系决定了边民的"半耕"状态,即边民在自己的土地上种植玉米、大豆、蔬菜等作物以获得粮食。他们一般在离家近的地方谋得一工半职以获得经济收入,如互市日做小本买卖、开一个小规模的酿酒坊、养鸡场等。依据不同家庭情况,这种"半工半耕"状态表现出强弱不均特性。

(二)越南边民的生产需求

种植与养殖是茨竹坝一带中越边民的主要生计方式,而在这传统的乡土社区,互利互惠历来是人们行事的主要原则。传统上"自上而下"的层级技术推广方式缓慢、滞后,显然不太符合茨竹坝一带中越边民的需求,尤其是在当前中国农业种植和家禽家畜养殖技术相对较先进的情况下,吸引,促使这一带越南边民于从邻近的中国村寨获得更有优势的种植和养殖技术。在当前市场经济的冲击和边民向往美好生活的现实情况下,先进技术和生产资料的投入使用,又是边民获利更多的保证条件。基于上述情况,可将茨竹坝一带越南边民的生产需求分为三大类:一是农业种植方面的需求;二是家禽家畜养殖方面的需求;三是制茶方面的需求。

---

① 费孝通:《行行重行行(续集)》,北京:群言出版社,1997年,第3—12页。

1. 农业种植方面的需求

根据作物的整个生长周期，越南边民需要的生产资料比较明确，主要是种子、化肥农药、农用工具与机械和土壤改良方法、植株管理方法、病虫害处理、节肥、节药、精准施肥撒药等生产资料与种植技术。由于茨竹坝一带越南边民在农业种植方面并未有较大规模的投入，他们大多希望投入最小、产出提升。普通农户的农业种植更多的是为满足自身的需求，兼有盈余，则可做些小买卖补贴家用，但也是卖给同村或者相识的熟人。如玉米种植多是为了获得养猪、养鸡的食物，而种植草果才是为了获得经济收入。但草果这类作物至少需要种植两年才有产出，换言之，前面两年的投入是没有收获的。开始产出后也是一年一产，周期相对较长。有少部分一定规模种植玉米、大豆、草果等农作物的越南边民则希望降低投入成本，实现现代化规模经营，同时在家庭经济可以支持的情况下，提高技术水平和种植技术，以获得生产效益的最大化，从而达到稳定。

2. 家禽家畜养殖方面的需求

茨竹坝一带越南边民也饲养牛，但数量不多，且多用作农业耕作和运输工具，因此在调查过程中并未对散养牛的技术管理进行调查。从总体上看，这一带的牛饲养方式也较为粗放，其饲料一是家庭种植的玉米，二是漫山的野草。而猪、鸡的饲养，虽出现了较大的养殖场，但也未达到十分专业化的水平。专业化是他们的最终目标和方向。

就调查得知，茨竹坝一带越南边民的养殖场并未达到专业化水平，但其技术等各方面需求却也不低。首先从种苗方面看，鸡苗的获得方式主要有两种：一是自己购买专门的孵化工具孵化，二是从他们国内最近的如越南河江市的专职种鸡场购买。以前边境管理较为轻松时，还有越南边民就近从中国购买，但自从中越之间禁止活禽的跨境交易后，这种情况就极少见到，并且因为利润较低，风险较大，也鲜少有人走私鸡苗。而猪苗的要求更为严格，茨竹坝一带越南边民的猪苗都是通过正规渠道购买的，自中越之间禁止活禽跨境交易之后并未出现越南边民从中国买回猪苗的情况。

其次，从养殖技术方面看，先进的设备可以为鸡群、猪群创造较为理想的生存环境，从而提高成活率和产出率。就调查来看，在养鸡方面，茨竹坝一带中越村寨的养鸡场实行的都是半放养方式，即俗称的土鸡饲养。边民在森林里划定相当的范围供鸡活动，并用篱笆、网围起来，根据养殖规模搭建一两个雨棚或矮房为鸡舍。在养殖过程中，越南边民还要依地势地形挖建一些水渠供水，或者用竹子、水管搭建供水设施。越南边民在养鸡过程中更重要的是需要细心谨慎地根据天气进行鸡群温度、光度管理，注意防治鸡瘟危害，对产蛋的母鸡和不产蛋的公鸡进行差异化管理等等。而养猪管理则更为严格。除养猪场的搭建、猪的管理等基本技术要掌握外，还需要有一个专业的技术员随时跟进，以应对如猪瘟等突发疾病的发生与传播。总体看来，越南边民的养猪需求主要有猪苗购买基地和猪苗选择、苗和种猪管理、猪群病害防治等技术需求，这种技术的获得要求较高，非专业人士不能掌握，因此越南边民也不敢随意尝试新方法。

最后，从收益方面看，还需要有相应的销售渠道，将生产效益转换为经济效益。据调查，这些养殖场也未和任何企业、协会等组织达成正式的协议，而是采取订单方式销售，即有需求者通过第三方获知他们养殖场有猪、鸡可出售，而下单完成单次交易。单次交易后，若初次购买者发现这些养殖场的猪、鸡品质不错，且价格合适的情况下，便同养殖户之间达成合作协议。一来养殖场的产品有了稳定的销售渠道，越南边民可以将生产效益转变成经济收益，二来通过合作，购买者也可获得相对的优惠，彼此之间实现合作共赢、互利互惠。

3.制茶方面的需求

由于近些年来茶文化的不断发展，茨竹坝一带中越边民的制茶、养茶方式也从以往的简约粗放式逐渐过渡到当前的精细管理方式上来。据调查，越南边民制作的茶叶，冲泡之后口感偏苦涩，交易率并不高，而中国边民制作的茶叶口感相对而言要略胜一筹。在这区域有茶叶合作社的介入之后，越来越多边民参与到制茶技术的学习上来，因此也吸引越南边民前往学习，或达成某种程度上的合作，如茶叶买卖。表现较为明显的是，到茶叶采摘的季节，越南边民在与中国亲戚、熟人往来的同时，偶尔也互相交流茶叶的制作方式等。

综上，在茨竹坝一带这种经济欠发达地区，中越农户的需求种类并不多，只是对生产生活中的科学技术需求的重要性因各家各户的情况不同而有所差异。并且由于交通条件的相对落后，这一带边民相比发达地区的居民而言对传统技术的需求量是相对较大的，新技术在这一边民文化程度相比较低的边境山区反而并非家家都适用、能用。随着这一带中越边民非农意识的增强，也使他们的部分注意力从农业劳动上转向可实践的兼业活动上来，如开商店、开餐馆、互市日小买卖等。

（三）越南边民的生产性消费

互惠是熟人社会里人际关系的基本特征。[①] 在现代农村社会"团体格局"下，建立在差序格局基础上的熟人关系对人们的市场交易行为也有着极为重要的影响。换言之，尽管人们的交易行为表现出市场公平特点，但是跟谁发生市场交易，交易的时间、场所、媒介、

---

① 费孝通：《乡土中国 生育制度》，北京：北京大学出版社，1998年，第73—75页。

物品等，边民都会围绕自己的人际关系进行。在边境地区，边民们的市场交易同样围绕跨国熟人关系进行，比如在广西弄猛屯中越边民之间的跨境生意，因为彼此相熟，牛的倒买倒卖都能使双方获得利润，[①]因而表现出了族际互惠特性。在民族学人类学学科研究看来，生计方式构成文化的基本形态，同时也是认知民族、把握民族关系的始发点。在传统社会里，茨竹坝一带中越边民的生产生计方式较为单一，改革开放后中国政府通过引入新的种植、养殖品种及加工技术，有力地推进了边境地区农村社会的发展。基于中越两国边境地区发展水平的差异性，新的农产品、加工技术、农用资料等，也就凭借中越边民之间的族际互惠关系网络而传播到越南，消费上的区域特性十分明显。

1. 农用资料

受地形地势与土壤环境的影响，过去茨竹坝一带中越村寨主要以种植玉米、大豆为主，且多为粗耕，收成有限。改革开放之后，随着市场经济的发展与生产技术的不断进步，有机化肥、农药等农用生产资料在很大程度上改变了茨竹坝村作物歉收的情况，大豆、玉米产量得到大幅度提高，时农用机械的使用，又在一定程度上方便了茨竹坝村中国边民的种植与收成。相较而言，紧邻中国茨竹坝村的越南村寨一带十分缺乏这些生产资料，同时他们的农用工具又多为老式工具，更新换代比中国的慢，种植和收成季节耗时较长且浪费劳动力资源，因此许多越南边民都会想方设法到中国茨竹坝购买生产资料和农用机械。茨竹坝一带中越边民在长期的交往互动中可以用云南方言交流，但中国汉字却并非每个越南边民都能看懂，文字不通的障碍造成了他们购买不便。因此，依托熟人介绍和推荐是

---

① 周建新、管海朱：《边民社会的跨境互惠行为研究——基于广西那坡县弄猛屯的调查》，《广西民族大学学报（哲学社会科学版）》2019年第2期，第131—138页。

越南边民采买生产资料和农用工具最为便捷、有效的方法和途径。

据调查得知，以往在豆苗、种子的获取上，多为熟人之间的"传递"，即中越边民之间互通有无，中国的熟人有质量优良的玉米和大豆种子，越南边民就会前来"购买"，以茶叶、少量金钱等可以代替或交换的东西来抵越南的亲戚有好的种子，中国边民也会以类似的方式讨要，彼此之间长期保持着互利互惠的人际关系。像化肥、农药这类受国家管控较为严格的农用物资，越南边民要想获得则比种子这些生产资料更为麻烦。到目前为止，茨竹坝共有三家私营农药店，都在茨竹坝街上，摊位固定，均已经营了20来年。在石笋村开设互市点之后，部分店家也有偶尔前去开摊买卖的情况，在他们看来卖得出去有收入固然好，但赶赶街也能打发时间。长期的交易过程中，常来购买的越南边民和这些店家之间已经形成了稳定的买卖双方关系，同时在长期打交道过程中所形成的如同老友般的关系也使得彼此之间多了一种信任和关照，甚至结成亲家。在经济不发达时期，该区域内的越南边民偶尔有"以物代金"的情况，而出于信任，店家也多能谅解边民延期付款，先解决他们的生产资料难题。鉴于此，越南边民也会以介绍客人、介绍姻缘作为回报。之后，在手机等通信工具在茨竹坝一带得到广泛使用以及互联网普及的情况下，有需要的越南边民则通过电话和微信、QQ等社交软件联系，以提前订购、约定送货的方式进行采买。一些不算熟悉茨竹坝的越南边民同店家之间往往通过亲戚、朋友，才能得到他们想要的农用资料。

农用工具的情况也是如此。中国制造的镰刀、锄头等质量上乘的农用工具也得到越南边民的青睐。为更加方便锄草、耕种，一些越南边民也会到茨竹坝街购买。而见识到使用"新样式"的好处后，也有越南边民委托熟悉茨竹坝的同乡人帮忙购买新工具，或者请在中国的亲戚朋友帮忙购买。这样做的好处是一方面大家相互熟悉相互信任，另一方面则是依托熟人关系能够得到一些优惠。因此，跨国民族间的互利互惠又在这一基础上得到延伸。而相反，基于互利互惠关系，茨竹坝一带的商品价格也常维持在相对低廉的水平，互惠性十分明显。①

以前种地都是很土的那种方法的，比如我爷、我爸他们那个时候，很多都是长满了荒草的地，随便翻翻草，挖个坑就种了，种出来的苞谷（玉米）也不好，也不饱满。以前越南也是跟我们一样的，只是后来我们有锄头啊、镰刀啊之类的东西，种苞谷（玉米）就方便些，也比较快，然后越南人就过来买。他们那边离他们国家的街比到茨竹坝还远，所以以前没有车，出不去，他们就来这里买东西。现在茨竹坝街不让他们过来了，他们就叫人帮买，或者在互市的时候过来买。他们很鬼（精明）的，我们有什么好东西他们都知道。反正整个茨竹坝，卖这些东西的就那么几家，以前他们赶街都直接到茨竹坝来了，熟得很，哪里有什么东西他们都知道。买锄头的有些还会讲价，有些穷一点的就是跟中国亲戚买，从家里拿走，然后亲戚又去买新的。像我们这样比较年轻的越南人，不太会汉话（中国话），就叫亲戚帮忙买。

2. 技术习得

科学技术是第一生产力，先进的农业生产技术对现代农业有着至关重要的影响。在茨竹坝一带，根据当地边民的谋生方式分类，可以将他们的生产技术简单划分为以下几个方面进行描述分析。

第一，在农业种植技术方面，比如茨竹坝一带的玉米、大豆种植，从刀耕火种到精耕细作的，种植技术的提高在其中扮演着重要的角色。从区域角度而言，中国的技术比越南的先进，因此作物产

---

① 访谈对象：LXL，32岁，男，汉族；访谈时间：2019年5月21日；访谈地点：茨竹坝大水沟村。

量也相对较高。比如玉米、大豆种子的管理就是一门不小的学问，包括了育种、防虫、防潮等知识。以往技术传播范围和传播渠道有限，加上茨竹坝一带中越边民的受教育程度普遍较低，因此彼此对种子的管理方面并不十分上心。普遍情况都是边民将种子买回家之后就随意丢放，到播种季节再使用，这样也在一定程度上出现了作物发芽率不高等情况。同时，播种过程中作物的种植密度如何安排也十分考究，植株之间合适的距离能保证足够的养分、水源和生长空间，自然成活率和结果率相较而言也有所提高。在作物成长过程中，以往因收入水平的限制，该区域边民多使用农家肥给作物增加养分，而化肥、农药在该区域推广使用之后，部分中国边民跟店家学习科学施肥、打药方法，使作物的成活率也得到提高。随着新技术的不断推广，习惯粗放粗养的中国边民在纷纷尝到科学种植带来产量大幅度提高的甜头之后，也向越南边民推荐采用科学的种植技术。当然，本着互帮互助、互利互惠的原则，中国边民也是先向在越南的亲戚、朋友推荐新技术。之后，就有更多的越南边民到茨竹坝学习种子管理、植株密度管理等种植技术，越南边民也多以简单地请吃几顿饭、几顿烧烤作为答谢，有些则以发手机红包作为抵偿。①

  在这边的话，越南人过来买化肥、农药的还是多的，特别是在茨竹坝街天的时候。在整个茨竹坝，卖化肥农药的、证件齐全的也就两三家。在以前我们小的时候，周围的越南人都来茨竹坝赶街，那个时候茨竹坝还有好几个供销社，人们要买什么都可以在那里买到，包括农药、化肥之类的。以前不管制，越南人也可以过来买，买了直接带回去。他们都是在春天快夏天的时候购买这些东西，那个时候买的人还比较少，因为还没有很普及那样。然后我们这边的话，苞谷（玉米）长得很慢，基本上就是大家在准备种的时候就过

---

① 访谈对象:LYP, 27 岁, 男, 汉族;访谈时间:2019 年 5 月 15 日;访谈地点:茨竹坝街心。

来买。现在也买，只是他们都在石笋那边买，因为那里开了一条街，比较方便，来茨竹坝的越南人就少了。然后在石笋那边的话，周六互市日的时候也有从其他地方来卖农药、化肥的人，茨竹坝这边的也会过那边卖，卖得也比较好。而且有时候街天不是农忙时间，买的人也比较少，生意也就那样。

第二，在家禽家畜养殖方面。生产力技术水平提高的同时也意味着养殖技术的不断发展，麻栗坡县地方政府为促进农村经济发展和规模养殖场的形成，在为农户配种、配疫苗的过程中，也会给村寨边民传授相关的养殖技术和知识。在取得良好效益的情况下，越南边民也会效仿中国的做法，在走亲戚、赶街之际向中国的亲戚、朋友讨教如何饲养牲畜，而作为回报，有时候抓到了山鸡到亲戚家买酒做吃的，有时候又以红包作为答谢。①

像养猪养鸡这些的话，以前每家每户都养，就是养得比较少。像以前路还没有修好的时候，我们这里去麻栗坡也比较困难，然后买东西卖东西都比较不方便，只有每6天轮一次的街天，附近村寨包括越南人都会来赶街，非常热闹。不过现在养的人就比较少了，很多都出去打工了，但是每家都起码养两头猪，因为我们这里冬月有杀猪饭，很热闹，周围的邻居、亲戚都会来，越南人也会来。像我外婆这辈因为他们是从越南搬过来的，所以越南亲戚很多，也经常往来。我家现在养有5头猪，还有几十只鸡鸭，以前我小的时候，那些越南亲戚就会经常过来。他们越南那边有一种小猪，特别好吃，都是野生的。现在几乎没有了，都是人饲养的。有时候他们过来看到我们家的猪养得好，就会问我爷、我爸他们怎么养，或者见人家开养殖场的做得好的，他们也去学。不过再怎么说，他们的猪还是

---

① 访谈对象：HSQ，26岁，男，汉族；访谈时间：2019年5月15日；访谈地点：茨竹坝村大山后。

没有我们的养得好。还有我们这里的土鸡，是真正的本地鸡，都喂苞谷（玉米），所以特别小只，也特别好吃。他们又会跟熟人买鸡苗，拿回去养，然后卖给馆子之类的，我们也不懂他们卖去哪里。

第三，茶叶加工技术方面。茨竹坝一带森林茂盛，有中越两国边界线。以往边民处理茶树很随意，或丢荒，或砍伐做柴烧，或留一两株稍加管理，做成产业的极少。而在茨竹坝附近开设茶艺专业合作社之后，部分中国边民和合作社合作，或采取入股分红的形式，或以茶树或茶叶买卖的形式合作，越南边民见有钱可赚，也会将采摘来的茶叶卖给合作社换取收入。而茶叶加工的手艺，越南边民最早也是向中国的熟人学习的。通常是到做茶的时节，越南边民就到中国亲戚、朋友家做客，顺便学习茶叶的晾晒、揉捻等技术，或以新鲜茶叶做报酬，或以野味等聊表心意。甚至，他们的炒茶锅也是通过中国的熟人买来的。①

像我们这边的话烤茶很多，整个麻栗坡县就我们茨竹坝，还有董干那边有烤茶，我们这边一般烤的是生普，都是村民从原始森林里面摘茶叶上来自己加工的本地茶。越南人他们不会，他们一般是去森林里摘了茶叶晒干之后，卖到这边的村子里来，然后再买回去。有些是他们和比较熟的人学习怎么做茶，怎么晾晒。像石笋村的黄叔家，他们就有很多从越南买来的茶叶。然后他弟弟家有越南亲戚，就经常过来学习，有时候是给点钱，或请吃饭，有时候是他们觉得不好意思，就拿晒好的茶叶来换。还有他们烤茶用的那个烤壶，也是跟我们中国人买的。像在茨竹坝街天是买不到的，要到麻栗坡去，然后他们就叫熟人、朋友之类的帮他们带，特别方便。不过他们的烤茶没有我们的好，我们也不爱喝。然后我们这边和他们不熟的，

---

① 访谈对象：HSQ，26岁，男，汉族；访谈时间：2019年5月15日；访谈地点：茨竹坝村大山后。

也比较少有人会去他们那边玩，很多时候都是他们晚上过来，一起烤茶、烤肉之类的。

从中可以看出，基于跨国熟人关系网络的族际互惠和来往的方便，越南边民更偏好到中国购买生产资料，学习生产技术。在他们这些入境消费过程中，边民之间"以物易物"的消费习性依然存在，而有些时候，现金酬劳并非获得技术和资料的唯一方式，在这一交通不发达、人口成分相对单一和物资相对匮乏的区域内，"以物代酬"的消费方式更为方便。

四、越南边民的日常生活消费习性

本文所指的日常生活消费主要包括人们日常的衣、食、住、行、用方面的消费，即人们因生活所消费的生活资料或者接受服务以满足生活需要的行为和过程。在茨竹坝一带，越南边民的日常生活消费项目主要包括服装服饰，玉米、大豆、肉类等食物，住房用的水泥、石棉瓦、储水箱等建筑和家用耗材，摩托车配件，还有休闲娱乐的零食、饮料等。在中越边界控制未十分严格的时期，部分中国边境村寨设有私塾，因此也有越南亲戚将小孩送到中国亲戚所在的村寨上学的情况。这种情况目前已不存在。茨竹坝一带地处海拔较高的山区，边民常以茶御寒，或在以前医疗卫生条件较差时，人们感冒多以烤茶加姜汤进行治疗，故茶叶在此地也得以广泛流转。而茶叶的购买、销售，也常以熟人优先，之后才会考虑拿到其他地方买卖。

自茨竹坝一带有人居住以来，人们的消费方式经历了"以物易物""以物易物加货币交换"意义。虽然就目前来说，货币交换占主导地位，但由于山区边民之间复杂的社会关系网的存在，以物易物方式并未中止。而现在，随着互联网信息技术的快速发展，伴随而来的网络消费也逐步成为茨竹坝一带中越边民生活中的一大消费方式。这里的网络消费跟我们日常所说的略有不同，主要指的是越南边民通过如微信、QQ等通讯软件和电话等通讯工具，向认识的中国边民购买所需物品，或借由这些工具和软件通过认识的中国边民以达到购买所需物品的目的。前者可以直接在中国边民手里得到想要的东西，后者则将中国边民充当媒介，利用人际关系网以获取所需。与过去的面对面交易不同，网络消费赋予了人们消费的灵活性与便捷性，使人们可以摆脱时间和地点的限制而随时随地可进行，但实际上消费的产品并没有很大的差别。

（一）越南边民的生活、休闲行为

"闲时""闲钱"是休闲生活消费的必要前提，同时也是人们除生产劳动外进行日常休闲生活必不可少的条件。从社会经济发展角度看，茨竹坝一带中越边民得以进行非生产劳动的日常休闲活动，受限于其社会经济发展水平，同时也得益于这一带的社会经济发展水平。社会经济的欠发展使得这一带的中越边民有能力者外出务工以谋生计，而使部分还有劳作能力的中年人和老弱病残者留下看家、带娃。同紧邻的中国村寨情况较为不同的是，茨竹坝一带越南村寨由于其地处越南北部最落后的山区农村，并且还是边境地区，工厂、商城极少，无法为他们提供更多工作岗位。同时，由于紧邻的中国村寨情况相对较好，经常有人家修建房屋，或因大规模种玉米，因此在有需要时，也会请认识且愿意的越南边民来帮忙，每天按规定支付工钱。因此大部分越南边民无论老中青，均会留在家中进行半工半农的生产劳动，这是在多方面因素影响的结果。

从地区农业劳作角度看，茨竹坝一带中越边民的日常休闲行为与他们的农忙与农闲时间紧密相关，同时也与他们是否进行较大规模种植与养殖有关。就访谈得知，普遍来讲，茨竹坝一带中越边民在农忙时节，如玉米、大豆、草果的种植与收成期，以及培育新的鸡苗和猪苗时，每天白天大概都有三到四个小时的休闲时间，农作规模较大的边民起码也有两到三个小时可进行娱乐休闲活动。并且，由于这一带中越边民均生活在山林之中，除冬季几乎整个季节都无法耕作外，如在春季、秋季进行播种，则边民可耕作时间也不长。主要原因在于，山地气候多变，一般早晨和傍晚多雾，气温较低，湿度较大，边民每天也只能在早上大概10点左右出门耕作，到下午4点左右返家。而在农闲时节如冬季，作物、家禽等无须细心管理之际，这一带中越边民的可自由支配时间则相较更多，几乎每天白天除简单的看看田、地、牲畜外，就是休息、娱乐。

总体看来，即使"闲钱"不够，但"闲时"绰绰有余，这也在一定程度上提高了他们的日常休闲消费能力。而据调查得知，茨竹坝一带中越边民的日常休闲活动项目不多，主要有喝酒吃烧烤、烤茶打麻将、打猎等，消遣方式也主要是在街圩互市日到街上购物，或邻里间、到亲戚朋友家闲聊和消遣。

1. 喝酒吃烧烤

据访谈得知，茨竹坝一带中越边民喜欢喝酒，源于长期的生产生活习性——这一带中越村寨地处山区，气候湿寒，以前在经济条件不好的情况下，茶、酒就成了山地边民驱寒、预防生病的良品。长此以往，时至今日，边民也形成了喝茶、喝酒的习惯。并且在生活稍微好转之后，喝酒时又习惯以烧烤助兴，以获得更大的乐趣。以往物资匮乏，可烤的东西比较少，无非就是一些玉米、瓜果、蔬菜，或者自家养的鸡、鸭，鲜少有肉。而现在，生活的改善和物资的流通使得可供烧烤的食品增多，如烤牛、羊肉串，烤海鲜等。而喝酒吃烧烤的地点也有所变化，边民可以在家自己做烧烤伴酒与友相聚，也可以到烧烤摊喝酒吃肉相聚闲聊。烧烤的时候，边民们一般不习惯喝白酒，只有四五十岁的老年人才忍得了白酒火辣的味道，不容易醉，年轻一点的，多喜欢喝啤酒，或自酿的果子酒，而越南边民则更喜欢喝啤酒。有时候，这种娱乐活动会持续到次日凌晨两三点，尤其是在石笋村草市开放，夜宵摊林立的时候，现在在国家的规范要求下则有所收敛，热闹到晚上1点就作罢。

2. 烤茶打麻将

茨竹坝一带的烤茶传统历来就有，以往都是茶、酒不分家，如喝酒时习惯以茶醒酒，喝茶时习惯以酒助兴。打麻将是比较晚近的娱乐项目，并且经历了外地传入——繁荣发展——限制娱乐的变化过程，同国家政策紧密相关。在茨竹坝一带，中越边民对烤茶的喜爱胜过冲泡茶，一是冲泡茶泡不出本地自制古树茶的香味，二是烤茶的火性较猛，相比冲泡茶更能驱寒、防止疾病。并且这一带的中越边民家中，其房屋格式再怎么变化，唯一不变的就是，在厨房旁边必须有一"烤房"，即在这个小房子中间空地上，有一个供烤茶用的"坑"，有的是平的，有的是挖的一个小坑，现在则是边民为方便处理柴火烧的灰而做成的一个"坑"，坑上方有一些铁链条接着一个挂钩吊在屋梁下，用来架烤茶烧水的水壶。在烤茶时，人们习惯围着团团坐在一起闲聊，烤点玉米或玉米粑粑。甚至兴头上来的时候，也会将茶杯换成酒杯，烧烤、聚餐就这样开始啦。烤茶的用具除烧水壶外，烤壶是中国麻栗坡县特有的东西，其他地方的人也不会制作，一般来说，茨竹坝一带越南边民烤茶的烤壶也是从中国买回的，越南边民要想购买这种烤壶，也需要通过中国的亲戚、朋友才能得到。

喝烤茶同打麻将似乎是"绝配"，在赌博之风未被禁止时，茨竹坝一带中越边民还习惯打麻将娱乐，烤房里摆放麻将桌是惯常行为，赌博时还会有人专门把风放哨。尤其是越南边民，闲着没事更喜欢到中国打麻将，有时候玩得入兴则通宵达旦，或者夜宿中国朋友家中。在中国禁止居民赌博之后，茨竹坝一带中国村寨的赌博之风才逐渐湮灭，而实际上还是有人会偷摸进行。这种习惯非一朝一夕能够改变，边民在烤茶过程中，就算未进行赌博，但娱乐性的打麻将还是常事。

3. 打猎

茨竹坝一带中越边民坐拥山林，虽然不能靠着山林丰衣足食，但饿不死确是真理。茨竹坝一带虽不适宜种植多种作物，但山林里的野味珍馐却不少。以往，在法律未作禁猎定时期，茨竹坝一带山林里的果子狸、山鸡、野猪等野物时常是人们餐桌上的美食，因此在食不果腹的年代，边民们在农闲时就到山里打猎糊口。而后，生活有所改善时，农闲时节，若碰上这些动物活动频繁之际，人们就拿起自制的猎具外出打猎，同时逛逛山林看看是否可以发现别的财路。猎回来的动物，以前中越边民一般拿到市场上卖，如果子狸，据说一只中等大小的野生果子狸一般可以长到五六斤，一整只可以卖到四五百块钱。但在国家禁止这类被保护的野生动物买卖之后，有的边民则会私底下打听是否有人接手猎物，若无，猎物就成了边民跨国好友相聚的夜宵。

此外，在经济水平提高，人们生活变好之后，茨竹坝一带的中越边民还习惯在闲暇时间看电视、做手工打发时间。或者是，碰上街圩日就到街上逛逛，看看是否有值得入手的东西。

（二）越南边民的生活、休闲特征

农忙之外的日常休闲是茨竹坝一带边民调节生活的重要方式，也是边民个体生活的根本。边民的休闲生活受生计生产所限，但却又是这一带文化跨国流动、熟人关系跨国连通的重要方式之一。茨竹坝一带中越边民的日常休闲生活特征，从调查中可以总结概括为消费性、文化性、娱乐性、随意性等。

1. 消费性

有生活就有消费，在现代社会更是避免不了的事情，但茨竹坝一带越南边民的休闲消费费用并不高，项目也不算多，无非就是酒、肉、瓜子零食之类的支出。调查中已得知，越南边民偏爱喝中国啤酒，而越南边民在休闲活动过程中所消费这种非自家可生产的啤酒，为这一地带的商贩创造了盈利，从某种程度上也带动了中国啤酒的跨国流通。

2. 文化性

从调查和分析中，可以清楚看到，这一带中越边贸的日常休闲生活具有更多的地域性特征，或者说文化性特征。这与地方气候、地理环境密切相关，也与这一带中越边民的社会文化特质紧密相连。就算在当前电视机、电脑、互联网普及的情况下，除年青一辈外，边民们还是会根据自己的习惯、喜好选择休闲活动项目，如最常见的，人们还是喜欢喝烤茶聊天、吃烧烤时喝酒。烤茶文化圈的存在是跨国的，是这一带中越村寨之间共享的，就算是跟着熟人到不认识的人家中，喝烤茶的过程中也会结成新的朋友关系，或者亲戚关系。此外，这一带村寨里的酒文化也比较浓厚，在他们看来，酒是助兴的东西，是驱寒助暖的物品，只是平时喝酒，一般一小杯足矣，只有在婚礼、寿礼、生辰礼等大喜日子才会开怀畅饮，喝个痛快。

3. 娱乐性

休闲是为了娱乐，娱乐才是休闲，茨竹坝一带中越边民的日常休闲生活还具有娱乐性。在这个农闲时间与农忙时间几乎相同的边境地带，中越边民在选择活动方式时，很大程度取决于这项活动的简便性与娱乐性，如喝酒吃烧烤、烤茶打麻将，都是在家邀上三五位邻居、好友、亲戚可进行的活动，或者是出门三五千米即可做到的事情，何乐而不为。喝酒、烤茶、打麻将能将更多的人聚集在一起，提高休闲的娱乐性。因此在闲暇时间较多的情况下，为了能娱乐一下放松身心，消除疲劳与无聊，边民可以到跨越中越边界线的亲戚朋友家吃烧烤、喝茶、喝酒、打麻将……当一项活动越来越多人参加时，它的普及度也会有所提高，从而成为地方性的休闲活动项目。

4. 随意性

日常休闲生活的选择是以个人意志为主导的，茨竹坝一带中越边民可以在闲暇时间内根据自身需求进行相应的休闲活动。正如在调查中经常可以看到，当你吃过午饭，大约中午一两点到一户边民家里烤火时，刚到之际只有你和主人家三两个人在，先烧起火准备烤茶喝。坐了一会主人家邻居过来一两个人，再过半个小时左右，又来三两个人，这时候人多起来围在一起，偶尔就会烤起玉米、玉米粑粑，或者其他可以烤的东西，一直坐到傍晚该做晚饭的时候，人们才逐渐散去。如坐在一起闲聊的多是亲戚时，也会就在主人家做起晚饭吃，吃罢继续聊，这是时常发生的情况。这种随意性不受外人限制，也没有固定的场所、时间，一切都是相对自由、随意的状态，边民们可以任意、自由地切换。

（三）越南边民的日常生活消费

在互有亲缘、姻缘、熟人的边境村寨之间，人际关系错综复杂，同中国乡土社会一样，茨竹坝一带同样也是一个讲究人情关系的小圈子，相知相交就是该区域中越边民跨国熟人关系的基本表征之一。在这里，边民之间相互认识、彼此了解、相互依赖，由此折射到他们的日常消费行为方面，纯粹的市场买卖或经济利益时常显得远不如都市社会里的那么重要，在人情相熟的差序格局下，人们在商品交易方面也会表现出一定的互惠性、互补性甚至是义务性。在此基础上，人情关系的往来交往交易也就代替了对商品性能物美价廉的追求，人情关系往来交易成为区域地方市场流通最大的保证，同时，长期购买偏好之后形成的熟人关系也促使他们之间形成了较为固定的买卖双方关系。

1. 日用品购买

茨竹坝街和石笋村边民互市是越南边民购买生活用品的最主要场所。据该区域越南边民介绍，包括他们的村寨在内，河江省邻近中国的边境村可以买到越南产的日常生活用品较少，70%以上产品都是中国制造,并且在其他大的集市购买,虽然种类、款式相对较多,但同样的,价格也相比在茨竹坝街、石笋村互市买到的要高,因此茨竹坝一带的越南边民除非有其他情况,否则不会改选他地。而日常生活用品的类型、材质、款式等随着商品的更新换代和市场经济的不断发展而展现出阶段性的特征。如在20世纪八九十年代甚至到21世纪初,茨竹坝一带越南边民习惯到茨竹坝街购买铝制品来满足他们的日常生活需求,如铝制的砂锅、脸盆、洗衣盆等,相比以前用的木制用具更为结实、耐用,自然更受越南人青睐。而后生铁做的锅、铲、刀、勺等又逐渐成了该区域中越边民的心头好,近些年又随着不锈钢家庭用具的推广,在茨竹坝也刮起了使用新式家庭用具的风尚。比起铝制、木制的家庭用具,铁制品和不锈钢制要更耐摔、不易损坏,且不锈钢制品又比铁制品要更耐锈。因此在茨竹坝街天,时常能见到越南边民扛着大不锈钢盆过境回家。[1]

  在我很小的时候,供销社就存在了,统一供应像种子、化肥、农药、用具之类的,当然也包括了像大盆之类的用具。在中国和越南关系不紧张之前,茨竹坝开店卖东西的比较少,越南人只要不做危害中国的事情也可以比较随意地出入茨竹坝,买卖东西,比如像那些炊具啊、锅碗瓢盆啊,都可以买。后来在紧张之后,就限制了他们过来。但是在茨竹坝附近的越南村寨里又没有大的集市,他们又不想去其他地方,路也不好走。所以他们想买东西的话,可以叫人给送到边境上,或者叫在中国的熟人帮忙买,没有以前方便,但是基本上想要的东西在茨竹坝都可以买到。

  事实上,到目前为止,在茨竹坝街卖这些用具的不止供销社一家,越南边民对每家的情况都基本了解,并且去哪里购买有他们的

---

[1] 访谈对象:HSQ,26岁,男,汉族;访谈时间:2019年5月15日;访谈地点:茨竹坝村大山后。

选择偏好。供销社在茨竹坝做了二三十年的买卖，从生活用品到五金小配件，能挣钱又不费投资的行当几乎都做，在较长时期内处于垄断地位，并同许多越南边民建立了友好的关系，认识的越南边民习惯到他们店里买东西，而他们也偶尔应越南朋友的邀约到边境一日游。可以说，供销社的经营者同这些越南边民的关系既是买卖关系，同时也是朋友关系，彼此处于一种跨国熟人关系网之中。因此从某种程度看来，决定越南边民选择的不是家庭用具物美价廉与否，而是背后的人情往来、互利互惠的社交网因素。

在购买食品方面，茨竹坝一带比较畅销的有中国云南产的香橙喜露、玉贝尔矿泉水，还有从中国其他城市拉过来的燕京啤酒、雪花啤酒等酒水，尤其是啤酒，深受越南边民喜爱。许多边民都认为越南生产的啤酒、饮料不好喝，但烟、酒的税费很高，想大批量带过边境也不可能。因此越南边民多是打到猎物，在晚上就拿到认识的朋友家吃夜宵，或烧烤，或做汤。餐桌上少不了的，有本地产的苞谷酒，还有越南边民喜欢的中国啤酒。以前在石笋村有夜宵摊时，越南人更是常来，老板自然也懂得老朋友的规矩，哪个越南朋友偏好哪个啤酒品牌，酒量多少，都心中有数。虽然现在夜宵摊已歇业，但如果越南朋友想过来喝酒和吃烧烤，也十分方便。而且越南人经常出入边境也不惹事，要带一件啤酒过境，边防士兵也不会故意为难。一来二去，朋友带朋友，亲戚带亲戚，人际关系就此形成，就此又扩大了中越边民之间的社交关系网不断扩大。而且像现在石笋村互市上、越南边境上的小卖铺里面的中国啤酒、零食，部分也是他们从中国朋友这边进货所得，如出现某一产品缺货时，他们便致电朋友补货，在方便的时候送到边境上，或在互市日取货。①

---

① 访谈对象：HZG，53岁，男，汉族；访谈时间：2019年5月7日；访谈地点：茨竹坝石笋村。

越南人来这边买东西的多了，我们也经常到他们下面去玩的，和这边的边防的很熟，我们去的时候打声招呼就可以了，他们也认得我们，越南人过来他们也不阻拦。现在我们中国就管得严，边防会拦一下他们，还有街天（石笋村的边民互市日）的时候要他们登记才能过来，不过晚上的时候他们过来喝酒基本上都不管。像我们家，开了一个小卖铺，还有一个卖烟花的。那些什么燕京啤酒、雪花啤酒啊，他们买得多，经常买。不过一次最多能买一箱带回去，多的不给他们过去。然后以前管得没有这么严的时候，村子里很多烧烤摊，他们经常很多人一起过来这边，晚上特别热闹，就在烧烤摊喝酒，吃烧烤。有一个烧烤摊是我们家亲戚的，然后我弟弟他们的越南亲戚也经常过来，带着儿子和孙子。不过现在管得严了，烧烤摊也不怎么开了，他们就到做烧烤的熟人那里买酒回去喝，或者买了直接在我们石笋这里找朋友一起烤鸡之类的一起喝，方便得很。还有他们买的那些锅啊、盆啊，很多都是来我们中国买的，太多了。

2. 闲暇消费

与经济学意义上的闲暇消费略有不同，茨竹坝一带边民的闲暇消费更偏向于人情意味和社会文化内涵，其中的经济意义甚至可以忽略不计，它代表了一方边民的生活消费习惯和社会交往习惯。比如茨竹坝一带边民喜爱喝烤茶、饮苞谷酒，这不仅是他们在农忙之余享受生活的方式之一，更是维护、扩大特殊的跨国熟人关系网的手段。正因如此，隐藏在他们行为背后的跨国人际关系对其影响也就愈加明显。以茶这一闲暇消费为例，本文认为这种影响主要体现在茶叶的制作、消费和品尝三个过程上。

第一，茶叶的制作。通过调查得知，越南边民制作的茶叶口感往往相对较苦，原因在于他们缺少茶叶采摘、炒、烘烤的手艺。因此在见识到中国伙伴制作的茶叶之美好后，熟门熟路的越南边民就求教于会做茶的中国朋友，或请他们介绍技师。通常越南边民以请客吃饭、喝酒、包红包、送礼等作为回报。2018年前后在茨竹坝附近成立了一间茶艺专业合作社，他们也会收购越南人手里的茶叶。茶艺社出品的茶叶工艺较好，口感多样，包装精美，因此也有部分越南边民经过朋友亲戚介绍将自己采摘的茶叶送往合作社加工，以合作社划定的价格支付加工费用。这种买卖虽没有直接发生在相熟的两人之间，但在开始之初也是通过人情、关系得以进行。而且在一般情况下，为还人情，越南边民还会请帮忙的朋友亲戚吃饭，喝酒。

第二，茶叶的消费。茨竹坝边民喜茶，一来喝茶可以聚友同乐，消磨时间；二来，喝茶可以御寒，喝烤茶更能治疗感冒。因此在以前不会做茶的时候，少部分边民会摘来自制，口感并不好，而市面上的茶叶售价较高，对喜茶的茨竹坝边民而言并非主要购买渠道，相反，自制茶叶的互相赠送十分流行，甚至边民也会以半买半送的形式卖给有需要的越南亲友。可见，这种不计得失的交易方式已经偏离了经济意义上的买卖行为，而借此又维系了交易双方的人际关系。同时，向熟人买茶叶的越南边民，也会在其他本人力所能及的地方给予帮助和补偿。

第三，品茶。茨竹坝一带边民喜欢喝烤茶，一般的普通冲泡茶，与烤茶相比，味道不够浓烈，氛围也不热闹。每到非农忙时节和雨季，该区域中越边民就聚在一起烤茶、烤苞谷和玉米粑粑。夏天或天气热的时候多在晚上烤，下雨和冬天天气比较冷的时候就是烤一天，同城里请客吃饭类似，偶尔越南边民过来就是待一天，吃了晚饭再回去。烤茶时互相交流茶叶的制作技术、哪种茶叶口感较好等，或者，有时候还会边烤边打麻将，这个时候，茶叶则化身为联络人们关系的工具，维系着邻里间深厚的友情。①

　　我们这边招待朋友的方式就是烤茶，基本上每家每户都有一个烤房，在地上弄个坑放柴火，然后房梁上挂着冬月杀的猪，做腊肉烟熏肉。然后这边烤茶一般烤的是生普，都是村民从原始森林里面摘茶叶上来自己加工的本地茶。越南人的茶口感上要苦一些，他们有些喝不惯就会到我们这里买，有时候是用茶叶换茶叶，有时候是给点钱。虽然口感不同，但是同他们自己做的茶叶相比，越南人还是比较喜欢我们的茶叶，特别是在邻近中国的几个越南村寨来的人。还有他们也有白茶，产量比较少。但是工艺不好，他们也不太会做，基本上，白茶在我们这里买的比较多。然后现在茨竹坝这边开了一个茶叶合作社，还不是很大，但是已经陆续有人过来买了。那些茶叶有些也是他们从越南人手里收过来的，然后又卖回去给他们。或者是，他们拿过来加工，合作社收加工费就可以了。

　　但现在，烤茶并非只有喝茶一个项目。茨竹坝村边民学会酿酒技术后，烤茶过程中倒起酒请朋友邻居吃饭的情况也极为常见。甚至有时候，生意就在这个时候促成。

　　同时，茨竹坝一带越南边民的日常生活消费习性也与他们的农业生产生活相关。因其地形与气候影响，在生产技术有限的年代，这一区域的中越边民闲暇时间较多，相互往来的频率相对现在更高一等。从以前的串起门来堆起火、喝起茶，到现在的烤起茶来端起酒、吃起肉，都是对该区域社会生活的真实写照，也是乡土社会差序格局人际往来的外在表现之一。而后在市场经济的参与下同"团体格局"的人际关系合二为一，形成了新的"跨国熟人关系"，并拓展了边民获取资本和利益的形式。

---

① 访谈对象：HSQ，26 岁，男，汉族；访谈时间：2019 年 5 月 15 日；访谈地点：茨竹坝村大山后。

我们说因为商品、市场的出现和扩大，平等的利益关系也就日渐凸显，越南边民在购买商品的过程中也更加看重商品是否符合自身利益需求，但在对商品不了解、商品金额较高等情况下，如有熟人店铺，人们也依旧偏向于在熟人处购买。而近几年随着互联网信息技术的不断推广，新兴网络交易方式的出现，茨竹坝一带流行起"微商"买卖方式，中越边民之间的交易和交往突破了物理空间和团体边界限制，而更为便捷、私密和频繁，展现出更大的包容性特征。并且，这种互联网联系"跨时空"交易方式同样也主要依靠双方在互相认识、彼此熟悉且信任的情况下才得以顺利进行。对等的互惠原则依旧在消费买卖过程中占据重要地位，有时为了维持彼此关系，一般情况下基于情感因素也会对熟人生意加以照顾。

五、越南边民的节俗消费习性

实际上，节俗消费的物品与平时的日常生活消费品并无太大差别，二者之间的区别主要在于，节俗作为特殊日子与场合而赋予物品以特别的符号意义，如表达吉祥、尊敬等内涵。并且，在传统的乡土社区中，节俗消费还具有调节封闭、单调生活和丰富群体精神生活的积极因素。从社会文化内容与人们过节的主要形式看，节俗消费表现出一种综合性消费的特征，集娱乐、餐饮、购物于一体，并在广阔的熟人关系影响下，又具备互动互惠、相知相交的特点。因此对于节俗消费的考察，不能仅看消费的具体内容等显而易见的东西，还要看具有深层意义的群体行为的文化逻辑如何。

（一）茨竹坝一带的主要节日

1. 春节

最初，春节是汉族的节日"腊祭"，是农民一年农事忙完，为报答神明、庆祝丰收而祭祀欢乐的日子。受中国传统文化影响，越南也过春节。从冬月杀猪饭开始，年味逐渐浓厚，一直到次年正月十六日，都是大家欢庆歇息的时间。

在茨竹坝一带，人们习惯把农历春节叫作"过老年"，特指农历正月初一至正月十六这段时间。在春节前夕，自序幕曲般的杀猪饭后，临近过年，各家各户打扫屋子，祭灶祭神，置办年货。以前条件不好的时候过年以少量肉类和大米饭以示隆重，而平时则主要吃野菜和玉米，到年初一那天就到茨竹坝街上逛逛，晚上到村委会听广播、看电影，一年最重要的一天就这样过去了。而现在，除夕当天家家户户一早上起来杀鸡、杀鸭，还要祭拜祖先，中午简单吃一顿、到下午开始忙活，贴对联、准备利是钱，做晚饭。有些边民家里还要在大门口背后两边各放一棵还算新鲜的甘蔗，晚上吃罢晚饭就将甘蔗倒置，说两句"翻梢"表示吉利。同时，晚辈还要给长辈拜年，根据习俗长辈要给晚辈"压岁钱"。在当地，一般除夕晚上大家都不睡觉，守在一起喝烤茶、打牌娱乐，等到凌晨零点的到来，俗称"守岁"。夜里12点一到，就开始燃放鞭炮，意味着新的一年在爆竹声声中缓缓开启，以示欢迎。同时，有些人家农历初一凌晨还要到水井边点香烧纸，放爆竹"抢新水"，以示吉利。过年习俗也发生了一些变化，比如以往过年初一不杀生，茨竹坝街上无生肉可卖，所以一般边民们都要在除夕当天准备好足够的肉类，不然年初一当天就要全天吃素，表示虔诚。而现在，年初一当天可以杀生，茨竹坝街上可以买到各种新鲜的肉类。以往在年初一当天，越南边民还可以到街上买烟花放，现在则被禁止。过了年初一，边民之间就带上礼物，互相串门、走亲戚以联络感情，一直持续到正月十六。在此期间，还要到家里神龛、门边、灶上献茶祭香，以祈神保佑。

2. 清明节

深受中国文化影响的越南，同样也过清明节。同时，由于时间上农历三月初三的寒食节和阳历四月的清明节日期十分接近，因此，越南很多地方将寒食节和清明节结合起来，在农历三月初三这一天吃凉食，如汤圆。同越南其他地区不太一样的是，茨竹坝一带的越南边民由于地处越南北部边境，生活和习俗受中国影响较深，因此寒食节的氛围并不是很重。人们更加注重的，是过好清明，做好扫墓祭祖这等大事。

越南同样也十分重视传统文化，在清明期间，越南不禁火，但是禁止燃放鞭炮。在清明节前一天，茨竹坝一带各家各户将扫墓用的东西如纸钱、香烛、小鞭炮、纸扎服饰、鲜花、酒水、果品、猪肉、糯米饭等准备好，这是祭祖必需品，只能多不能少。同时，这一带的祭祀还有一种忌讳，即不用素食祭祀。传统上茨竹坝一带实行土葬，大部分人去世之后都埋在山里，因此祭祖当天，全家出动，带上准东西和铲、镰刀等除草、挖培土的工具。如今现在，茨竹坝村修建了公墓，供当地中国边民安葬逝者祭拜也在公墓地举行。在祭拜过程中，先将祭品按顺序摆放好，安好培土，再在坟头挂青，挂青俗称清明旗，用白纸做成，之后就可以祭拜。祭拜结束，燃放鞭炮，即可回家。

茨竹坝，因跨国亲属较多，也有越南亲人到中国祭祖，或中国亲人到越南祭祖的习俗。但近些年来这种跨国祭祖活动有所淡化。

3. 中秋节

中秋节同样也是越南的传统节日之一，主要日期为农历八月十五日，在其国内称为"节中秋"。因习俗不同，各国节俗习惯都有所不同。但在茨竹坝一带，作为除春节之外的第二大团圆节日，也可以说是"儿童节"。原因在于，在中秋节到来之前，一直是农民的农忙时间，父母无法分出更多的精力与时间照看孩子。直到中秋节，意味着一年的农忙暂时可以歇息，可以腾出更多的时间来关心、照顾孩子，弥补缺失的亲子时光。以往人们受限于交通不便外出的人不多，因此节俗味较重，仪式感也较强。一到中秋节这一天，孩子们一大早就起来，有些还提着小灯笼，沿着村路一边走一边嬉戏，而大人则需要提前准备餐点，主要有自制的熏肉、腊肉，家养的鸡、鸭、鱼和自己种的菜等，同时还要进行简单的祭祀活动。一天当中，晚餐是最为隆重的，在外工作离家近的一般都要赶回家欢度中秋。到了晚上，全家聚在一起吃晚饭，看电视，一起赏月，吃月饼，喝烤茶，还有从市场上买回来的葡萄等水果。越南人习惯吃他们国家的月饼，同时也经常在方便的情况下到街上买中国月饼回去过节。以往中秋节都闹到比较晚才休息，年轻一点的，甚至又就着火堆烧起烤串,热闹到晚上十二点,或一两点。现在由于大部分人外出打工,因此节俗氛围相比以前清淡很多。

除了这些比较隆重的节日外,还有重阳节、中元节等,都是茨竹坝一带边民常过的节日。节日期间常做的事情,无非就是亲人、朋友在一起聚餐,进行祭祀活动。

(二)茨竹坝一带的主要节日习俗

在茨竹坝一带边境村寨中,人们的生活环境相对封闭,传统生活相对单调,因此,节日也就成了该区域边民调节生活的一大杠杆。而茨竹坝一带主体民族为汉族(越南主要是艾族),除传统的如春节、清明节、中秋节等节日外,还有区域性的"杀猪饭"其作为春节的序幕,其隆重程度不亚于春节。因此对茨竹坝一带中越边民节俗消费的考察,主要以社会文化意义角度为分析切入点。

1. 祭祀传统

按照不同节日,加上这一区域边民分属两国的原因,因此该区域中越边民的节俗消费同中国其他非边境地区的又有细微上的区别。纵观茨竹坝一带各传统节日的一个节俗消费共同点,就是祭祀用品的消费。到目前为止,茨竹坝一带仍有部分中越边民过着以农为本、靠天吃饭的小农生活,因此精神上也较为依赖大自然神灵。而长期的农业生活和民族传统传承下来的祭拜祖先以祈神明保佑的祭祀习俗,也使该区域中越边民保持逢年过节烧纸烧香、放鞭炮、挂纸钱的传统。而由于该区域距离街市路程较远,因此在就近原则下,越南边民也习惯在茨竹坝街和石笋村边民互市点购买。换言之,越南边民烧香拜佛用的蜡烛、纸钱、鞭炮大部分从中国买回。并且,蜡烛、纸钱等这些较为忌讳的东西,一般非节日不会挂出来,若有需要的,都会提前询问熟悉的店家有没有货。越南边民在选择的过程中,也会出现亲戚、朋友说哪家的比较便宜而改选他店的情况。而像鞭炮一类易燃易爆危险物品，在中国由国家严格管控，在越南则明令禁止燃放烟花炮竹，因此越南边民在祭祀时使用的鞭炮，也是通过中国的熟人悄悄买回，偷偷燃放。而清明期间，这方面的管制则有所松动，只要不引起火烧山林的安全隐患，则不会多加强制。

2. 点火放炮

不同的节日有不同的习俗，同一行为也因场合不同而有不同含义。如春节，燃放鞭炮所代表的意义也不尽相同，鞭炮在庙堂里面燃放，表示祭拜祖先，祈求神明保佑的意思，而在年初一零时燃放鞭炮，则有表示辞旧迎新的意思。在过年期间燃放的烟花爆竹，又有庆祝新年到来、欢庆新春的意义。但由于烟花爆竹鞭炮属于国家严格管控物品，在整个茨竹坝，卖这些东西的仅有三家店，茨竹坝街和石笋村各一家。同时烟花爆竹经营许可证属于一年一批，因此并不是每年这三家都被允许开门营业，如2020年，原本的三家就没有申请到经营许可证，而在茨竹坝街上新开了两家经营爆竹店面，所以想购买这些东西的越南边民，就更需要通过在中国的熟人、亲戚关系购买。同时，春节还有贴对联，放烟花等习俗，有辞旧迎新、迎春接福的意味，而由于交通不便、收入水平较低等因素影响，茨竹坝街也就成了他们购物的首选场所。并且长期交往积累下来的人际关系，也使他们在获取商品信息方面更为通畅。

3. 冬月杀猪饭

杀猪饭是云南众多乡村的一个传统习俗，不分民族，到了农历冬月，各家各户开始陆续准备杀猪饭，包括茨竹坝一带也不例外。因紧邻这一带的越南边民实为从中国云南迁移过去的汉族人，他们也有杀猪饭的传统。杀猪饭作为茨竹坝一带边民过春节之前最为重要的传统习俗，象征着这一年里边民的劳动丰收，其隆重程度不亚于过春节。边民通过宴请亲朋好友和邻居，来向大家宣告这一年自家的劳动获得丰收，同时表达在过去一年里大家对自己家的帮助和情谊的感谢。近年来，由于外出务工人员增多，离家较远，故而相较过去隆重程度大幅度降低，但其中的情谊连接和人情联系并未就此黯淡。

从每年农历冬月第一天开始，一直到次年过了正月，整个茨竹坝一带的杀猪饭才算结束。以往这里的边民生活自给自足，于每年3、4月份开始养猪，平时主要忙于农活和生计，一年到头只有隆冬和过年期间比较悠闲。而这一时期，又由于已经完成了全部作物劳作，因此可以好好放松休息，将养了近一年的猪杀了过年。因此，"杀猪饭"可以说是该区域边民过春节的序幕曲。

"杀猪饭"顾名思义就是边民杀猪后，设宴邀请亲朋好友和街坊邻居来家里做客，以欢庆丰收。在筹办"杀猪饭"之前，要先选好日子，在茨竹坝一带，一般要避开家里人的生日，还要避讳和家里亲人去世的日期冲撞。选定日子后，全家提前几天开始忙活，买菜、擦锅、洗灶，并提前告诉亲戚朋友家里何时做杀猪饭，同时请邻居到时候来帮忙置办"宴席"，做好一切准备工作。杀猪饭这天，杀猪的人家会起大早，同时打过招呼的亲朋好友也会提前过来，同街坊邻居们互帮互助，做杀猪饭。杀猪时，一般而言是将全部的饲养的猪都杀完，有些人家养有多的，会留下一头两头先养着，择日再杀。杀猪饭以"猪肉"为主要食材，主要吃猪肉、猪内脏、猪血、猪骨等，包括各种蔬菜搭配烹饪，荤素相宜。余下的猪肉，如猪腿、猪头，则用盐巴腌制成腊肉，或制作成烟熏肉，作为逢年过节的送礼佳品，同时留下部分作为日常的肉食消耗品。以前比较穷的时候，做杀猪饭还有从山上摘下来的野菜，利用传统的方式进行烹饪，邀请街坊邻居以及亲朋好友大吃一顿。一般都是吃晚饭和第二天早饭，但第

159

二天早上参加的人仅有邻近的亲戚家,吃罢就返程。在整个杀猪饭操作过程中,还有自娱自乐的各项活动,大家忙完之后,有的喝烤茶聊天拉家常,有的打牌消磨时间。烤茶是麻栗坡县特有的活动,在烤火房,或者临时设置的露天火塘中,用烤壶将自己从山林里摘茶叶做成的茶烤熟,放水,再烤到开即可饮用。包括茨竹坝在内整个麻栗坡县的烤茶味道都比较浓烈,浓度高,像白酒一样,有些习惯不了重口味的客人喝上两三杯就会酩酊大醉。

通常,同一个村寨或者有亲戚家在邻近村寨的边民都会互相错开杀猪饭时间,彼此相互邀请。虽然现在农村人口多在外务工,肉也能天天吃,但杀猪饭的传统习俗依旧在进行。有些不养猪的边民为维持传统,也会买猪来杀,除腌制熏肉外,更主要的是礼尚往来,回请别人家。

(三)越南边民的节俗消费

文化共享不仅是构建熟人关系的基本要素,同时也是影响群体行为的因素之一。[①] 费孝通在分析中国农村社会关系时就提到,"为了满足人们的需要,文化既提供了消费,但又限制了人们的行为",[②] 这在跨国民族跨界而居的边境地区也不例外。"一方水土养一方人",一方文化影响一方行为。汉族历来重视礼仪,隆重过节日,深受汉族礼俗文化影响的越南边民也是如此。礼俗风情与消费本为不同的概念,但从整体而言,消费受礼俗支配,从而塑造区域内群体的消费习性,久而久之,两者之间形成了"你中有我,我中有你"这种辩证统一不可分割的关系。在这一跨国熟人关系交错交织的边境山

[①] 邓玉函、周春婵:《跨国熟人关系与越南边民入境消费习性研究——兼论民族志方法的理念创新》,《世界民族》2020年第1期,第56—63页。

[②] 费孝通:《江村经济——中国农民的生活》,北京:商务印书馆,2001年,第111—112页。

区内，除地理联系上的便利，文化上的相近和习俗上的近似或相同，都影响了两国边民的节俗消费习性。此外，茨竹坝一带中国村寨在经济上、居民生活水平上和商品市场发展度相比邻近的越南村寨而言略高，因此逢年过节到中国消费的越南边民不计其数。

1. 冬月杀猪饭，春节烧爆竹

对于中越两国公民来说，春节都是最为重要的一个传统节日，边境地区也不例外。同许多中国农村一样，茨竹坝一带也有诸如杀猪饭、挂对联等许多传统的民俗活动。从冬月开始一直到次年正月结束，茨竹坝一带中越边民都陆续杀年猪做杀猪饭，家里猪少的杀一两头做杀猪饭，养猪多的人家则留一两头。杀猪饭的主要食材为猪肉，部分做成熏肉、火腿存放起来待今后食用，或者作为拜年的年货或过节的礼物赠送。杀猪饭从选好日子的早上开始，持续到晚饭之后结束。此外，若中国的亲戚、朋友家杀猪饭的日子离年关近，越南边民也会趁机抓紧时间到中国购买年货，或者请这些中国亲戚、朋友帮忙买好，在杀猪饭时上门取走。同样，到越南边民做杀猪饭时，他们也邀请中国亲戚、朋友到越南做客，看看他们驯养的山鸡、小黑猪等。而杀猪饭的日子除要避开禁忌外，相熟的中越边民之间通过商定错开杀年猪的日子来增加欢聚一堂的机会，这一时段内的中越边民流动与交往在一整年中达到高潮。诚然，这种杀猪饭习俗伴随的是人与人之间、村与村之间的交流往来，人们在饭桌上、酒桌上谈论的大体上无非人际关系流动、礼物交换、人情互动、不同村寨或不同国家之间的生活水平、消费水平等与他们密切相关的话题，当然其中也伴随着人情的往来与扩大，这又增加了彼此之间的联系与亲密性。

除了杀猪饭外，还有打扫屋子、贴对联、烧爆竹、走亲戚等传统民俗。由于越南其国家的相关政策规定，禁止燃放烟花爆竹，因此他们庆祝新年放烟花爆竹只能通过"就地购买，就地解决"的方式进行。即越南边民通过朋友、熟人购买到烟花，就在边境上燃放，娱乐。而茨竹坝边境村寨里的小孩见到热闹也喜欢参与，这在无形中又形成了中越边民友谊一家亲的美好画面。而春节要张贴的对联、利是钱，又是茨竹坝街和石笋村边民互市点临近年关最好卖的产品之一。就调查得知，紧靠中国茨竹坝的越南村寨中极少有对联买卖，而熟悉的茨竹坝街是越南边民获取此类物品的主要场所，因此，春节来临之前，在茨竹坝边境经常可以看到赶街的越南边民拿着对联回家的情景。①

像在我们这边的话，过年会有杀猪饭，一到冬月就开始杀，也有过了年之后还有人家杀猪的。然后杀猪就请客吃饭，以前比较隆重，村子里的人都过来吃，还有亲戚。像在我们猴子菁和石笋，还有下面的越南王家坪那里，好多亲戚的，他们都过来，以前穷么也不带什么，就过来的话打点酒，就可以了。现在的话，少很多了，越南人也经常来。我家还有个越南的媳妇啊，我们村里有好几个的。这以前么，是熟人介绍嫁过来的，有些是赶街的时候认识的，他们都会说云南方言，交流没有什么问题。然后以前他们过来的话，像在冬月杀猪饭的时候来，还有过春节的时候来，越南也过春节的。但是他们不可以放鞭炮，政府不给放。然后他们就来这边买，像我们家的亲戚，就石笋的，你们叫黄叔的，他家就卖鞭炮，整个茨竹坝好像就两家有证可以卖的，他们家就是其中一个。过年的时候那些越南人都过来买，小孩大人都来，买多了就认识了，有些小孩就长大后，就嫁到我们这里来了。反正以前石笋非常热闹的，晚上放鞭炮的，吃烧烤的，很多。白天地上都是鞭炮纸，烟花纸，扫都没

---

① 访谈对象：WXL，41 岁，女，汉族；访谈时间：2019 年 5 月 17 日；访谈地点：茨竹坝猴子箐村。

有时间扫。但是现在管得严好多了,他们就没有那么自由。但是整天来来往往的,都和边防的那些人认识的,只要不犯法就可以过来。

2. 清明祭祖先,放炮烧纸钱

同中国茨竹坝村的汉族一样,紧邻的越南艾族清明节的主要习俗也是祭拜先祖,祈求神明保佑。祭拜时烧的香、纸钱和鞭炮,也大多数是从茨竹坝购买。对于有需要使用鞭炮祭拜新坟的越南边民,在不干扰中越边境安全的前提下,中越双方也允许他们在烧香时燃放鞭炮。而经过多次买卖之后,越南边民和卖鞭炮的人家也就形成了熟人、朋友的关系,彼此之间是互利互惠的。①

我家有两个店啊,一个卖吃的,一个卖鞭炮,但是卖鞭炮的不开门,都是他们要买了就开,越南人都知道我家有得卖,以前生意很好的。商店卖吃的我就经常在那里看着,晚上有人来打麻将嘛,要看着。以前越南人晚上也来玩的,不开大的,都是5块、10块的。然后到过年过节要庆祝的时候,他们都来我家买东西,像买啤酒啦、大米啦、鞭炮啦,多得很呢。因为他们也住山里嘛,种不了田,只能买米吃,我们这些地方都是买米吃的。然后他们都过来买,主要是方便,从他们那边去河江太远了,到麻栗坡还比较近些。但是他们不能去,只能叫我们去帮他们带,然后他们有时间就过来拿。还有那个啤酒,他们可喜欢我们的啤酒了,越南的啤酒不好喝,在我们店里就卖那个燕京啤酒,还有雪花啤酒,好卖得很。但是他们一次最多只能带一两箱回去,多了边防的不给带。但是到街天的时候,就宽松一点,生意就好一点,白天他们也过来喝酒了。还有那个鞭炮,以前卖得可好了!你看那天那个女的啊,就是越南的,她来找我买鞭炮。但是白天我去麻栗坡进货了,她就给我打电话,说晚上再过

---

① 访谈对象:DZF,50岁,女,汉族;访谈时间:2019年5月10日;访谈地点:茨竹坝石笋村。

来拿。还有那天那个从茨竹坝拉水管的越南人，他们家从下面搬到哨所这边来了，政府让他们搬的。

  无论是为购买鞭炮、烟花，还是纯粹为走亲访友，总体而言，茨竹坝一带中越边民之间的人情和人际关系网都会得到一定程度的扩大、更新。尽管，从现实层面讲某些方面的熟人关系，尤其是想变成朋友、熟人关系多产生于买卖双方的多次交易、交往交流之后，显然不是一件容易的事情，他们它在时间上相比因亲缘、姻缘而来的熟人、朋友关系要更晚近一点，但万变不离其宗，这也是一种基于双方相互了解、彼此信任的互利互惠行为的体现，更是一种相通地域跨国民族在其传统文化上的消费与交流。

  通过调查研究，本文认为消费既受经济水平影响，但在节俗消费方面，更多的是根源于其文化内涵。该区域的中越边民95%以上上都为同源同族，因跨国跨界因素而被识别为不同民族，但实际上其文化传统并未有根本性的区别。同时受传统观念影响根深蒂固，宗法观念、伦理道德深入人心，重视亲戚友情，重视团体之间的联系，而这些最终都内化成他们稳定而持续的行为动因。并且，由于该区域边民分属中越两国，因此在涉及跨境、跨国的节俗消费方面，亲戚、朋友、熟人就成了联系买者与卖者的媒介。本文分析，也从侧面说明文化的传播共享是异域群体之间表现出相似行为特征的原因之一，因双方交流往来的扩大又形成了新的、更为扩大了的人际关系，进而影响群体行为。

六、越南边民礼仪消费习性

茨竹坝一带中越边民同属汉族，并且在历史上由于其属于同源民族，因此自民族迁移、国家边界线稳定之后，这一带的汉族被分国而治，成为当前中国汉族和越南艾族隔界而居的民族分布格局。但实际上，根深蒂固的汉族文化并未就此隔断。茨竹坝一带的汉族同样重视礼节、讲究人情，基于人情和关系的义务性礼物往来与流转同样具有十分浓厚的乡土熟人社会特色。礼仪消费的不仅是财物，更包含了文化和人际关系的互动，具有悠久的历史和丰富的文化内涵。

（一）跨国的血脉姻亲关系

在乡土社区，熟人关系是影响人际交往的重要准则，而血亲、姻亲又是构成熟人关系的重要因素。在茨竹坝这一带同时具备历史上就已形成的差序格局特征与当前市场经济介入之后而成的团体格局特征的中越边境村寨中，跨国熟人关系是对其人际关系格局最贴切的描述。中越边民经过历史上民族迁移而形成了血亲、姻亲等跨国而存的社会现实，在当前社会经济和商品市场发展的冲击下，又不断作用于其跨国熟人关系网，反过来又影响地区的跨国姻亲关系等。

1. 跨国亲属

在国家边界线确定与强化之后，民族迁徙流动的最终结果之一，就是形成了跨界而居的跨国民族，这些跨国民族当中存在宗族关系且自身还有记忆的，则可简单称为"跨国亲属"。跨国亲属的存在主要有两方面原因，一是同一血亲因部分外迁而形成血亲家人分属两国、跨界而居的状态；二是外迁之后因动乱等事件的干扰又使得他们部分返回中国、部分留在越南,形成血亲家人分属两国、跨界而居的状态。但无论如何,跨国亲属的存在无非就是血亲或宗族外迁、回归形成的结果,在当前国别意识增强的情况下则是凸显出来的一种跨国民族状态。

通过调查资料和历史溯源得知,茨竹坝一带的越南边民极大部分是从中国云南外迁在越南定居的中国汉族,其外迁历史已有几百年,足迹遍及东南亚各个国家。中国云南汉族外迁最早可追溯到明朝衰亡时期,直到20世纪40年代,这种外迁才逐渐减少。茨竹坝一带的越南边民在越南国内被称为"艾族",早期被称为"上方人",意思是他们是从其越南国家上方即中国云南迁过去的汉族人,在未进行民族识别工作时,这个群体就是从其国家地理位置上方来的人。后在1979年越南民族识别工作中被认定为"艾族",实际上与中国的汉族为同一民族。茨竹坝的"上方人"属于艾族的一支,主要分布在越南河江市与中国麻栗坡县接壤的各个边境村寨中,部分也扩散到越南国内各个省市之间。早期迁入时,茨竹坝的"上方人"便同越南的越人交错杂居,并在越南政府准许下同越南人自由通婚,从而定居在越南境内。① 之后,由于中越关系的恶化以及政策的影响,也导致了茨竹坝一带越南村寨部分"上方人"向中国一侧回流的情况。如茨竹坝大山后村的一位报道人称,其外婆家从中国云南外迁到越南后,祖辈就定居在离茨竹坝不远的一些越南村寨中,但之后由于动乱,又于20世纪60年代左右返回中国。而在越南,还有部分亲人未一同归国,因此在以往方便时期,还可经常走动,但之后随着老人相继去世,这种跨国亲属关系有所淡化,并且因国家边境政策的变化而使这种走动有所减少,但实际上其中的宗亲、血亲关系不会中断。

---

① [越]叶中平:《越南的华族、艾族与大国沙文主义》,《民族学杂志》1979年第2期。

这样的情况极为常见，当笔者到中国的边境村走访时，经常能听到"我们住这里好久了，这些村子（指中国茨竹坝的九个边境村）很多都是华侨，以前出去了又回来的……"这样的话。在这些村寨中，大部分家庭都属于归侨家庭，如中国石笋村、猴子箐村就是这里远近闻名的华侨村，村里大部分边民都同邻近的越南边民有跨国亲属关系。在当前看来，这种血亲或宗族外迁、回归的跨国亲属在经过几代人的拓展、发展后，形成了庞大的跨国熟人关系网，人们以此行事往来，其中的血缘、宗族特征在某种程度上有所淡化。

2. 跨国姻亲

从民族的迁徙流动不仅能发现宗族亲属跨国而居的社会现实，还能从中窥视民族迁徙流动过程中形成的跨国姻亲情况。如在茨竹坝一带，中国汉族外迁到紧邻中国的越南村寨后，同越南国内的越人交错杂居，并同越南人交往通婚。这部分同中国外迁的汉族缔结婚姻关系的越南人对未外迁的部分中国汉族亲属而言，就是跨国的姻亲。并且，在以往社会经济不发达，民族交往频繁融洽时期，茨竹坝一带跨国婚姻的嫁出与娶入之间是比较均衡的，对中国而言有越南媳妇，对越南来说也有中国媳妇。

之后，在各方面因素影响下，茨竹坝一带外迁的汉族部分回到了中国，部分则留在越南。这种民族迁移带来的结果除形成宗族亲属跨国而居的情况外，还对地区的婚姻圈造成了一定的影响。尤其是在当前茨竹坝村男女比例失衡、村里经济条件和人均收入相比邻近的越南村寨都要好的情况下，茨竹坝一带也有不少中国边民到越南找媳妇，而这些归国的亲属就成了缔结婚姻的桥梁。据粗略统计，在茨竹坝下辖的29个村民小组当中，包括在未备案登记在册的中越跨国婚姻约有40例。就茨竹坝上山围这个仅有138人[1]的边境村寨中，

---

[1] 云南省麻栗坡县人民政府《麻栗坡地名志》内部资料，2019年，第36页。

就有3个越南媳妇，按照婚龄计算，大体情况如下：第一位是从中国石笋村邻近的越南中寨嫁过来的越南媳妇，主要通过媒人介绍而成婚，礼金并不多，但媒人费用较高。成婚八年期间，生育了两个小孩，后因生活条件较差，因与丈夫性格不合于两年多前改嫁到中国边境乡镇金厂乡。因与第一任丈夫并未办理结婚登记，这个媳妇出走时也比较容易。而她在现夫家已生育有一个小孩，不过，因未办理结婚证，又记挂小孩，因此采取了两边走的形式，但主要居住在现夫家。第二位是从中国马关县紧邻的越南黄土坡嫁过来的越南媳妇，主要通过男方家的亲人到越南说亲而成，结婚至今已有八年，育有两个儿子，还未办理结婚证。结婚时，女方年纪较小，未曾外出打工。结婚时，女方家母亲买了一头牛作为嫁妆，男方家给相应金钱作礼金。到现在，这对婚姻依旧很稳固，这一越南媳妇也主要在家种地务农，教育孩子，中国话说得很顺畅，同邻里都比较和谐，生活比较美满。第三位是一个70多岁的老媳妇，嫁到上山围已有四个年头。经调查，得知由于在越南的儿子对其态度较差，生活条件也不好，因此，其现任丈夫便通过在越南的熟人搭线，亲自到村里将她领回家，简单成婚并定居在中国上山围村，但也未办理结婚证。

综上，可以发现，无论成婚缘由如何，都需要通过第三方，即熟悉中越村寨情况的"跨国熟人"做媒介而成，这与交错复杂的跨国熟人关系网密不可分。

无论是因家庭迁移形成的跨国亲属，还是因婚姻缔结形成的跨国姻亲，这都是跨国熟人关系的形成原因，同时也是茨竹坝一带中越边民在进行人情礼仪往来时的重要依据。

（二）茨竹坝一带的主要礼俗

在茨竹坝一带以跨国熟人关系为基础的中越边境村寨之间，其中一个重要表现就是注重礼节。《荀子·修身》有言，"人无礼则不生，事无礼则不成，国无礼则不宁。"长居在边界线两侧的中越边民，在中国儒家文化传统的长期影响下，已经形成了一个个十分懂礼节、重教养的小社会、小圈子。在田野调查，发现在茨竹坝一带，同样遵守长幼尊卑的礼节，例如在饭桌上，大部分情况下也讲究身份与地位和性别之分等；在有客到访时，以茶、酒待客，客人先请，吃饭时主人先入席且坐于上位；并且在这些越南边民家中，若客人想上楼必须得到主人家的同意方可前往，一是因为二楼是较为私密的空间，二是部分边民楼上还设置有客席位和神席位，一般若非很熟悉的朋友，主人家不喜欢他们坐到神席位上。熟悉越南边民此种习俗的其他边民，也会尊重他们的习俗，遵守他们的礼节。而在中国也是如此，到中国做客的越南边民也会遵循中国人的礼节，双方之间互相尊重，相互理解。当然，还有比较系统的礼节，则如孩子生辰礼、老人寿礼、葬礼等也有一定的地方传统。

1. 孩子生辰礼

作为较为普遍的民间习俗，茨竹坝一带中越边民的孩子生辰礼包括了"满月酒"和"周岁礼"，并且这些仪式的举办，也成了这里的边民进行人情关系拓展和社会关系再扩展的重要场域。按照地方习俗，孩子过满月、周岁都要邀请亲朋好友来庆祝，同时主人家一般也会大办酒席。而在汉族农村，邀请谁也没有特别的讲究，同在一村的都在受邀范围内，酒席当天都过来一起帮忙做饭、洗菜、打下手。而亲戚方面一般以大家长为代表，邀请大家长则表示邀请了全家一起来，远在邻国的亲戚也如此。而在酒席当天，亲戚、朋友的随礼也多是一些小孩子衣服、鸡蛋或红包，有些实在不方便前来参加的亲朋好友，也会委托前往的熟悉的受邀者捎上红包和礼物，或在手机上发个红包以示心意，在线上支付广泛使用的情况下，还是十分方便的。

2. 老人寿礼

寿礼是茨竹坝一带遵循的最为隆重的人生礼仪之一，同其他汉族社区一样，茨竹坝一带中越边民也十分看重老人的"六十大寿"。以往，这一山区边民以干支纪年，将六十岁称为"六十花甲"，意味着人的一生走完了由十个天干和十二个地支组合的一个周期，60岁是人生第一周期的结束，也是新的开始，是对高寿的赞扬和向往。而在茨竹坝一带这个自然环境、经济发展水平、区域交通等方面都较差的跨国汉族社区，以往食不果腹是生活常事，无钱治病只能等死的情况极为常见，因此能在当时的条件下活到60岁的老人并不多，自然被收到重视。而在60岁之后，老人每年都要庆生祝寿，仿佛每过一年都是上天赏赐得来的。这时，老人家里都会不惜财力兴办寿宴而条件较差的人家则逢十、逢五才兴办寿宴，一般来说，在祝寿的宴席和仪式上，经济条件差的人家则全家围在一起吃晚饭，给老人送礼物表示庆贺；有较强经济能力的人家则宴请宾客，或请戏班子，办酒席，远亲紧邻都邀请过来热闹。而受邀前往的边民则根据同主人家的关系选择不同分量的寿礼，以前多以米面服饰作为礼物，而现在则多以红包来道喜。

尽管发展至今，茨竹坝一带中越边民的礼俗礼节相比以往已有些变质，成了部分边民炫耀自家资本的方式。但对乡土边民而言，这种类型的在礼仪场合所表现出来的礼节，饱含着浓重的地方文化色彩。同时这也是联络感情、维持和拓展人际关系的好机会，是茨竹坝一带中越边民"礼尚往来"的人情交换的行为表现。

（三）越南边民的礼仪消费

熟人社会的一个基本特征是彼此之间人情相熟，在乡土社会人际交往和社会活动基本依靠人情、关系进行，如在婚丧嫁娶等人生大事场合中，主人家办酒请客，被宴请者随礼送钱。其中流动着大量的人情情分，并伴随着人情往来而使彼此关系变得更加密切。在学者阎云翔的著作中，他曾指出人情礼仪消费是社会交换的方式之一，是一种义务性的礼物往来，而人际关系互动是礼物往来的基础，[①]提到礼物交换就势必涉及人情往来。在茨竹坝一带，中越边民之间因身处地理环境相连成片的跨界、跨国乡土社会，姻亲、血亲关系纷繁复杂，并且乡土边民也十分重视亲情，行事讲究人情人际关系。在此基础上，中越边民之间经常走动，因此十分熟悉的两个人之间或两个家庭之间也会有"认干亲"的现象普遍存在，而这种形式又扩大了彼此之间的亲缘关系与人际关系，久而久之，对社会人际关系网又造成了一定的影响。

1. 结婚随礼

随着中国边境开放程度的不断提高，跨国通婚现象在边境线两侧的乡村社区内并不罕见。据不完全统计，2019年时，茨竹坝村有中越跨国婚姻不少于40桩（其中石笋村有5桩，猴子箐村有3桩，上山围村有5桩，等等），以紧邻越南的九个中国边境村寨为主。跨国通婚不仅表现了茨竹坝一带中越两国边民之间的友好互动，更体现了跨国熟人关系的流动与扩大。如整个婚姻过程的人情礼仪消费，从过去的"以工为礼"或"以劳代礼"到现在逐步明确的"份子钱"等，都很好地凸显出边民跨境礼物消费习性的特点。

首先是"以劳代礼"。在过去，因为经济收入较少等原因，男女双方家庭之间对于彩礼、嫁妆金额并未有十分明确的规定，很多时候都是为了一个新家的未来发展做力所能及的支持，如装修房子或

[①] 阎云翔:《礼物的流动———一个村庄中的互惠原则与社会网络》，李放春、刘瑜译，上海：上海人民出版社，2000年，第13—19页。

改建新房，这是一个在筹备婚礼前男方家的惯例，同时房屋的有无也是新家庭能否尽快开始新生活的前提之一。以往这个时候，嫁女儿到中国的越南边民就会询问亲家是否缺人手，新家的建成和装修是否有足够的钱，是否需要帮忙等。大部分情况下，中国亲家也不会拒绝，而越南亲家则会欣然前往一起盖房。而为偿还人情、表示对亲家的亲近和重视，中国亲家在越南亲家如建房、农忙劳作等方面需要的情况下，也会前往帮忙。如此，在方便出入中国边境的前提下，出现了较多的"以劳代礼""以工为礼"的情境。这可以说是一种延迟互惠的礼物交换形式，在某种程度上体现了一种较为稳定的、延续性的地区消费习性特征，也有助于维持跨国而存的熟人关系，意义重大。

其次是"婚宴随礼"。婚宴是结为夫妻的一对新人及其家庭在婚礼当天为了答谢各位亲朋好友对新人的见证和祝福而隆重举办的宴席，婚宴的相关习惯源远流长，在地方文化背景和社会氛围中形成了各有不同的"地方性共识"。在婚宴上随礼，是彼此加深人情往来的主要方式之一。在过去市场经济不发达时期，不论男女方家，都要遵循惯例进行仪式性礼物交换，环节较多且烦琐，如男方家给了彩礼，女方家要给新娘配银饰，或两者调换也可。而现在，没有什么是钱解决不了的问题，首饰送多少、送什么，嫁妆随多少等，根据双方家庭经济情况而定，有时候也会出现娘家帮忙盖新房代替部分嫁妆的情况。而其他参加婚礼的越南边民的礼仪消费则更多的体现在"份子钱"上，他们认为，既然是亲戚、是熟人，某种程度上也就是一家人，一家人就不会因为穷而不送，他们更在乎的，是人情和关系的亲疏，随份子钱的关键就在于此。[1]

---

[1] 访谈对象：HSQ，26岁，男，汉族；访谈时间：2019年5月12日；访谈地点：茨竹坝大山后村。

以前我奶（外婆）家是从越南迁过来的，所以我家的越南亲戚还是比较多的。然后在我们这边，也比较喜欢认干亲，这样亲戚就更多了。我们这边办婚礼的话，以前和现在礼金都是很少的，但是多少都会有点。像我妈妈他们那一辈的话，基本上就没有什么彩礼，也就是娘家送一床被子啊什么的，家境好的话会有点金银首饰。而且那些越南的亲戚来参加婚礼的时候，基本也没有什么红包，都是拿点粮食，或者来这边买点床上用品之类的。以前送红包都是一块两块的，10块的都很少。到了现在，礼金要得也少，吃酒包红包的话就是最少100块，关系好一点的不止，无上限，越南人过来也是这样，这是这边的地方风俗，也不会说不给。但是慢慢地，就形成了一种不良风气，比如说送礼（红包）少的话会被当成笑话说，因为有礼簿嘛，都登记在上面的。

2. 孩子生礼

随着孩子的出生，礼物消费习性再次体现出其跨境流动的特征。在诸如小孩满月、周岁这样的人生礼仪中，最突出的一点就是给小孩送礼物，还有周岁的时候"抓周"这一环节。在这一区域中，还有一个习俗，即一般而言新生儿都不穿新衣服，孕妇家会向有小孩的亲戚和朋友家要一些，在小孩出生前的一个月准备好，待生产后即可给婴儿穿上，寓意为吉祥，沾人气。待小孩满月、周岁时则要办酒请客。在宴请方面过去较为隆重，同村的都请上，还有亲戚，无论远近，电话等通讯工具的广泛使用更能使快速有效地为边民传达这种喜悦。而在像中国石笋、猴子箐和越南王家坪、南湾等几个相距不远的中越村寨中，边民之间经常走动，亲戚关系也比较紧密，因此越南边民也常在受邀范围之内。并且，宴请越南亲戚和朋友更能体现主人家对于远方（跨国）友人的重视和友好，同时也从侧面可以看出，宴请通常也是关系维护的方式之一。在送礼方面，越南边民在以前主要送衣服、小孩背被，或自己制作的小玩具。这样往往也出现一种情况——亲友送的衣服、背被较多，但实际上却用不完，形成一定程度的浪费。之后随着社会经济的发展变化，边民的礼物消费也有了较大的改变，即以红包代替实物，主人家可以利用红包购买需要的物品。①

  这边小孩子满月、周岁以前还是很隆重的。像我们家两个儿子（现在高中）以前小的时候办过，和婚礼差不多，很热闹，亲戚朋友都会来，我家住得近的那些在越南的亲戚也会来，那都是一家人嘛，过来吃个饭庆祝一下。以前是满月和周岁都办，周岁还有抓周。然后亲戚也会送些礼物，像小孩子的衣服、玩具之类的。这些很方便买，就在茨竹坝街街天的时候都有。或者有些不送礼物的，就送红包，几块十几块的，不多，就图个意头。但是么，后来就大操大办的那样，收礼钱这种，就有人不高兴，后来就被禁止了。但是我们这边还是很热情好客的，像去年你们来的时候，我们家姑娘刚刚好周岁，我们不是也叫你们来吃饭了么。带你们来的那个老彭和我们很熟的，他经常来这边。然后还有我们在越南的亲戚，去年他们也来啊，就送一点衣服啊这些，按照辈分我家姑娘比那个亲戚的孙子还大，所以他就叫小孃孃（未婚的女性）。他们平时也来，就和我老公在店里玩啊，也去我们在森林里的鸡场那里。以前我家还卖牛肉的时候，他们更常来了，喝酒吃烧烤，吃饭这些。但是现在这边管得严了，就比较少了，我们就不做了，就去养鸡、酿酒，就是那天你们去的那里。反正跟一家人一样的，没有什么的。

  3. 老人寿礼

  在老人寿宴中，礼物消费更体现出人与人之间关系的紧密性。

---

① 访谈对象：WZC，45岁，女，汉族；访谈时间：2019年5月13日；访谈地点：茨竹坝石笋村。

以往受地理区位条件较为偏远闭塞、区域医疗水平和社会经济水平较低的影响，在茨竹坝一带能活到 80 岁的老人极少，因此自老人 60 岁开始，大部分家庭或隆重或简单都要给老人做寿，也就是我们所说的做"六十大寿"，此后每年都办庆生宴，前来祝寿的亲朋好友会送上寓意吉祥的礼物。尤其是现在年纪在 80 岁以上的老人，或多或少和邻近村寨的越南边民有血缘关系，但由于年事已高、行动不便等原因，彼此的来往相比之前较少，故借此机会，从越南远道而来的亲友则会随厚礼，表达衷心的祝福，[①] 而人际关系在此时又得到了一定程度的推进和升华。

我们这里老人做寿很隆重的，和婚礼一样，很多亲戚朋友都来。像在中国石笋、猴子箐还有越南的王家坪、田湾这些村里，很多都是亲戚。老一辈又比较爱经常往来，只要我们这边办婚礼啊、做寿啊、葬礼啊这些，附近的越南亲戚通通都会过来。来的话和婚礼的时候一样，要送个红包，表示祝福，然后就吃一顿饭，下午三四点就开始吃了，一次大概有 10 桌这样，吃完一桌接着上一桌，就和流水席差不多，很热闹。然后送红包，一般都是给个好的数字，在我们这边习惯尾数为 6，然后在做寿的时候，送红包的人也会注意不要带有 4 啊、7 啊这些数字，像 66、86 这些就很好了，并且一般也不兴给单数，和婚礼一样的给双数就好了。还有就是做寿的时候，老人要给小辈红包，而亲戚朋友给老人红包这样。

4. 丧葬礼仪

农村办葬礼的隆重程度不亚于婚礼，在这种相比较严肃庄重的场合，人们的消费意义很容易就被忽略掉。无论中国还是越南的亲戚在听到有亲人去世的消息后，邻近的则前来帮忙，远一些的则以

[①] 访谈对象：SZF，36 岁，男，汉族／HDW，21 岁，男，汉族；访谈时间：2019 年 5 月 14 日；访谈地点：茨竹坝街心、茨竹坝石笋村。

钱作为帮扶，丧葬礼仪中的消费主要是，给逝者亲人一点食物和金钱，希望他们能忘掉痛苦，好好生活。茨竹坝一带的葬礼同其他汉族地区没有多大的差别，同样是村里有老人去世了，其子女通知邻近的亲戚、邻居到家里来给老人操办丧事、送终。在这种场合中的人情消费在大多数情况下都不需多虑，越南边民的入境礼仪消费行为在长期的中越人情往来之间已经形成了该区域内的一种人际往来规矩，在他们看来，花钱事小，人情、面子事大。反过来，这种基于跨国熟人人情的入境消费习性也就成了这一区域社会文化的外在表现。①

  我们这边葬礼和婚礼一样大部分都是大办的，和婚礼一样隆重。以前土葬的时候要帮忙的人比较多，做饭的啊、抬棺材的啊之类的。他们都会提前通知亲戚邻居来帮忙。老人去世那天晚上还有亲人守夜。帮忙的人主人家会给封个红包作为回报。亲戚来参加葬礼，以前是带米啊、草纸啊、鞭炮啊这些，但是现在的话都是送钱多，因为也不知道你缺什么，送钱就比较实在了。这边我们茨竹坝的汉族和越南的艾族是一样的，都是亲戚，习俗我们两边都是一样的。我们叫他们的时候他们也会来，但是除了到下面玩，还有老一辈的比较常走动，我们年轻的就比较少去了。他们那边也不怎么好玩，然后年轻的都出去打工、上学了，不怎么在家，联系就比较少了。但是像这个葬礼、婚礼啊，还是会来往的。

  总体来说，在茨竹坝一带的中越边境村寨之间，正如特里克·吉尔里（Patrick Geary）所言："人和物之间的界限是文化造成的，同时也是相互渗透的"，②边民与物之间紧密联系，不可分割。边民在异

---

① 访谈对象：HSQ，26岁，男，汉族/LYP，27岁，男，汉族；访谈时间：2019年5月15日；访谈地点：茨竹坝村。
② 舒瑜：《"物"的民族志：视野与方法》，《中国社会科学报》2019年6月4日，第2页。

域集市上所消费的"物",不一定就是我们所熟知的商品,其经济价值并不重要,它,凸显的是其社会价值。换言之,它们更像是人际关系流动的一个载体,用以维护彼此双方的关系,同时,在某种程度上又是边民对其传统的社会文化的移情行为。借由"物"的流动,跨国民族的熟人关系突破了地域限制而发展,并使之实现了文化的共融。

结语

在传统乡土熟人社会中,人们以"己"出发与人交往,往来标准是相互之间的人际关系,因此,通过对茨竹坝一带越南边民入境消费习性的调查分析,本文认为我们对边境地区边民行为的考察,应将其与它们行为实践背后的社会文化与社会关系网结合在一起,以获得更为贴切的描述和结论。如将茨竹坝一带与传统的非边境地区乡土社会相比,若从发展程度上而言,比之落后,但熟人关系的乡土味也十分浓重;若从政策扶持而言,比之优越,故而市场经济的引入与发展又使得人际关系在原本的"熟络"与当前的"隔膜"之间相互牵扯,不断变动,这与当前的乡土社会人际关系格局相同。基于此,本文得出以下三点结论:其一,通过对茨竹坝一带越南边民的入境消费习性与其所处的社会环境之间关系的分析,发现传统乡土社区的熟人关系伴随边民或族群的流动是可以跨界而生、跨国而存的;其二,文化与消费之间是关联互动的,茨竹坝一带越南边民的入境消费实践同样包含着群体文化、社会关系的跨国流动;其三,茨竹坝一带中越边民的跨国流动与跨界互动互惠同样也有助于实现这一边境地区的互联互通建设。

(一)乡土社会熟人关系跨界而生

在茨竹坝一带,虽不同于中国其他非边境地区,更不同于其他国家,但国家领土边界严格不可非法跨越,而边民往来实则弱化边界,人际关系的流动可谓无界。虽然历史上因中越矛盾在这一山区深林里埋藏了数万枚地雷,截至今日也未完全排完,一定程度上也限制了中越边民在这一边境地区的自由往来。但冒险走山野小路探亲访友、互相通报无地雷的安全区域、亲友之间以物易物互通有无的物资交换、隐蔽的草市……这些都是茨竹坝一带边民生活的历史写照。

无论如何，地缘因素将茨竹坝一带中越边民长期限制在较为封闭且固定的地理空间内，也导致这里的人际关系在边民之间的长期往来如跨国走亲戚、跨国通婚、跨界赶集等互动互惠过程中不断形成、巩固、瓦解、重新组合，近似于一种螺旋上升式循环往复的轮回变化。在此基础上，人和物的跨国流动也带动了熟人关系的跨界而生与发展。圈子并不永远都是闭合的，随着交通、通讯设施设备、信息网络等的普及与发展，社会交往的扩大又影响了这一边境地区跨国熟人关系的发展和变化。如最早的民族、家庭或宗族因迁移、回归形成的跨国亲属关系，这可以说是除核心家庭外的第二层熟人圈子。其次，随着跨国通婚案例的不断增多，也使因婚姻结成的亲属关系得以扩展，这种扩展又在一定程度上开阔了原有的亲属式熟人圈子，跨国熟人关系得到相当程度的叠加，从而使其复杂化。最后，在现代社会市场经济的快速发展条件下，市场交易过程中又不断形成新的拟亲属关系，或我们常说的市场熟人关系。而在某种层面上看，这种新的熟人关系与原来形成的关系圈实际上会有重复、叠加的现实。因此，市场经济与市场交易又使得跨国熟人关系得以扩大化、复杂化，是合乎实际的，这也就是本文意欲证实的茨竹坝一带熟人关系跨界而生的情况。

而跨国熟人关系的跨国而生，在笔者看来，实际上除与地缘因素和历史上形成的民族和家庭记忆相关外，还与当前中越两国的国家政策紧密相关。如为发展边境地区社会经济而实行的边境旅游开发与规划、边民互市建设与规划、移民支边等政策与方针，在推动边境地区发展的同时，还方便和规范了中越边民的跨界交往，从而有利于边民民心相通，也有利于跨国熟人关系的跨国而存与健康发展。

（二）文化与消费关联互动

学术界对"文化与经济"的研究由来已久，经济学背景的学者倾向于探索文化的经济价值，而人类学出身的学者则更喜欢强调经济对文化系统整体功能的贡献以及文化价值和文化在经济发展中的正面负面作用。[①] 而如本文对边境地区熟人关系与入境消费之间关系的探讨，实际上无论是人际关系，还是消费实践，二者都依赖于一定的社会环境与文化土壤才能产生、发展。换言之，消费不仅是一种经济行为，更是一种社会行为，同人与人之间的交往互动一样，消费除与社会经济发展水平密切相关外，更与环境、人际关系、个人、家庭或群体的过去未来紧密相关。因此，经济社会学推崇的"关联营造"或者"关联取向"，[②] 在本文也得到相应的案例支持，即从边境乡土社区的跨国熟人关系中可以推导出这一地区越南边民入境消费的内涵特征。就好比本文田野调查点茨竹坝一带，在这个边境山区中，中越边民的国别、族别、圈子等自有其边界，人们在这个范围内的所有活动都有其特定的社会文化内涵。而本文通过将越南边民的入境消费习性置于文化层面同其所处的跨国熟人关系进行讨论，探讨了其背后的规则、意义等，这实际上也是关联营造所提倡的文化与消费之间的关联互动。[③]

在中越边境茨竹坝一带的中越村寨之间，有较为固定的社会文化与族群特性，因此在观念、习俗、行为等方面深受同种或类似文化、习俗、"潜规则"的影响，边民的消费行为也因而表现出跨国熟人社

[①] 高崇：《"文化与经济"研究综述》，《广西民族大学学报（哲学社会科学版）》2013年35卷第5期，第2—8页。
[②] [美]薇薇安娜·A.泽利泽（Viviana A. Zelizer）：《关联取向的经济社会学家以及如此转向的意义》，高崇、李兴华译，《广西民族大学学报（哲学社会科学版）》2016年第38卷第1期，第12—26页。
[③] 杨琴：《封面学者：高崇博士》，《广西民族大学学报（哲学社会科学版）》2016年第38卷第1期，第1页。

会特有的文化气质与稳定延续的习性特征。在本文中，如特里克·吉尔里（Patrick Geary）所认为的"人和物之间的界限是文化造成的，同时也是相互渗透的"①那样，在茨竹坝一带这跨国熟人关系交错的边境地区，尤其是在边民的节俗、礼仪消费实践与场合中，人和物都是一种紧密联系的存在，人们通过如"以工代礼"、礼物、红包、"友情价"等形式展现双方之间关系的亲疏远近，维系并强化彼此之间的关系。反过来，边境乡土社区的传统惯例又对这些场合内的群体行为进行了规范，如婚礼上红包的最低金额是多少，这一规范实则是一种社会文化内涵的表现，经由人的行为习性得以呈现出来，通过各种社会活动，又不断进行人与物的相互塑造、进一步加深。物在人的接触与流动中传递、流动，之于物上的人们通过物的流动来形塑自身存在的价值与意义，两者的互动又使得人际关系网得以重构、发展，使之纵横交织，从而对跨国熟人社会边缘造成影响，使其社会文化延续、发展、变化。

学术界在对"物"的研究中，皆认为物的变化发展过程可以反映社会变迁、社会文化建构与发展的过程。在本文对在茨竹坝一带这个熟人关系纷繁复杂的跨国熟人社会场域内，通过对越南边民入境消费物品类型的分析，同样也认为，这些"物"与社会文化和社会背景是紧密相关的，从中可以看到中越两国的商品生产与发展的变化史，以及该跨国熟人社会的文化习俗、风土人情的变迁史。并且，边境乡土社区越南边民依据跨国熟人关系入境消费的物品实则是一种文化定义上的商品，透过这些物聚焦于它们背后的社会文化，不难发现，这些物在经过中越两国边民的接触、传递之后，以积极的、多元的、多渠道的方式投入社会的发展变化以及文化的跨国交流与共享中。因此，加强对这样的跨国熟人社会内边民消费习惯行为的

---

① 舒瑜：《"物"的民族志：视野与方法》，《中国社会科学报》2019年6月4日，第2页。

研究，完善与强化对跨国熟人社会的管理，是实现跨国民族和谐互动与和平跨居、边境地区民心相通、双边经贸往来以及"一带一路"建设的有效途径。

（三）边境地区互联互通

本文在分析茨竹坝一带越南边民的入境消费习性之前，还对这一边境地区跨国熟人关系如何生产、发展，进行了较为详细的分析论证，并已证实这和跨国民族的跨界交往、民心相通和文化跨国共享等紧密相关。茨竹坝一带虽离最近的中国天保口岸或越南清水河口岸较远，远超从茨竹坝往麻栗坡县的道路距离，但从整体上看，边界线是连贯的。它将中国和越南从政治层面上区隔开来，给边境地区民众打上国家烙印、划分国别族属，但经济的发展和文化的传播共享却是延续的、可跨越边界的。如茨竹坝一带石笋村边民互市的开设，不但满足该边境山区边民的日常生产生活需要，还在一定程度上实现了该山区中越村寨之间的物资互补，以互市的方式不断活跃地方经济与市场。同时，这一山区中越边民共享的节日与传统、共同遵守的仪式与礼仪等，都是文化跨国传播与共享的事实，并随着中越两国边境政策和边民政策的不断优化而得到更好的发展。

茨竹坝一带的经济、文化等方面的建设虽然仅惠及这一有限范围内的边民，但通过以点带面、连线成片的方式，将这一边境地区的发展融入口岸建设和更大范围内的边境建设中，从而实现区域的建设与发展，这实际上也是"一带一路"倡议的追求之一，即实现中国与沿线和周边国家从经济、文化等方面的互联互通，以构建人类命运共同体。

中缅边境傣族村寨的婚姻策略研究
——以云南省瑞丽市弄岛镇弄麦村为例

作　　者：王燕
　　　　　云南大学民族学与社会学学院2018级民族学专业硕士研究生
指导老师：周建新

引言

（一）研究缘起

家庭是社会组成的基本单位，是社会的细胞，而婚姻的缔结是家庭成立的前提。《礼记·昏义》说"昏礼者，将合二姓之好，上以事宗庙，而下以继后世也。"[①]可以看出婚姻是为了维持社会的延续，婚姻策略是一种社会再生产策略。[②]婚姻家庭研究在人类学民族学中是一个比较传统的主题，若想要探究社会是如何发展延续下去的，我们就离不开对婚姻策略的探索。在当今社会快速发展和变迁，以及全球人口流动的时代背景下，各个区域、各个民族的婚姻一方面因历史和惯习保持了一定的原有传统，另一方面因受到社会的冲击也发生了变革。人们会根据时代的变迁，随之做出婚姻策略的改变，其最终目的都是实现利益最大化。

2020 年，一场新冠疫情影响了全人类。笔者最初的选题因无法继续开展只好放弃，于是田野点临时从泰国北部的华人村换到中缅边境的傣族村。带着对边境的好奇与缅甸媳妇[③]的想象，只身一人前往云南省德宏傣族景颇族自治州瑞丽市弄岛镇弄麦村。进入村寨之初，笔者根本无法辨别哪些是缅甸掸族[④]妇女，哪些是中国傣族妇女。她们讲着相同的语言，穿着传统的傣族服装。在正式进入田野点的第一天，出乎笔者意料的是访谈对象全都为女性。一个即将要订婚

---

① 邵伏先：《中国的婚姻与家庭》，北京：人民出版社，1989 年。
② Pierre Bourdieu, *"Marriage Strategies as Strategies of Social Reproduction in Robert Forster and Orest Ranum"*, Family and Society: Selections from the Annales, Baltimore: John Hopkins University Press, 1976, pp. 549-558.
③ 本文指嫁入中国境内的缅籍女性，这一群体出生在缅甸，通过婚姻的形式移民到中国，并与中国籍男性有事实婚姻或得到法律认可，并且长期居住在中国的缅甸女性，其中包括通过婚姻途径取得中国国籍的缅甸女性。
④ 傣族属于跨境民族，在缅甸被称为掸族。

的守寡一年的傣族大姐说:"我是不会嫁出去的,不管怎么样都要找上门的。"另外一个刚生了二胎的傣族妇女说:"我找汉族嘛,是他会出去打工挣钱。现在小孩子一罐奶粉好几百块,在家种地怎么养活得了一家人。"一个丈夫被关在戒毒所里的缅甸媳妇说:"我们傣族男人都靠女人养,他们只知道抽大烟、喝酒、睡懒觉。"一个17岁结婚之后离婚又再婚的大妈说:"以前那个是酒鬼烟鬼,两个人合不来就分开了。现在这个很好,从来不说我什么。"还有一个缅甸媳妇说:"缅甸穷,爱打仗,不安全,还是中国好。"从这些女性的话语中,可以看出她们站在不同的立场,对自己的婚姻选择进行细致考量。嫁给谁,她们有着自己的婚姻策略。

在进一步观察和了解之后,笔者听到了男性的声音,诸如:"找缅甸的能干活啊,会生孩子啊,光是长得好看也没用。""中国的动不动就是好几万、十几万,谁娶得起,缅甸的便宜啊。""别人笑我找不到老婆,我就专门带回去给他们看。""家里兄弟姐妹多,地又少,就过来上门了,在哪里都一样,只要能生活。"由此可以看出村寨里的男性也有着自己的婚姻策略,在娶谁做媳妇、去哪里娶媳妇这些问题上他们有自己的考虑和打算。

笔者发现在边境地区存在着多样婚姻形式,从不同的角度划分有不同的类别。从配偶的族群身份选择来看,分为内婚制和外婚制。在弄麦村中,结婚对象限定为傣族的是族内婚,结婚对象限定为傣族以外的民族是族外婚。从结婚的形式来看,又分为嫁娶婚和招赘婚,男娶女嫁、妻从夫居为嫁娶婚,女娶男嫁、夫从妻居为招赘婚。从通婚的距离是否跨越国家边界来看,分为跨境婚姻和非跨境婚姻。从数量上看,跨境婚姻和招赘婚在整个村落中占据较大比例。弄麦村的婚配有一个突出的现象是"外娶内招",即傣族男性都倾向于从缅甸娶回媳妇,而傣族女性更愿意向内地招赘,尤其是找汉族做上门女婿。①在本村寨里，原生的傣族男女看似是分裂的，他们在本民族内部缔结婚姻的比较少，所以无法通过内部供给满足婚配需求。但实际上他们有其应对之策，男性通过跨越边界从外面娶回缅甸媳妇，女性通过招赘找到汉族上门女婿，两者以不同的方式缔结婚姻，组建家庭。缅甸媳妇与汉族上门女婿的补给，使得村寨不存在大量剩男剩女的问题。在这样一个边境地区的传统的傣族村寨里，村民通过不同的婚姻策略实现了生物学意义上的人口再生产，以及社会学意义上的文化和社会再生产，使得整个傣族村落得以延续，并不断扩大。

一个和谐融洽的边境傣族村寨里，不同群体的婚姻策略是怎么样的？这些不同群体的婚姻策略的差异与共性是什么？从不同的年龄段的人群来看，村民的婚姻策略发生什么变化？在这背后，个人、家庭以及社会不同层面上的策略考量是怎样的？此外，面对2020年突发的公共卫生安全事件，边境关闭，对于边民的婚姻选择会有什么影响？策略是否会失效？他们会采取什么新策略来调整，并维持平衡？以上问题就是本文探讨的主题。

（二）研究思路

本研究将以弄麦村的已婚男女作为研究对象，主要包括傣族女性、傣族男性、汉族男性、缅甸掸族女性四个群体，本研究将分为两条线索把这四个群体勾连成一个整体。一条是"外娶"线索，即傣族男性从缅甸娶掸族女性，从个人、家庭、社会层面来剖析跨境婚姻中中国傣族男性和缅甸掸族女性婚姻策略的差异和共性，去呈现他们是通过何种方式来实现各自利益最大化的。另外一条是"内招"线索，

---

① 在德宏傣族地区，入赘是一种典型的"女娶男嫁"现象。本文的上门女婿指的是男子到女方结婚，成为女方家庭中的一员，婚后可以分家单独居住。

尤其是要聚焦到招赘婚姻中的族际通婚上，即傣族女性招赘汉族男性的这类婚姻上去，不仅要从个人和家庭角度考量他们各自的婚姻策略，还要从傣族社会和汉人社会的文化背景下去理解和分析他们的婚姻策略。本研究首先呈现村落的整体概况，然后通过两条线索的串联，运用布迪厄的婚姻策略理论呈现并阐述"外娶内招"现象，将场域、惯习、资本三个要素贯穿其中并在最后做理论分析，最终呈现弄麦村村民婚姻策略的差异与共性及其背后的逻辑。

一、田野点概况

（一）弄麦村的基本概况

1. 地理环境情况

弄岛镇地处云南省德宏傣族景颇族自治州瑞丽市西南部，北接户育乡，东连姐相乡，东南、西南与缅甸毗邻，与缅北重镇南坎县、八莫县芒允镇隔瑞丽江相望，国境线长 42.8 千米。[1]弄岛镇下辖等秀村、等嘎村、雷允村、弄岛村 4 个行政村。雷允村委会地处中缅边境，与缅甸接壤，国境线长 6 千米，中缅界线是以南畹河为界。弄麦村是雷允村委下辖的 10 个村民小组之一，是一个傣族自然村。此外雷允村还包括弄木峡、雷允村、喊板村、弄混村、弄额村、广喊村、等相村、大沙河村、蚌渺村 9 个自然村。弄麦村地理坐标为北纬 23°52′，东经 97°39′之间，海拔 750 米，属于平坝地区。距离瑞丽市区 30 千米，距弄岛镇人民政府所在地 1 千米。

弄麦村整体呈 V 字形，分为新寨子和老寨子。从寨门口进去便是老寨子，设有奘房、公房、养老院，重要的生产、宗教、娱乐活动均在老寨子进行。新寨子位于公路旁，当老寨子里的宅基地不能再满足需要独立门户单独建房的年轻夫妻，于是就被安排在新寨子里。新寨子和老寨子相隔不远，但中间有弄雷段公路经过，将两个寨子隔开了。有集体活动时，新寨子的人需要前往老寨子参加。

与傣族传统的干栏式建筑不同，弄麦村的住宅大都为一层小平房，一部分新修的房子则为两层的楼房。大部分人家中都没有修建围墙或者安装大门，在房屋外面可以清楚地看到家里是否有人在。弄麦村的妇女们爱串门，9 月份晒完稻谷便是农闲时节，她们就会出去串门。串门是一个信息交流和共享的平台，她们在一起会讨论

---

[1] 弄岛镇：百度百科，网址：https://baike.baidu.com/item/，下载时间：2020 年 9 月 1 日。

哪个男孩还没娶到媳妇，哪个女孩嫁到哪里去了，日子过得好不好，哪家姑娘得到了多少彩礼，哪家儿子娶老婆花了多少钱，谁家媳妇生小孩了等等。

2.经济社会基本情况

弄麦村共有89户，其中有2户是从云南保山施甸县搬迁过来的汉族，有建档立卡户28户。全村共计455人，男性211人，女性244人，已婚男性103人，已婚妇女95人。傣族369人，其中包括3个已经落户中国并且将民族改为傣族的缅甸掸族人。有36个跨境通婚嫁入（入赘）的缅甸掸族，其中女性30人，男性5人。汉族49人，主要来源于河南、山东、湖南、四川等地。此外还有景颇族1人，缅甸缅族1人。①

弄麦村民小组理事会由村长、副村长、支部书记、会计、妇女主任组成，村中有党员13人，民兵8人。截至2020年12月，全村在册吸毒人员23人，现存吸毒人员12人。跨境婚姻39对，均为中缅通婚。其中34个为缅甸女性嫁入中国，5个为缅甸男性入赘。除去跨境通婚中5对招赘婚外，另外还有36对招赘婚，其中有26对为傣汉通婚，9对傣族内部通婚，1对为傣族与景颇族通婚。②

村中通用语言是傣语，缅甸的掸族语言和中国傣族傣语相通，交流无障碍。外来的汉族只有少部分既会听也会讲傣语，有少数听得懂但不会说，大部分都不会讲。傣族村民也讲云南方言和普通话。现在学校教育大力推广普通话，从幼儿园就开始说普通话，村中的小孩子们傣语和普通话都会讲。

全村耕地面积为732亩，其中旱地较少，仅有56亩，水田较多，

---

① 资料来源：人口数据由弄岛镇雷允村委会提供，截止日期2020年12月31日。
② 资料来源：数据由弄岛镇弄麦村村长即妇女主任口述，笔者整理，截止日期2020年12月31日。

有676亩，林地3000余亩，以种植水稻、香料烟、玉米、辣椒、柚子等为主要经济来源。①村民们一般会在稻谷和玉米收成后仅留下家庭生活所需的部分或将其全部卖掉。相比之下缅甸的物价更低，他们会选择以高价卖掉自家的农作物，然后以低价从外面买回所需的。当地政府大力号召和倡导种植香料烟，种植香料烟的时间周期长达6个月，程序复杂，每亩年收入仅有1000多元。种植柚子是从2008年开始的，以水晶蜜柚命名。2020年弄岛镇举办了第五届柚子品鉴交流节，村中HS家的柚子受到好评，一举夺魁，获得10万元认购金。村民们的柚子通常是线下批发，有专门的老板前来收购，这些年增加了微信线上销售。前两年在村中兴起种植小米辣的热潮，相比香料烟种植周期短，借助得天独厚的气候优势，恰逢内地市场紧俏的时候，可以卖得很好的价钱。以2020年的市场行情来看，每亩地收入可达1万元以上。村中养家禽的不多见，有一户养水牛，有30多头。有一家专业大规模养鸡、鸭，自产自销。还有一家农户有40多年的养猪历史，每次饲养数量控制在十几头。以养殖为生的农户很少，一些散户养了少量的鸡鸭牛猪等牲畜。弄麦村中年轻的男女青年大多都在毕业后外出打工，瑞丽市目前工资水平在2000~4000元/月，去省外每个月可拿到3000~5000元/月。弄麦村因靠近交通要道与集镇，近年来有外地老板前来承包土地种植香蕉，村中大部分农户选择出租土地，租金每年1400~2000元不等。留在家中的男女可以打零工，会技术性活的男性可以拿到100~150元一天，干普通农活只有60元一天，通常是妇女去做。此外作为边境村寨，弄麦村的在籍村民们可享受国家的边民补贴，每年每人600元，2020年增长到1200元。2019年全村民小组经济总收入546万元，人均纯收

---

① 资料来源：弄岛镇雷允村弄麦村村民小组基本情况介绍栏。

入 12000 元。①

弄麦村与弄岛镇菜市场的距离在 1 千米以内,对村民生活消费而言十分便捷,自家的农副产品可以拿到市场上销售。一些缅甸媳妇不再种地,而是选择做生意,她们在市场里卖蔬菜、卖水果、卖鸡鸭肉等。有的从当地或者是瑞丽市倒卖过来,再进行销售,赚取差价。她们不仅会讲傣语,还会当地的方言,更能说一口流利的普通话。她们通过自己的努力建立起自己的圈子,当然也没有错过村中重要的事务。弄麦村还保留着传统的换工习俗,遇到家里有婚丧喜事全村家家户户都要帮忙,这些缅甸媳妇会暂时搁置生意前去帮忙。

(二)弄麦村宗教信仰与社会生活

弄麦村是一个以傣族为主的自然村,信仰南传上座部佛教,属于小乘佛教。重要的传统宗教节日有泼水节、关门节和开门节。关门节在当地的表述为"进洼",意为佛入主寺,在此期间不允许结婚;开门节为"出洼",禁忌解除,可以结婚。村内不允许其他宗教并存,支部书记说:

进来这边的(人)都是统一用我们的语言、遵循我们民族的风俗习惯和宗教。那天景颇族订婚的时候,我们讲,你们景颇族是信基督教,我们是信佛教,如果要来寨子上门,你必须要信佛教,基督教是不行的。不管什么民族,像汉族不信什么宗教,我们是傣族寨子,信仰佛教,风俗很多,你进来不要说自己什么都不信,你不信不要讲出来,你不信没关系。宗教信仰自由,不强迫,像大门一样开着。②

---

① 资料来源:数据由弄岛镇雷允村村委会提供,截止日期 2019 年 12 月 31 日。
② 为保护田野调查中报道人的隐私,以及保持文章叙述的完整性,文中报道人的姓名均以字母缩写代替。访谈对象:YM4,男,53 岁,傣族;访谈时间:2020 年 12 月 28 日,访谈地点:弄麦村。

奘房是弄麦村村民最主要的宗教活动场所，也是村中的公房所在地。奘房里住着从缅甸接来的老佛爷，村里若是有人去世，便会请奘房里的佛爷念经。村中的每家每户都要轮流给佛爷送饭，一户负责一天的饭菜。公房有上下两层楼，一楼是开会、宴请的地方。村中有紧急通知时，村长会在广播里播报，正式会议在公房一楼召开。村中的婚礼、丧礼、乔迁新居宴请都在公房操办。结婚的时候需要请念经人念经祝福，新人拜老人、拜父母，都在二楼进行。老人在村中地位较高，是比较受尊敬的一类群体。50岁以后就可以选择去奘房，但有严格要求，进入奘房之后就不能杀生，平时聊天也不能提。并且在每个月的农历十五需要睡在奘房，其间只能吃素，家人送来什么食物就只能吃什么。因为受到疫情的影响，村内禁止群体性聚集活动，就不再允许老人们睡奘房。去奘房是生命中的一个过渡仪式，象征着一个人从中年进入老年。傣族人心中有着强烈的敬老观，村中的大小事都要通知老人，诸如订婚、结婚、搬新家。吃饭的时候要先等老人吃了，年轻人才可以上桌。

弄麦村村民还有强烈的洁净观，尤其是在两性之间。虽然傣族倡导自由恋爱，但是没有订婚或者结婚的男女共同出入寨子，将会被视为不干净，是不好的，会给寨子带来麻烦，如果寨子出什么事情了，都会归咎于此。"两个人没有结婚，来家里睡，没经过老人，对家里和孩子都不好，你的名誉也不好。"① 作为惩罚，则要求洗寨子，主要是邀请村中的老人和村干部到家中吃饭。村民们一直遵守这个传统，尽管有些年轻人受到新思想的冲击，但还是会严格遵守。如果年轻人疏忽没注意到，长辈亲戚都会提醒。傣族在结婚的时间上也有限制，在他们的习俗中进洼之后不能结婚、不能建房，等出洼之后才可以。

---

① 访谈对象：YM4，男，53岁，傣族；访谈时间：2020年9月20日，访谈地点：弄麦村。

"傣族男性到10岁左右就要进寺庙当和尚。"①没有当过和尚的人，是没有知识的愚人，没有社会地位，被人瞧不起，甚至找对象都比较困难。②弄麦村还保留此传统，孩子们在暑假期间会被父母送去寺庙做一个月的和尚。

（三）弄麦村婚姻情况

"在解放以前，傣族的婚姻有等级限制。现在，傣族的婚姻制度的显著特点是自由式婚姻制度和一夫一妻的小家庭制"③从不同角度划分，弄麦村的婚姻形式包括族内婚与族外婚、嫁娶婚和招赘婚、跨境婚姻和非跨境婚姻。其中傣族本民族内部的族内婚、招赘婚和跨境婚姻是村中三种常见的婚姻形式，但没有合适的标准将三种婚姻形式纳入其中进行统一划分。这三种婚姻形式不是独立存在的，其中有交叉重叠的部分。弄麦村中的跨境婚姻是中国傣族和缅甸掸族间的通婚，从族源上来说这两个民族是属于同一个民族，从广泛意义上来划分也可以归入民族内婚，但由于是在边境这个特殊的场域中，跨境通婚是边民的一种重要生活实践，需要单独列出来阐述。招赘婚包含三类，一是民族内部的招赘婚，二是族际通婚中的招赘婚，三是跨境通婚中的招赘婚，可以看出招赘婚中多数属于民族内婚和跨境通婚。

本研究的重点是弄麦村"外娶内招"现象。因边界在调整，"内"和"外"的指向是变化的，在不同情境下会有不同的表述。在没有划分国界线之前，中国的傣族和缅甸的掸族是同一个民族，在这种情境下傣族男性娶缅甸掸族女性算是族内婚，与汉族内部的通婚则

---

① 《民族问题五种丛书》云南省委员会：《傣族社会历史调查西双版纳之三》，昆明：云南民族出版社，1983年，第105页。
② 曹成章、张元庆：《傣族》，北京：民族出版社，1984年，第106页。
③ 金子鸥：《傣族》，长春：吉林出版集团有限责任公司，2010年，第38页。

是族外婚。而本文的"外"和"内"是立足国家立场，基于国界线划分之后的情境。"外娶"指向的是跨境婚姻，即中国男性向邻国娶回外国媳妇，在弄麦村特指中国傣族男性娶缅甸掸族女性；"内招"指向的是招赘婚姻，即中国女性招赘内地男性，在弄麦村特指中国傣族女性招赘汉族上门女婿。

"外娶内招"是弄麦村中的一个突出的婚姻现象，并不意味着村中的所以傣族男性都娶缅甸媳妇，有一小部分傣族男性娶的是本地傣族媳妇。傣族女性大部分选择招赘汉族女婿，少部分选择招赘傣族男性和缅甸掸族男性。此外村中还有一种"不招不嫁"的双边婚姻形式，数量不多，仅有几例。"不招不嫁"即男的不娶，女的不嫁，当地人表述为"两边在"。夫妻双方并非固定居住在男方或女方家中，夫妻二人继承双方家庭的财产，同时需要承担赡养义务。

1. 跨境婚姻现状

中缅边境地区的跨境通婚不仅有着历史传统，而且在数量上呈现递增的趋势。2020年受到新冠疫情的影响，边境关闭导致中国人出不去，缅甸人进不来。边民互动暂时按下暂停键，但跨境通婚这一传统不会立马中断，还有一部分滞留在中国的缅甸人与村里的傣族通婚，但数量较少。当时，缅甸疫情严重、社会局势动荡，通过婚姻来实现长久留在中国是一种理性的选择。据弄岛镇雷允村委会2020年1月1日至9月30日统计资料显示，整个雷允村跨境通婚总人数为332人，其中女性289人，男性43人。雷允村委下属的每个自然村均有跨境通婚，数量不等，人数最多的在喊板这个与缅甸接壤的村子，有58人。人数最少的在新建的移民村蚌渺村，只有1人。弄麦村虽未与缅甸直接接壤，不属于抵边村寨，但弄麦村距离缅甸的直线距离不远，村中跨境通婚人数居中，有39人，其中男性5人，女性34人，其中包括3个已经入籍中国的女性。从嫁入（入赘）

的时间来看，早期的数量并不多，20世纪60年代有1人，20世纪七八十年代没有。大量缅甸掸族人嫁入（入赘）到弄麦村的时间集中在近30年，20世纪90年代增长了15人，2000—2009年有9人，2010—2019年有14人，2020年0人。①

2. 招赘婚姻现状

傣族有从妻居传统，但不是所有地区的傣族都保留这一传统。西双版纳地区是夫从妻居，而德宏地区则是妻从夫居。傣族从妻居的传统虽然在弄麦村遗留的痕迹不是很明显，但他们历来就流行招赘。弄麦村的招赘与西双版纳地区的从妻居传统差别在于，前者是自打结婚起一辈子就在女方家居住，或者是婚后独立门户组建核心家庭，不需要回到男方的家中；西双版纳的从妻居情况有五种，分别是终生从妻居、长期从妻居、妻方夫方往返居、短期从妻居和象征从妻居。②除了终生从妻居外，其他几种情况都需要返回丈夫所在的村寨居住，弄麦村的招赘与西双版纳地区的终生从妻居情况相同，男子入赘后就一直住在妻子家中或者分家出来单独居住。

傣族有着严格的民族内婚制，这一婚姻制度同样体现在招赘婚姻中。弄麦村早期招赘只是局限于本民族内部，尤其是在家中缺乏劳动力或者家中没有儿子的情况下，他们通常会选择招赘。他们把缅甸的掸族视为说着同种语言，有着相同宗教信仰的傣族，可以作为招赘对象。也就是说最开始弄麦村的招赘可以跨越村寨，跨越边界，但是不能跨越民族。当地人对招赘的表述是"上门"，留在村中的大多数傣族女性都是找上门女婿。若家里兄弟姊妹众多，无法共同居住，先结婚的女性就会分嫁出去。建房的土地由女方父母出，还会分配用于生产的田地。

---

① 资料来源：数据由弄岛镇雷允村委会提供，笔者整理，截止日期2020年10月9日。
② 张元庆：《傣族的从妻居和抢婚》，《中央民族学院学报》1986年第1期，第63—66页。

由于受到傣族婚姻制度的限制，解放前傣族是不允许招赘汉族或是其他民族的。随着汉族与傣族的交往越来越多，傣族受到汉族文化的影响较深，加上思想观念的解放，从前不准找汉族上门的禁令逐渐破除，村民们开始慢慢接受汉族男性来做上门女婿。随着中缅边境贸易逐渐开放与活跃，外来流动人口不断涌入弄岛镇务工，其中有大量的汉族男性。靠近集镇的弄麦村傣族女性的择偶对象从傣族男性扩大到汉族男性，她们有了更多的选择。在选择傣族男性还是汉族男性时，傣族女性有着自己周全的考虑和策略。在多种因素的综合作用下，招赘汉族男性做上门女婿在弄麦村逐渐变得时兴起来，现在村中有汉族上门女婿26人，其中有13人是云南人，另外13人来自湖南、浙江、河南、四川等省份。

此外，在2020年之前没有出现过傣族与汉族之外的其他民族间的招赘婚姻，这一年首次出现了一个景颇族上门女婿。傣族的婚姻制度受到了现代浪潮的冲击，弄麦村的村民们在婚姻选择上不再受到限制，招赘对象的民族、籍贯、国籍是开放自由的，可以根据个人与家庭的意愿进行选择。

3.与婚姻相关的村规民约

雷允村委会《村规民约》对计划生育、婚姻家庭方面做出专门规定：

1.加强婚姻管理，严格执行《婚姻法》和《结婚登记管理条例》，大力提倡勤俭、节约、文明办婚事，自觉遵守计划生育法律、法规、政策。

2.遵循婚姻自由、婚姻大事由本人做主，反对包办干涉，男女青年结婚必须符合法定年龄要求，提倡优生优育，男女平等、一夫一妻，夫妻地位平等。

3.父母应尽抚养义务、教育未成年子女的义务，禁止歧视、虐待、遗弃女婴，破除生男才能传宗接代的陋习，违反规定处罚金2000元。

4. 男女禁止非婚生育，非婚居住于本村，禁止一夫多妻、一妻多夫，禁止婚外性行为，不准卖淫、嫖娼，违者处罚金5000元。

5. 对于婚姻嫁娶、长期到村寨投靠的外籍人员入住村寨的，建议一次性缴纳200元保证金到村民小组集体账户，婚姻嫁娶在一定年限内投亲靠友期间，无违反《村规民约》和国家法律法规的，可退还其保证金，反之保证金将收归集体所有。边境通婚须经村民小组议事决策组织先进行评议，初步审核外籍人员相关背景以及向其宣传教育中国《婚姻法》及其他基本法律知识，形成评议意见报乡镇民政所。①

---

① 资料来源：雷允村村委会《村规民约》，公示日期：2020年5月27日。

二、跨越边界的婚姻

中缅边界划分了中国领土和缅甸领土归属，这条国家边界线以物理空间上的界线实现了政治上的分割，边界线附近生活的同一民族分属于两个不同的国家。边界线具有一定的阻隔作用，但并不是完全的封闭的，边民可以跨越地理上的边界保持互动往来，跨境通婚就是具体的实践之一。

（一）娶谁：中国男人去串缅甸姑娘

串姑娘在傣语中称为"列少"，在傣族地区普遍流行。农闲时节，傣族男青年便成群结队"串姑娘"[①]，这些傣族男性不会被局限在自己国家的村寨串姑娘，跨过一道田埂，一条河，可能就跨越了国家边界，从中国进入缅甸。他们只要一有空闲时间就可以到处串，在中国、在缅甸都可以串到姑娘。

弄麦村虽没有与缅甸的村庄接壤，但相隔并不远，直线距离在4千米以内。中国边民想要进入缅甸是一件比较容易的事情，可以凭借边民证自由出入。除了正式的口岸外，一些河流、街道、田地连接着两个国家，也是国家分界线。边民可以骑上自己的摩托车，早些年则是自行车，就可以通往缅甸。中国边民会去缅甸做买卖、看望亲戚、参加宗教活动等，串姑娘则是单身男性喜欢做的事情。当在本地很难找到合适的傣族姑娘谈恋爱时，这些男性就开始转移阵地，把目光投向外部的缅甸。与此同时，缅甸女性也可以通过边民证进入中国边境，她们过来卖农副产品，或是打工、串亲戚等。缅甸女孩的输入提高了本地男性寻找到配偶的概率。无论是在缅甸还是在中国，弄麦村的男子只要出门去串就有认识到缅甸女孩的可能。

[①] 刀承华、蔡荣男：《傣族文化史》，昆明：云南民族出版社，2005年，第174页。

他们相识的地点，不局限于某一个国家，中国或缅甸都可以。在边境这个特殊的场域里，就有了跨境通婚的实践。

1. 多样的择偶途径

两个人的相识绝非偶然，通过自己或者他人的帮助，不同国家的两个人结缘。对于弄麦村的单身男性来说，他们与外地的男性相比占据着地理位置和语言上的优势。他们的择偶对象不仅有本地的女性，还有缅甸的女性。去串缅甸姑娘看似个人行为，实际上包含了社会化的多样的择偶途径。如何认识一位缅甸姑娘，弄麦村的男子们有着各自的方式。第一种是自己认识，主要包括打工认识、看电影认识、赶摆认识。第二种是介绍认识，有亲朋介绍认识、媒人介绍认识。第三种是专门去串，带着找对象的目的去串。

（1）自己认识

娶媳妇是男性人生中的大事，年纪到十几二十岁就要开始认真考虑了。在日常生产生活中，弄麦村的男子虽然没有一心扑在搜罗异性这件事上，但凡有机会认识女孩子的场合里，他们一定会好好把握住时机。傣族是一个热情开放的民族，倡导婚恋自由，家长不干涉。自己去认识小姑娘，对于傣族男性来说并不是害羞的事情，他们会抓住各种时机谈情说爱以完成婚配。

①打工认识

弄岛镇边境经济的发展与繁荣吸引了大量外来务工人员，其中有许多来自外省，也有许多是缅甸人。缅甸的经济发展水平落后于中国，工资水平普遍不高。相较而言，在中国务工比在缅甸的收入更高，工作机会更多，他们更愿意来中国挣钱。于是，打工潮之下弄岛镇流入了许多缅甸人，其中女性群体的数量远远大于男性。虽然两国相隔，但缅甸边民可以通过边民出入境证进入弄岛，办理暂住证后便可以在暂住证有效期内停留。他们去加工厂、餐馆务工，或者是为农户干活。当地人愿意聘请缅甸工人，因工资较低。村中鸡鸭养殖户 D 就长期聘用缅甸工人，1000 元一个月，包吃住。

边境地区村民的田地大都比较富足，人均土地多达数亩甚至上十亩，正值农忙时节一个家庭中的劳动力难以满足生产需要。村民之间可以互相换工，在一定程度上缓解了劳动力不足的问题。若是田间农活过于繁多，还是需要请一些工人辅助才能完成。缅甸劳工价格比当地便宜，需要大量人手的时候就会从缅甸请工人。从缅甸到中国的劳工大部分是女性，做栽秧、砍甘蔗、收玉米等农活。打工给青年男女提供了互相认识、了解的机会。在同在一个空间下共事，增添了异性之间接触的可能性。一般来说田地里的农活需要男女的配合，男性主要承担重体力活，而女性做稍微轻便一些的容易产生感情活。例如栽秧的时候需要男性将秧苗扔在田中，女性再将其一一插好。在甘蔗地里，女性负责砍放，男性则搬运。他们虽分属于不同的国家，但通过跨越边界线可以聚集在同一场所，在田间一起劳作，容易产生感情。缅甸工人大都来自边界线附近的村寨，在语言上没有障碍。村民们会在干活时和休息的间隙聊天、开玩笑，遇到陌生的面孔大家也会主动询问对方的信息。在田地里劳作提供了男女相识的机会，他们可以趁此机会长时间地交谈。其他一同劳作的人再调侃、撮合，两人就顺理成章地认识并开始交往。在田地间、工厂、餐馆等场所，弄麦村的傣族男性都可以结识到缅甸女性。弄麦村男性同样可以跨越边界去缅甸干活，他们一般是被请去盖房子，这也提供了男女相遇相识的场域。

以前在家天天干活，没时间找老公。我来这边（弄岛）做工栽秧，认识了他。他去我们那边（缅甸）盖房子又遇到了我，两个人就在一起了。我比他大好多，我也没想过这个，他也没有说啥子。我看上他干活能干，嫁到中国赚钱容易，想买什么东西方便，在我们那边很少有人请做工。这边轻松，好在，在我们那边太辛苦了。他也喜欢我懂事，就结婚了。①

地理边界没有将边境附近生活的村民完完全全地阻隔开，在他们心中这条边界是模糊的，他们可以自由往来，在经济、文化、生活上都持续保持着交往互动。打工是边民往来互动的形式之一，弄麦村的傣族男性通过这一途径自己认识缅甸女性。

②看电影认识

看电影是当代年轻人约会常做的事情，而在早前没有电视、手机的年代则算得上是平日生活里为数不多的娱乐方式之一。"以前电视没有，晚上走路去看电影、看录像，十一点十二点回来，没有摩托车，就只有一辆单车。"②"在年轻人中间，看电影是最受欢迎的活动。电影一开场，在场的人都很容易感受到周围出现的浪漫气氛。"③边境地区的村民们无论是在当时还是现在看来都是很前卫的，尽管白天干活很劳累，晚上也要去看电影作为休闲娱乐。一个年过70的奶奶回忆道：

我们在雷允看电影认识，那时候是喜欢去哪里串就去哪里串。白天干完活，晚上吃完饭洗完澡没事做，家里也不像现在有电视，想看什么就看什么。好多年轻人都去看电影，人多得很，那时候路烂得很，全都是泥。④

傣族男女把看电影变当成次要的事，他们借着出门的时间约会去了。从云南施甸县搬迁过来的汉族明显感受到傣汉之间文化上的

---

① 访谈对象：MH，女，39岁，缅甸掸族，配偶：YM3，27岁；访谈时间：2020年9月12日；访谈地点：弄麦村。
② 访谈对象：YL2，男，46岁，弄麦村人；访谈时间：2020年12月15日；访谈地点：弄麦村。
③ 阎云翔：《私人生活的变革：一个中国村庄里的爱情、家庭与亲密关系》，上海：上海书店出版社，2006年，第61页。
④ 访谈对象：MNS，女，70岁，傣族；访谈时间：2020年9月18日；访谈地点：弄麦村。

差别，一位老大爷说道：

我们以前是自己父母介绍，不会自己谈，内地的多数父母包办。傣族跟汉族不一样，都是自己谈。小时候我们父母不给出去，汉族看得严。傣族不害羞啊，他们出去看电影，票买着就跑出去了。①

晚上大家打着电筒，走路或者骑着单车去看电影。若是在这一过程中遇见了心仪的对象，看电影之事便抛诸脑后，两人趁此机会约会去了。在去看电影和回家的路上也有很长一段时间，两人可以尽情地交谈。夜晚一片漆黑，借着幕布投射出来的光，并不能以此分辨出是哪里人。在此情境下，他们没有刻意去区分谁是缅甸人谁是中国人。两人首先是相遇，才有了对话的产生，通过交流知道彼此的信息，以此途径找到的缅甸媳妇就带有随机性。通过看电影认识缅甸姑娘的村长说：

我也晓不得讨缅甸的（媳妇），以前在电影院小姑娘多，看见也不知道是哪家的，拿电筒照照，就照到她了。我们要是跟（在一起）着是她心好，会做活，爱我们家里面。我们跟不是一般的跟，要跟三四个月，或者一年。要问问我们两个人以后要怎么，干什么活。②

看电影是边民的共同娱乐生活，在露天坝里汇聚了各个村寨的村民，也包括缅甸的边民。电影的放映为单身青年提供了一个可以互相认识、催生爱情的场域，看电影成了弄麦村傣族男性认识异性的途径。

③赶摆认识

赶集③、赶摆④都是傣族谈情说爱的好机会。傣历四、五、六月，秋收后农闲时节是群众做摆和举办婚事的时候，青年男女穿上漂亮

---

① 访谈对象：YHF，男，76岁，汉族；访谈时间：2020年12月19日；访谈地点：弄麦村。
② 访谈对象：YS3，男，46岁，傣族；访谈时间：2020年9月6日；访谈地点：弄麦村。
③ 赶集，一种民间风俗，也有赶场、赶街之称，是到集市上做买卖或玩耍，有固定的日期。
④ 赶摆又叫"做摆"，云南省德宏傣族、景颇族自治州傣族民间节日。

的衣服到摆场找对象。"① 赶摆是傣族重要的节日,包括祭祀、集会、百艺、商贸等内容。赶摆活动汇聚了来自周边各个村寨的男男女女,对于未婚男女来说是一个寻找对象、互相传情表白的好机会。赶摆提供了公共的场所,在这个空间里人们可能擦肩而过,也可能因为双方多看彼此一眼便定下终身。弄岛赶摆的时候缅甸边民会前来参加,男男女女老老少少都有。弄麦村有几对夫妻是通过赶摆认识并结婚在一起的,招赘缅甸上门女婿的 RY 说:

我们是在弄岛赶摆认识的,国庆节的时候他来这边赶摆,认识三年才结婚。他爸妈都不在,留在这边是要照顾我妈妈。缅甸也不好呆,我不喜欢,不想过去。缅甸的和中国的没有什么大不同,都是傣族,只是文化不同。我们在一起就是缘分,就是爱情。②

RY 在赶摆的时候找到了自己的爱情,在村子里开着一个小卖部,过着简单质朴的生活。而有些人的婚姻不像 RY 的那样一帆风顺,因遇人不淑,婚后的生活十分不如意。WM 向笔者讲述了她的两段婚姻经历:

我家就在广喊寨子对面,隔了一条河。1997 年嫁来广喊,前面那个老公抽大烟,最开始在一起没发现,后来他经常去劳教所才知道。我们在一起五年,生了个女儿。2002 年我到弄岛来赶摆卖东西,认识了现在这个老公,就跟前面那个分开了,当时没有领结婚证。以前在广喊可以落户,户口本是手写的,把自己的名字填上就可以了。户口本一直在我这儿,嫁过(弄麦村)来我一分钱都没要。当时带着户口本过来的,拿去迁到现在的户头上。他们家人人太多写不下了,就换了一本户口本,花了四块钱。缅甸人口多啊,中国政

---

① 《中国少数民族社会历史调查资料丛刊》修订委员会:《德宏傣族社会历史调查·2》,北京:民族出版社,2009 年,第 126 页。
② 访谈对象:RY,女,42 岁,傣族;访谈时间:2020 年 12 月 13 日;访谈地点:弄麦村。

府才好，照顾老百姓。我现在落户了，就是中国人了。①

不幸的是 WM 最初嫁给了一个品行有问题的男人，幸运的是她在赶摆的时候认识了现在的丈夫。她没有选择继续忍耐下去，而是借此机会跟前一段失败的婚姻做告别。更幸运的是 WM 还拥有了很多缅甸媳妇羡慕的中国国籍，询问她觉得自己现在属于哪里人的时候，她的脸上洋溢着笑容，毫不犹豫地回答自己是中国人。

除了赶摆外弄岛镇五天赶一次集，平日里菜市场也是照常营业。在疫情没发生之前每逢赶集日十分热闹，不光是外地的商贩，还有平坝的、山上的村民都带着货物、蔬果来卖，缅甸的边民带着他们的农副产品过来，边民互市频繁。施坚雅认为"基层市场社区中有一种农民阶层内部通婚的特别趋向，在基层市场媒人们可以寻找待嫁的姑娘，为适龄小伙子提供信息。"② 媒人们可以从基层市场中寻找姑娘，弄麦村的傣族男性们同样可以独自去市场中搜寻意中人。

（2）介绍认识

找对象是对个人能力的考察，能说会道的年轻小伙总是能够很快地找到满意的对象并顺利完成婚配，而那些言语表达能力和交际能力较差的男性找对象就相对困难一些。婚姻乃人生大事，年纪越大越难找对象。他们不会一直搁置下去，父母也不会坐视不管。这时，他们会通过外界的帮助来认识女孩。村里已婚男子在访谈过程中大多都告诉笔者他们是自己去认识的，但通过村里其他人了解得知，其实有很大一部分人都是靠介绍认识的，碍于面子问题便不愿意承认这一点。一个大妈的三个弟弟都是娶的缅甸媳妇，她说：

我们傣族都是自己谈恋爱，自由。有点憨憨的人才找人介绍。

---

① 访谈对象：WM，女，43岁，傣族，原为缅甸掸族，已落户中国；访谈时间：2020年9月13日；访谈地点：弄麦村。
② [美] 施坚雅：《中国农村的市场和社会结构》，史建云等译，北京：中国社会科学出版社，1998年，第45页。

我弟找缅甸媳妇也是因为不太爱说话，中国的找不着。①

村里人都清楚地知道每一家的媳妇是怎么认识的，花了多少钱。作为局外人，他们可以直言不讳地说出来。找人介绍缅甸姑娘是弄麦村傣族男性的重要择偶途径之一。虽然当事人大都不愿亲口承认，但这是不可否认的事实。村中的会计证实了这一点：

找老缅嘛主要是方便，也便宜。两个说在起就在一起了，这边很多是介绍认识的，做媒的也多，大部分是家里面缅甸亲戚介绍的。像我们寨子的要哪点的人过来不管了，都处得好。②

中国传统婚姻习俗是遵照父母之命媒妁之言，基本上都是听从父母安排。在过去找媒人介绍对象并不是一件丢人的事情，反倒是极其正常的现象。在傣族社会里，父母虽然不会包办婚姻，但也会操心孩子的婚事。对于中国的父母来说，完成子女的婚姻大事才算是完成了对一个孩子的抚养任务。当家中孩子到了谈婚论嫁的年纪，父母心中自会忧愁。对于适婚青年来说，仅凭一己之力找到媳妇是一件值得骄傲的事情，父母会省心不少。但是在找不到、不愿意找，年纪越来越大的情况下，他们只能向外界寻求帮助，那便是通过亲戚朋友或者媒人介绍。

①亲朋介绍

"介绍型婚姻中，大部分媒人与男方或女方家庭有一定的联系。媒人大部分是将自身血亲关系网或姻亲关系网内的女性介绍给被说媒的一方。"③ 弄麦村的一些已婚妇女也在扮演着媒人的角色，她们不仅了解村中单身男性，还掌握村庄外有亲戚关系的单身女性的信息。

---

① 访谈对象：HJ1，女，60岁，傣族；访谈时间：2020年10月8日；访谈地点：弄麦村。
② 访谈对象：LFS，男，50岁，汉族，湖南人；访谈时间：2020年12月20日；访谈地点：弄麦村。
③ 王庆明、王朝阳：《人情冷暖与亲属实践：中国乡村婚姻困境的一种解释》，《开放时代》2019年第2期，第101—120+8页。

虽然边界线将原本挨在一起的两个村庄从地理空间上划分开了，但这并不能割断他们一脉相承的血缘关系。亲朋重新牵线，将弄麦村的傣族男性与缅甸边境地区的女性联结在一起促成一桩婚事。通过亲戚介绍嫁到弄麦村的 HY 一边吃着缅甸零食，一边回忆说：

  我们家就在等秀村对面，以前是我老公托我们村里面的雕花大妈介绍的，我们家是亲戚。我看上他能干活，心好。认识一个月就结婚了。以前边境是可以随便进出的，过来这边很方便。我妈妈用的是中国联通的电话卡，现在充不上话费，她有糖尿病，年纪也很大了，联系不上又回不去我很担心。要不是这个疫情，还可以带过来去弄岛医院看病，在那边要去南坎，很远不方便。①

  亲戚作为介绍人，不仅熟悉男方的家庭经济情况、品行道德等，还很清楚女孩子的状况。她们不会乱点鸳鸯谱，要考虑双方是否般配，因为他们婚后居住在同一个村子，如果婚姻出现大问题会招来埋怨。借着缅甸亲戚来串玩，或者是她们去缅甸探亲，就将合适的男孩介绍给这些缅甸姑娘。亲戚在这些夫妻的婚姻中扮演着牵线人和媒人的角色，因为有一个双方熟识的中间人，傣族男性和缅甸女性之间是处于信任的状态，经介绍后觉得合适，双方就很快会结婚。

  ②媒人介绍

  村里有少数人是专门为别人做媒的，每介绍成功一个就会收取一定的介绍费，这些父母是在无奈的情况才托媒人介绍媳妇。村里有一户家庭婚姻情况比较复杂，HSX 是来自浙江的汉族，朋友介绍到弄岛找对象，他在种甘蔗的时候经人介绍认识了现在的妻子 WH，在弄麦村做上门女婿。WH 在此之前有过一段婚姻，她招赘了缅甸男子，与前夫生养了一个儿子，但两人因合不来就分开了，孩子留给 WH 抚养。WH 与 HSX 重新组建了家庭，他们共同抚育前夫留下的

---

① 访谈对象：HY，女，42岁，缅甸嫁入；访谈时间：2020年9月24日；访谈地点：弄麦村。

大儿子，两人还生了一个小儿子。大儿子自己认识了来弄岛米线店打工的缅甸姑娘，顺利结婚生子，分家出去单过了。但小儿子迟迟未找到对象，为此事他十分发愁。HSX 说：

  我小儿子是找人介绍的，他也不会谈恋爱，缅甸的在寨子搞黄草（石斛），叫他去看他不去，人家说他胖。反正这边找缅甸的多，村里姑娘嫁到外省的多。我是反对这个媳妇年纪比他大，我都不同意，他就气了，在家睡几天，他说年纪大了成熟一点。儿媳妇 31 岁，没结过婚，老古董，不过很顾家。①

  托媒人介绍对象是无奈之举，无论是父母还是其儿子都处于一种被动的状态。媒人为傣族男性介绍的对象并不一定符合他们心意，但他们又没有足够的经济资本去挑三拣四。即便父母不是很满意，他们也会尊重孩子的选择，同意孩子成婚。

  这些媒人能言善辩，撮合两人结婚就可以得到一笔不少的介绍费。说媒作为一个非正式的职业，他们也会全心全意去做，至少需要说服双方及父母都同意。村中一个还在做媒的大姐说：

  有一个找我介绍老婆，那个男的 30 岁了，我说你发一个照片给我，他说他家条件也很好的，房子都盖好了。我以前也做媒，缅甸的好像是做了两三个，这个不是我去找他们，是他们来找我的。我知道这种事犯法的，前几年没有那么严，可以偷渡过来，他们父母送上来，都是双方父母见了同意以后才要，我都给他们写协议书。要给钱的，最高的五六千，两三千我也做，只要表示他们一点心意给我，500 块我也收。外地的给得多，我给四川的介绍给我 2000，反正闲着也是闲着，只是浪费电话费。②

  一桩亲事能否维持一辈子，不是媒人所能左右的。媒人牵线搭

---

① 访谈对象：HSX，男，62 岁，汉族；访谈时间：2020 年 9 月 12 日；访谈地点：弄麦村。
② 访谈对象：LY，女，46 岁，傣族；访谈时间：2020 年 12 月 21 日；访谈地点：弄麦村。

桥将从未谋面的两人聚在一起，虽然男女双方通过媒人介绍认识了，但双方起初对彼此的了解大部分都来自媒人的描述。在利益的驱使下，媒人不可能贬损任何一方，都是极力包装美化双方，全力促成两人的婚事。因为隔着边境，双方哪怕认识也不能经常见面，极有可能在没有确切摸清对方家底的情况下就仓促结婚了。两人婚事成功后，媒人不再会为他们的婚姻做任何担保。不是所有的媒人都是可靠的，村子里在2019年就发生过骗婚事件，当事人在外务工，其弟弟讲述了事情的原委：

去年5月找人介绍一个缅甸人过来给我哥，几天就结婚了。大哥本来一直不想结婚，是大家逼着他结的。当时我们家拿了5万的彩礼，结婚后两个人没有领结婚证，这个女的一个月后就走了，家里人也没追究，我和我老婆都觉得这就是来骗钱的。大哥现在去广东打工了，不想结婚了。①

骗婚事件的家人不愿意再提起此事，自己的媳妇跑了，彩礼钱也没拿回来，不仅人财两空，在村里也丢了面子。从村民口中的表述中，发生这样的事情不能完全归咎于媒人，一位大哥说：

骗婚的在我们寨子里也有一个，来了一个月（就跑了）。当时他自己没去看那个女子，是媒人去的，给他看照片。那个女子嫁来后，我们看她走路、吃饭、说话都不太对。（结婚时男方）自己没有钱，是从亲戚借的。

边境地区的跨境婚姻中发生不少骗婚事件，但在弄麦村比较少见，村民们对缅甸媳妇都是持比较认可的态度。她们通过辛勤劳作和积极融入，为自己建立了良好的形象。缅甸媳妇们把家庭关系、邻里关系都处理得很好，得到了大家一致的认可。自己孩子在当地找不到对象时，父母们就会采取措施，托媒人四处介绍缅甸媳妇。

① 访谈对象：YS，男，32岁，傣族；访谈时间：2020年9月24日；访谈地点：弄麦村。

尽管村里发生了一次骗婚事件，这并不影响他们继续寻找缅甸媳妇。

③专门去串

串的范围包括中国和缅甸边境地区，在边民看来，边境地区的边界两边只是两个不同的地区，他们的意识里并没有上升到国家层面。他们不会以国界的划分作为屏障，以阻碍自己去寻找结婚对象。单身青年在闲暇时间带着去找对象的目的到处逛。串姑娘分为两种情况，一种是自发的，没有人牵线搭桥；另一种是有亲戚或朋友知道哪里有合适的姑娘提供给年轻小伙，他们就专门去串。他们可以去串来弄岛干活的缅甸姑娘，也可以去缅甸串当地的姑娘。弄麦村中有一个石斛加工厂，招收当地和缅甸的女工。在工厂因受疫情影响倒闭之前每年大概有四五十个缅甸女性到这里来加工石斛，村中的男性多了一条更便捷的择偶途径。他们闲暇之余就来加工厂闲聊，带上一些水果零食，在加工厂里跟女性们攀谈。在一个小小的空间里，男男女女漫无目的闲聊，无意之中可能会促成一门亲事。村里有两名男子是从加工厂找到老婆的。

缅甸女性的输入提高了中国边境地区的单身男性找到媳妇的概率。尽管很难找到本地媳妇，但是他们可以改变策略，将目标对象从内部转向外部，从当地转向外地。村里的未婚男子们只要走出家门，就有认识女孩子的可能。一位结过两次婚，每次都娶的是缅甸媳妇的大哥说：

我以前结过一次，她来干活，我去串的。她不想在我这儿，爱了别人，我也不管了。中国的女子（彩礼）价钱太高了，十多万，最低七八万，娶不起。现在（娶的）这个不办结婚证，太老了，也不要孩子了。我们两个人谈好，她妈妈上来拿钱，这个（彩礼）16000，以前那个6000。我们挨着边界嘛，也不会有人说找缅甸的怎么样，不会看不起。现在差不多嫁在中国缅甸女子在村子里有一半了吧,在这里的四川、安徽人也有找缅甸媳妇的。现在找缅甸媳妇也难找了,进不来出不去。①

对于弄麦村的傣族男性来说,当地傣族女性要么嫁去外地了,要么是招赘汉族做上门女婿了,他们要找到一个当地的姑娘结婚变成了一件难事。同时,彩礼在不断地抬高,他们家庭的经济状况并不能支撑他们负担高额的彩礼,退而求其次去外面找缅甸媳妇。专门去串对象是在事先做了筛选的,缅甸姑娘基本上成了大部分傣族男性的首选对象,直接去缅甸串成功的概率更大。一位刚结婚两年的傣族大哥回忆道:

我们那时候是去逛,在缅甸认识的。我去乱串,专门去找老婆,去说说话吹吹牛。自己觉得看对眼了,那就差不多。性格要找对家庭负责的,别的要求倒没有什么。农村嘛,个个都会做农活。如果要结婚,肯定要双方父母同意。缅甸中国都一样。现在彩礼太高了,中国的比缅甸多。彩礼主要是我两个先商量,这5万块我妈给的,当时我没有钱。②

结婚对象选择的范围扩大,可以在一定程度上降低中国边境地区内部婚姻市场中的激烈竞争。弄麦村的傣族男性跨越边界去串回的缅甸媳妇能干活、可以生孩子,满足了他们结婚的基本需求和目的。他们在语言、宗教、饮食习惯等方面都没有太大的差别,地理边界的阻碍作用变得微乎其微。从外来人的视角来看,村中的本地傣族媳妇和缅甸掸族媳妇看上去十分相似,她们都说着同样的语言,有着差不多的肤色,穿着打扮也很相似。边民们的国别意识是比较模糊的,在日常生活实践中他们没有刻意去区分谁是缅甸人、谁是中国人。正如弄岛镇政府办公室主任所言:

---

① 访谈对象:YT3,男,51岁,傣族;访谈时间:2020年9月23日;访谈地点:弄麦村。
② 访谈对象:YNK,男,29岁,傣族;访谈时间:2020年12月20日;访谈地点:弄麦村。

我们边民的相处，并不是两个国家、两个民族，或者你是外国人、我是中国人，没有的，就是亲戚朋友的关系。比如说我娶了一个缅甸媳妇根本不觉得是娶了个缅甸的，只会觉得娶了同民族的姑娘。我们靠边境很近，不会觉得是去了国外。该办理什么手续就办，办不了就不办，该结婚的就结。很多是小孩要落户了才去办证，现在早婚的太多了，十六七岁嫁过来。只是觉得两个人在一起，男的在哪儿她就嫁到哪儿。

"国家边界的实质是一个政治和社会屏障，一个治权界限，它以清晰的物理界限表现出来，但并不一定考虑土地之上的文化群体的社会界限。而这种国家边界划分便有可能导致一些文化民族整体直接被割裂，出现了横亘在原有文化群体中间的国家边界。"[1] 从嫁到弄麦村的缅甸妇女的认同上来看，她们一部分知道自己的国家，一部分则是对国家这个概念很模糊。嫁到中国后与缅甸的家人保持着联系，导致她们的认同出现了交叉模糊地带，要是问她们认为自己是哪里人时，有些人很难脱口而出给一个明确的答案。如果没有护照，这些缅甸人的活动范围就只能局限在弄岛镇周边。结婚证成了通行证，最远可以去到瑞丽市区。同时，国家针对边民的优惠政策她们也无法享受，在这些语境下她们知道自己是中国之外的人。但是她们又在积极地融入当地社会，有时会很自信地认为自己算得上是中国人。哪怕没有落户，这些缅甸媳妇觉得嫁到中国，有了自己的家庭和孩子，居住在哪里就属于哪里的人。同样对于娶缅甸媳妇的傣族男性来说，他们并没有过多地考虑国籍问题。娶缅甸媳妇在弄麦村、弄岛以及整个中缅边境都是普遍的现象。娶媳妇最主要的限制因素是家庭经济状况，外地男性要么直接来找媳妇带回去，要

---

[1] 周建新：《边界、边民与国家——跨国民族研究的三个面向》，《广西民族研究》2017年第3期，第1—8页。

么在当地做上门女婿，这都在无形中抬高了当地的彩礼价格。在此情境下，傣族男性的策略发生了改变，不再执着于娶一个本地女性，而是将目标放在了缅甸女性的身上。他们的最终目的都是娶妻生子，通过花更少的彩礼钱，娶回一个缅甸媳妇，这样也可以实现利益最大化。

2.个体的择偶标准

婚姻在人的一生中占据着重要的地位，婚姻的好坏直接影响着个人与家庭的幸福。在选择结婚对象上，每个人都有着不同的标准。娶谁，是每个弄麦村单身傣族男性都需要思考的问题。择偶标准不仅折射个人的喜好和需求，同时还会受到家庭、风俗习惯、社会环境的制约。长相、年龄、学历、人品、家庭背景、经济实力、离家距离、政治参与等都是择偶标准。每个人心中都有一把标尺，弄麦村的傣族男性们也不例外。有的想找漂亮的妻子，有的要找能干活的老婆，有的要找便宜的媳妇。择偶是一个双向的过程，男女双方都在以自己的标准筛选合适的对象。男性们摆出自己的择偶标准的同时，他们也需要考虑现实情况。若不切实际地提要求，最终只会落空。在择偶问题上，一些傣族男子就看得比较透彻：

现在我们寨子30多岁没结婚的有几个，以前他们吃过烟（吸毒），这种情况很难找对象。你去缅甸找，人家知道也不会嫁。找缅甸媳妇办证麻烦，不划算。漂亮一点要贵一点，也有来骗钱的，最怕那种。我老婆不漂亮，又矮又胖，她对我好就算了。①

在村中，人们会讨论哪家的媳妇长得漂亮，哪家的长得一般。从视觉审美上来说，长相不错的女孩子可以带给人们愉悦感，她们从来就不愁嫁，彩礼相对来说较高。以目前缅甸媳妇的彩礼行情来看，长相普通的大概以2万元为起点，长相不错的至少是5万元起。

---

① 访谈对象：YL2，男，46岁，傣族。访谈时间：2020年12月15日；访谈地点：弄麦村。

择偶标准会受到经济的制约，若家庭条件一般，只能是从切合实际的角度出发。一位娶缅甸媳妇的大哥说：

> 我这个人找对象，不是要你条件好或者是特别好看，我不会找那种，你难看一点，还是其他条件差一点没关系，只要你对我好，对我家人好，我就心满意足了。我不会挑三拣四，说你不够优雅、不够漂亮。我不会看外观，只看你内心里面。①

傣族男性在长相上其实没有太高的要求，他们更看重的是个人的内在品质和生活能力，这与自身和家庭发展休戚与共。在年龄上男生更具有劣势，年纪大的男性是很难找到比自己年轻或者是同龄的姑娘的，而女性的年纪大一点也不愁嫁，她们可以嫁给比自己年轻很多的男性。在择偶标准上，男人们对年龄的考虑较少。村中有好几对跨境通婚夫妻都是女方年纪比男方大，少则在5岁以内，多则高于10岁。

NZ（女）37岁，YS（男）32岁，两人在姐相乡认识。NZ来种烟，YS去管理柚子，认识三个月就结婚了。在年龄这个问题上，NS主动提出来过，YS说不找其他人了，就要她了。YS说："我们找老婆嘛看到是个女人就娶回来了，会干活就行，中国的女人不会，我们农民肯定要干活。"两人相差5岁，都是彼此接受的范围。②

在择偶标准中，年龄不是傣族男性重点考虑的因素，学历更加不在他们的考虑范畴之内。这些已婚傣族男性的学历水平普遍不高，有一部分上过小学，读到初中的就很少了。首先他们自身的学历不高，不会去要求对方的学历。其次娶缅甸媳妇无须考虑学历问题，她们基本上都不认识汉字。边民语言互通，日常生活交流无大碍。

---

① 访谈对象：YY1，男，37岁，傣族；访谈时间：2020年12月18日；访谈地点：弄麦村。
② 访谈对象：YS，男，32岁，傣族；NZ，女，37岁，缅甸嫁入；访谈时间：2020年9月14日。访谈地点：弄麦村。

至于日后孩子的学习辅导，缅甸母亲一般是帮不上忙的，但她们可以向村里的亲戚或是邻居求助。

在择偶中，经济实力和家庭背景，同样不是弄麦村男性们主要的考察内容。从村民的表述来看，找对象更多的是考察这个人是否勤快，会不会干活。弄麦村的村民基本上都以务农为生，若是家里找了一个什么都不会做的媳妇，不仅无法分担家务，反而还给自己徒增负担。"婚姻挤压会使得受到挤压的一方降低择偶标准，来扩大配偶选择范围。"① 可以发现，村中的傣族男性们在找对象愈发困难的情境下，他们不断地降低择偶要求，几乎到了没有什么要求的地步。尽管个人没有太多繁杂和过高的标准，但他们娶妻还是会受到家庭的影响。一位家里正在建新房的大哥一边清扫自家院落，一边说道：

他们有钱的结得早，我们没有钱的结得晚。女人找男人找得早，没有钱人家不要我们。我17岁时找到一个，谈了差不多一年半，也是缅甸的，挨着中国。我们要缅甸的嘛，（彩礼）便宜一点，要中国的要贵一点。老妈不给要，她说房子没盖好，怕人家来不愿意在。我就跑去缅甸玉石山五年，得了病才回来。②

弄麦村的傣族男性们在一步一步地妥协，在高昂的彩礼面前妥协，在现实的家庭条件下妥协。他们的择偶标准一降再降，到最后只是希望支付家庭所能承受的彩礼钱，找一个会干活的女性结婚生子便足矣。他们理性地考虑并权衡目的、手段和附带后果，认真地计算成本和收益，他们的自我情感和主观感受在很大程度上被忽视。

3. 父母的话语权

在古代中国，男女双方婚嫁要遵父母之命媒妁之言。现代中国，

---

① 韦艳、靳小怡、李树茁：《农村大龄未婚男性家庭压力和应对策略研究——基于YC县访谈的发现》，《人口与发展》2008年第51期，第2—12页。
② 访谈对象：SM1，男，46岁，傣族；访谈时间：2020年12月27日；访谈地点：弄麦村。

则倡导婚恋自由。尽管包办婚姻是法律禁止的,但是不意味着父母的话语权消失。一桩婚姻达成,除了双方达成一致外,父母的意见尤为重要。傣族提倡自由恋爱,但是对于结婚一事,年轻人一定要经过父母以及村寨中老人们的同意。一般来说,青年男子没有太多积蓄,娶媳妇是需要支付女方彩礼,以及宴请亲朋,这些钱只能是靠父母支持。中国的父母认为孩子结婚了,才算是完成自己对孩子的任务。父母作为长辈,在孩子选择结婚对象这个事情上有自己的意见和看法,他们会参与整个过程。至于自己的孩子能够娶谁,不是由父母直接决定的,还需考量孩子的个人能力。父母可以提出期待,希望自己的孩子找什么样媳妇,找哪里的媳妇,他们的最终目的是为了促成圆满的婚姻。对于大多数父母来讲,找缅甸媳妇是无奈之举,本地姑娘彩礼高,对于以务农为生的普通农村家庭来说是一笔巨大的开支,大多数家庭无法负担高额的聘金。除了彩礼这个因素外,作为家长也非常清楚自家儿子的情况。虽然大家明面上说找中国和缅甸的媳妇都一样,但实际上在那些没有娶缅甸媳妇的家庭来看,找缅甸媳妇的大多数都是那些或多或少存在问题的傣族男性,他们可能是言语表达能力欠缺,或是身体有残疾等。这些傣族男性在婚姻市场中的竞争力较弱,当地傣族女性出于各种原因不愿意嫁给他们,他们不得不降低要求,放宽标准去找缅甸媳妇。不可否认的是,缅甸媳妇在当地村民心中也占有一定的优势,她们勤快、能干活。而现在村寨中的傣族女孩从小上学读书,很少参与农事活动,读完初中或者高中就外出务工,她们不愿意留在家务农,傣族男性觉得这些傣族姑娘变懒了。

虽然傣族流行婚恋自由,父母不会过多干涉,但婚姻不是个人私事,父母作为彩礼的支付者,在孩子娶妻这件事上是有着发言权的。早些年,娶缅甸媳妇无须办理结婚证,在村中举办结婚仪式即可，就构成了事实婚姻。虽然女方不能落户，但他们的孩子是可以上户口的。随着跨境婚姻管控变得严格，政府要求落实办理结婚登记，为小孩上户口也需要做亲子鉴定。此外，村里有几个缅甸媳妇生活了几年后独自离开了，还出现个别骗婚的现象，这些案例导致大家对缅甸媳妇的信任程度有所降低。作为父母当然是希望自己的孩子有一段稳定的婚姻，如果能找到本地的媳妇，便可省去办理各种证件的麻烦。如果傣族男性在当地迟迟找不到合适的对象，折中的举措是找缅甸媳妇。若能够辅佐孩子完成婚事组建家庭，算是完成父母的一个心愿。弄麦村的父母们在娶缅甸媳妇的态度上出现了明显分化，第一类是坚决不找：

  他（指大儿子）还没找对象，找不着啊。只能找中国的，找缅甸的落不了户，相当难办，一辈子是黑户。外国有些姑娘好也很好，勤快。但夫妻是不能乱配，乱配是过不通透的。①

  第二类处于中立态度，这些父母一方面心里觉得缅甸的媳妇不是很好，但是孩子的事情不好过多干涉，孩子找哪里的对象由他们自己决定。谈到娶缅甸媳妇时，一个入赘的缅甸大爷说：

  办证太麻烦了。有的缅甸媳妇也不好，一吵架就回家，又再找一个老公，这是卖身，有些嫁了好几个。大儿子出去上门了，小儿子还没有结婚，如果他要找缅甸的也管不了，反对爱情是不对的。②

  第三类比较支持，这类父母出于经济成本和实用价值的考虑，他们认为娶缅甸媳妇是较为不错的选择：

  我说他（指大儿子）找个缅甸人就得了，缅甸人能干得很。缅甸的不麻烦，只是他们舍不得花钱，走那个正规渠道，把户口迁过来。

---

① 访谈对象：SDC，男，63岁，汉族，云南施甸人；访谈时间：2020年12月27日；访谈地点：弄麦村。
② 访谈对象：ZZR，男，64岁，缅甸掸族；访谈时间：2020年12月14日；访谈地点：弄麦村。

现在也好落户，只是要花钱，只是要进入大使馆。在这个边境地方是允许通婚的嘛，把户口迁过来最少要一万多。我有个老乡就是找缅甸的，户口迁过来。（大儿子是）我媳妇的儿子，第一个不是我亲生的，就是我亲生的，也尊重他的想法，这是我的想法。这个寨子的缅甸人比本地人要勤快一点，她们从小干惯了。缅甸的好找，钱也花得少。①

在访谈过程中，HHQ的岳母在一旁摘菜，谈到给外孙找缅甸媳妇的时候她反驳道："缅甸媳妇有钱了，寄给她爸爸妈妈。我不想要，办手续也麻烦。"②这位大妈有个弟媳是缅甸的，她弟弟去打工寄回来的钱交由弟媳管理，后来钱财全部被弟媳转移走了，两人现在分居，尚未离婚。因为弟媳的所作所为，大妈不信任缅甸媳妇，害怕她们是来骗钱的，而且办证非常麻烦。

对于边民来说，从前娶缅甸媳妇跟找中国媳妇差别不大的原因是他们不需要办理结婚证就可以生小孩上户口，而现在政府管理严格，办理结婚手续的流程烦琐。如果能找到本地的姑娘，并且彩礼不高的话，父母们更愿意孩子选择本地的姑娘，这样可以省去娶缅甸媳妇需办理结婚证的麻烦以及承担骗婚的风险。然而实际情况是，他们的孩子并不能在当地如愿找到心仪的女孩子。而本地的女孩读完初中、高中就外出打工，或是早早就结婚嫁人。想要在本地找到各方面都合适且般配的对象是一件很困难的事情，因此，在这个时候父母不得不妥协。

（二）嫁给谁：缅甸女性青睐中国男子

布迪厄将婚姻比作是玩牌的游戏，在婚姻这场游戏中，女孩子

---

① 访谈对象：HHQ，男，54岁，汉族，湖南人；访谈时间：2020年12月15日；访谈地点：弄麦村。
② 访谈对象：HJ1，女，60岁，傣族；访谈时间：2020年12月15日；访谈地点：弄麦村。

同样是家中一张牌。女儿嫁出去之前，需要以彩礼来作为补偿父母的养育。缅甸的经济发展远不如中国，农村家庭更是清贫。子女众多的家庭经济开支较大，嫁女儿出去不仅能减少一个人的开支，同时还可以获得一笔数额不等的彩礼，成为家中的一笔收入。此外，女儿虽然嫁出去了，哪怕是跨越了国界，但是这并不会割断他们的联系。虽然她们组建了新的家庭，成了别人的妻子、儿媳，成了孩子的母亲，但她们依然没有抹去"缅甸的女儿"的身份。"她们将跨国行动中累积的经济性、社会性资源传回缅甸。缅甸女性和她们的汇款之间形成了一条人与金钱、物资逆向流动的纽带，把她们和缅甸的家紧紧联系在一起。"①

从个人角度来看，适婚青年是婚姻这场游戏的主要参与者。作为女孩子，她们最终嫁给谁，嫁到哪里去，这很大程度上关乎她们未来的命运。婚姻对于生活在边境的缅甸女性来说，这是她们生命中一次很重要的游戏，想要赢得游戏就要有自己周全的策略。嫁给谁是缅甸适婚女性需要思考的问题，她们面临着中国与缅甸之间的选择，她们需要在权衡利弊后做出一个选择。

1. 社会动荡背景下的理性选择

在大多数村民眼中，缅甸是一个混乱、贫穷、落后的国家，而中国是一个和平、安定、富足、先进的国家。获得更高的收入、更好的社会环境和生活条件等因素，吸引缅甸人迁移到中国，同时缅甸的现状也推动他们向外流动，最终导致出现大量缅甸女性嫁入弄岛。许多村民就缅甸人嫁到中国这一现象发表了看法：

现在缅甸，要是开放，百分之九十九的（缅甸人）都想嫁过来，这边生活条件好，什么都好。他们那边也不是靠你这彩礼多，过来

---

① 陈雪：《缅甸的女儿：跨境女性移工在瑞丽的汇款实践与情感连接》，《开放时代》2020年第11期，第191—208+10页。

主要是能保个平安。在那边的话，现在非常乱，到处打仗。有些时候房子盖出来还要收税，房子盖得特别好也害怕，人家说要打仗了就随便收收就走了，这个房子就丢了。①

现在缅甸的生活像中国七八十年代时候，也就是我们父母那一代的生活水平。他觉得我们这边好过了，和平又不打仗，他们很向往这边的生活，很多嫁过来。②

我老婆一家十二个姊妹，她是老十，家里很困难，地也没有。现在爹妈也没有了。最小那个妹妹在缅甸，其他都嫁到中国，男的来上门，她父亲告诉她不要嫁在缅甸，要是嫁在缅甸她父亲就不要她了。③

缅甸是一个多民族国家，政权更替频繁，一直以来各派系斗争不断，导致各族人民长期生活在不安定中。缅甸与中国、印度、老挝、泰国、孟加拉国接壤，一发生战乱就有大量民众纷纷逃亡到安全的邻国。对于他们来说，逃离是一种生存策略。一位选择入赘的缅甸男子说道：

中国政府给的照顾很多，有补助，还送大米、油、被子、水壶、小猪。我虽然没有落户，住在这个家庭里也会享受，在缅甸不会有这样的待遇，缅军、傣军、景颇军还会去要东西。寨头要是看见家里房子盖上两层也会去要钱，不给的就告到缅军去。大家就只买家具，田里用的工具。不想回缅甸，不好赚钱，害怕打仗。④

"当国家共同体难以再为国民提供其所需要的安全环境时，个体

---

① 访谈对象：YY1，男，37岁，傣族；访谈时间：2020年12月18日；访谈地点：弄麦村。
② 访谈对象：AW，男，31岁，汉族；访谈时间：2020年12月24日；访谈地点：弄麦村。
③ 访谈对象：YS3，男，46岁，傣族；访谈时间：2020年9月6日；访谈地点：弄麦村。
④ 访谈对象：ZYT，男，29岁，缅甸入赘；访谈时间：2020年9月12日；访谈地点：弄麦村。

会做出逃离国家共同体移民他国的决定。"① 在中国动荡不安的年代，有边民从中国逃到缅甸。后来缅甸发生战乱问题，这些边民又举家搬回到中国生活。边境地区的缅甸人像是生活在中间地带，一边是自己的祖国缅甸，它动荡；另一边是中国，它安定。他们无法举家搬迁到中国，但家中的个体可以嫁入中国。这样缅甸媳妇就可以实现从动荡的缅甸迁移到安定的中国目标。

通过婚姻移民是边境地区缅甸女性在社会动荡背景下作出的理性选择，一些再婚的缅甸妇女尽管在中国有一段失败的婚姻，但是她们不会回到缅甸，而是再次选择嫁给中国人，这样就可以继续在安定的环境中生活。MD 是案例之一：

第一次是嫁到一寨两国那边，和他妈妈关系不好，儿子 1 岁的时候就分开，现在孩子已经 21 岁结婚，换电话之后就没有再联系。分开后亲戚介绍来弄麦，认识十来天就结婚了，我嫁给他 18 年了。在婚恋观上，MD 转变得同当地的傣族女性一样，她不想让女儿嫁给傣族，怕傣族男子吸毒，想找汉族做上门女婿。她说："缅甸不好，中国好。缅甸有景颇军、老缅军经常打仗，还是中国好，缘分都在中国这边。"②

有些缅甸女性一开始没有嫁到中国的计划，起初来到中国只是为了打工挣钱。在日常生活实践中她们真切感受到中国和缅甸之间的差距，这时她们需要权衡是回缅甸还是继续留在中国。带着挣到的钱财回家，照旧要生活在社会动荡的国家，嫁给当地人就可以永久地留在中国。一个很早就来弄岛务工的缅甸女性说：

我到弄岛米线店洗碗，和我老公认识了三年才结婚。当时看中

---

① 李智环、张家琪：《作为生存策略的理性选择：中缅边境地区边民离散与回归的人类学研究——基于临沧边境口岸区域 4 个沿边村的调查》，《贵州民族研究》2020 年第 41 期，第 113—119 页。
② 访谈对象：MD，女，44 岁，缅甸掸族；访谈时间：2020 年 9 月 24 日；访谈地点：弄麦村。

他人品，不花心。我觉得中国好，缅甸经常打仗，不安全，嫁到中国来不后悔。嫁到中国赚钱容易，想买什么东西方便，在缅甸很少有人请做工。中国轻松，好呀，在缅甸太辛苦。①

从这些缅甸媳妇的表述中可以发现她们不愿回到动荡的缅甸，不后悔嫁入中国。缅甸女性可以通过婚姻实现向上流动的同时，还可获得安定的居住环境，是一种理性的选择。在作为缅甸的女儿的基础上，她们会新增其他的角色，将成为中国的媳妇，融入新的家庭和社区，不断扩展自己社会的网络和建构新的人际关系圈。重要的是她们可以远离动荡的祖国，来到一个安定的环境成家立业。在留在缅甸与嫁去其他国家两者之间，相比之下，后者是一种获利更多的选择。很多缅甸女性将跨国婚姻作为一种结束自己不安定状态，获取实质性福利的策略。②她们选择了比缅甸安定的中国，去到了在历史上有相同族源的社区，语言上没有障碍，在宗教上也不会产生冲突。在此社会背景下，边境地区跨境通婚这一突出的社会现象就有了合理的逻辑解释。

2. 家庭经济困难下的迫嫁

缅甸经济发展速度缓慢，加之没有实行计划生育政策，导致普通农村家庭没有节制地生育。这些家庭收入本就不高，加之家庭成员众多，使得经济困难的家庭更加拮据。对于贫困家庭来说，生孩子只需要解决他们基本温饱问题，等孩子长大后可以挣钱补贴家庭收入，不用担心以后养老问题。这些缅甸的小孩因为家庭条件不好，大部分很早就辍学，有些从未上过学，打小就在家务农，年纪稍微大一点，就可以去打工挣钱。父母把希望寄托在子女身上，希望把

---

① 访谈对象：NHJ，女，30岁，缅甸嫁入；访谈时间：2020年9月23日；访谈地点：弄麦村。
② Piper N, Sohoon Lee. "Marriage migration, migrant precarity, and social reproduction in Asia: an overview", Critical Asian Studies, 2016(48): 473—493.

他们抚养长大后，可以缓解或者是改变家庭现状。他们并不在乎孩子的生活质量，有田地就有米吃，孩子就可以抚养长大。儿子长大了要娶媳妇，娶媳妇要支付彩礼；女儿长大了要嫁人，嫁人可以获得彩礼。女孩子嫁出去，如果在婆家过得好的话可以继续资助娘家。所以他们的父母会让女儿早点出嫁，以改善家庭经济。

每个人对自己的祖国都有着深厚的感情，若不是出于一些迫不得已的原因，大多数人也不愿意离开自己的亲人，嫁到一个无依无靠的国家。前些年，跨境婚姻夫妻大都没有办理结婚证，只存在事实婚姻，这些缅甸媳妇没有一个合法的身份。近年来，我国政府大力加强跨境婚姻结婚登记，这些缅甸媳妇们拥有了属于中国的证件，结婚证成了她们的通行证。户籍问题是跨境婚姻中的一个大难题，除了很早嫁过来的缅甸媳妇落户外，后来嫁入的都无法落户，在弄麦村仅有三个缅甸媳妇落户了。没有落户的缅甸媳妇无法归入中国国籍，不能享受与中国公民相同的权利，针对边民的优惠照顾政策无法将其纳入其中。在菜市场卖水果的 MY 说道：

> 我们那边小姑娘多，一家生两三个，留儿子在家，很少留姑娘。我们那边可以多生孩子，一家四五个，一般都三个姑娘两个儿子，嫁出来也无所谓。嫁出来以后有钱了，想帮爸妈多少钱就给多少。我 17 岁嫁过来的，我们那边以前干活有点难找钱，嫁出来自己挣钱多挣一点就可以帮爸妈。①

弄麦村大都是女性当家，掌控经济大权。在他们眼里，一家之主最大的实权就是管钱，家中的支出收入都交由当家人来统筹。这些女性解释男人不当家是他们爱乱花钱，管理不好。通常情况是刚开始母亲当家，等儿子娶回媳妇，自己年纪慢慢变大，就把权力转

---

① 访谈对象：MY，女，31 岁，缅甸掸族；访谈时间：2020 年 12 月 13 日；访谈地点：弄岛镇菜市场。

交到儿媳妇手中。他们对中国媳妇和缅甸媳妇没有差别对待，一视同仁，缅甸的媳妇同样可以成为一家之主。

WS和妻子婚后最初跟着妈妈生活，分家后妻子当家，家中的收入支出都由妻子管理。WS去外省打工也是直接将钱打给妻子。妻子管钱，她就可以很自由地分配。他说："老婆嫁过来很少回去，打电话联系的也不多，她爸妈在的时候一年回去一两次，也给家里钱。她妈妈也来这边串亲戚，来一次给一次钱。"①

这些缅甸女性因为家境不好，迫不得已要早早嫁为人妻。嫁到中国可以给原生家庭带去一笔可观的彩礼，她们对家庭的资助不是一次性的，婚后会长期持续下去。无论是出于短期的考虑，还是长远的打算，缅甸女性嫁入中国都可以在经济上帮助自己的家人，所以她们愿意嫁到中国。

3. 羡慕中国经济发展水平

国际货币基金组织发表了2020年世界各国GDP总量排名，中国大陆GDP总量147228亿美元，位居第二；缅甸为813亿美元，排名第六十三。2020年中国人均GDP为10484美元，缅甸为688美元。②可以明显看出两国的经济发展水平差距是很大的。2010年中国超过了日本，成为世界第二大经济体，紧跟美国之后，中国的经济稳定繁荣发展是世界人民有目共睹的。缅甸的经济发展落后，生活水平低下，他们羡慕中国的经济发展水平，被吸引到中国来打工，NLF就是其中之一：

NLF在缅甸读过一年中文，日常交流无障碍。她当时是到姐告打工，听到弄岛有石斛加工厂就过来了。这个加工厂在副村长家对面，每年都会有四五十个缅甸女性到这里来加工石斛。她说："在中

---

① 访谈对象：WS，男，46岁，傣族；访谈时间：2020年10月7日；访谈地点：弄麦村。
② 资料来源：IMF《世界经济展望》2021年4月6日。

国可以赚好多钱，可以给妈妈。中国一天40~50元，在缅甸只有十几块。"说这些话时NLF的脸上洋溢着笑容。她的丈夫是在此认识的，她看上副村长YJ能干活，要了两万多彩礼，在缅甸只有一万多。她结婚后就留在了这里，现在的寨子离娘家要好几个小时的车程，婚后只回去过两次，但天天和家里通电话，也会寄钱回去。

　　NLF是村子里公认的过得最幸福的缅甸媳妇，不用下地，在家看老人，做饭，带孩子。她的丈夫很能干，家里有9亩田，在外租了9亩，村里还给副村长3亩地，种水稻、玉米、香料烟、柚子。她觉得现在样样都好，有两个儿子。现在自己的孩子小，还不用太担心。她操心的是大哥的大儿子，怕不听话去吸毒。NLF嫁到弄麦村后可以买中国的医疗保险，费用比中国人贵一倍，要200块。她生病去医院可以报销，需要带上结婚证。生孩子用护照就可以上户口。她很想落户，这样就可以在中国随意出入不受制约。她希望出入境方便，不用随时带着结婚证当通行证使用。现在想去瑞丽比较困难，她一般是和同一个村子的一起自驾车出去（瑞丽等地），穿傣族服装，警察检查一般拿一个人的身份证检查就可以了。现在村子里的缅甸人日益增多，LNF觉得很开心，希望全都变成缅甸人。①

　　一部分缅甸女性最初是羡慕中国的经济发展水平，她们被吸引到中国来打工。在中国可以挣钱寄回缅甸，分担家庭负担。缅籍妇女从打工生活实践真切感受到了中国的生活条件好，基础设施建设完备，政府福利待遇多，她们借着打工的契机，认识当地人，并且通过婚姻这一跳板来实现通往美好生活的道路。嫁入中国的缅甸掸族女性与弄麦村外嫁的傣族女性存在共同之处，她们都属于外嫁，前者是跨境不跨族，后者是跨族不跨境，都是从经济欠发达地区嫁到经济相对发达地区。

① 访谈对象：NLF，女，26岁，缅甸掸族。访谈时间：2020年9月12日；访谈地点：弄麦村。

（三）婚姻的权衡：嫁给彩礼还是爱情

"彩礼"指由新郎家向新娘家转移的财富，它使婚姻契约以及从一个家庭转移到另一个家庭中的对于妇女的权利生效。"嫁妆"被视为新娘的财产，从娘家中随身带到她自己的婚姻中来。[①] 阎云翔通过对一个华北汉族村庄的研究提出这样一个观点："彩礼不再是双方父母用来保证新娘出嫁或者建立亲戚关系的手段；彩礼不再是两个家庭之间礼节性的礼物交换或者支付手段，而是财富从上一代往下一代转移的新途径。"[②]

显然，西南边境地区的傣族村寨与华北汉族村庄是有很大差别的，阎云翔有关下岬村彩礼和嫁妆的论述不适用于弄麦村。村民的话语表述中，彩礼是一个高频出现的词汇，嫁妆倒是鲜有主动提及。不管养儿还是育女，弄麦村的每个父母都会考虑彩礼问题。嫁女儿当然是希望得到越高的彩礼越好，娶媳妇则期望花尽可能少的彩礼。在跨国婚姻家庭中，男方给女方的彩礼直接到了女方父母的手中，可以带走他们的女儿。这笔彩礼不会成为夫妻的共同财产，而是直接成了女方向家庭转移的财富，在一定程度上是为了保证女性顺利出嫁。是否能结成一桩亲事，彩礼成了决定因素，情感因素常常是被忽略的。

1. 结婚成本的考量

"父母对子女的抚养义务一是抚养成人，二是完成婚嫁。父母抚养义务的关键在于要让孩子在成年后可以成家。"[③] 养育一个孩子需要耗费巨大的钱财物力，从出生到成年的衣食住用行只能算得上是最

[①] 阎云翔：《礼物的流动：一个中国村庄中的互惠原则与社会网络》，上海：上海人民出版社，2006年，第172—173页。
[②] 阎云翔：《私人生活的变革：一个中国村庄里的爱情、家庭与亲密关系》，上海：上海书店出版社，2006年，第175页。
[③] 贺雪峰：《农村家庭代际关系的变动及其影响》，《江海学刊》2008年第41期，第108—113+239页。

基础的花销，重头戏在孩子的婚事上。"撇开爱情等感性的因素，婚姻可以被看作是一个商品交易，由于中国的传统思想，男方要承担大部分的结婚成本。"① 彩礼是婚事中一笔较大的开支，这是弄麦村所有有儿子的父母最焦虑的事情。他们一辈子务农或是打工，将积蓄存到银行，等到儿子订婚的时候才将这笔钱取出来。如果彩礼超过了他们家庭所能支付的额度，需要从亲朋好友那里借钱。当下边境地区女方对男方的要求算是相对较低的，弄麦村的村民们嫁女儿一般只要求彩礼，没有其余的附加条件。

"彩礼是女方衡量男方家庭经济能力的标识，女方倾向于寻找支付高额彩礼的男方，以保证婚后生活的质量，男方家庭则是通过有能力支付高额彩礼而赚足'面子'。"② 对于女方来说，他们收到了彩礼，但是不需要置办等额的嫁妆，这笔彩礼成了女方父母的财产而不是女孩子个人的财产。彩礼与嫁妆不是对等的，嫁妆的多寡由女方父母决定。一位在1977年结婚的大妈回忆道：

当时结婚什么也没有，就给了70块，买了点牛奶和布给爹妈。嫁妆只有一个小小的衣柜，还有一点点项链、耳环。

开明的父母则会将这笔彩礼全部拿去为女儿置办嫁妆，有可能会超出彩礼金额。八年前，从附近村庄嫁过来的傣族妇女说：

我们离得很近，去玩的时候认识的。彩礼三万多一点，我们那时候很少的，现在人家就是要十多万二十几万。嫁妆有戒指、项链、摩托车和洗衣机，三万块钱都不够。反正就是找对自己好的，性格差不多就可以，长相没有多大的要求。找的第一个（对象）就嫁过来了，谈了两三年才结婚，19岁结的。娘家要有人送过来，一般是

---

① 高波：《结婚成本的经济学分析》，《辽宁经济管理干部学院（辽宁经济职业技术学院学报）》2012年第3期，第7—8+40页。
② 陶自祥：《高额彩礼：理解农村代内剥削现象的一种视角——性别视角下农村女性早婚的思考》，《民俗研究》2011年第31期，第259—269页。

老人和妇女坐拖拉机过来，很拉风的。①

人们将视线聚焦在彩礼上，订婚的时候都会摆出来，村民们一般会知道每一家的彩礼金额。嫁妆是在结婚当天才会送到家中，而婚礼在村中公房举办，无法展示给亲朋邻里看。这些置办的物件没有明码标价，很难衡量，只有自家人才清楚花费了多少钱。随着时代的变迁，嫁妆的内容在变化，彩礼也水涨船高。

MSA 40年前结婚，彩礼500元。她的女儿18年前嫁人，拿到了6000元的彩礼，16年前儿子娶媳妇给了8000元。她说，

现在汉族彩礼高，五六万，十多万，二十多万都有，傣族只有一两万。②

娶缅甸媳妇需要支付的彩礼不断增长，MD在1998年拿到了600000缅币，按照现行汇率比大概是2500元。2001年嫁过来的RR，彩礼4500元；2005年嫁过来的MT，彩礼8600元；2013年嫁过来的NZ，彩礼15000元；2016年嫁来的MH，彩礼47000多元；2017年嫁过来的HN，彩礼50000元，这是目前弄麦村缅甸媳妇彩礼中最高的。弄麦村2010年人均纯收入3866元，2019年为12000元，除去日常生活开支，一个家庭每年能攒下的存款并不多，高额的礼金对普通的农村家庭来说是一个沉重的负担。

除了彩礼，办结婚证也是一笔不小的开支。跨境夫妻办理结婚登记程序复杂，准备齐全所需的手续就要花费额外的时间和金钱成本。瑞丽市弄岛镇民政婚姻登记处告知办理涉外婚姻所需的材料如下：

1. 带有效身份证、户口簿、婚检、合影照片3张；
2. 毗邻国边民指缅甸，距边境线60千米内即可：九谷、木姐、

---

① 访谈对象：HB，女，27岁，傣族；访谈时间：2020年12月20日，访谈地点：弄麦村。
② 访谈对象：MSA，女，60岁，傣族；访谈时间：2020年9月12日，访谈地点：弄麦村。

南坎、勐古、雷基、南伞、果伞、果敢、八莫（八莫的未婚证明需注明距边境线60千米以内）；

3.婚姻状况证明书未婚证明，由所居住的县级市政府或者法院出具的，需要到瑞丽市外事办翻译成中文；

4.本国有效身份证，需要到瑞丽市外事办翻译成中文；

5.边民出入境证；

6.男女双方到妇幼保健站做婚检。

以上是结婚双方都为边民时所需的材料，弄岛镇民政局不受理结婚登记，需要前往瑞丽市民政局。若与不属于边民的缅甸人登记结婚，还需携带本人有效护照，去往德宏州民政局办理。

对于结婚登记一事，弄麦村村长说道：

我老婆1998年嫁过来，我们才整护照，才办结婚证一年。去缅甸拿护照，坐飞机去仰光，又从仰光飞到芒市在海关盖章。以前好办，我叔叔当村长，老爹也是老村长，后来到我当村长，我去所里面把讨（娶）缅甸媳妇的办了。现在不可以了，很严，花了一万多。现在不办，不得有娃娃。如果缅甸男人来上门，不办都得，跟着妈妈就可以。要是娶女的过来，就要办结婚证，没法随妈妈。17年就变了，娃娃落户就必须得要办结婚证。不有结婚证要罚款，不给落户。①

跨境婚姻分为合法跨境婚姻和非法跨境婚姻，经过中华人民共和国相关法律程序认可的为合法婚姻，否则为非法婚姻，事实婚姻也属于非法婚姻。现村中有24对跨境婚姻夫妻办理了结婚登记，属于合法婚姻。有一部分在早些年结婚的夫妻没有领结婚证，仅有事实婚姻。早年没有办理结婚证的跨境夫妻可以正常生儿育女，不仅可以省去办证麻烦，也节省了开支。近十年来，随着边境管理变得

---

① 访谈对象：YS3，男，46岁，傣族；访谈时间：2020年9月6日；访谈地点：弄麦村。

严格，跨境夫妻结婚必须登记，不然会影响到后续的正常生活。村民们不会一开始就去办理结婚登记，而是先在村中举办结婚仪式，仪式得到亲朋好友邻里的见证。办婚礼也是为了宴请宾客，需要做丰盛的菜肴来款待。笔者在调研期间参加了一次婚宴，主人准备了一整头猪，宴席备了六菜一汤。结婚前还要拍婚纱照，准备新衣服，婚礼当天还有全程录像。拜堂仪式上摆出了两大串香蕉、六条香烟、两包茶叶，这些东西最后都要分给参加结婚仪式的老人们。还有一个流程是新郎新娘要拜父母，母亲给新人戴上事先准备好的金戒指。接着要拜村里的老人以及他们的亲戚，一户老人给新人20元表示祝福，主人需要请村里的人帮忙分给老人一罐浓缩牛奶。虽然亲戚朋友家家户户都会随礼，但是数目不大。弄麦村中没有亲戚关系的一般只随五十元，亲戚会随一百两百元不等。在傣族村寨里人情收入并不高，而现在举办一场婚礼至少要花费四五万元，可是说是入不敷出。

娶缅甸媳妇的家庭都会顾虑办证程序的繁杂，尤其是办理护照。办证本身并不需要花费太多费用，但是去办证所产生的吃住行费用就多了。办一本护照来来回回至少花费1万多元，弄麦村村民2019年的人均收入仅有12000元，办证就占用了家庭中一个人一年的收入，对于农村家庭来说是不可小觑的。生了孩子上户口需要做亲子鉴定，还得花费几千元。虽然这些都是婚后产生的费用，村民在结婚前就将其纳入结婚成本计算中。办证、做亲子鉴定所开销的1万多元是找缅甸媳妇所需额外开销的，找中国的媳妇就可以省去这笔开支。

而现实的问题是，哪怕加上办证所需要的费用娶一个缅甸媳妇的成本也是比本地媳妇低的。以弄麦村2020年订婚和结婚的两个案例来看，刚结婚的那位傣族女性虽然年纪小，但已经有过两段婚姻，第一次嫁给东北的，给了 14 万元彩礼，在弄麦村里算是最高的了，第二个是找地当地景颇族，给了 66000 元彩礼。WT 二婚找的上门女婿给了 68600 元彩礼。瑞丽傣族在婚姻上有个习俗是，女子第二次出嫁的身价钱要比第一次低，理由是"人家跟她睡过了"。[①] 她们两人都是丧偶，均为再婚，都是找的上门女婿，一个汉族，一个景颇族，在这种情况下她们的彩礼都不算低。而找一个缅甸没有结过婚的，长得漂亮，目前大概需要礼金 5 万元。村中一个傣族男性 2019 年二婚，他找了一个缅甸离婚的妇女，彩礼仅为 16000 元。一对比，光是在彩礼支出上就有很大的差距。娶缅甸媳妇是在找不到和娶不起本地姑娘状态下的一个相对经济的策略。

2. 无感情基础的结合

大量的缅甸女性在嫁入中国家庭之前对男方的家庭是知之甚少的，所了解到的信息靠媒人或当事人告知。有一些在嫁到中国之前，并没有深入了解过对方及其家庭。大多数都是双方见过面认识了，彼此有个印象，然后谈好彩礼，选定好日子，一门亲事就成了。他们似乎对于爱情没有过多的追求，找一个能干活，会生孩子的女性即可。一般来说，认识一两个月就可以考虑谈婚论嫁了，不需要考虑太多情感的因素。

尽管傣族崇尚婚恋自由，但经济因素制约了人们的行动。弄麦村的傣族男性似乎变得更加拘谨保守，而傣族女性则倒是更加追求自我。弄麦村傣族妇女在找对象一事上有着丰富的经验，一位老奶奶回忆道：

我 19 岁结婚，早前有些十四五岁就结婚了，现在是有规定的年龄。我们那个时候是自己找对象，你喜欢这个就在一起，下一个月

[①]《民族问题五种丛书》云南省委员会：《德宏傣族社会历史调查（一）》，昆明：云南人民出版社，1984 年，第 116 页。

不喜欢了就离开了，乱七八糟的。①

恋爱经验很丰富的 LY 说：

以前乱谈（恋爱），七八个十个也不知道，我老公是第十二个。之前谈的都是傣族，汉族也谈。我不喜欢他，嫌他岁数太小，我都回来自己家了。我老公哭了，说发了这个月的工资要去我们寨子找我。他哭啊，一个大男人，我这个人有些心软。我想找比我岁数大的，年龄小的一点安全感都没有。②

LY 没有找到自己理想标准中的老公，嫁给了一个自己不是那么喜欢的人。庆幸的是，对 LY 来说婚姻不是坟墓，虽然最开始她不喜欢自己的老公。但两人现在感情很好，这也是他们在婚后慢慢培养感情，共同经营的结果。傣族女性在情感表达上比男性直接也更丰富，喜欢就是喜欢，喜欢可以在一起，不喜欢也可以勉强在一起，但从傣族男性的访谈中捕捉不到太多对于情感的表达。

大部分跨境婚姻夫妻都是双方认识后很快就结婚了。当笔者提到爱情两个字的时候，尤其是一堆人坐在一起时，大家都是哈哈大笑。在物质匮乏的年代，爱情对村民来说太奢侈，有点遥不可及。一位傣族女性的爱情观代表了村中大多数人的想法：

以前找对象也没有什么标准，喜欢就得了。我也不喜欢我家男人，只是岁数到了就凑合。我们两个在一起也没有什么承诺，糊里糊涂地过了，就是生儿养女。爱情不能当饭吃，岁数大了就凑合过。我在家主内他主外，把娃娃带好就得了。理想的婚姻都不敢去想，年轻的时候想有个爱的人，有个事业有成的人，两口子好好过日子，但是现实不是这个样子。其实我们以前那个年代，不想要大房子，有个汽车，也不肯要那些。有个疼爱我的人，问我冷不冷，好不好，

---

① 访谈对象：MES，女，傣族，70 岁；访谈时间：2020 年 12 月 15 日；访谈地点：弄麦村。
② 访谈对象：LY，女，46 岁，傣族；访谈时间：2020 年 12 月 17 日；访谈地点：弄麦村。

这种就得了，但是现实中不会这样子。①

在年龄上，傣族女性比傣族男性更占优势。她们不愁嫁，虽然年纪大会被说成"老姑娘"，但在当地二十几岁的"老姑娘"也是受欢迎的，尤其是年纪较大的男性比较青睐她们。毕竟想找到很年轻的媳妇可能性太小，况且二十几岁的姑娘在汉族男性眼中看来也不算老。而那些娶缅甸媳妇的傣族男性，在婚前实际上是处于一个被动的状态。他们想去寻找爱情，但被现实所羁绊。最后只是为了结婚而结婚，正如 WS 所说：

我只想找能干活的，也不想这么多。那时候家里女人就只有妈妈，煮饭洗碗都不想洗，都留给老人。②

傣族男性们曾经或许有过追求爱情的想法，心中曾种下过种子，但最终没有开花结果。后来他们慢慢妥协，直到屈服于现实，放弃对爱情的追逐与幻想。村长通过看电影认识了自己的老婆，这其中蕴含一丝浪漫的因子，两人谈了一年恋爱才确定结婚的。村中闪婚的人群占大多数，无论是他们通过哪种方式认识，很难有太多共同相处的空间。谈情说爱变得寡淡，回忆起当初两人在一起的时光也是轻描淡写。如果通过工作认识的，两人相处时间相对久，通过媒人介绍认识的就相处得少，两人就是奔着结婚这个明确的目标去的，对彼此不会有太深入地了解，他们所知道的对方的信息也是经过媒人美化的。要是觉得合适，彩礼一谈好，他们就挑个日子尽快结婚。不是他们情感匮乏，而是与现实经济因素相比，情感因素在很大程度上被忽略了。

这些跨境夫妻有认识几天就结婚的，也有认识几个月就结婚的。YS 去缅甸参加丧礼，与 DW 两人见了面认识后，就跟着嫁过来了。

---

① 访谈对象：AT，女，44 岁，傣族；访谈时间：2020 年 12 月 20 日；访谈地点：弄麦村。
② 访谈对象：WS，男，46 岁，傣族；访谈时间：2020 年 10 月 7 日；访谈地点：弄麦村。

RH 和 SM3 认识了一个星期就结婚了，MD 和 YL1 认识十来天就嫁过来了，HL 和 YT 在弄岛认识一个多月就结婚，连缅甸都没回，直接请妈妈过来参加婚礼。SMH 和 HY、LX 和 MW 都是认识一个月左右就结婚了，RY 和 SY1 认识两个月结婚，NZ 和 YS1 认识三个月就结婚。最久的一对是 YD 和 HJ，他们认识了三年才结婚。快速认识，快速在一起，快速结婚，一切都像是在赶进度完成任务一样，他们没有太多爱情基础，情感是婚后慢慢培养的。

"婚姻具有不稳定性或高风险性。作为社会资本的婚姻，可能产出丰富的'收益'，也可能'血本无归'，甚至产生巨大的'负效益'，使当事人终生难逃婚姻的'负债'。"[①] 缅甸媳妇离开了自己熟悉的生活圈，在中国没有什么亲人团体，遇到困难的时候很难快速寻求到帮助。并且缅甸媳妇可能存在"非法"（非法入境、非法居留、非法务工）问题，她们在婚姻家庭和日常生产生活中的权益得不到法律的保障。如果她们没有办理相关证件，在中国境内没有一个合法的身份，在国家层面上是得不到中国政府的照顾。一旦缅甸媳妇不想跟自己的丈夫继续生活下去，两人分开后，缅甸媳妇还可以重新嫁人。在婚前更多关注的是家庭的经济情况和社会环境，没有太过重视个人情感。无感情基础就结合在一起的婚姻案例有很多，大部分跨境通婚夫妻婚后是靠孩子维系两人的关系。

3. 奔赴爱情的特例

"婚姻中的男女两性也并不仅是社会生物，同时也是具有独立意志的个体，具有自身的情感的需求。"[②] 不是所有的跨境婚姻结合都只考虑理性因素，不可否认的是经济因素在婚姻选择中占据主导地位，

---

① 谭琳、李军峰：《婚姻和就业对女性意味着什么？——基于社会性别和社会资本观点的分析》，《妇女研究论丛》2002 年第 41 期，第 5—11 页。
② 王越平、陈民炎：《资源整合与情感理性——滇越边境河口县城跨国婚姻的个案研究》，《西南边疆民族研究》2014 年第 21 期，第 106—113 页。

但情感这个非理性因素在某些个体的婚姻中发挥着作用。对于弄麦村的 J 来说，她的这段婚姻就是放弃了个人可能美好的前途下嫁到中国来。

  J 既不是边民，也不是掸族。她的家在缅甸仰光，是缅族。父亲是商人，她从小过着富裕的生活，不愁吃穿也不用干活。J 是嫁入弄麦村缅甸媳妇中学历最高的一个，大部分缅甸媳妇都只读过小学，最多读到初中，而她则是大学毕业，毕业后做过数学代课老师。SYH 在 1996 年去缅甸做和尚，去赶摆认 J 的父母做干爹干妈，SYH 经常在他们家吃饭。J 对 SYH 是一见钟情，而 SYH 最开始对 J 没有什么感情。时间久了，接触多了，两人便日久生情，到了 1998 年情感快速升温。1999 年 SYH 要回中国，J 不愿意割舍这份难得的情感，就想跟着 SYH 一起来中国。J 的父母当然不会同意，舍不得女儿嫁到一个从未去过的中国农村受苦受累。但是 J 不顾父母的反对，坚决要跟着 SYH 走，于是两人就计划私奔。J 面带微笑而眼中又含着泪回忆，当时大姐帮忙提包包，觉得他们两个一定要在一起。J 的父母没有办法，只好妥协放他们走，但是非常后悔把女儿嫁过去，因为距离太过遥远。她的爸爸哭了三天，就跟着追到中国来了，看到女儿生活得还算好也就不担心什么了。J 以前有后悔过，自己读完了大学却没有用上。并且 J 有语言障碍，她只会缅语不会傣语。SYH 会缅语，他去哪里 J 就跟着去哪里，或者是在家不出门。她平时会跟着 SYH 学习傣语，后来村中奘房那边有和尚来教傣语傣文，她就去跟着学，学了两三年才学会。现在她过得很幸福，两人一直都在通过养殖和种植致富。他们有两个可爱的女儿，都有了工作。日子过得不算特别富足，但还是比较舒适。J 和 SYH 的爱情故事传遍弄麦村，他们俩还是村里的致富模范。

  J 是一个勇敢追求并不轻易放弃爱情的新时代独立女性，村子里也还有一个不接受父母安排的女性，那就是 MY。第一次见到 MY 是在 WT 家，她说着一口流利的普通话，让笔者更为惊讶的是报道人说她没有学过中文，但是她发的微信朋友圈都是用中文输入的，微信消息也可以用汉字回复。在追问下才得知，她只上过缅甸的小学，但懂得英文的二十六个字母，就通过发音来输入汉字。遇到不懂的就去问别人，有时候也会弄错。在村子里很少看到 MY，她一般都是早出晚归。与很多家庭的男主外女主内模式不同，MY 现在在弄岛镇菜市场做水果生意，她的丈夫则在家做饭、打扫、洗衣服、照看孩子。MY 刚嫁过来的时候是靠种地为生，种了三年地，挣不了什么钱，就选择做生意。刚开始卖菜赚不了什么钱，后来改行卖水果。最初她没经验，会收到假钞，有时候会赔本。她的汉语是在菜市场学会的，不知道就听别人说，主动问别人。本来只会讲傣语的她，在市场里学会了云南方言和普通话。

有一次笔者去找 MY 买水果聊天，才得知她 11 岁就不读书了，帮家里干活。十几岁就跟寨子里的一个男的订婚了，但她不想嫁给这个人。这个人的妈妈很喜欢她，说她干活厉害。可是 MY 不喜欢她儿子，因为他太懒了，一天到晚不干活。虽然 MY 的爸妈都同意这门婚事，但她不想跟这个人结婚。她认为有钱没钱无所谓，只要自己老公好就行。十几岁的 MY 虽然接受了父母的订婚安排，但没有太多社会经验的她在结婚这个问题上有自己的想法。本来缅甸就不好挣钱，而这个将要跟她订婚的男人好吃懒做，结婚后日子肯定会很辛苦难熬。最终她没有听从父母的安排，通过中国的亲戚介绍认识了现在的老公。MY 是一个思想解放、追求自由的新时代女性，她认为命运应该是掌握在自己的手中。在她看来，一个人暂时有没有钱不重要，没有钱可以通过自己的努力去挣，重要的是要考量结婚对象的个人品质，是否值得托付下半辈子。很难想象，若她真的跟同村的那个男人结婚了，会过着什么样的生活。但从现在来看，她坚信自己的选择是正确的，她找到了一个好的老公，有了一个幸福的家庭，日子一天一天在变好。她不仅考取了缅甸的驾照，还顺利拿到了中国的驾照。MY是一个很能干的女人，半夜三四点就要开车去瑞丽进货，进货回来就要在市场里守着。整个家庭靠她撑起半边天，其丈夫在家辅佐。第一次田野调查期间，他们住在破旧的老房子里。但第二次去时，他们家开始盖二层楼的新房了。

"由于地处国家边界地带，跨国婚姻中的家庭关系与人际关系显得错综复杂。外籍新娘在婚姻关系缔结过程中多半处于被动角色，并没有太多的自主选择权。"[1] 但并非所有的缅甸媳妇都是为了逃离动荡的祖国，摆脱贫穷的生活，才被迫嫁到中国的，她们也有满足自己情感的需求。从J的婚姻选择来看，她算得上是下嫁到弄麦村。她并没有考虑过经济和面子的问题，算是一个特例，而MY的选择就兼顾了理性和感性。弄麦村的缅甸妇女们，不是所有人都像J和MY一样，敢于冲破束缚。她们跨越了国家，跨越了边界，甚至跨越了民族，努力去创造属于自己的美好生活。

---

[1] 覃延佳:《生境、情感与边民社会网络：中越跨国婚姻研究实践与反思——以云南马关县金厂村为例》,《广西民族研究》2020年第2期，第81—89页。

三、家庭本位下傣族妇女的招赘婚姻

嫁娶婚是中国社会中主流的婚姻形式，招赘婚从古至今就有，所占比例较小，地位也较低。在弄麦村，招赘婚却占据了极大的比重。费孝通认为入赘在西南一带的农村中很通行，"有一部分是由于边省人口流动较大，男子比女子容易流动。外来的移民男性大量地进入这一地区，他们脱离了父母，不能希望留在家里继承父母的财产。他们入赘做女婿是有得无失。"[①] 地处西南边陲的弄麦村，同样流行招赘婚。在这个傣族村寨中，招赘婚与嫁娶婚同样重要。

（一）族内、族际与跨境之间的招赘婚

1. 民族内婚中的招赘婚

虽然德宏地区的傣族是实行从夫居，但招赘在当地比较普遍。同一个村寨的男女双方可以选择招赘婚，其择偶范围可以跨越村寨。村民的招赘通婚圈在扩大，上一辈招赘的是弄麦村人或弄岛镇人。到了这一代，通婚范围从弄岛镇延伸至瑞丽市以及芒市的乡镇。村中现有 9 对傣族间的招赘婚，YH 和 MHSM 是其中一对。YH 家中一共有三姐妹，一个嫁去了玉溪，一个留在村中。因家里都是女儿，需要照顾父母，她没有选择外嫁，选择招赘上门女婿。MHSM 家中共有六个兄弟姐妹，一个嫁去湖南了，一个嫁到瑞丽了，剩下都留在了弄麦村。因为家庭困难，兄弟姊妹众多，他便选择了做上门女婿。

招赘婚与嫁娶婚的一个区别是居住方式不同，招赘是从妻居，而嫁娶婚是从夫居。对于傣族女性来说，招赘傣族男性既沿袭了本民族原有的婚姻传统，又满足了不外嫁的需求。而从傣族男性的立场来看，到傣族女性家中做上门女婿同样是保持着民族内婚习俗，

---
① 费孝通：《乡土中国生育制度》，北京：北京大学出版社，1998 年，第 265—266 页。

还可以减轻原生家庭的经济负担。招赘是一种双向选择，在面临婚姻选择的时候，傣族男女都要考虑个人和家庭的实际情况。一位大妈回忆道：

我 18 岁就结婚了，那时候家里姊妹多，读不起书，就很早回家干活。有些找上门的是属于有两兄妹那种，一个留在家，一个找上门。以前是必须要男方上门，嫁出去那么远爹妈不放心。我们当妈妈的肯定也不希望女儿嫁太远，过得好不好我都不知道。①

傣族有着内婚制和招赘婚的传统，傣族内部的招赘婚是一种常见的婚姻形式，延续至今。不过受到各方面因素的影响，招赘婚的形式随着时代变迁发生了一些变化。近年来，傣族女性招赘傣族男性的需求在降低。傣族女性不再局限于本民族内部招赘，故而村中民族内部的招赘婚大都存在于上一代及再上一代人之间。

2. 族际通婚中的招赘婚

"族际通婚是衡量民族关系最重要的指标，民族之间的通婚情况是衡量民族相互关系和深层次融合程度的一个非常重要的指标。"②傣族以前实行严格的民族内婚，不允许与其他民族通婚。一个年过 80 的老爷爷回忆道："以前都是傣族当官，政策规定不能找汉族。"③追问为何不能找汉族，他也没有给出具体的原因。社会在进步，傣族人们的思想观念也在改变。见到了 46 岁的 WS 时，他是这样描述的："我们寨子不管，广喊寨子以前找汉族不行，你要找了汉族的不能在寨子，必须搬出去，但现在也有了。"④时过境迁，早前的规定渐渐被人们打破，傣汉之间的交往变得频繁，两个民族之间的隔

---

① 访谈对象：HJ1，女，60 岁，傣族；访谈时间：2020 年 10 月 8 日；访谈地点：弄麦村。
② 马戎：《民族社会学——社会学的族群关系研究》，北京：北京大学出版社，2004 年，第 433 页。
③ 访谈对象：SXY，男，80 岁，傣族；访谈时间：2020 年 10 月 10 日；访谈地点：弄麦村。
④ 访谈对象：WS，男，46 岁，傣族；访谈时间：2020 年 10 月 7 日；访谈地点：弄麦村。

阂消失了。弄麦村的傣族实现了从民族内婚到族际通婚的突破。现在，傣汉通婚十分常见。一方面是通婚范围在扩大，村子里的一些女孩子嫁给福建、东北等地的汉族，另一方面是村里有大量的汉族来上门，已达到26个。马戎认为："当两个族群集团之间的通婚率达到10%以上时，可以判断这两个族群之间的融合已经达到一定程度，关系也比较和睦。"① 显然，傣汉之间已经打破了民族隔阂，民族之间的通婚促进了民族间的交往和融合。弄麦村招赘汉族上门女婿，从语言、宗教、习俗上打破了民族内婚的传统。2020年有一个景颇族入赘，这是弄麦村的第一个，村中族际通婚的范围呈现扩大的趋势。

3. 跨境通婚中的招赘婚

中缅跨境婚姻中不单是缅甸女性嫁入中国，虽然女性的输入占主流，但不能忽视的是还有少量的缅甸男性选择入赘。弄麦村跨境通婚中的招赘婚姻数量不多，全村只有5个，RJ的丈夫是其中之一：

RJ于2016年与一名缅甸男子结婚，当时她29岁。RJ年轻的时候喜欢出去闯，去过深圳广州，她觉得赚钱多。自己希望可以学一门技术或者是手艺，可以挣钱，种地的收入太低。起初她不着急结婚嫁人，对爱情有所期待。到后来年纪大了就慢慢开始担心了，最终屈服于现实。她与丈夫是在村里认识的，他来奘房做和尚，还教傣文。当时老公也想过让她一起回缅甸生活，但她不愿意去，觉得不安全，另一方面是她的妹妹已经嫁人了，家中的父母需要照顾。RJ觉得作为中国人找缅甸老公有降级的感觉，至少应该找中国人。与娶缅甸媳妇相比，招赘缅甸老公可以在孩子上户口时省去办理亲子鉴定书的麻烦。②

---

① 马戎：《中国各民族之间的族际通婚》，北京：民族出版社，2001年，第164页。
② 访谈对象：RJ，女，35岁，傣族；访谈时间：2020年9月6日；访谈地点：弄麦村。

缅甸女婿与缅甸媳妇的共同之处是他们都受到了中国的吸引，愿意到中国成家立业。招赘缅甸女婿不是主流，这些缅甸男性无法落户，生活中有诸多不便利之处。故而绝大部分傣族女性不会考虑招赘缅甸男性，JS 就很难理解妹妹 MX 的选择，她说：

我们傣族找上门的是要给钱的，不像你们汉族找上门的是不要钱的。我也不晓得妹妹怎么找了缅甸的，嫁给中国人有户口，分什么东西都可以拿到，缅甸人什么也分不到。现在也不管了，他（妹夫）能干活。①

弄麦村有着招赘的传统，在如今同样盛行。最初的招赘局限于傣族内部，之后扩大到其他民族，其中招赘汉族上门女婿比较突出，此外跨境婚姻中也存在少量的招赘。

（二）不愿外嫁女性的招赘选择

1. 傣族从妻居传统

"招赘婚姻在居住形式上为从妻居，即夫妻二人婚后丈夫跟随妻子居住。从妻居始于母系家族制度时期，它随着私有制和父系家族制度的建立和嫁娶婚的兴盛而没落。"② 在父系家族制度下，嫁娶婚姻是主要的婚姻形式，招赘婚只是一种补充，但从妻居的婚姻形式没有消失。至今西双版纳地区的傣族还保留有从妻居的传统，遵循父系继嗣原则。

"西南官话地区历史上有大量的移民迁徙运动在此发生，村庄流动性强，历史短暂，宗族结构最为松散。当地人对上门女婿持开放、随意的态度，一对青年男女结婚到底是从妻居还是从夫居通常根据

---

① 访谈对象：JS，女，47 岁，傣族；访谈时间：2020 年 12 月 22 日；访谈地点：弄麦村。
② 李永采：《论对偶婚从夫居形态及在家庭史上的地位》，《历史研究》1989 年第 6 期，第 122—136 页。

生活舒适度来定。"① 傣族有两种婚姻形式，一种是从夫居，一种是从妻居。在西双版纳地区的傣族实行从妻居，德宏地区的傣族多为从夫居。德宏地区也有男子上门入赘的习俗。在没有实现机械化的年代，种地全靠人工，劳动力缺乏的家庭就会选择招赘，多一个劳动力就多一份收入。一个奶奶回忆说：

> 妈妈说她老了，就我一个女儿，家里也没人干活，要找一个男的结婚干活。以前有个汉族的喜欢我，他们不允许，要我找傣族的干活。如果你不结婚，同学朋友都会笑我说我，找不到傣族，才找汉族。现在不说了大家都找汉族，我家大女儿就是找的汉族。②

奶奶属于典型的有女无子家庭，招赘既可以缓解家中劳动力不足的状况，同时也可以解决父母养老的问题。对父母和女儿来说，都是可以照顾周全的举措。

"中国农村的招赘婚姻一种是由家庭与人口结构引起的，通常发生在没儿子的家庭；另外一种主要是经济因素引起的，通常出现在至少有一个儿子的家庭。"③ Wolf 指出第一种类型的招赘是中国父系家族制度的应时性变化，而第二种类型的招赘则是一种制度性的变化。④上述这位奶奶就属于典型的应时性招赘，但弄麦村中的制度性招赘更为普遍。这位奶奶有两个儿子一个女儿，儿子都结婚定居在村中，她的女儿照样选择招赘。类似的案例还有很多，PW 是其中一个。她有一个哥哥结婚在村里，还有个姐姐跟她一样也是找的上门女婿。

---

① 史明萍：《农村招赘婚姻中的家族结构与生育文化》，《当代青年研究》2019 年第 21 期，第 51—56 页。
② 访谈对象：MES，女，傣族，70 岁；访谈时间：2020 年 12 月 15 日；访谈地点：弄麦村。
③ 李树茁、Maurice Freedman：《略阳县两类招赘婚姻类型的决定因素研究》，《人口研究》2002 年第 11 期，第 59—66 页。
④ Wolf, A.P. "The origins and explanations of variations in the Chinese kinship system", Anthropological Studies of the Taiwan Area. National Taiwan University, Taipei, Taiwan, 1989: 241-260.

在找上门女婿这个问题上她这样说：

  如果我去哪里，老人又没有人看。以前我从来不干活，我就不嫁出去了，直接来上门，我什么都不会做的。如果我去他家，要干活，累得很。以前我在姐相读书，弄到没有初中。我们认识六个月就结婚了，上门的就给了3000，嫁出去的给两三万，现在嘛贵了。如果嫂子不好嘛，就分出去了，叫姑娘在。有时候家上不有男的嘛，要找一个来干活，不愿意嫁出去就找来上门。就像我一样，我生姑娘，没有男的，就要找男的来上门。如果你有哥哥弟弟，嫁出去就不管。①

  奶奶和PW相隔30多年，她们两人所在的家庭情况不同，找上门女婿的诉求不尽相同。可以发现的是，招赘不仅仅出现在没有儿子的家庭，但是有儿子的父母会优先考虑招赘上门女婿，这是出于多方面的考虑，既要为家庭补充劳动力，还要解决养老和子嗣延续问题。招赘成了弄麦村的一种重要的婚姻形式，并不是嫁娶婚的补充，两者在比例上是不相上下的。有很多傣族女性她们家中有哥哥或者弟弟承担养老责任，在劳动力不是特别匮乏的年代，她们依旧选择招赘，傣族从妻居的传统有一定的影响，但更多是出于实用性和经济目的，这种招赘类型可以传播，以至于在弄麦村制度性的招赘较为普遍。

  2.不愿外嫁的多重原因

  俗话说，男大当婚，女大当嫁。女孩子到了年龄应该嫁为人妻，拥有属于自己的家庭。以前傣族女孩结婚早，十五六岁就开始考虑找对象。如果到了二十五六岁还没结婚就会被老人们视作"老姑娘"，是不容易嫁人的。嫁出去意味着可能要离开自己的亲人、熟悉的地方，还要融入新的圈子，处理各种关系。这是大部分女孩子都要在嫁人后面临的问题，不是所有人都愿意坦然接受的。这些问题可以

---

① 访谈对象：PW，女，49岁，傣族；访谈时间：2020年12月17日；访谈地点：弄麦村。

通过一种方式来解决，放弃传统的嫁娶婚，选择招赘婚。找上门女婿就可以继续留在原来的村子，留守在父母身旁。弄麦村的傣族女性们把找上门女婿视作为一件很正常的事情，这些人结婚后大都是自立门户单独居住，父母有哥哥或者弟弟赡养，无须处理婆媳关系。不愿意外嫁的女性的话语表达中包含了很复杂又多重交织的原因，主要为以下几点：

一是出于父母的考虑。一方面是父母舍不得女儿嫁太远，日子过得好坏都看不见，若有什么事情出不了力，帮不上忙，他们对自己孩子的牵挂只能寄托在电话中。傣族有着男女平等的观念，生男生女都一样。在彩礼居高不下的年代，他们觉得生女儿会相对好一点，儿子盖房娶媳妇都需要钱。女儿一般都乖巧懂事，她们愿意自己的女儿留在当地，怕孩子嫁出去后吃苦受累，自己看不见也帮不上忙。在村里有亲戚邻里，都是熟人，大家可以互帮互助。另一方面是女儿从小随父母长大，有着深厚的情感，这份情感难以割舍。希望尽到作为女儿的义务，可以照顾父母。在两方面的作用下，她们权衡利弊，最终选择留下来。D一边向笔者讲述她经历过的往事，时不时掩面，眼中含着泪水。她说道：

以前也谈过几个，都不喜欢。我离不开家，一走太远就会想哭。去湖南那边气候又不好，我就留在这边。那时候彩礼很少，800块钱。分家出来20多年，以前就只有一张床一个柜子，住的房子都是竹子做的。我怀孕的时候有一晚刮大风把我的房子给吹倒了，我就很害怕啊。刚搬到新寨子也没有电，晚上就听见青蛙叫，我就很害怕，还会哭。①

D是一个离不开家，离不开父母，容易感伤的人，她找到了一个从湖南来养鸭的上门女婿。去过广东打工的MJ觉得在外面挣钱轻

---

① 访谈对象：D，女，傣族，51岁；访谈时间：2020年10月6日；访谈地点：弄麦村。

松自由，但是到了婚嫁的事情上她却有着另外的想法。她在家中一边加工石斛，一边说：

> 我妈妈不让我嫁到外地，不放心，几年才能回来一次。怕过得不好，怕男的管得太严，一分钱都没有，以后想回来连车费钱都没有。我也不想去外地，虽然有哥哥在家，我想在这边照看妈妈。看见别人都在结婚生孩子，自己不结婚也不好意思，别人会说闲话。说这么老了，老公还找不到。①

MJ 在打工的时候认识了现在的丈夫，两人商定好留在弄麦村，房子就在妈妈家的斜后方，在自家院坝中叫一声，妈妈就可以听见。对于 MJ 来说，选择招赘是一种两者兼顾的做法，既可以顺从妈妈不让她外嫁的想法，也可以实现自己想照看妈妈的心愿。

"傣族对老年人都很尊敬，赡养父母是每个做子女的责任。"② 弄麦村选择招赘的女性认为自己哪怕分家出去了，也有照看父母的责任，她们在用实际行动证明自己做到了。SEXR 的妈妈生病住院，家里的弟弟弟媳要忙着干农活，送孩子上学，于是她一个人去医院照看妈妈。

二是对外地的不适应。不适应集中表现在气候和饮食上。弄岛镇属南亚热带季风性温热气候。年均气候 20℃，最高气温 36.6℃，最低气温 1.2℃。弄岛镇的气候不仅有利于作物生长，还很适宜生活。省会城市昆明四季如春，但曾去务工的村民觉得昆明冬天有点冷。更何况那些冬冷夏热、四季分明的地区，或是一到冬天就冰天雪地的北方，对于弄麦村人来说很不适应。第一次去外地容易不习惯环境和气候，XY 说：

> 我去过两次湖南，不习惯，冷的时候太冷，热又太热，还是这

---

① 访谈对象：MJ，女，傣族，35 岁；访谈时间：2020 年 9 月 23 日；访谈地点：弄麦村。
② 曹成章、张元庆：《傣族》，北京：民族出版社，1984 年，第 74 页。

边好在。以前就是你喜欢我，我喜欢你，处两个月就知道了。谈过傣族，不想去他们家。我不想嫁出去，太远了，不想去，如果父母死了，都可能赶不回来看。找汉族和傣族都一样，还是靠缘分。我们没文化，一个字也不认得，嫁出去都找不回来，现在出去全都要认字。①

"好在"在云南方言中多用于形容某个地方宜居，XY留在好在的弄麦村，SEXR也是因为不适应气候作出了同样的选择。她说着说着还时不时摇头：

我去了那边（曲靖）两次，不习惯，吃得也不习惯，太冷了。我第一次去，四月份都很冷，我们这边热死了，孩子也不习惯。其实两个人在一起真的是缘分，你说那么多人，偏偏就是他。我不想嫁出去，想在家。因为我爹妈身体好不好，我们可在旁边照顾他们，你要是去远了回不来。他弟打电话说他们在昆明，问我们去不去，来接我们，不是钱不钱的问题，就是太冷了，又有这个病情，怕得很。②

XY和SEXR在找对象之前没有去过外地，她们因为寒冷的气候，对外地望而却步。短暂停留一些时日勉强还能接受，若是一辈子要在不喜欢气候的地方生活，她们的内心一开始就会很抗拒。对于很早就出去打过工的H来说，她照样不适应外地的气候、饮食。她说道：

我15岁毕业就在弄岛打工，打工两年后去昆明，在昆明待了两年，回来结婚。在不住别人家，不习惯，吃的也不一样。昆明很冷，别人穿短袖，我穿外套。傣族做农活苦，以前都是老人灌输思想，说是找汉族就不用干活。所以都愿意嫁汉族。但不习惯外地的生活，我都是要结婚了才去他家的，他来我家两次，我去过他家一次。

---

① 访谈对象：XY，女，44岁，傣族；访谈时间：2020年9月15日；访谈地点：弄麦村。
② 访谈对象：SEXR，女，48岁，傣族；访谈时间：2020年10月5日；访谈地点：弄麦村。

他爸爸爱喝酒，喝了酒就话多。那边都是山，交通不方便。那边的爸妈是离婚的，爸说哪里好在就在哪里，以后他老了想来我们这边，就来这边。①

H找的是上门女婿，婚后去男方家生活过，但因为诸多的不方便和不适应，她带着女儿回弄麦生活，留丈夫一人在外打工。

傣族喜食酸和辣，他们的饮食受到气候、地域、风俗习惯的影响。对于弄麦村的村民们来说，饮食上的差异是导致不适应的重要因素之一，AT就是特别典型的案例：

我去了湖南两个月，几乎没见什么人穿新衣服，过年才买一次。去家里也没有什么家具。吃得也不像我们这边，煮一锅，吃那个猪油，我去的时候十月份有点冷了，猪油都凝固了，也不热一热，我不吃会饿，吃了又不舒服。生活方式不同。我去不得外地，我可能是个家乡宝吧。我哪怕是去昆明都不喜欢，1996年，就去了好几回，说是找事做。看见捡垃圾的、擦鞋的，他们背着娃娃，流着鼻涕。他们吃的就是小区门口的烤洋芋，大人一个，娃娃一个，拿刀切开，放点盐和辣子。我特别害怕，不想在城里打工，要回去种地吃饭。②

鉴于早年打工的经验，AT知道自己吃不惯外面的食物，还是自己家种的大米能带给她身体和情感的满足，不愿意嫁出去的她找了一个上门女婿，凑合着过日子。去丈夫家生活的两个月也再次证实了饮食上的差异，是让她选择留在弄麦的重要原因。

三是居住环境上对比的结果。弄麦村地处平坝区，交通便利。家家户户都有摩托车或电瓶车，大家出门基本不走路，就连去田里都会骑上自己的车。在这点上，弄麦村比交通闭塞的山区占据一定的优势。留在弄麦村的LJ和WX分别说：

---

① 访谈对象：H，女，25岁，傣族；访谈时间：2020年9月24日；访谈地点：弄麦村。
② 访谈对象：AT，女，44岁，傣族；访谈时间：2020年12月20日；访谈地点：弄麦村。

以前他那边去哪里都是泥巴，红土脏着脚。天天下雨我在不住，不想在那边。①

我老公是来弄岛做工认识的，那时候很多做木工的话，反正有什么就做什么。我们谈了一年多，去过他家两次。他家那边很难在，以前连路都很难走，在山上，路很窄。这边条件要好一点，所以我们就决定留在弄岛这边。②

交通对推动经济发展起着至关重要的作用，既要使当地的物资畅通无阻地运送出去，还要使外界物资能流动进来。弄岛虽然地处边陲，却是国家级口岸瑞丽市的前沿，距离缅北重镇八莫106.8千米，是国际通道瑞八公路的必经之道。在弄岛镇上流通着东南亚货物，基础设施健全，生活十分便利。而山区交通不便利，出行不方便，经济很难发展起来。综合考虑之下，JS与她的丈夫选择留在弄岛，她在家中种地看孩子，老公在瑞丽打工。傣族妇女不愿意外嫁的原因是多重交织的，找上门女婿是出于多方面考虑的结果。正如WX所言：

我老公是泸州的，他也不想回去，来20多年了，不想回去，太冷了。那边还有老人，有兄弟照顾。当时就是去打工时认识我老公的，在保山。我就是不想跟他好啊，吵架，他又追过来，给他车费也不走。我们过去还是住在一起，不习惯，就是太冷了，我姑娘儿子也不习惯。就是要找上门的，嫁出去太远了，害怕，老爹老妈老了没人照顾，你看我兄弟脑子不对。③

WX一方面是担忧父母，另一方面是对外地气候的不适应。

综上，不愿外嫁的原因指向两个方向，一方面是外地没有特别

---

① 访谈对象：LJ，女，59岁，傣族；访谈时间：2020年12月19日；访谈地点：弄麦村。
② 访谈对象：JS，女，47岁，傣族；访谈对象：2020年12月22日；访谈地点：弄麦村。
③ 访谈对象：WX，女，48岁，傣族；访谈时间：2020年12月16日；访谈地点：弄麦村。

吸引自己的东西，反倒是存在诸多不适应和不习惯的因素，从而没有产生拉动的因素；另一方面是家乡有留恋牵挂的人和事物，没有产生推动的因素。大量的傣族女性不愿意外嫁，刚好与人口迁移推理理论机制相反。最终，大多数傣族女性便选择招赘，找上门女婿来家中共同生活，继续留在村中，不向外地流动。

3. 从不嫁汉族到作为首选的变化

傣族实行严格的等级内婚制度，中下层百姓也不跟其他民族通婚。这一传统习俗被长期遵循，在新中国成立以前傣族还有严格的内婚制度，傣族是不能嫁给其他民族的，即使是汉族也不允许。新中国成立后，内婚制的传统慢慢被打破。尤其是改革开放后，傣汉之间交往越来越频繁，傣族受到了汉族各个方面的影响，两个民族之间的通婚不断增加和扩展。

现在的弄麦村，非常时兴嫁给汉族或者是招赘汉族，这与从前保持族内婚，不允许嫁汉族的情境截然不同。以前存在不嫁给汉族现象，除去政策层面的因素，其根源是对汉族的不了解。两个女儿都招赘汉族的 HH 说道：

以前找汉族人家说要拿去卖，就害怕。人家说你们嫁过去，要被丢去大海喂蚂蟥，都是谎言。以前不给去打工，家里活多。

弄麦村之所以有大量的汉族上门女婿，一部分也得益于其特殊的地理位置。靠近集镇，外来打工人群在选择出租房的时候，会优先考虑这个村子。村外 1 千米以内有镇政府、派出所、医院、饭馆、超市、学校、快递点、KTV 等，能够满足人们基本的生活需求。单身男性住在村中就可以认识村中的女性，而那些大妈大婶们闲得没事也乐意去撮合。刚订婚的 WT 和 GD 就是在村中认识，GD 租住的房子就在 WT 的家旁边，两人认识好几年了，一直都算是朋友关系。不幸的是 WT 的前夫因捕鱼溺水死亡，守寡一年。而在此期间，WT

的姐妹们、亲戚都在撮合两人，机缘巧合下，就在一起了，他们于2020年正式订婚。哪怕外来的汉族男性没有住在村中，但弄麦村离市场很近，单身的姑娘出门也可能会被小伙子们相中，可以托人打听消息，要是两人通过介绍认识了，觉得合适也会促成一段姻缘。

"从社会角度来看，这100多年来，越来越多的女性不再只是把自己局限在家庭空间里，在婚姻中、在社会上拥有了越来越多的自主权、话语权和决定权。从整个大环境来看，是社会经济发展的产物。"[①] 弄麦村傣族的婚恋观发生了从不嫁汉族到把其作为首选对象的变化。嫁给外地的汉族可以得到较高的彩礼，在当地是一件有面子的事。而这些招赘汉族的傣族妇女们在婚前作比较，权衡找谁更合适，背后要考虑多方面的因素，其中最重要的两方面分别是经济利益和象征意义，通俗地讲就是挣钱能力和面子问题。

问及为何不找傣族时，HS直言不讳地说："傣族养不了老婆儿女。"[②] 在当地人看来，外出打工是挣钱的一个好渠道，留在家乡种地收入不高，而且十分辛苦劳累。村子里的这些傣族男性大都不愿意外出打工，如果嫁给傣族可能一辈子都要以种田为生。从德宏州梁河县来上门的傣族B站在一个客观公正的立场解释道：

找汉族的是能出去打工，傣族男的不能吃苦，想的是反正家里有田有地，我去种一点就行了，用的钱随便存上一点，有几千一两万就够了，根本没想过自己要有什么存款。[③]

从村中的婚姻实践来看，招赘汉族上门女婿的婚后生活的确大都过得不错，其家庭分工为男主外女主内，婚后汉族上门女婿大多选择外出打工挣钱养家，妻子则在家中照看孩子料理家务。村门口

[①] 严飞：《穿透：像社会学家一样思考》，上海：上海三联出版社，2020年，第62页。
[②] 访谈对象：HS，女，47岁，傣族；访谈时间：2020年12月26日；访谈地点：弄麦村。
[③] 访谈对象：B，男，38岁，傣族；访谈时间：2020年10月9日；访谈地点：弄麦村。

一大妈的女儿也是找的上门女婿，她说道：

  以前带回来老老的，我不喜欢，四十几岁。不管了，随便找一个汉族，不管他丑不丑，比我们傣族强多了。如果嫁给傣族要累死掉了，你看我们嫁傣族的，都在田坝上干活哦。你看你昨天去那家，老公是昭通的，出去打工，她在家当贤妻良母。有些房子盖得好。现在嫁汉族的多，不找傣族。①

  从父母角度出发，他们希望自己的女儿能找到个好人家，过上好日子。嫁给傣族的命运大概就只能一辈子做农民，以种地为生。找个汉族则不用去田里日晒雨淋，在家扮演好妻子、母亲的角色即可。在傣族和汉族之间，大部分人傣族女性选择了后者。

  弄麦村的傣族女性们为什么要招赘汉族呢？她们给出了这样的回答：

  这些上门女婿大都是来打工留下的，田地不多，种庄稼不挣钱，大家都出来打工。我以前也谈了两三个傣族，谈的时间也长，但也是不想结婚。有一个谈了三四年，可以说是一家人了，但是我还是不想结婚，他的年龄也大了，他不得不结婚了，他就讨了媳妇，我还是继续这种单身。我后来要了一个外省人，最起码他能出去打工，能维持一家人的生活。本地人要么就是吸毒，要么就是不爱做活。②

  以前的人也没出去见过世面，不让嫁汉族。其实汉族的才好啊，他们会去打工挣钱养家。找傣族的会抽大烟、喝酒，不会心疼老婆，要女的挣钱养，我们女的不能干没有办法。这边女的找外地的，找本地的只要不找吃大烟的就行，你找吸大烟的人家更看不起你。③

  我谈过三个傣族，还不如汉族，傣族太小气了，不如汉族大方，

---

① 访谈对象：ZJF，女，53 岁，傣族；访谈时间：2020 年 12 月 25 日；访谈地点：弄麦村。
② 访谈对象：AT，女，44 岁，傣族；访谈时间：2020 年 12 月 20 日；访谈地点：弄麦村。
③ 访谈对象：MJ，女，35 岁，傣族；访谈时间：2020 年 9 月 23 日；访谈地点：弄麦村。

傣族也穷，现在有些家里吃肉也不多，买衣服也不多。我结婚很晚，29岁。年纪大了就更加不想结。傣族的风俗不结婚就会被别人看不起，我们结婚晚了别人还说。其实结婚太早也不好，男女双方什么都不懂很容易离婚，有时候也是为了孩子在一起。①

有些汉族厉害，傣族比较懒，吃大烟喝酒。以前不嫁汉族，说不给来寨子上门，现在不管了，找汉族也行，找景颇族也可以，只要合得来就得了。②

通过上述几段访谈材料可知，在弄麦村选择招赘汉族的傣族女性最主要是出于经济因素的考虑。当地人将傣族与汉族做比较，在两者中权衡，做出最优选择。汉族在边境这个场域里与金钱紧紧挂钩，他们会外出打工，可以挣钱养家，找汉族是有面子的事情，而找傣族正相反。

上门女婿是家中收入的主要来源。在招赘汉族上门女婿的家庭中，家庭分工是传统的男主外女主内。在家务农的收入较低，大多数弄麦村村民把田地租给外地老板种植香蕉，每年的租金是家中固定的收入来源之一。单靠租金收入无法养家糊口，丈夫一般都会选择外出打工，妻子则留在家中。家庭主妇的活动基本上是围绕孩子展开的。丈夫一般不会要求妻子去挣钱，照看好孩子便是最大的任务。丈夫会每个月打钱回到家中，用于妻子和孩子的生活开支。在过年回家的时候，还会带着一笔现金或者存款回到家。汉族上门女婿成了弄麦村挣钱致富的模范，他们不会有吸毒的不良行为。弄麦村汉族上门女婿在生产实践和日常交往中，给当地人心中塑造了一个良好的形象，他们成熟、能干、会挣钱、会养家，品行端正。无论是这些妻子们自己亲身实践的感受，还是村民们对比婚后生活状

---

① 访谈对象：MH，女，39岁，傣族；访谈时间：2020年9月20日；访谈地点：弄麦村。
② 访谈对象：LJ，女，59岁，傣族；访谈时间：2020年12月19日；访谈地点：弄麦村。

况得出的差异，以及大家的茶余饭后闲聊时对男人们的讨论，毋庸置疑的是上门女婿在绝大部分人心中留下较好的印象，形成了一种对汉族上门女婿的良好认同和心理倾向，深刻地影响到了边民的婚姻选择。

4. 被污名化的傣族男性

笔者最开始很是疑惑，为什么在村子里很少见着男人的身影，他们都去做什么了？男人们都去哪里了？这个问题可以从上个小节找到其中一部分原因，汉族上门女婿大部分外出打工了，常年不在村中，只有逢年过节才回来，平日里很难看见他们的身影。剩下的大都是本地傣族男性，他们在做什么呢？不排除有少量的傣族男性外出打工，还有一部分傣族去哪里呢？

在进入田野之初，报道人SY带笔者去了一户跨境婚姻家庭。家中只有MAX和婆婆女儿三代人，她的丈夫YM吸毒被抓去戒毒所了。在访谈过程中报道人感叹道："我们傣族都是女人养男人。"带着疑问在调研的过程中慢慢理解了报道人这句话的深意。

SY的老公因吸毒差点丢过一次命，被亲戚及时发现送到医院抢救回来。但是他并不悔改，继续吸毒。没钱就找报道人要，也不干活，实在要不到钱甚至偷偷地放家中摩托车里的汽油去卖。据SY描述，早些年她老公很能干，后来开始吸毒就变懒了。家里是各自挣的钱各自用，田地都租出去了，孩子只能由SY独自抚养。她现在很想离开，但是妈妈不愿意，她自己也放不下两个孩子。SY觉得自己的婚姻很不幸福，因为老公吸毒这个问题。她教育儿子要好好读书，注意安全。"要以爸爸为例子，不能吸毒，不做黑社会。女儿能要管好自己，家人要看好，最好是嫁给汉族。傣族吸毒得太多了，汉族不会。"①

---

① 访谈对象：SY，女，41岁，傣族；访谈时间：2020年9月11日；访谈地点：弄麦村。

吸毒问题不仅打破了一个家庭正常的生活秩序，同时将经济重担落到女性身上。MAX 和 SY 都是婚姻不幸的人，她们不得不成为家中的顶梁柱，而这样的家庭在弄麦村不在少数，上文的问题也有答案了，还有一部分傣族男性被关在戒毒所里。截至 2010 年 10 月，全村在册吸毒人员 19 人，戒毒所中有 10 人。到 2020 年，在册人数为 21 人，戒毒所中有 13 人。

对于边民来说，吸毒这个词一点都不陌生。云南地理位置特殊，位于中国西南边陲，边境地区与东南亚的缅甸、老挝、越南接壤。同时也与世界上以生产罂粟等毒品著称的金三角地区毗邻。弄岛镇恰好与缅甸接壤，无天然屏障，交通十分便利，边境成了境外毒品运输的重要通道，边民在获得毒品上有地理位置上的优势。吸毒是边境管理中的一个大难题，弄麦村的村民们对毒品是深恶痛绝。

村民们看待吸毒这一行为的态度总体上是很排斥抵触的，但是男女群体所站的立场不同，显现出一些差别。

首先是来自男性的声音：

*傣族男的也是有些好，有些不好。我弟弟（吸毒）啊，他不是好人，我说他，他不听，管不了哦。我讲多他不想听，我家也不想来。*①

*傣族怎么说呢，好的也有，要么是自己的老爸是汉族，就管得比较严。传统的傣族圈子就那么小，如果你吃了，我看着也吃。他们一起吃饭，吃点菜，喝酒，喝得晕乎乎的，自然而然就吸点。现在吸毒的大概在 15~45 岁，75 岁的也有，吸到死。现在管得严，好很多了。他们没想把钱拿去旅游，吃点好吃的，去玩嘛。*②

从上述男性的话语中可以得知，边境地区吸毒现象在前几年是很严重的，但大家都习以为常。边境环境复杂，毒品的管控难度很大。

---

① 访谈对象：YL2，男，46 岁，傣族；访谈时间：2020 年 12 月 15 日；访谈地点：弄麦村。
② 访谈对象：B，男，38 岁，傣族；访谈时间：2020 年 10 月 9 日；访谈地点：弄麦村。

不仅是傣族会吸毒，据村民所描述以前来村子里修路的外地人也跟着吸毒。他们可以通过不同的途径比较容易获得毒品，导致吸毒人数不断增加。吸毒不仅影响个人身体健康，更加破坏家庭完整，对社会来说是一大毒瘤，会滋生社会治安问题。他们从家中拿不到钱就会从外面想其他办法，会偷盗一些物品去兑换。不可否认的是村中吸毒的群体都是傣族男性，不过他们没有以偏概全将吸毒这个标签贴在所有傣族男性的身上，既承认了吸毒的男人们是不好的，同时也认可了村中存在能干、品德优良的傣族男性。

而傣族女性的话语比男性激进一些：

我以前怀孕的时候，不想要儿子，害怕吸毒啊。要是一吸毒上瘾了，他们根本就没把父母放在眼里，会跟你要钱，不给还要打你，想怎么虐待父母就怎么虐待。那种做人很失败啊。有些男人吸毒，不吸毒的也不让自己女人出去，一天到晚就在屁股后面乱骂，干吃醋，如果女人一出去喝酒就说懒女人咯。①

他吸毒被抓进戒毒所一年多，从来没有跟家里联系过。自己也晓得家里是啥子样子。他以前吸毒，不给钱就打就骂，在家里也不干活。现在进去了，我还能存点钱，自己挣多少就有多少，找的钱也留着。他第一次抓去拘留十天，放回来了。回来又接着抽，再怎么劝都不听。我们现在也不知道他关在哪里。他自己是老大，妈不在了，爸去上门了，他自己想怎么搞就怎么搞。②

上述话语很明显地表现出傣族女性对傣族男性吸毒行为的痛恨，如果嫁给一个吸毒的丈夫，她们的婚姻很难幸福。而吸毒在傣族男性身上发生的概率很大，但发生在汉族身上的可能性就微乎甚微。她们在嫁人之前就像是在下赌注，她们不知道哪些傣族人吸毒，

---

① 访谈对象：LY，女，46岁，傣族；访谈时间：2020年12月17日；访谈地点：弄麦村。
② 访谈对象：DW，女，48岁，缅甸掸族；访谈时间：2020年10月6日；访谈地点：弄麦村。

哪些不吸毒。有了前车之鉴，她们会尽量去避开傣族，将筹码放在其他人身上。当有了家庭、孩子之后，她们同样担心自己的孩子染上吸毒的习性。吸毒家庭中的跨国通婚家庭的状况更是糟糕，他们就留下缅甸媳妇和孩子在家中，一些无法忍受这样生活的女性就选择丢下孩子离开。吸毒像是傣族妇女心中的一根刺，她们自动把吸毒与傣族男人画上了等号，说起傣族男性的时候她们会直言说不好。TY 以她第一段失败的婚姻总结了她心中傣族男性的特征：

> 我找的傣族上门，经常请人喝酒吃饭，家里又没有钱，我就不喜欢这样，就让他回去了。当时已经怀孕了，大家都劝我生下来，毕竟是自己的孩子。傣族男的爱赌、爱嫖、爱骗，抽大烟，习惯不好。①

污名这一概念被用于许多不同场合，如吸毒人群、同性恋、艾滋病群体。戈夫曼认为，"由于个体或群体具有某种社会不期望或不名誉的特征，而降低了其在社会中的地位，污名就是社会对这些个体或群体的贬低性、侮辱性的标签。"② "吸毒行为是一种违反社会法律和道德的不良行为，是被禁止的，不被众人所接受的。由于污名化现象，吸毒人员脱毒成功回归社会以后很难真正地融入社会圈子，很多方面都会受到影响或限制。"③ 傣族男性被贴上吸毒的标签，他们被歧视，在婚姻市场中毫无竞争力，傣族女性们大都不愿意嫁给他们。

村中确实存在吸毒群体，但傣族女性把所有傣族男性笼统地归为吸毒或者会吸毒的群体。实际上并不是所有的傣族男性都吸毒，

---

① 访谈对象：TY1，女，53 岁，傣族；访谈时间：2020 年 9 月 18 日；访谈地点：弄麦村。
② 管健：《污名的概念发展与多维度模型建构》，《南开学报（哲学社会科学版）》2007 年第 51 期，第 126—134 页。
③ 杨玲、付亚南：《"污名化"对戒毒人员回归社会具有消极影响》，《大众心理学》2017 年第 71 期，第 41—42 页。

弄麦村的个案也不能代表整个西南边境的状况，因此部分傣族男性存在被污名的事实。村长表示，村里对于吸毒问题一直都在劝诫，但是他们不听，结果都被抓去了。现在管理得比较严格，出戒毒所后每15天要去一次医院尿检，如果不配合或者不合格者会被重新送回戒毒所。村里的干部们表示很欣慰，在国家大力治理下，所有吸毒人员都被排查出来送进了戒毒所。从戒毒所回来的人都开始务正业，村里又恢复到以前一片宁静祥和的景象，把摩托车摆放在自家院坝不上锁也不会有人来偷。但是傣族男性吸毒的印象已经深深地根植于村民的心中，尤其是傣族女性心中。在面临婚姻选择的时候，她们会带着以往的经验和认知。大多数傣族女性都青睐汉族男性，对傣族男性比较排斥。傣族女性的思想观念会渗透到对子女的教育中，有女儿的母亲则是希望她们尽量嫁出去，找汉族结婚。正如弄岛镇妇女办公室委员所说：

外地嫁到我们本地的就比较少，受经济条件制约的因素肯定是有的，现在看我们教育这块，好多人早早辍学，不好好读书，出去打工，接触外面的思想、社会比我们农村好，就嫁出去了。然后本地男孩子女孩子结合的家庭就减少了，导致我们本地的男孩子就找缅甸的去了。确实说受前一些年毒品的危害，可能有一部分少数民族男性吸毒的现象要突出一点点，整体上在女性心中的印象是受到损害。①

（三）流动男性的入赘及其家庭生存策略

1.父系家族制度下的上门

传统的父系家族制度下，嫁娶婚是主要的婚嫁形式，招赘婚只

---

① 访谈对象：LXL，男，汉族，弄岛正妇女主任办公室委员；访谈时间：2020年12月28日；访谈地点：弄岛镇政府办公室。

是一种补充。弄麦村的上门女婿来自山东、河南、四川、浙江、湖南等省份，有一部分就是云南的本地人。他们有的是通过外出打工结识弄麦村的女性，然后一同回来成家立业。大多数是来弄岛镇打工，通过他人介绍或者自己认识，就在当地结婚。"在招赘婚中，往往并不是男方自愿自觉的，多半出于经济的考虑。"[1] 刚做完生意回家的 B 说：

我们家弟兄有三个，那边田地窄一点，这边做事什么的都要好一点，以前生意好做。上门也是为了自己生活更好一点，以前在家田也少，每年挣的钱很少，就慢慢过来打工。我们这边分了五亩田，那边全部人才六亩，再分的话就很少。[2]

B 选择留在弄岛可以做生意，相比自己老家来说条件更好。如果留在老家以种地为生，收入甚微，要想过上好日子是需要出去打工挣钱的。上门实际上是出于经济层面的考虑，不仅能为自己谋求更好的生活，还可以减轻父母的负担。

这些外地来的男性们最开始是奔着挣钱或者找媳妇的目的来弄岛的，上门并不在他们的计划之中。如果在老家能顺利地娶到媳妇，他们不会四处打工漂泊。若是能在打工挣钱的同时能找到对象，带回家结婚，是一举两得的事情。但事与愿违，1997 年到姐相乡做木料活的大爹说道：

那个时候也没有想过上门，我老婆愿意在云南就在云南，愿意在湖南就在湖南。刚开始来也很习惯，这个地方的天气比湖南好在。我们湖南冬天冷得很，夏天相当热。我以前没结过婚，湖南房子也没了，爸爸妈妈也没了。那时候湖南的寨子有的人说我找不到老婆，

---

[1] 王丽英：《当代农村招赘家庭中的妇女角色——同地及异地比较的综合分析》，湖北大学硕士学位论文，2001 年。
[2] 访谈对象：B，男，38 岁，傣族；访谈时间：2020 年 10 月 9 日；访谈地点：弄麦村。

结了婚过年我就带她回去了。那时候跟我老婆结婚都快40岁了，找老婆很难找的，年纪小一点的20多岁还差不多好找。来上门跟娶老婆回去都一样，找傣族跟汉族没差别。①

大爹在湖南老家因大龄未婚被嘲笑，他最终找到了一位年轻傣族姑娘，带回老家给他争回了颜面。留在弄岛上门一方面是尊重妻子的意愿，另一方面是湖南老家的父母都不在了，留在山里种地收入很低。在综合考虑之下，他选择做上门女婿，在他看来这没有什么差别。同样是大龄未婚的 HSX 听老乡介绍云南这边好找对象，专门从浙江来到弄岛，他说：

我是老大，老三老四都结婚了，我都还没找，催也没办法，弟兄多。我家在种田没钱，谈也谈过一个，要订婚了，家里不同意，她家里让我盖房子，那时候家里缺劳力，不让去上门。我们家一边是山，一边是田，如果我出去了就挑不了东西了。从小我就不想在家，20岁准备要订婚，日子都选好了，媒人都来了，结果停掉了。找老婆嘛没毛病就行了。我有一个老乡在这边当兵上门，他回家时叫我过来找老婆，说这边好找。我来了两年才找到，我跟姑娘不会讲话，害羞。我买了一块甘蔗地，她（指妻子）来砍甘蔗，是人家介绍的。彩礼不多，1360元，她家里也穷。我能在外面也算可以了，家里人不管。这边比我们那边条件好，我们那边一个人才四分地。②

在传统的农村社会中，受到生育观念影响，男女性别比例失衡。在男多女少的局面下，男性娶妻的难度增大，在自己的社区找不到对象就只能转向其他地方。HSX 从老家来弄岛专门为找媳妇这件事儿，但并不顺利。在这边打工很久，经人介绍才找到了现在的妻子。

---

① 访谈对象：LCH，男，64岁，汉族，湖南人；访谈时间：2020年9月5日；访谈地点：弄麦村。
② 访谈对象：HSX，男，62岁，汉族，浙江人；访谈时间：2020年12月22日；访谈地点：弄麦村。

相比之下以前 HSX 老家的经济条件不如弄麦，并且家中有兄弟赡养父母，他可以安心地留在这边创造自己的生活。HSX 并不觉得自己是来上门的，他的妻子虽然离婚后跟着父母居住，但是他们两人再婚的时候是独立门户，房子也是 HSX 一手修建起来的。他们没有跟着父母住，不会受到任何管制，家中的权力掌握在两人的手中。刚订婚的 GD 也不觉得自己算是上门的，他们认为自己只是换了挣钱的地方，夫妻二人在当地组建了一个新的家庭。他们不再与父母共同居住，算不上严格意义的上门。选择在弄麦村最主要是受到家庭经济条件的影响，以及日益增长的彩礼金额和年龄，让他们在婚姻市场中陷入一种窘境，他们不得不与社会现实妥协，最终选择留下来以解决个人的婚姻大事。但从弄麦村人的理解来看，只要是从弄麦村以外的地方来的男性就算是上门，这是一种典型的女娶男嫁现象。

2. 订婚商讨

对于弄麦村的村民来说，订婚仪式流程比较简单，就是通知老人和村干部前来家中，其中最重要的环节是商定彩礼。老人是村里有权威和地位的群体，他们在订婚仪式不可缺少。如果结婚双方在事先就商量好了彩礼金额，那么老人只是来见证，同时把这个消息带回家中。若两人在彩礼金额上还没有达成一致协议，那么老人会出面协调，最终确定一个双方都接受的金额。湖南上门女婿 LCH 回忆道：

我跟我老婆结婚的时候，开始我岳父说要 6000，寨子的老人都来帮我讲，减了一半，后来给了一半。①

除了老人外，还有一个重要的人物是支部书记。他会讲傣语、云南方言和普通话，还会写傣文和中文。订婚仪式会请支部书记主

---

① 访谈对象：LCH，男，64 岁，汉族，湖南人；访谈时间：2020 年 10 月 9 日；访谈地点：弄麦村。

持,当彩礼谈妥之后就会写在纸上,成为一个契约。若双方日后闹离婚,可以作为一个凭据。在第一次田野期间,笔者恰巧赶上WT与GD的订婚仪式。一年前WT的外婆、舅舅和丈夫相继去世,两人没有打算立马结婚。村里的人觉得他们还未正式结婚就一起进出寨子不太好,于是村里的妇女主任告诉她,最好先订婚,订完婚进出、住在一起都不会有人说闲话。为了避免给村子里带来麻烦,WT便听取了这个建议。因为是疫情防控期间,订婚仪式虽不如往常的结婚仪式正式和隆重,但比往常平静的生活热闹不少。

WT与GD的订婚仪式定于2020年9月7日下午3点WT家。村干和老人们陆陆续续赶来,此外还特意邀请了村里的两对夫妻,是为了祝愿两人婚姻和和睦睦。大家坐在WT家客厅,在正中间的篮子里摆放了两串芭蕉,四小袋大米,四罐牛奶,四条香烟,两包茶叶以及订婚的礼金。由支部书记主持订婚仪式,会计负责记录。首先是跟父母商谈,GD的父亲出席了,而WT的妈妈在屋外帮忙,并没有参与。WT已经结过一次婚,婚后自己单独过,她的妈妈不参与决策大小事情。因为是傣汉之间的通婚,言语上有障碍,支部书记先是用傣语,然后再用汉语再重复一遍。订婚仪式比较简单,因为两人双方事先已经商量好了礼金,不需要村干部和老人们来做协商。首先是跟GD的父亲讲明了WT的情况,她已经嫁过一回,有一个小孩子了,以后不能不爱护小娃娃。我们傣族汉族是一样,要当成自己的亲孩子。GD是过来上门,彩礼钱68600元,现在订婚给22600元,等到以后正式结婚再付46000元。如果两个人以后离婚的话,要看情况。男方打女人,不爱护小孩,吵吵闹闹,离婚不还钱,还要被逐出寨子。如果女人不好的话,经常出去玩,什么也不顾,爱吵架,离婚的话女方就要退还彩礼钱。我们永远都希望他们不会有这样一天,提前讲好是为了他们好。等会计将此约定记录好后,就叫 WT 和 GD 进来，支部书记当着大家的面又重复了一遍，算是两人婚前的协定。至此订婚仪式最重要的部分差不多结束了，摆出来的彩礼要拿出 2500 元上交到村里，剩下的东西都分给老人们。最后大家一起吃一顿晚饭，订婚仪式就算圆满结束。

需要补充说明的是要从彩礼中拿出 2500 元，据村中老人解释说村子有四方，加上中间一共 5 方，每一方 500 元，合计 2500 元，这部分钱要上缴给奘房，由会计管理，用于村内的公共事务开支。早些年只收 500 元，随着物价上涨，金额上调到 2500 元。外地或者是外村的来上门都要给这部分钱，而本村寨的上门或者嫁出去不用给。如果两人闹离婚，过错一方在男方，比如男人打女人、男人吸毒等，这种情况下女方不需退还彩礼钱。如果过错一方在女方，如女的不洁身自好、搞外遇等，这时女方需要退还彩礼钱，具体还得请老人和村干部一同来协调商议。

费孝通说，"婚姻不是一件私事，婚姻对象的选择不仅会受社会的干涉，而且从缔结婚约起一直到婚后夫妇关系的维持，总有他人来干预。这样就把男女个人之间的婚姻关系弄成了一桩有关公众的事件了。"[1] 对于弄麦村的村民来说，婚姻同样是一件公共事件。边境地区的农村社会受到现代思潮的冲击的影响要比内地小很多，思想观念的更新和转变相对较慢。在传统的少数民族村寨中，他们有自己的村规民约和口耳相传的习俗制度。作为村寨中的成员要严格遵守，如果违背了就要受到惩罚。假若 WT 和 GD 两人不举行订婚仪式或者结婚仪式就同居，并且在村子里进进出出，在弄麦村村民的观念中是不洁净的。如果给村中带来了任何麻烦，责任都会归咎在他们的身上，要通过洗寨子来解除。洗寨子最重要的目的是邀请全村的人到家中吃饭，借此正式告诉大家他们两人一起了。

---

[1] 费孝通：《乡土中国生育制度》，北京：北京大学出版社，1998 年，第 262 页。

订婚仪式就是将要结婚的男女第一次正式地介绍给公众，老人和村干部作为村里有权威地位的人物，他们有权力被告知村寨里的婚嫁情况。对于订婚的家庭来说，在这个仪式过程中，最重要的一个环节就是摆出礼金，并立下字据。这个字据一方面是男女双方在村寨中具有法律效力的合约，有约束双方的作用。另一方面是为了让村中的部分人知晓，参加订婚仪式的人知道彩礼的金额后，最终会传遍整个村子。大家会在心中默默比较，会在闲聊中讨论谁家的多，谁家的少。

有些时候（彩礼）是摆给别人看到，打个比方，我们两个是相好，你那边拿出五万，我拿出五万，摆出来给村里的村干部看，给人家知道，只是买个面子而已。以前是没有，五万八万得要，你要了这个钱，人家给得起，但是你嫁过来跟我在一起，你必须要上班，必须要为这个钱付出。上班是干吗呢，来还我讨你的这个债。拿去讨你的那个钱不知道是从银行贷的，还是从家里面或者跟亲戚朋友借来，还要还利息。结婚以后就共同还债，最后苦的人还是自己，不是人家，何必呢？包括我，以后我姑娘要嫁人了，那边彩礼拿出来多少，这样那样的，我可以跟他们家里面协商，你们先拿出来多少，我这边有多少拿出来，摆出来给他们看一看。像今天结婚的这个，说我们又得了六万，搞不好是双方拿出来拼在一起的，男方多多少少会给一点。买嫁妆、生活用品过来，摆出三五万，这边再拿个三五万加在一起。比如说这个三五万你可以拿回去，这边可以拿回来，只是男方有孝顺的心，你想摆一点钱，等结束给老爸老妈。哪里人都爱面子，这个面子不是放在家里，是放给别人看。①

礼金可以折射出一个家庭的经济情况，与面子直接挂钩。对于嫁女儿的家庭来说，得到的彩礼越多，在村里就越有面子。而对于

---

① 访谈对象：YY1，男，37岁，傣族；访谈时间：2020年12月18日；访谈地点：弄麦村。

娶媳妇的家庭来说，如果给的彩礼少，也可以间接说明自己的孩子有能力，花的钱不多就娶到媳妇了。当然也有例外，彩礼金额同时与长相挂钩，金额大对应的一般来说，是长得漂亮的、能干的女孩，间接会给家里带来面子。与大部分汉族地区的招赘婚姻不同的是，弄麦村招赘的上门女婿要给女方家彩礼，也有订婚这一环节。招赘女婿和嫁女儿的订婚流程一致，都需要协商彩礼，并摆出礼金给大家看。

3. 分家单过

"分家标志着家庭成员之间权利和义务的重新界定，家庭财产的再分配，以及家庭的再生产。"[1] 弄麦村的分家是基于兄弟姐妹众多的家庭中，家中至少要留一个子女赡养老人，其余的结婚后就会分家。分家的时间不确定，有些在婚后很快就独立门户，有些先在家中生活几年，等到弟弟妹妹到了适婚年龄再分出去。分家不只是父母的单方面的想法，同时参考了夫妻双方的意见，是两辈人共同商议的结果。

弄麦村中留在家中养老送终通常都是儿子，也有少数留女儿在家中。招赘家庭大部分都会分家出来，共同生活在村中。夫妻分家出来是因为家庭不断扩大后需要分化的结果，家中有兄弟姐妹，住在一起时间长了会影响他们娶妻嫁人。一位大妈说道：

刚开始没有分家独立，当时，家里人太多了，爷爷奶奶还都在，一共有十个兄弟姐妹，我结了一年就分出来了，那么多兄弟还住在一起不合适。[2]

出于对家中其他成员和自身考虑，大多数年轻夫妻都会选择分

---

[1] 阎云翔：《家庭政治中的金钱与道义：北方农村分家模式的人类学分析》，《社会学研究》1998年第61期，第76—86页。
[2] 访谈对象：HJ1，女，60岁，傣族；访谈时间：2020年10月8日；访谈地点：弄麦村。

家单过。尽管他们是属于招赘婚，但女儿同儿子一样，婚后可以分家自己生活，不强制留在家中。家中还有兄弟姐妹等，需要组建新的家庭。正如 HJ2 回忆说道：

  我们是逛马路认识的，当时他们来这边做活。我结婚 27 年了，那时候给了两三千块彩礼钱。以前我们汉族傣族都要，找着什么就要什么，人家对我们好就得了。我老公兄弟姐妹多，他是老四，连他五个，也愿意他过来上门，田地也不多。我们结婚七八年才分出来，还有妹不分出来不好啊，还要找妹夫。①

  "从父母的角度来看，招赘女婿补充了家中的劳动力。招一个上门女婿，有利于帮助抚养年幼的几个妹妹，减轻父母家庭抚养压力，同时增加家里的男劳力，改善家庭经济状况。"② 当其他孩子长大了，这些女婿发挥不了应有的作用，如果继续留在家中可能会影响到其他孩子的婚嫁，妯娌之间不可避免会产生一些矛盾，正如 SEXR 所言：

  家里面有一个兄弟，留一个养爹妈，我们这些必须分出来，在一起时间长了不好。③

  SEXR 的言外之意就是有弟弟弟媳在家中，住在一起会涉及家庭事务决策，会牵扯到经济利益，时间久了很容易产生分歧，影响家庭关系。父母作为家中的决策者，虽然要分化权力、财产，但是家中还有其他孩子，尤其是男孩要娶妻生子，将女儿女婿分出去是情理之中的事情。

  从招赘夫妻的角度出发，他们的收入都贡献给了整个大家庭。分家后可以自由支配收入，只用于分家后的小家庭。他们需要攒钱

---

① 访谈对象：HJ2，女，50 岁，傣族；访谈时间：2020 年 12 月 18 日；访谈地点：弄麦村。
② 钟祥虎、范晓颖、冯文娟：《农村招赘婚形式与内涵——对湖北监利 S 村一招赘婚案例的社会学解读》，《湖北师范学院学报（哲学社会科学版）》2008 年第 1 期，第 91—93 页。
③ 访谈对象：SEXR，女，48 岁，傣族；访谈时间：2020 年 12 月 26 日；访谈地点：弄麦村。

养孩子，考虑修房子，以及安排人情来往。分家不仅是财产的再分配，可以通过分家实现财产的再生产。分家后单独过，是大多数新婚夫妻的选择，他们可以自由安排生活，财产和权力不再被家长掌控。一位河南的上门女婿说道：

> 跟着老人不干（活）不行，像我在自己家睡到9点也可以，跟着老人睡到那时候就不好。我们结婚不久就分开了，吃喝拉撒都不方便，分开家好过，两人爱吃什么就吃什么。①

他们一家三口过着自己的生活，不受父母管制。丈夫云牛肉加工厂上班，妻子在家中照看小孩，为他们父子准备一日三餐。

分家一般都是在家庭没有摩擦的状态下进行的，是村民们所习以为常的一种文化。与分对应的是合，弄麦村一般用"合得来"和"合不来"来形容与人的关系，合不来的结果就是分，邻里之间合不来就不往来，夫妻之间合不来就离婚，家人之间合不来就分家。一位因为与家人合不来而选择分家的大姐说道：

> 我哥不好相处，我一个人都接受不了，想着结婚还要一个人一起跟我承受。我4月份结婚，住到11月份，就分出来，感觉住了一个世纪一样。②

分家之后可以减少跟家人的接触，尽可能避免频繁地产生摩擦和出现矛盾，对原生家庭和新组建的核心家庭来说都是有利的做法。WX找了个四川上门的丈夫，按理说，招赘后家中多了劳动力就增添了收入，父母年岁已高，她可以留在家中继续照顾家人。但是她与家中的母亲、妹妹都合不来，她一直被视作挣钱的工具，一旦停止对家庭的资助就会出现争吵。婚后她毅然决然地选择分家单过，她可以在自己的新家创造属于自己的财富，婚后很少回去看望家人。

---

① 访谈对象：DBY，男，42岁，傣族；访谈时间：2020年12月12日；访谈地点：弄麦村。
② 访谈对象：AT，女，44岁，傣族；访谈时间：2020年12月20日；访谈地点：弄麦村。

弄麦村招赘夫妻的分家选择与阎云翔所研究的下岬村的系列分家有相似之处①。分家之后不仅可以减少家人之间的摩擦，避免因家庭琐事和经济利益产生矛盾分歧，有利于维系家人之间的情感，还可以调动家庭成员积极主动从事经济活动，积累更丰富的经济和社会资源。

4.子女姓氏博弈

"姓氏是血族的象征，从姓氏上可以分辨出宗族血缘，但这种解释对于傣族却不通用。许多傣族没有姓氏，所以无从由姓氏上辨认族属。"②"傣族关于'传宗接代'的思想观念非常淡漠。傣族家庭没有以男性子嗣来传宗接代、令宗族兴旺的思想。"③弄麦村的招赘与其他汉族地区不同的是，这里的上门女婿无须改姓，也不存在三代还宗的说法。他们可以继续保留自己的姓氏，但是到了孩子取名的时候就出现了分歧。跟着父亲姓还是取傣族名字，他们需要通过孩子姓氏来确定延续哪一方的血脉。因为傣族对于传宗接代的观念比较淡薄，取傣族名字就代表了孩子是延续母亲这方的血缘，若是取为汉族名字，则是象征继嗣了父系血脉。

在26户招赘汉族家庭中有9户在户籍登记册上随父亲姓的，他们都是这近十几年内结婚的，结婚较早的都是取的傣族名字。XY认为："没有上那边户口嘛，就不取汉族的名字了。"④招赘家庭中的妻子认为娶傣族名字是理所应当的事情，她们丈夫的户口没有迁过来，孩子的户口是落在母亲的户头上，自然而然就取傣族名字。而最早来上门的汉族女婿们群体数量少，靠务农或者做一些小本生意，

---

① 麻国庆：《分家：分中有继也有合——中国分家制度研究》，《中国社会科学》1999年第11期，第106+108+110+112+114页。
② 江应樑：《摆夷的经济文化生活》，昆明：云南人民出版社，2009年，第203页。
③ 郭山：《南传佛教文化与傣族传统生育观》，《云南民族大学学报（哲学社会科学版）》2008年第21期，第48—52页。
④ 访谈对象：XY，女，44岁，傣族；访谈时间：2020年9月25日；访谈地点：弄麦村。

收入不高,在家中的地位也不是很高。但是随着上门女婿数量的增多,以及对家庭经济的贡献增加,他们的地位和话语权得到了提高。HSX 就是典型的案例,他刚来上门与妻子所生的孩子取的是傣族名字,但是到了孙子的名字就出现了分歧:

她(老婆)没通过我,就叫傣族名字。这个孙子我吵架吵了很久,我的姓就吃掉了,我吵架吵了十多天才改回来。我儿子也不懂,我们都是按排行来取的,我爸爸分配的,有写着的。①

HSX 的妻子则说:

我们又晓不得你们的姓那么重要,我们傣族姓什么都一样。②

"在招赘婚中男女双方及家庭在婚姻缔结、维护、解除的过程中,女方家庭占据着重要位置。同时,父系宗族的观念根深蒂固地影响着双方行为博弈的过程。"③ 早年 HSX 刚到弄岛语言不通,作为一个外来者显然是处于弱势地位,在取名字上毫无争议,他选择了妥协。20 多年后,在孙子取名这件事上他当仁不让,最终胜利争取到跟随 H 氏家族姓。虽然住在距离浙江老家几千千米外的弄麦村,他通过姓氏的博弈来实现了父系家族血缘的延续。

家庭经济的贡献率与家庭地位成正比,现如今当地汉族上门女婿的地位并不低。上门女婿通常都是家中主要的经济来源,在家庭场域中他们所占有的资本越多,家庭地位就越高,在家中的话语权就越多。

XS 现在家中共四口人,上有母亲,下有 16 岁女儿在瑞丽上高中。丈夫是四川遂宁人,在这边做上门女婿。同寨子有四川上门的男人

---

① 访谈对象:HSX,男,62 岁,汉族,浙江人;访谈时间:2020 年 9 月 12 日;访谈地点:弄麦村。
② 访谈对象:WH,女,48 岁,傣族;访谈时间:2020 年 9 月 12 日;访谈地点:弄麦村。
③ 谌鸿燕:《"入赘改姓"与"三辈还宗":招赘婚的父权制意蕴——以贵州省安顺市 L 村的招赘婚俗为例》,《云南社会科学》2015 年第 61 期,第 110—116 页。

介绍过来弄岛做工认识的，认识三个月左右，就由家人一起商量决定结婚了。她看上对方会干活，有技术，因为家里本来就缺乏劳动力。但婚后两个人的感情不太好，彼此对对方都有意见。目前女方怀有二胎。本来两人不想再生孩子的，但是从访谈中可以知道是出于男方的考虑，因为他的弟弟迟迟不结婚，所以把传宗接代的任务推回自己身上。在聊天过程中，XS 的老公吐槽她回老家不知道孝敬老人，但 XS 反驳道："他们是怎么对我的我就怎么对他们。"婆媳关系应该是比较糟糕，男的一年回去两次，XS 却极少跟着去。考虑到养老保险问题，他的户口没有迁过来。男方在家中是处于强势地位的，他可以挣到钱，常吐槽 XS 什么都不做，只会要钱。在问及谁当家，XS 回答是她的母亲，她丈夫却说各当各的家。她的丈夫48岁，比 XS 年长12岁，但却抱怨 XS 现在老了不好看了。[1]

XS 的丈夫并没有因为上门降低了自己的身份和地位，他一开始就没有积极融入这个傣族社区。首先在语言上并没有沟通障碍，他讲四川话，XS 与妈妈讲云南话，彼此都可以听懂。其次是他常年在瑞丽做装修工作，在家的时间不多，家中和村里的大小事务参与的不多。反倒是因为他是家中主要的收入来源，提升了自己的家庭地位，获得了话语权。他的大女儿虽然在户籍上取的是傣族名字，但是也有一个随他姓的汉族名字，他通常都是叫女儿汉族名字。在夫妻关系不是很好的状态下，XS 准备生二胎是因为丈夫的弟弟至今未找到媳妇，香火接续的任务落到他们身上。

"傣族是分性别取名的，男性和女性的名字有严格区别。"[2] 弄麦村现在没有严格遵循男女性别排列来取名，按照个人喜好自由命名。汉族上门女婿虽然是外来的，在取名字一事上也有自己的话语权。

---

[1] 访谈对象：XS，女，36岁，傣族；访谈时间：2020年9月10日；访谈地点：弄麦村。
[2] 张方元：《新编德宏风物志》，昆明：云南人民出版社，2000年，第133页。

做上门女婿十年的汉族 HHQ 说：

上门跟娶老婆当然有差别了，不是说人在屋檐下不得不低头，终究还是在人家家里，但是傣族还是好，你在这边上门不欺负你，像我们那里上门，寨子里有人欺负你。这边最主要是生活习惯、规矩礼行不一样，有些地方还是要注意一点，肯定不如在家自由自在，想怎样就怎样。我家里不管我，我妈、姐弟都来过。他们（岳父岳母）也从来不说我、不骂我，从内心上说关系还是可以。傣族名字不好听嘛，要取汉族的。①

HHQ 的两个双胞胎女儿都是随父亲姓，但是她们同时也拥有一个傣族的名字，这是双方博弈和协商的结果。现在的大多数招赘家庭的孩子都有两个名字，一个是跟随父姓的汉族名字，另一个是随母亲民族传统的傣族名字。在不同的语境下使用不同的名字，正在包饺子的 MJ 说：

我儿子傣名也有，汉名也有，在学校叫汉名，在家叫傣族名字，一个字好叫，大名三个字不好叫，他爸爸叫他汉名。②

取两个名字兼顾了汉语和傣语两种文化背景和语境，平衡了双方的需求，一方面延续了以姓氏符号为代表的父系家族与血缘关系，另一方面维护了母亲一方的身份认同和情感需求。

5. 父母养老与财产继承问题讨论

弄麦村中赡养父母的责任划分不是很明确，留在家中的男女都可以，在兄弟姊妹众多的家庭，儿子可以去上门，留女儿在家养父母也行。他们没有固定留长子长女或者是幼子幼女在家的传统。招赘在家的女儿，一般会在婚后不久就选择分家出去，总体上还是偏

---

① 访谈对象：HHQ，男，54 岁，汉族，湖南人；访谈时间：2020 年 12 月 15 日；访谈地点：弄麦村。
② 访谈对象：MJ，女，傣族，35 岁；访谈时间：2020 年 12 月 23 日；访谈地点：弄麦村。

重留儿子在家。"过去赘婿在社会上地位较低，现在他们在家庭里的经济地位提高，而社会地位相应提高了。"①"到女方上门的男方可以继承妻家的财产，需要为女方家的父母养老送终。外嫁的女儿不能继承父母财产，也不需要为父母养老。"②

傣族在财产分割上比较平等，家中的田地都会分给自己儿女，分家出去的小家庭会从父母那里得到修建住宅的地基，以及用于生产生活的田地。如果女儿嫁在本村寨，并且自立门户，双方父母都会分地给新婚夫妻。养老送终是留在家中的孩子的义务，如果父母有大事小情女儿们会很上心地做。PW 说道：

我们傣族是哪个在家就哪个照顾，不是你们汉族一样送来送去，在这个家两个月，在那个家几个月。哪个在家就养到死。③

PW 的姐姐结婚早，分家出去后，哥哥结婚后留在老房子照顾父母，她结婚分家出来后承担起终身未婚的舅舅的赡养义务。

HS 的哥哥姐姐们都分家出去了，她说：

谁在家就养老人，不分男女，谁先结婚就分家出去，我是最后一个结婚，老妈我就养。④

"傣族人认为儿女养老人是天经地义的事。在傣族的宗教信仰和伦理观念中，任何不赡养父母，对父母不孝的行为都是违背佛教的教义。"⑤若是招赘在家与父母共同居住，他们就必须履行为父母养老送终的义务，同时也有继承家庭财产的权利。出去单过的子女只能

---

① 费孝通：《家庭结构变动中的老年赡养问题——再论中国家庭结构的变动》，《北京大学学报（哲学社会科学版）》1983 年第 3 期，第 7—16 页。
② 褚建芳：《人神之间——云南芒市一个傣族村寨的仪式生活、经济伦理与等级秩序》，北京：社会科学文献出版社，2005 年，第 84 页。
③ 访谈对象：PW，女，49 岁，傣族；访谈时间：2020 年 12 月 17 日。
④ 访谈对象：HS，女，47 岁，傣族；访谈时间：2020 年 12 月 26 日。
⑤ 赵俊娜：《云南少数民族地区农村老年人养老问题探析——以西双版纳州傣族为例》，《学理论》2019 年第 10 期，第 74—75+78 页。

在分家的时候得到一部分土地、房产、地产和父母的财产最终归属于在家承担养老责任的孩子。而那些分家单过的上门女婿与女儿则无须赡养老人，老人离世后也不会分到财产。弄麦村的养老实践受到了佛教道义和傣族伦理观的制约，村民们都在认真履行养老义务，村中至今没有出现过弃养老人的例子。

四、"外娶内招"的婚姻平衡策略

"外娶内招"是中缅边境地区弄麦村中的一种婚姻现象，即傣族男性娶回缅甸掸族女性，傣族女性招赘中国内地的汉族男性，本质上是村民们的一种婚姻平衡策略。实质上"外娶内招"是对女性的"剩女"、男性的"光棍"社会现象的婚姻调适，以此维持社会的平衡与稳定。

西南边境的傣族社会，经历了一个国家化的过程，同时也经历了全球化的过程。在全球化和国家化的过程当中，我们可以看到人群、文化的交流和阻隔，它是在同时进行的，这也使得人群流动呈现出了它的特点，弄麦村跨境跨族的"外娶内招"婚姻便是其中之一。从本质上来看，这种流动超越了国家，超越了民族，不仅仅是空间的流动，还是阶序的流动。

纵观缅甸掸族、中国傣族男性、中国傣族女性、中国汉族男性四个群体之间的婚姻是一种相对的守恒关系。中国内地汉族男性，通过各种途径向边境地区寻找女性以实现婚配，本地一部分傣族女性受到吸引慢慢流入内地。出于对父母的考虑、对外地的不适应和对居住环境的对比，有大量傣族女性不愿意外嫁，她们则选择留在当地。受到一部分傣族吸毒群体的影响，导致边境地区傣族男性形象比较负面、消极，在婚姻市场中的竞争力较弱，当地的傣族女性大都不愿意嫁给傣族男性。傣族女性长期找不到合适的结婚对象，随着年纪的增长，慢慢会变成老人们口中的"老姑娘"，这就可能出现女性"剩女"现象。但是打工潮之下，流入了大量的内地汉族男性，为傣族女性提供了更多选择，她们倾向于招赘汉族做上门女婿。在傣族女性心中，汉族男性比傣族男性更具有优势，首先他们没有不良道德品性，其次他们挣钱能力强。无论是在婚前婚后，汉族男性都能为傣族女性带来更多的物质利益和象征利益，最终大多数傣族女性选择"内招"。

村中的一部分傣族女性外嫁了，一部分傣族女性招赘汉族男性，对于傣族男性而言，意味着傣族女性的流失。傣族传统文化中强调民族内婚，由于傣族女性的流失导致傣族内部通婚的平衡被打破了，使得大量傣族男性的婚配成为一大难题，出现部分男性"光棍"的现象。加之彩礼水涨船高，很多普通家庭无力负担，使得原本在婚姻市场中竞争力较弱的傣族男性的处境更为糟糕。这时傣族男性做出策略调整，他们将目光投向缅甸掸族女性。中国傣族男性和缅甸掸族女性族源相同，在历史上有通婚的传统。娶一个缅甸媳妇通常比娶一个本地傣族女性的成本低，权衡利弊并结合现实情况，他们选择了"外娶"。缅甸女性受到中国的吸引，以及在动荡的社会助推之下，她们愿意嫁入中国。

弄麦村傣族内部通婚数量在下降，招赘婚姻和跨境婚姻数量在增多，整个村庄的婚姻依旧处于稳定平衡状态。汉族男性的入赘，解决了傣族女性既不愿远嫁，又不愿嫁给傣族男性的问题。缅甸女性的嫁入解决了傣族男性娶不起本地女性，找不到媳妇的困境。虽然傣族男性与女性内部通婚的平衡被打破，但又通过招赘婚姻和跨境婚姻的补给实现了平衡。傣族男性通过"外娶"，傣族女性通过"内招"来完成婚配，使得整个村寨中不存在大量大龄青年男女的情况，这不仅实现了傣族族群的延续，同时还使得村落繁荣有序发展下去。总之，弄麦村村民的婚姻策略是在特殊场域中的婚姻实践，他们采取不同的手段和方式以走出婚姻的困境，他们的婚姻策略是跟随时代变迁和环境变化做出的权宜性和变通性的应对方式。村民作为实践的行动者，在制定婚姻策略的时候，会受到场域、惯习、资本三个要素的影响。

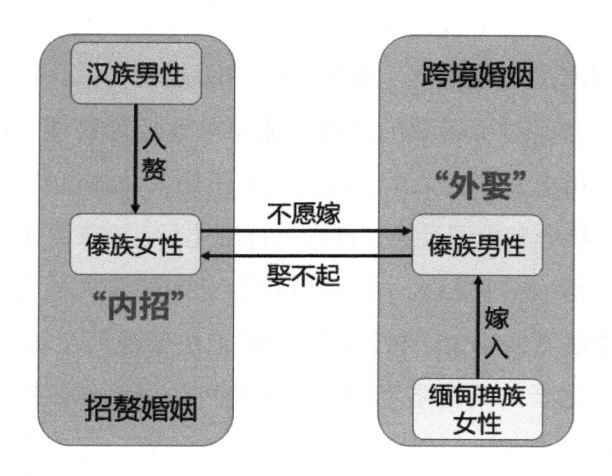

图 1　中缅边境弄麦村婚姻关系图

（一）中缅边境竞技场

布迪厄将场域比作是一个竞技场，是一个冲突和竞争的空间。"一个场域可以被定义为在各种位置之间存在的客观关系的一个网络。"[1] 场域是策略运作的空间，是行动者的实践空间。场域不是一成不变的，随着各种历史和社会关系发生变化，行动者需要调整策略。总之，场域是动态变化、充满竞争的。

傣族女性、傣族男性、汉族男性、缅甸掸族女性之间的相互关系组成一个网络，构成了一个特殊的中缅边境竞技场。这个场域为行动者们提供了一个空间，他们互相竞争，用自己的策略来维护利益。婚姻场域涉及家族利益、权力、地位、社会再生产等历史关系，婚姻策略要考虑到"现实关系"，遵循一定的"游戏"规则，符合自身的价值观。[2] 弄麦村村民的婚姻处于一个特殊的场域中，他们结合社会历史文化背景和现实社会经验，以不同的策略在竞技场中取得成功。

---

[1] [法] 皮埃尔·布迪厄、[美] 华康德：《实践与反思》，李猛、李康译，北京：中央编译局出版社，2004 年，第 133 页。
[2] 李德：《转型期城市农民工的婚姻策略》，上海大学博士学位论文，2008 年。

从地理空间上来看，他们所处的场域跨越了国家边界，包含两个不同的国家的边境地区。生成一个中缅边境场域，边民在其中通婚、互市往来。对于场域的理解不能简单地视为物理空间，在其中包含复杂的历史和社会关系，涉及两个不同文化体制背景下的国家，分别是缅甸社会和中国社会。再次进行细化后，傣族男女、汉族男性、掸族女性、可以分别归入中国傣族社会、中国汉人社会、缅甸掸人社会。在中缅竞技场中，村民们的策略取决于他们在场域中的位置，不同位置占据者的策略是不同的。弄麦村的村民们依据各自所处的社会环境和社会关系，结合经验制定婚姻策略，以实现利益的最大化。他们的婚姻策略会随着关系和环境而变化，同时还会受到场域的制约。

傣族实行严格内婚制时期，村中的男女严格遵循这一制度。随着时代的变迁，傣族与汉族之间交往越来越频繁，两个民族之间打破了界限。傣族女性受到经济吸引嫁去了外地。外来流动人口的涌动，扩大了村中傣族女性的择偶范围。汉族所呈现的形象是积极正面的，一部分傣族人因吸毒行为使得整个傣族群体背负污名。正因为如此，傣族女性更愿意选择"内招"，因为招赘内地的汉族上门女婿可能会带来更多利益，而不愿意选择可能对家族地位和个人名誉带来负面影响的傣族男性，傣族女性在这一抉择中兼顾了个人利益、家庭地位与社会影响。从外地流入的汉族大都数出于经济困难才选择上门，在家乡他们是属于没有竞争力的一类群体。当场域切换到中缅边境，在与傣族男性对比竞争中，汉族的优势就凸显出来了。汉族男性从一定程度上脱离原有的社会，融入到新的社区。在傣族婚姻习俗中盛行招赘，男女地位平等，这些汉族男性不会产生强烈的低人一等的感受，所以他们愿意入赘。缅甸掸族女性嫁入中国无法落户，生活上有不便之处，此外他们婚后孩子上户口的程序比较复杂。从现实层面来说，在缅甸掸族女性与中国傣族女性之间的竞争中，后者是更具优势的。但是本地大部分傣族女性不愿意嫁给傣族男性，这些傣族男性无法有效地提升自己的竞争力以获得傣族女性青睐，他们只好转向与缅甸男性的婚姻竞争中。对于边境地区的缅甸掸族女性来说，中国的经济发展好、社会稳定，许多缅甸掸族女性愿意嫁给傣族男性。傣族男性通过"外娶"这一策略从缅甸娶回媳妇，缅甸掸族女性的输入就解决了傣族男性的婚配问题。最终，在中缅边境这一竞技场，他们都以各自的策略方式实现了利益的最大化。

（二）傣族婚姻传统

用布迪厄的话来说，"惯习就是生成策略的原则"[①]，惯习就是策略的运作逻辑，是长期时间累积并保留下来的，对人有着潜移默化而深远持久的影响。人们在制定策略时，会受到惯习的影响。影响弄麦村村民制定婚姻策略的原因，主要是传统婚姻习俗的延续。

"场域形塑着惯习，惯习把场域构建成一个值得投入、充满意义的世界。"[②] 弄麦村地处中缅边境，是一个传统的傣族村寨，因为地理位置的特殊，既延续了一部分傣族从妻居的传统，盛行招赘，又保留了与缅甸掸族跨境通婚的传统。因此，弄麦村的傣族男女的婚姻策略一方面受到场域的限制，另一方面会受到惯习的影响。在场域和惯习的双重作用下，产生了"外娶内招"的婚姻策略。

惯习在潜意识层面发挥作用。傣族女性招婿上门主要是为了增加劳动力，实现不外嫁的想法。招赘是弄麦村傣族女性一代一代沿

---

① [法]皮埃尔·布迪厄、[美]华康德：《实践与反思》，李猛、李康译，北京：中央编译局出版社，2004年，第19页。
② [法]皮埃尔·布迪厄、[美]华康德：《实践与反思》，李猛、李康译，北京：中央编译局出版社，2004年，第172页。

袭下来的传统，是在长时间的实践中所累积的经验。招赘一方面解决了傣族女性不愿意外嫁的困境，另一方面招赘的上门女婿为他们带来经济利益，即便家中有哥哥或弟弟承担赡养父母的责任，这些傣族妇女面对婚姻选择时，会下意识地选择招赘，这是受惯习影响。

"惯习还包括了个人的知识和对世界的理解，对于不同时代的人们来说，知识类型是发展的，惯习也不是固定不变的。"[1] 随着时代的变迁，不允许与汉族婚配的禁令解除，傣族女性的招赘对象的范围扩大。中缅边境流入外地汉族男性，生成了新的社会关系。场域中的新关系会影响到惯习，傣族女性招赘傣族男性的传统发生变化。与此同时，吸毒、酗酒等不良品行破坏了傣族男性形象，傣族女性调整策略选择"内招"，即招赘内地汉族男性做上门女婿。招赘汉族男性的惯习会继续延续下去，直到社会环境和关系发生变化，策略也会随之改变。汉族男性进入中缅边境场域中，其社会关系发生了较大的变化，他很难继续保留汉族以嫁娶为主的婚姻习俗。为了在竞争中获胜，他们随经验不断改变惯习，在新的场域中慢慢形成了新的惯习。他们改变以往的婚姻策略，选择入赘，这恰好满足傣族女性招赘的需求，双方以不同的婚姻策略实现各自利益的最大化，对彼此来说都是双赢。

"瑞丽的傣族，与跨界而居的缅北掸族无分别之处，风俗习惯、宗教信仰、语言文字都相同。历史上他们有着密切的亲戚关系，加上地理上的互相接壤，造成了婚姻上不可分离的关系，他们可以互相通婚。"[2] 边境地区历来有通婚的传统，在没有划分国界线之前，缅甸的掸族和中国的傣族生活在一起，互相通婚往来。一道国界线的

---

[1] 李全生：《布迪厄场域理论简析》，《烟台大学学报（哲学社会科学版）》2002年第2期，第146—150页。
[2] 《民族问题五种丛书》云南省委员会：《德宏傣族社会历史调查（二）》，昆明：云南人民出版社，1984年，第125页。

出现，导致这些本来是亲戚的人们被迫分开了，但是地理空间上的分隔并不会割断亲缘和血缘，他们继续延续着通婚的传统。村中一些媒人会将自己的亲戚介绍过来，傣族男性也会借助亲朋的帮助去缅甸寻找结婚对象。边民跨境通婚在他们所处的场域中是一种日常的实践，其中惯习发挥着重要的作用。受到经济、战争、历史等诸多因素的影响，大量缅甸的掸族女性通过婚姻的形式进入中国，实际上她们的选择还受到惯习的影响，也就是受到跨境通婚传统的影响。傣族男性娶缅甸媳妇是因为当地傣族女性外嫁或者招赘汉族导致用来满足傣族男性婚配的女性资源出现了缺口，同时外地男性到边境地区找媳妇抬高了当地的彩礼价格，最终本地的傣族男性要么是找不到当地傣族对象，要么是娶不起傣族媳妇。边境地区有跨境通婚的传统，在中缅边境这一场域中傣族男性选择"外娶"娶一位缅甸掸族女性做媳妇是符合惯习的婚姻实践。村中大量傣族男性选择跨境通婚是根据当下的婚姻困境所作出的策略调整，这其中有场域的制约，也有惯习长久的影响，他们选择的对象依旧是与中国傣族同源的缅甸掸族，村中没有傣族男性娶其他民族女性的案例。对于缅甸掸族女性来说，除去经济理性因素，她们选择嫁给中国的傣族男性同样受到惯习的影响，在边境特殊的场域中他们本身就有通婚的传统。

（三）彩礼与面子双收

资本是策略运作工具，行动者需要用资本去实践。布迪厄将资本划分为四个类型，分别是经济资本、社会资本、文化资本、象征资本。在婚姻场域中比较重要的资本包括经济资本和象征资本，经济资本可直接转化为货币，即彩礼，象征资本则是面子、地位、名声等。

"男人可以通过女性，借助婚姻积累社会资本和象征资本。女性通过一切有助于她们外表的东西——化妆、衣服、举止等显示家庭集团的象征资本。"①弄麦村村民们在服装上大致保持原有的传统，傣族女性穿圆领窄袖紧身上衣，老年人喜欢白色，中青年偏爱颜色艳丽的衣服。下半身为筒裙，鞋子是统一的人字拖。男性的服饰则比较简单朴素，上半身为短衫，下半身为筒裤。由于着裙子在田地间干活并不是很方便，加上人们在服饰上有更多的选择，许多中青年在平日生活中会穿现代服饰。在盛大的节日或者是重要的活动中，人们会不约而同地穿上他们精美的服饰。这些衣服都是量身订制的，在村里有裁缝，镇上也有裁缝店。家家户户的客厅或者是卧室里都有一个大衣柜，女性的服装占据了很大一部分空间。B 觉得：

这边做新衣服就像是一个传统，衣服做了有些只穿过一次，每年都要买几套，一套两三百、四五百，贵的一千多也有。去赶摆跳舞啊，一样的也要穿新衣服，你买我不买，我的面子丢不下去。②

傣族女性爱美爱打扮，会给自己缝制漂亮的衣服，哪怕是 60 岁的大妈，都会把自己收拾得干干净净。近年来，纹眉技术的传入受到了傣族女性们的追捧，中青年女性基本上个个都纹眉，哪怕没有涂脂抹粉也要涂上口红。傣族女性通过服装、化妆等来获得象征资本，口红、漂亮的衣服是一种符号，与个人的面子直接挂钩。对傣族男性和汉族男性来说，娶到一位漂亮的媳妇可以获得象征资本，在村子里、在当地都是一件有面子的事情。

经济资本是行动者实践的工具，资本占有总量决定了他们的策略。在竞争场域中支付彩礼的能力决定了男性大致能娶到一个什么

---

① [法] 皮埃尔·布迪厄：《男性统治》，刘晖译，北京：中国人民大学出版社，2017 年，第 139 页。
② 访谈对象：B，男，38 岁，傣族；访谈时间：2020 年 10 月 9 日；访谈地点：弄麦村。

样的媳妇。缅甸的彩礼本身是不高的，中国边境地区亦是如此。受到各方面因素影响，导致中国整个婚姻市场的彩礼价格年年攀升。一个来自河南的上门女婿感叹道：

像我这年龄在老家就很难找，二十四五岁就找不到老婆的。现在市里有车有房，二十一二岁的都找不到。我们那个年代人长得可以，但是家庭太困难了。我哥他们那时候娶媳妇几百块就行了，到我那时候就不行了，要两三万，家里也没钱。社会上就搞攀比，你比我我比你。这边就不这样，我俩结婚的时候一两万，一两万根本不算钱。过来这个事情（指当上门女婿）我自己说了算，觉得在哪里好就在哪里。我姐现在打电话还问我打算在云南待一辈子啊，他们总想我回去，觉得这边不好。我们那边光棍太多了，一个村子有十多个光棍。这边男的找不到就去缅甸，如果将来继续管制，缅甸过不来，以后这边也会有光棍。①

谈到彩礼问题时，村民们频繁地对笔者说"你们汉族给得多"。村中的确有嫁给省外汉族拿到10多万彩礼的案例，他们都希望自己的女儿得到较高的彩礼，而到了儿子的时候就很无奈。整个村子里哪家儿子娶了哪里的媳妇花了多少钱，哪家姑娘嫁给谁嫁到哪里去得到了多少钱，他们都一清二楚。他们的社会关系网络还不局限于村中，通过亲戚、熟人、朋友扩大到全国范围，对彩礼的行情有大概的了解。

在中国性别比例失衡的状态下，内地农村男性娶媳妇变得困难，彩礼年年攀升。边境地区的彩礼价格实际上不高，但是受到了内地的影响在不断地上涨。内地男性来到边境找对象，他们加入当地的婚姻市场中与傣族男性一同竞争，在博弈中内地男性抬高彩礼价格，通过增加资本的占有量在竞争中获得胜利，这无形中提升了边境地

① 访谈对象：DBY，男，42岁，傣族；访谈时间：2020年12月12日；访谈地点：弄麦村。

区的彩礼价格。对于待嫁的傣族女性来说是有利的，她们可以在协商礼金中提高要价。但对于当地傣族男性则是不利的，他们的家庭经济情况一般无法负担高额的彩礼，以至于很难娶到一个本地媳妇。在傣族男性与内地男性之间的竞争中，前者略逊一筹，他们的策略是调整竞争对象，转向缅甸掸族女性。而在新一轮的竞争中，傣族男性以相对合理且能接受的彩礼获取成功，顺利娶到缅甸媳妇。在这个竞技场中，傣族男女以及汉族男性通过资本的交换和竞争让各自的婚姻策略可以运作。

与此同时，中国边境地区的婚姻市场中加入了缅甸女性，她们不仅可以从亲戚那里打探中国的彩礼行情，还可以从已经嫁到中国的同胞那里得知，在中国务工的缅甸女性更是清楚当地的彩礼价格。当地傣族女性与缅甸女性之间同样存在竞争，因为身份、国籍的问题，当地傣族女性显然略胜一筹，她们可以在婚姻市场中拿到比缅甸女性更多的彩礼。在中国边境婚姻市场中缅甸女性是处于弱势地位的，这种弱势地位是相对的，她们可以在中国获得比缅甸更多的彩礼。与此同时，傣族女性的流失导致傣族男性处于婚姻困境中，而缅甸女性的输入恰好能补给缺口，改变傣族男性的婚姻状态。中缅边境地区的傣族男性对缅甸掸族女性有需求，所以娶缅甸媳妇的彩礼价格也会随之提高。

"竞争挤压是指在婚姻市场中处于低洼地带的适婚男性因为无法支付高额的婚姻成本而成为婚姻竞争的失败者，它所挤压的是那些无法提供高额婚姻成本的适婚男性。"[①] 地处西南边陲的弄麦村属于婚姻市场中的低洼地带，傣族男性在与外地人的竞争中失败了，但这不是最终的结局。他们又转向与缅甸男性的竞争中，以相对缅甸边境地区

---

① 杨华：《农村婚姻挤压的类型及其生成机制》，《华中农业大学学报（社会科学版）》2019年第4期，第25—34+170页。

更高的彩礼取得胜利。在竞技场中，傣族男性不是一直处于劣势地位的，其中有多种关系互相牵制。傣族女性外嫁或者招赘汉族，缅甸男性娶缅甸媳妇，村中的跨境婚姻和招赘婚姻就构成一个平衡机制，"外娶内招"现象就得到了解释。弄岛镇政府相关工作人员认为：

  根本原因是经济发展后农村女孩子向往城市生活或高质量生活，她会远嫁到外地。现在交通发达，交通成本降低，外出打工接触社会面不像以前那样狭窄，选择面更宽。在结婚成本比较高的一些地方，就喜欢来我们云南找，彩礼就少一点。尤其是像江苏那些男女比例失衡的地区，有这方面的需求，必须从我们经济稍微欠发达地区找老婆。我们现在边境上的中国人到缅甸去娶老婆，就像一个经济发达地区去经济欠发达地区娶老婆一个样。现在外出打工的男女青年打工的比较多，村子里的年轻人越来越少。而且我们农村早婚现象也比较突出，适龄未婚女子就更加少。所以跨境婚姻还是很普遍的。

  弄麦村是一个地处边境的传统傣族村寨，村民们的婚姻策略是在场域、惯习、资本三个因素相互影响与作用之下产生的。"外娶内招"是傣族男女从实践中找到的婚姻平衡策略，既有延续一定的传统，也做了新的改变。资本，尤其是经济资本在很大程度上决定了村民在竞争场域中的位置，进而影响了婚姻策略的制定。

结论

弄麦村有着多样的婚姻形式，跨境婚姻和招赘婚姻一直存在于傣族村民的婚姻传统中。在个人婚姻选择问题上，村中不同年龄段的傣族有着不同的考虑，不同群体的婚姻策略也各不相同。随着社会的发展变迁，村民的生活实践空间和社会关系发生了变化，他们的婚姻策略在调整和改变。本文通过对中缅边境傣族村寨——弄麦村的婚姻策略的研究得出以下结论：

1. 中国经济发展与边民人口外流导致边境村落男女适婚人口大量流失。

根据田野调查资料，类似弄麦村出现的大量傣族男性娶缅甸掸族女性，留在村落的大部分傣族女性招赘汉族上门女婿的现象，在中缅边境地区的傣族村落中普遍存在。这种现象的出现与中国整体社会时代背景和经济转型有着密切的关系。改革开放后，中国东部地区经济发展迅猛，西部较为落后。弄麦村地处西南边疆地区，经济发展势头缓慢，大量傣族青年男女受到外界的吸引，很多会选择去东部沿海或城市外出打工，其中绝大多数青年女性外嫁他乡，青年男性也较少重返村落，这便使得村落中年轻男女适婚人口大量外流。这种现象在中国西南边境地区普遍存在，弄麦村只是典型个案之一。

2. 跨境跨族的"外娶内招"婚姻是边境村落解决适婚男女性别比例失调的基本策略。

弄麦村没有外出打工或外嫁的男女，大多以"外娶内招"的策略达成婚姻。由于当地男女性别比例失衡、本地傣族女孩的流失，以及居高不下的彩礼价格等诸多因素导致当地傣族男性在婚姻市场中的竞争力较弱。为了完成婚配以实现家族的延续，傣族男性调整策略选择"外娶",跨越边界娶那些索要相对较低彩礼的缅甸媳妇。缅甸掸族女性为了获得安定的居住环境和更好的生活条件,并减轻家庭经济负担,于是选择嫁给中国的傣族男性,这样不仅可以获得彩礼,还可以在婚后持续资助家庭。村落中那些不愿意嫁出去的傣族女性,她们则选择招赘完婚。傣族女性认为傣族男性容易染上毒品、不愿意外出打工挣钱,汉族男性成了傣族女性青睐的对象。招赘上门女婿不仅可以获得一笔彩礼,还增添了一名劳动力,在婚后可以为家庭创收,在村里是有面子和地位的。在利弊权衡之下,留在村落的傣族女性大多选择了"内招",招赘内地的汉族男性。与此同时,随着边境地区的开放与开发,东部欠发达农村地区的一些汉族男性反向流动到边疆地区务工创业。这些外来的汉族男性在老家很难找到合适的对象,家庭经济也相对困难,于是选择在当地入赘傣族家庭以减少婚姻支付。

　　傣族女性、傣族男性、汉族男性、缅甸女性四个群体的婚姻策略,都符合布迪厄所说的旨在实现最大的物质利益和象征利益。在中缅边境傣族村寨场域中,虽然村民们的策略不同,但目的是相同的,最终都是要解决我们人类生命中,通过婚姻实现社会继替这个重大的课题。傣族女性大都不愿意嫁给傣族男性,傣族男性找不到娶不起本地傣族媳妇,村中傣族男女之间是一种不平衡的状态。于是他们调整婚姻策略,分别娶缅甸掸族女性和招赘汉族男性。通过这两个群体的输入和补充,使得傣族男女都可以完成婚配,最终实现了一种相对的性别结构平衡。傣族男女的婚姻策略也是一种社会再生产策略,许多傣族女性不仅没有外流,反倒是通过招赘增加了人口,婚后所生孩子的民族保留傣族族属。傣族男性没有因为娶不起或找不到本地媳妇而一辈子打光棍,他们娶缅甸媳妇同样也可以生儿育女。弄麦村的人口数量在不断增长,傣族族群得到了扩大和延续。汉族上门男性入赘后大多都分家过,可以按照夫妻二人的方式生活,在语言上没有障碍,文化上比较包容。同样,缅甸媳妇与本地人有着相同的宗教、语言,不会出现文化不适应,她们婚后积极融入村寨,能够处理好各种关系。缅甸媳妇与傣族女性相处融洽,上门女婿也能与傣族男性和谐相处。从宏观上来看,通过不同策略选择,最终弄麦村男女性别结构处于平衡有序的状态中,族群之间和谐相处,村民的婚姻策略使得村寨实现了经济发展与社会延续,同时在客观上维护了边疆社会的稳定。

3.婚姻策略始终处于以追求物质和象征利益最大化而进行的动态调整中。

弄麦村地处中缅边境,靠近集镇,是一个传统的傣族村寨。特殊的地理位置及其民族构成决定了当地婚姻形态多样。跨境婚姻是中缅边境村落解决婚姻挤压问题的一种地方性婚姻策略,具有一定的实际价值。但其在国家法律层面上可能涉及"三非"(非法入境、非法居留、非法务工),在某种程度上会给边境地区的安全与稳定带来隐患,对社会秩序、经济生活、民族关系等可能产生不利影响。村民们动态调整婚姻策略以实现利益最大化,但在婚后生活中也会产生一些问题。例如,缅甸媳妇对中国思想、法律、文化知之甚少,对教育的重视程度不高,导致跨境婚姻家庭子女辍学率较高。跨境婚姻中还存在个别骗婚跑婚的案例,会破坏家庭的完整,增加家庭的经济负担。汉族上门女婿习惯外出打工,不在场的时间较多,父亲角色在孩子的成长过程中大多数时候是缺失的,不利于孩子的成长。跳出村落来看,内地男性的流入挤压了本地傣族男性,抬高彩礼价格,使得傣族男性娶本地傣族女性变得更为困难,同时会直接影响到娶缅甸媳妇的彩礼价格。如此下去,中缅边境的婚姻市场中可能出现恶性竞争,这对傣族男性是不利的。此外,疫情之下中缅边境防控严格，边界线上建起了高高的护栏，边民的互动往来按下了暂停键，重启的时间遥遥无期。如果边境一直关闭下去，边境场域内的各种要素会发生变化，社会关系也会随之改变，边境地区男性以往的婚姻策略将会失效，他们将会再次陷入婚姻困境。边境贸易受到疫情影响不再活跃，外来流动人口会减少，傣族妇女也需要重新思考并调整婚姻策略。无论村民面临的情况如何，他们在未来的婚姻选择中，依旧会继续以实现最大化的物质利益和象征利益为目的而进行婚姻策略调整，这是一条具有普遍性规律的原则。

附录一：弄麦村跨境通婚缅甸妇女基本信息[①]

序号	姓名	民族	国籍	出生年月	婚嫁时间	婚姻状况	子女（个）
1	NMH	掸族	缅甸	1981.11	2016 年	初婚	1
2	RY	掸族	缅甸	1996.03	2017 年	初婚	2
3	MAX	掸族	缅甸	1988.02	2008 年	初婚	1
4	RR	掸族	缅甸	1980.12	2001 年	初婚	0
5	NZ	掸族	缅甸	1979.05	2013 年	再婚	2
6	HN	掸族	缅甸	1998.11	2017 年	初婚	1
7	NY	掸族	缅甸	1958.05	1996 年	再婚	1
8	MY	掸族	缅甸	1989.11	2008 年	初婚	2
9	NLF	掸族	缅甸	1995.10	2014 年	初婚	2
10	HL	掸族	缅甸	1976.01	1996 年	初婚	2
11	MT	掸族	缅甸	1988.06	2005 年	初婚	2
12	NHY	掸族	缅甸	1979.10	2003 年	初婚	2
13	NL	掸族	缅甸	1974.11	2019 年	再婚	2
14	MD	掸族	缅甸	1976.09	1998 年	再婚	1
15	HM	掸族	缅甸	1970.04	1997 年	再婚丧偶	1
16	BW	掸族	缅甸	1990.03	2018 年	再婚	0
17	J	缅族	缅甸	1978.05	1999 年	再婚	2
18	NYL	掸族	缅甸	1997.09	2018 年	初婚	1
19	LW	掸族	缅甸	1992.03	2012 年	初婚	2
20	ZH	掸族	缅甸	1980.02	1998 年	初婚	2
21	D1	掸族	缅甸	1977.03	1997 年	丧偶	2
22	LX	掸族	缅甸	1980.07	1998 年	丧偶	2

[①] 附录中三个表格的信息由弄麦村妇女主任提供，并参考了弄岛小学 2019 年文化户口册弄麦村统计信息，由笔者整理。

续表

序号	姓名	民族	国籍	出生年月	婚嫁时间	婚姻状况	子女（个）
23	NHJ	掸族	缅甸	1990.08	2009 年	初婚	2
24	DW	掸族	缅甸	1976.03	2000 年	初婚	2
25	NSY	掸族	缅甸	1984.06	2010 年	初婚	1
26	LX	掸族	缅甸	1992.08	2012 年	初婚	2
27	NXY	掸族	缅甸	1994.01	2016 年	初婚	2
28	NHA	掸族	缅甸	1984.04	2006 年	初婚	2
29	RX	掸族	缅甸	1972.09	2004 年	再婚	1
30	MES	傣族	中国	1943.01	1962 年	初婚	4
31	MHSW	傣族	中国	1961.08	1993 年	再婚	0
32	WM	傣族	中国	1977.06	1997 年	再婚	2
33	L	掸族	缅甸	1960.07	1995 年	再婚	1

附录二：弄麦村跨境婚姻家庭男性基本信息

序号	姓名	民族	国籍	出生年月	择偶途径	婚姻状况	婚嫁时间
1	ZYT	掸族	缅甸	1991.04	朋友介绍	初婚	2013 年
2	SM	掸族	缅甸	1977.05	赶摆	初婚	1998 年
3	ZZR	掸族	缅甸	1966.02	看电影	初婚	1993 年
4	TJ	掸族	缅甸	1975.03	盖房认识	初婚	1996 年
5	SSM	掸族	缅甸	1985.02	学傣文	初婚	2016 年
6	YM3	傣族	中国	1993.09	栽秧认识	初婚	2016 年
7	YM2	傣族	中国	1986.06	去缅甸串亲戚	初婚	2008 年
8	SHY	傣族	中国	1973.05	亲戚介绍	初婚	2005 年
9	YJ	傣族	中国	1987.04	家对面加工厂	初婚	2014 年
10	YD	傣族	中国	1989.03	米线店	初婚	2009 年
11	YS1	傣族	中国	1988.11	打工认识	初婚	2006 年
12	MW	傣族	中国	1986.01	去雷允串认识	初婚	2012 年
13	SMH	傣族	中国	1969.04	雕花大妈介绍	再婚	2003 年
14	RBS	傣族	中国	1962.04	街上自己认识	再婚	1998 年
15	YW	傣族	中国	1989.10	加工厂认识	初婚	2017 年
16	TL	傣族	中国	1976.05	赶摆	再婚	2003 年
17	YY1	傣族	中国	1983.07	亲戚介绍	初婚	2010 年
18	YM1	傣族	中国	1983.04	自己认识	再婚	2018 年
19	SY	傣族	中国	1979.01	亲戚介绍	初婚	2001 年
20	YHL	傣族	中国	1978.09	缅甸当和尚	初婚	1999 年
21	TN	傣族	中国	1965.05	看电影	初婚	1993 年
22	YB	傣族	中国	1987.04	自己认识	离异	2003 年

续表

序号	姓名	民族	国籍	出生年月	择偶途径	婚姻状况	婚嫁时间
23	SXY	傣族	中国	1963.05	亲戚介绍	初婚	1985 年
24	YNK	傣族	中国	1991.04	去缅甸串	初婚	2017 年
25	YT1	傣族	中国	1967.08	亲戚介绍	初婚	2001 年
26	MHS	傣族	中国	1969.10	自己去串	初婚	1996 年
27	SM2	傣族	中国	1976.03	去缅甸串	初婚	2006 年
28	SM1	傣族	中国	1974.04	亲戚介绍	初婚	2008 年
29	YT2	傣族	中国	1992.09	亲戚介绍	初婚	2017 年
30	YH	傣族	中国	1981.05	媒人介绍	骗婚	2019 年
31	YY2	傣族	中国	1984.12	打工认识	跑了	2008 年
32	YW	傣族	中国	1983.04	朋友介绍	跑了	2007 年
33	YS2	傣族	中国	1969.06	缅甸参加葬礼	初婚	2000 年
34	TW	傣族	中国	1984.07	缅甸种西瓜	初婚	2012 年
35	YG	傣族	中国	1988.12	亲戚介绍	跑了	2013 年
36	YL1	傣族	中国	1976.12	亲戚介绍	初婚	1998 年
37	YS3	傣族	中国	1974.05	看电影	初婚	1998 年

附录三：弄麦村上门女婿基本信息

序号	姓名	民族	国籍／籍贯	年龄	婚嫁时间	择偶途径	工作情况
1	LL	汉族	中国云南	35 岁	2013 年	昆明打工	养殖
2	PJG	汉族	中国湖南	50 岁	2004 年	亲戚介绍	外出打工
3	LCH	汉族	中国湖南	65 岁	1997 年	姐姐介绍	在家休养
4	LFS	汉族	中国湖南	44 岁	1994 年	来养鱼认识	务农
5	LZH	汉族	中国云南	43 岁	2000 年	昆明打工	外出务工
6	LYG	汉族	中国山东	51 岁	2006 年	托人介绍	外出务工
7	HSX	汉族	中国浙江	63 岁	1991 年	介绍	务农
8	YPZ	汉族	中国云南	61 岁	1986 年	来当兵认识	养牛
9	SDC	汉族	中国云南	63 岁	1995 年	来打工介绍	务农
10	YZM	汉族	中国云南	51 岁	1997 年	介绍	务农
11	XSL	汉族	中国四川	49 岁	2003 年	来打工认识	瑞丽务工
12	YTY	汉族	中国云南	59 岁	1981 年	别人介绍	瑞丽保安
13	SLG	汉族	中国云南	35 岁	2018 年	打工认识	瑞丽务工
14	ZBS	汉族	中国湖南	50 岁	1995 年	打工认识	外出务工
15	YGF	汉族	中国湖南	64 岁	1981 年	介绍认识	在家休养
16	ZGR	汉族	中国云南	28 岁	2008 年	昆明打工	外出务工
17	GHQ	汉族	中国云南	51 岁	1993 年	来打工认识	务农
18	ZJQ	汉族	中国云南	52 岁	1999 年	来打工认识	外出务工
19	WXL	汉族	中国四川	44 岁	2001 年	打工认识	弄岛务工

续表

序号	姓名	民族	国籍/籍贯	年龄	婚嫁时间	择偶途径	工作情况
20	ZZW	汉族	中国湖南	54岁	1993年	来养鱼养鸭	养殖鸡鸭
21	WML	汉族	中国云南	40岁	2005年	来打工认识	务农
22	DBY	汉族	中国河南	42岁	2009年	广东打工	弄岛务工
23	HHQ	汉族	中国湖南	54岁	2010年	老乡介绍	务农
24	GD	汉族	中国四川	38岁	2020年订婚	来打工认识	务农
25	YGX	汉族	中国云南	44岁	2006年	来打工认识	打工
26	SZH	汉族	中国云南	30岁	2018年	介绍认识	务农

秩序的表演
——云南省澜沧县酒井乡老达保村拉祜族扩塔节研究

作　　者：李迎莺
　　　　　云南大学民族学与社会学学院 2018 级
　　　　　民族学专业硕士研究生
指导老师：徐菡

引言

（一）选题缘起

"吹起葫芦人欢笑，扩塔节上真热闹。"本研究将澜沧县老达保村的拉祜族扩塔节作为研究对象，在人类学的视野下，考察与拉祜族扩塔节相关的一系列文化事象，是出于以下原因：

第一，扩塔节是拉祜族最重要的节日，是辞旧迎新的年节，拉祜族扩塔节中有着极为明显的秩序的表演和呈现。例如，"扩塔"本身就有"时间的轮回"之意，节日中"过过停停"的周期，再现了一年的农业生产周期；扩塔节由节日长老、牧师、演艺公司、传承人与基层政权共同操办和参与；扩塔节中最具表演性的拜年仪式，有着极为明显的层级关系；节日分"女人年"与"男人年"，男人与女人在节日中有着不同的分工和表现；《牡帕密帕》唱词内容又与自然和社会的秩序紧密相关……

从而让笔者产生了一些疑问：拉祜族扩塔节是如何起源和变迁的？扩塔节中的仪式有怎样的象征含义？作为岁时节日的扩塔节，与自然的秩序有着怎样的关系？扩塔节中表演的男女性别秩序依然是平等的吗？老达保的传统权威与新兴权威之间有怎样的联系？史诗《牡帕密帕》与扩塔节有怎样的关联？对于拉祜族来说，扩塔节的意义是什么？我将在研究中将权威与秩序、仪式与表演结合起来，说明拉祜村寨的社会秩序是如何通过节日表演来呈现的。

第二，个人经历使笔者对于拉祜族扩塔节的研究有较大兴趣。笔者在2019年1月第一次来到澜沧县老达保村时，受到村民热情地招待，一起共度扩塔节，还为我取了一个好听的拉祜名"娜娃"，让我忘却了初次进入异文化的不安，初步拟定将扩塔节的拜年仪式作为自己的研究对象。然而，2020年一场突如其来的疫情打断了原先的研究计划，笔者也曾因此一度陷于心理的低谷期。在疫情稍微好转的2021年，笔者再次出发，将研究对象定为澜沧县酒井乡老达保村的扩塔节，并将研究聚焦于解释秩序是如何通过民间节日表演呈现。

（二）田野点概况

1. 地理与人口

澜沧县酒井乡勐根村老达保村民小组，距县城42千米，距乡政府28千米①。没有明显的四季之分，冬暖夏凉。截至2020年初，老达保全村有119户502人，劳动力332人，均为农业户口。现有耕地面积2354亩，收入主要依靠销售农产品和发展乡村旅游业，主要粮食作物为水稻和玉米，经济作物有普洱茶、甘蔗、西瓜等，少部分家庭发展家庭畜牧业养殖。2019年全村粮食总产量514468公斤，农民人均有口粮593公斤，人均纯收入112740元②。

2. 村寨文化

老达保村名来源于一个叫"达保"的老寨，从1966年起随着人口增多老寨部分村民逐步迁出，形成老达保村和新达保村③。村民多为拉祜纳支系，日常用语为拉祜语，一部分村民会说汉语。村内拉祜族传统干栏式建筑保存完好，拉祜文化底蕴深厚。老达保村人多数信仰基督教，村中有一座基督教堂作为宗教活动场所。老达保村还是著名的"音乐小镇"，村中的歌舞展演充满了"异域风情"，《快乐拉祜》《实在舍不得》《真心爱你》等吉他弹唱代表歌曲唱响全国。

---

① 资料引自澜沧县酒井乡勐根村村委会于2020年3月整理的"酒井乡勐根村老达保村民小组文化扶贫情况介绍"。
② 资料引自澜沧县酒井乡勐根村村委会于2020年3月整理的"酒井乡勐根村老达保村民小组文化扶贫情况介绍"。
③ 老达保与新达保都是从达保老寨搬出来的，故名。报告人：张扎啊；访谈时间：2021年2月9日；访谈地点：澜沧县老达保村。

2004年至今，老达保村民多次应邀参加文化展演活动，获得"云南省廉政文化示范点"、全国"十佳魅力新农村"等荣誉。2022年，由老达保村民参与演出的节目《摆出一个春天》在央视春晚播出。

老达保村是国家级非物质文化遗产保护名录《牡帕密帕》和《拉祜族芦笙舞》的保护传承基地之一。2006年拉祜族史诗《牡帕密帕》成功申报首批国家级非物质文化遗产，2007年在老达保村建立了《牡帕密帕》传承基地，2009年拉祜族芦笙舞申请第二批国家级非物质文化遗产成功。村中现有国家级非物质文化遗产保护名录两项，国家级传承人三人，省级传承人一人。

3. 节日概况

按照时间顺序，老达保村一年中的重要节日有扩塔节、葫芦节、新米节及圣诞节。扩塔节是拉祜族传统节日中最为重视、最为隆重的节日，也是全体拉祜族共同的节日，分为"大年"和"小年"，也称为"男人年"和"女人年"。节日期间的主要活动有舂粑粑、接新水、给长辈拜年、打陀螺、唱《牡帕密帕》、集体拜年、跳芦笙舞等。

葫芦节是一个被"创造"的节日，在1991年的县政府拉祜族史研讨会上，决定以每年农历十月十五拉祜族祖先诞生日作为"阿朋阿龙尼"，即葫芦节，时间为公历4月8日至4月10日三天。

老达保村的村民多数信仰基督教，他们的节日活动也与基督教联系紧密。如，新米节为每年农历十月收新米的日子，由牧师和德高望重的老人一同确定新米节的日子与活动的流程。12月25日的圣诞节，除了遵守基督教中唱赞美诗、家人团聚的礼仪外，老达保村民还会在节日中举行射弩等传统体育活动。

一、拉祜族扩塔节的历史

本章将从历时性的角度对老达保村拉祜族扩塔节的历史予以考察。将老人口口相传的史诗《牡帕密帕》及传说故事作为参考依据，考察拉祜族扩塔节的历史发展进程。

（一）拉祜族扩塔节的起源传说

本节以史诗《牡帕密帕》及民间故事为依据对拉祜族扩塔节的起源进行考察，二者可以清晰地将扩塔节的起源与"厄莎"①的信仰关联起来。

1.《牡帕密帕》中的扩塔节

文字是传承历史的载体之一，由于拉祜族没有文字②，史诗《牡帕密帕》承载了拉祜族过去的文化与法律，连接着拉祜族的过去与现在。《牡帕密帕》内容繁多，被誉为拉祜族的"百科全书"。老人李扎倮说：

若是要完整演唱《牡帕密帕》，需要七天七夜才能够唱得完。③

老达保村口口相传的《牡帕密帕》版本④中，扩塔节的来源是这样的：第一对人扎迪娜迪兄妹在厄莎的指示下成为夫妻，人类繁衍

---

① 在拉祜人的信仰中，厄莎是主宰世间万物的神，他无所不能，可造天造地，也可造花鸟鱼虫、飞禽走兽，还可制定人间的习俗。
② 以前拉祜人将天神厄莎赐予的文字写在粑粑上，不小心吃了，于是拉祜族没有了文字。报告人：李扎倮；访谈时间：2021 年 1 月 20 日；访谈地点：澜沧县老达保村。
③ 报告人：李扎倮，拉祜族，男，78 岁，澜沧县酒井乡老达保人，《牡帕密帕》国家级传承人。访谈时间：2021 年 2 月 5 日；访谈地点：澜沧县老达保村。
④ 这一版本由传承人李扎戈、李扎倮、李扎莫、李娜努、李娜儿、李石开演唱，共唱了四天四夜，后期由李建波老师翻译而最终完成，包含《厄莎诞生》《造天造地》《造日月》《造草木》《造湖造海》《独木生动物》《扎努娜努（扎努扎别）》《葫芦育始祖》《扎迪纳迪》《哗嘀依稣》《漫漫迁徙路》十一个章节，其体量远远大于 1979 年出版的《牡帕密帕》最初版本。

壮大。厄莎教人们耕作劳动、纺线制衣,一段时间后,天神厄莎号召道:"姑娘伙子们,到过年过节的时候,回到阿爸阿妈身边过节吧。"在厄莎的召唤下,人类准备回到厄莎那里过扩塔节,并向厄莎拜年。然而,那时候人们并不会制作糯米粑粑,更不会养猪,于是用毛薯、白薯来做"年礼"。之后人类在厄莎的教导下,有了做粑粑的米、做新衣的棉花、仪式时使用的象脚鼓和芦笙,拿着猪肉、粑粑等齐备的年礼来到厄莎住所拜年,为厄莎行洗手洗脸之礼。可见,拉祜老人通过史诗的方式将扩塔节的由来及习俗口口相传,即扩塔节起源于天神厄莎的教导及对天神厄莎的感恩。

2.民间故事中的扩塔节

老达保村保留着许多与扩塔节起源相关的民间故事。关于扩塔节来历的故事是这样讲的:"很古的时候,拉祜族不会计算日月,所以也没有什么节日。后来,厄莎从太阳里派出一只金雀,从月亮里派出一只银雀。金雀在金竹上啄了十二下,今天的一轮十二天的日子就从这里得来。银雀在黄竹上啄了十二下,一年十二个月也就从这里得来。厄莎告诉拉祜人,每当过完了十二个月要用十二天的时间来过年,从此,拉祜人有了扩塔节。"[①] 扩塔节是由天神厄莎创造的与自然物候、民间历法相关的节日,扩塔节从一开始就具有岁时节日的性质。

老达保村流传着人们给天神厄莎拜年所带的年礼故事。老人李石开说:"很久以前,天神创造了万物,让万物来拜年,拉祜族去拜年。当时没有粑粑没有猪肉,随便挖了一点山药煮了献给厄莎,天神可怜我们哭了,他搓搓手,就给了我们白米、黑米、红米三种种

---

① 思茅地区民委、文化局:《拉祜族民间故事》,昆明:云南人民出版社,1990年,第27页。

子让我们种植。"① 这一故事脱胎于《牡帕密帕》的内容,并对史诗进行了通俗化的延伸。民间故事是人们在习俗传承中对于《牡帕密帕》的通俗化拆解和延伸,扩塔节因原始信仰中的天神厄莎而生,并不断增加新内容形成了完整的扩塔节习俗。

(二)新中国成立之前的扩塔节

本节以信仰的传播和互动,作为划分新中国成立之前扩塔节历史阶段的依据,分为原始信仰厄莎崇拜的时期、汉传佛教信仰的佛祖厄莎时期和基督教信仰时期。

1. 厄莎崇拜时期

厄莎崇拜的原始信仰时期是拉祜族扩塔节最初的历史时期。拉祜族是一个不断迁徙的民族,达保先民们最初住在临沧的缅宁、双江地区。当时佛教、基督教尚未传入,达保先民保持着以厄莎为中心的万物有灵的原始信仰。对天神厄莎的崇拜是信仰的核心,厄莎是《牡帕密帕》中造天造地、创造万物的天神,他没有具体的形象,而是无影无踪、虚无缥缈的。即使如此,老达保人对天神厄莎悉心侍奉,并遵循着代代相传的古礼古规。天神厄莎是传统信仰中的最高神灵,在厄莎之下又有许多神灵,如年神和山神。每遇扩塔节,达保先民需要带着蜡条、香火、粑粑、芭蕉和甘蔗祭祀厄莎和诸多神灵。在扩塔节期间,达保先民为了感谢头人卡些付出的辛劳,还会拿着猪肉、粑粑等年礼到卡些家拜年,卡些也会请前来拜年的人吃饭作为回礼②。因此,在明清汉传佛教传入之前,以厄莎为核心的万物有灵信仰对于扩塔节的影响较为深远,并且对村落权威卡些拜

---

① 报告人:李石开,男,拉祜族,57 岁,澜沧县酒井乡老达保人,《拉祜族芦笙舞》国家级传承人;访谈时间:2021 年 2 月 10 日;访谈地点:老达保李石开家中。
② 中国科学院民族研究所云南少数民族社会历史调查组:《澜沧县木戛区大班利寨社会历史调查报告》,拉祜族社会历史调查,1965 年,第 75 页。

年的习俗渐渐产生并保留下来。

2. 佛祖厄莎时期

明清时期汉传佛教在拉祜族地区的传播，使得拉祜族的政治、文化、经济发生第一次巨变，由此拉祜族扩塔节也进入佛祖厄莎崇拜时期。明末清初，来自大理鸡足山的杨德源和尚进入拉祜族地区传播汉传佛教，汉传佛教开始进入拉祜族地区传播，达保先民们将佛教与厄莎的原始宗教信仰相融合，将原先在万物有灵信仰中的天神厄莎称为"佛祖厄莎"，并将这种融合流传至今。在扩塔节期间，达保先民们不仅在家中"页尼"为佛祖厄莎敬香，而且会在女人年的第一天带年礼到南栅佛房拜年。可见，从明末清初到1911年基督教传入前，达保先民以厄莎为中心的万物有灵信仰与汉传佛教发生了融合和转变，体现在扩塔节的拜年仪式出现了更为明显的层级关系。

3. 基督教信仰时期

基督教传教士的宗教传播活动是拉祜社会的第二次巨变，1911年基督教的传入与传统信仰进行了新的融合，扩塔节也因此发生了转变。老达保村流传着"牛皮换教堂"的故事，即拉祜人答应给美国传教士一块牛皮大小的土地盖教堂，传教士就用剪子将牛皮剪成细线圈了一座山①。这位传教士是美国基督教浸信会永伟里，1908年他正式将基督教传入我国澜沧和双江拉祜族地区。基督教传入后，扩塔节依然是老达保最重要的民间节日，但在时间、内容、场所等方面发生了转变。基督教中有着礼拜日为休息日的固有的宗教时间秩序，扩塔节也随着基督教的时间观念进行顺延。在内容上，基督教传入敬家神的神台"页尼"取消了，并取消了点香和拴线等与佛教相关的仪式内容。还有场所的转变，教堂成了重要的节日场所，牧

---

① 报告人：李石开，男，拉祜族，57岁，澜沧县酒井乡老达保人，《拉祜族芦笙舞》国家级传承人；访谈时间：2019年4月9日；访谈地点：老达保李石开家中。

师在扩塔节中也具有了一定的权威。因此，达保先民接受基督教之后，以圣诞节为核心的基督教节日并没有凌驾于传统的扩塔节之上，但扩塔节的时间、内容、场所发生了改变。

（三）新中国成立之后的扩塔节

新中国成立后，拉祜族扩塔节经历了由衰落到复兴、由寨到县、由单一的岁时节日到复合型节日的巨大转变。

1. 节日的衰落

在1949年新中国成立之后，达保先民从木戛的哈卜马传了五代，又经竹塘、东朗的芒迎迁至如今的酒井乡勐根一带，几经选址后，终于在达保老寨安居下来①，并在20世纪60年代后，逐渐搬迁成为今天的老达保村。

改革开放以前，地处边疆的拉祜族地区经济发展缓慢而滞后，达保老寨拉祜族处于贫困中，扩塔节因物资匮乏而无法尽兴。"那时候太困难了，猪养着长得慢，只喂芭蕉芋头，一头猪养出来需要两三年，过年都不得杀猪。"②贫困并不是唯一的阻碍，即使处于边疆地区，达保老寨也在社会巨变的洪流中发生变迁。1967年，国务院向全国发出了《关于1967年春节不放假的通知》③，宣布全国春节不放假，此后"革命化春节"一直持续到1979年④。扩塔节也"随大流"而取消，在长达十余年的时间内，拉祜族扩塔节渐渐衰落。

---

① 达保先民曾经芒迎迁至勐根，逐渐形成了今天的老达保村。报告人：黄邦勇；访谈时间：2021年8月16日；访谈地点：澜沧县文化馆。
② 报告人：卫扎母，男，66岁，酒井乡勐根村新达保人，新达保前任队长；访谈时间：2021年8月18日；访谈地点：酒井乡新达保村。
③ 刘福安：《难忘的"革命化"春节》，《江淮文史》2017年，第134—135页。
④ 报告人：卫扎母，男，66岁，酒井乡勐根村新达保人，新达保前任队长；访谈时间：2021年8月18日；访谈地点：酒井乡新达保村。

2. 复兴与演变

（1）扩塔节的复兴

在改革开放之后，澜沧县掀起了民族传统节庆复兴的热潮，扩塔节的复兴则包含了政府、民族文化工作者、拉祜村落权威与群众多方的努力。

① 政府的推动

扩塔节从衰落到重新恢复，与一位拉祜族县长密切相关。澜沧县的第一位县长是李光华（1931—1993），他不仅是一名共产党员，也是西盟世袭土司的后人。在做县长的34年期间，他积极带领澜沧各机关单位开展复兴拉祜族民族传统文化的各项工作，扩塔节、新米节、火把节等拉祜传统节庆获得了复兴[1]。由李光华县长倡导和推动复兴的扩塔节，其内涵、范围、时间、仪式内容等进行延伸，不仅增加了大型的县城拜年仪式，还将民族团结的主题植入扩塔节中，而且将扩塔节的开始过节时间与全国农历春节的时间保持一致。

② 民族文化工作者的努力

1985年，澜沧县文化馆及澜沧县民族宗教事务所的全体工作人员深入各乡镇进行拉祜传统文化的普查，为扩塔节的复兴奠定了基础。1990年，政协澜沧县委员会、澜沧县文化馆及澜沧县民族宗教事务所组成了工作队进行拉祜族历史的调研，为《拉祜族史》的编撰做准备，其间云南民族学会拉祜族研究委员会成立[2]。《拉祜族史》的编撰和拉祜族研究委员会的成立，也为扩塔节的复兴提供了良好的学术支持。

---

[1] 澜沧拉祜族自治县民族宗教事务局：《从葫芦里走出来的民族——拉祜族》，昆明：云南民族出版社，2009年，附录。
[2] 澜沧拉祜族自治县民族宗教事务局：《从葫芦里走出来的民族——拉祜族》，昆明：云南民族出版社，2009年，第91页。

③拉祜村落权威与群众文化传承意识的觉醒

村落中的拉祜族人民渐渐在村落权威的倡导下,开始了本村民族文化复兴的实践。20世纪80年代,老达保现任牧师李扎袜的舅舅前往糯福乡学习基督教知识,回乡之后将基督教在老达保村民中传播开来。与此同时,老达保村民将传统的扩塔节加以复兴,并融入了基督教的特色。

村寨中的扩塔节复兴实践,也影响到县政府的拉祜文化复兴规划。随着扩塔节的复兴,人们开始自发地延伸了为卡列卡些拜年的习俗,带着年礼,向县领导拜年。县长李光华想要将扩塔节期间的拜年活动予以规范管理,即具体组织大型扩塔节文化活动。为此,县委县政府征求了众多拉祜村落中的文化精英的意见。当时老达保的李扎戈是远近闻名的"芦笙王子",也被作为代表参与到澜沧县扩塔节大型活动的决策咨询中。他回忆说:

当年李光华在当县长,征求过我的意见,我就告诉他这个扩塔节应该怎么做,特别是拜年的时候,要怎么拜、送什么礼都是我们和李光华县长商量以后定出来的。①

(2)扩塔节的旅游开发

近年来,扩塔节在"拉祜文化兴县"的战略下,得到了旅游开发与"非遗"保护,在这一过程中,拉祜族扩塔节展现出了更多与社会发展相关的变迁。

①非物质文化遗产的申报与传承

"拉祜文化兴县"战略从民族文化规划、民族文化保护、民族文化载体、民族文化开发和民族文化人才培养五个方面着手打造拉祜文化品牌。2003年,澜沧县开始了国家级非物质文化遗产的申报工作,

---

① 报告人:李扎戈,男,82岁,澜沧县老达保寨人,《牡帕密帕》国家级传承人;访谈时间:2021年2月21日;访谈地点:澜沧县老达保村李扎戈家。

经过多年的努力，拉祜族史诗《牡帕密帕》、拉祜族芦笙舞分别被列为第一批、第二批国家级非物质文化遗产保护项目。2011年扩塔节拜年习俗成功申报为澜沧县级非物质文化遗产保护项目[①]，拉祜族扩塔节从此以"非遗"的形式传承。

② 节日旅游经济的发展

澜沧县政府抓住机遇，发展旅游产业，以扩塔拜年习俗礼仪程序展示为内容，打造节庆经济。在政府的引导和组织下，将群众自发带着粑粑、猪肉等年礼，为政府机关拜年的活动，转变为一系列有计划、有组织、有秩序的大型拜年活动。2011年至今，每年扩塔节女人年第三天的县城拜年仪式，是澜沧县一大特色。来自澜沧县乡镇的各个少数民族群众穿着盛装，欢聚在澜沧县城内举行拜年联欢活动。这一大型活动既促进了旅游业的发展，又通过仪式加强了边疆少数民族地区的稳定和团结。

③ 老达保旅游名片的打造

2006年以来，政府筹措专项资金，进行特色村寨旅游开发和建设，村寨基础条件得到提升。2013年在政府的支持下成立了澜沧老达保快乐拉祜演艺有限公司，实现旅游综合收入927万元[②]。目前，老达保已成为3A级景区，成了澜沧县重要的一张"文化名片"。为了更好地接待游客，从2013年开始，老达保村在扩塔节期间，增加了大型的歌舞演艺活动，2019年扩塔节期间，老达保演艺公司文艺演出收入近20万元，旅游的表演，也正成为老达保扩塔节新的实践活动。

---

① 资料来源：30项！普洱市第五批非物质文化遗产项目保护名录公布 – 普洱市人民政府 (puershi.gov.cn)。
② 资料引自澜沧县酒井乡勐根村村委会于2020年3月整理的"酒井乡勐根村老达保村民小组文化扶贫情况介绍"。

二、拉祜族扩塔节的现状

本章从历史沿革转向对老达保村拉祜族扩塔节现状的情况介绍。基于田野资料，描述了拉祜族扩塔节的时空背景及完整的节日过程及仪式表演，既包含传统拉祜族扩塔节的仪式与表演，又讨论了"非遗"与旅游影响下扩塔节的变迁。

（一）拉祜族扩塔节的时空背景

中国人类学发展之初，费孝通提出"在一定时空坐落中去描画出一地方人民所赖以生活的社会结构"[1]作为社区分析的方法论。拉祜族扩塔节发生于特定的时空，时间与空间也是节日与仪式完整性的一部分。

1. 扩塔节的节日时间

节日时间是一种既具有自然性又具有人为性的社会时间，本质上是一种带有很强的主观性、社会性、经验性的"人的时间"[2]。扩塔节的时间制度，在历史上经历了从以物候为主到多元化的转变，这种多元既包含了传统的物候、现代民族国家统一的时间制度，也包含了宗教信仰的因素。

传统拉祜族扩塔节的时间有三个参考指标，一是农业物候，二是汉族的农历，三是拉祜族固有的生肖日。新中国成立后，1949年12月23日，政务院发布了《全国年节及纪念日放假办法》[3]，规定春节作为新中国的法定节假日，扩塔节被纳入了统一的时间制度与规

---

[1] 费孝通：《乡土中国》，北京：北京大学出版社，2012年，后记。
[2] 孙邦金：《中国传统节日文化的时间现象学分析》，《节日研究》2010年第1期，第132—142页。
[3] 中国政府网：http://www.gov.cn/zhengce/2020-12/25/content_5574202.htm，访问时间：2020年12月25日。

范之中,即将农历初一作为扩塔节开始的时间。同时,这种时间制度又融合了"男人年""女人年"的划分、以十二天为一轮的生肖历法及基督教传入的因素。在物候、农历和拉祜族传统的时间制度的基础上,将基督教时间观念的礼拜日(休息日)进行顺延。表1展示了2021年扩塔节的时间制度与周期。

表1　澜沧县老达保村2021年拉祜族扩塔节的时间安排

礼拜一	礼拜二	礼拜三	礼拜四	礼拜五	礼拜六	礼拜日
				2月12日 女人年第一天 属兔日	2月13日 女人年第二天 属龙日	2月14日 节日暂停 不做工 属蛇日
2月15日 女人年第三天 属马日	2月16日 女人年第四天 属羊日	2月17日 做工 属猴日	2月18日 做工 属鸡日	2月19日 男人年第一天 属狗日	2月20日 男人年第二天 属猪日	2月21日 节日暂停 不做工 属鼠日
2月22日 男人年第三天 属虎日	2月23日 做工 属牛日	2月24日 女人年的一轮 属兔日				

2.扩塔节的节日空间

老达保村扩塔节的节日空间,包括神圣空间和日常活动空间双重含义。寨中央广场、表演舞台、传承馆、陀螺场、家屋、基督教堂等一些相对稳定的空间要素具有了更多的意涵,构成了节日空间的重要节点,也成了空间秩序的基础。

(1)神圣空间

①寨中央广场

寨中央广场在旅游发展前后有较大变化。旅游开发前,寨中心广场是一个充满黄土和灰尘的简陋场所①，也是整个老达保村的地理中心；旅游开发后，2006年在中心广场边增加了石头铺贴的"拉祜姓名文化墙"，2013年完成了石板路铺贴，景观焕然一新。但经旅游规划，老达保村的景观中心由广场转变为一旁的快乐拉祜演艺舞台。扩塔节中寨中心广场是集体拜年仪式与收尾仪式的重要空间。

② 基督教堂

老达保基督教堂始建于1996年，最初是简易的茅草房，后改成瓦房，又在2017年在原址重建至今②。建筑面积约120平方米，可容纳200人同时祷告，是一座具有民族特色的干栏式建筑。基督教堂是老达保村主要的宗教场所，在扩塔节女人年第一日早晨，会进行更为盛大的新年祷告仪式，在悠扬的赞美诗里开启女人年的正式程序。

（2）日常活动空间

① 快乐拉祜演艺舞台

快乐拉祜演艺舞台是旅游开发之后新建的空间场所之一。由李娜倮创作的《快乐拉祜》命名，在2006年初次兴建，2016年完成。舞台位于寨中心广场旁，面积约50平方米，可容纳200多人同台表演，背景板上写着"快乐拉祜，幸福达保"。演艺舞台落成后，老达保村的景观中心由广场转变为舞台。从女人年第三天开始，老达保全村出动，在演艺舞台进行大型的商业表演。

② 非遗传承馆

2006年《牡帕密帕》申报国家级非遗成功后始建非遗传承馆，2016年完成翻新。馆内约50平方米，展示老达保村近些年所获得的

---

① 老达保村在旅游开发之前的环境比较艰苦，报告人：黄邦勇；访谈时间：2021年1月30日；访谈地点：澜沧县文化馆。
② 报告人：李扎袜，男，55岁，拉祜族，澜沧县老达保人，老达保村的现任牧师"莎拉"；访谈时间：2021年8月2日；访谈地点：澜沧县老达保村李扎袜家。

乡村建设和非遗传承荣誉证书，以及拉祜族的服饰、农具、乐器等。对老达保村民来说，传承馆既是村寨日常信息的通知场所，还是史诗《牡帕密帕》演唱的地点。传承馆中摆放的话筒与村寨中的两台高音喇叭相连，扩塔节期间非遗传成人演唱《牡帕密帕》的声音，通过高音喇叭在全村回荡。

③陀螺场

陀螺场建设在老达保村西面的山坡上。最初是为了让游客体验拉祜族传统体育而建设，但由于场地距离村寨中心较远和旅游指示系统的缺乏，游客们一般很难找到陀螺场，因此渐渐成为村民自身在节日中进行体育运动和竞技的场所。陀螺场是扩塔节男人年"扩野"中的重要活动空间，这一活动空间也是一个属于男人的欢乐空间。

④家屋

老达保村现有119间家屋，由于旅游景观保护，至今保持着木结构的栏式房屋的外观特征。传统的拉祜干栏式房屋上层住人、下层养牲畜，后来因为人畜分离工程的实施，一楼空间不再养牲畜，而是转变为粮仓和储存杂物的地方，一些村民还将一楼改建成为民宿供接纳游客。家屋的二楼是日常家庭生活的主要空间，村民们在二楼客厅设置了火塘和三脚架用以接待客人。家屋是扩塔节拉开序幕的场所，扩塔节开始时在家屋舂粑粑、接新水，扩塔节的拜年仪式让老达保村民在各个家屋之间流动。

（二）扩塔节中的传统仪式与表演

本节按照时间发展顺序，描绘笔者亲身经历的扩塔节的节日过程，特别是其中每一个阶段都有着标志性的传统仪式与表演。老达保村的扩塔节有"扩哈"节日准备、"扩鲁"女人年和"扩野"男人年三个鲜明的阶段。

1. "扩哈"——扩塔节的准备

拉祜语"扩"指的是十二个月的周期,也有复归、轮回、年之意,而"哈"指准备、筹备,合在一起就是扩塔节的准备。

(1)人员的组织

① 返乡

老达保村现户口登记人口数为502人,但仅有200多名常住人口。旅游的开发吸引了少数年轻人留在老家经营旅游业,但大多数的年轻人仍选择赴外地求学或外出打工。到扩塔节的前一周,来自天南地北的年轻人陆续返回村寨,原本平静的村寨热闹起来。

② 节前会议

节前会议在扩塔节正式开始之前的两天在观景台举行,由节日长老通知并主持召开,每家至少派一名代表参会,会上由节日长老、牧师、队长和副队长传达过节的具体要求,包含节日时间、教堂活动、拜年仪式等事项。

2019年2月2日的节前筹备会议中,节日长老李扎科和张扎妥先强调扩塔节的礼俗和禁忌,"明天过了以后,大活、重活不干,小活可以做,可以在寨子里面串门玩。大后天初二,我们要做以前古代时候传承下来的礼俗了,要跳芦笙舞、敲象脚鼓,唱《牡帕密帕》"[a]。接着,牧师李扎袜安排扩塔节中的宗教事项,队长张扎儿补充扩塔节防火的注意事项,演艺公司董事长张扎啊最后安排扩塔节的大型舞台表演活动。2021年2月10日村里召开节前筹备会议,因为换届选举和疫情防控呈现出新的特点,节日长老李扎科和张扎妥主要讲述礼俗,新任队长张扎啊和副队长张保强调疫情防控和防火的政策,牧师李扎袜安排人们扩塔节的宗教事务,最后环节,新

---

① 报告人:李扎努,老达保村的节日长老;访谈时间:2019年2月2日;访谈地点:澜沧县老达保村。

任妇女队长嘱咐村里的三位缅甸媳妇不要回乡探亲，以便防控疫情。从两次节前会议可以看出，老达保村的传统权威及现代国家管理体制的基层人员一同发表讲话，随着基层人员的换届，讲话的主体也发生了转变，同时新冠疫情的暴发对整个扩塔节活动有较大的影响。

（2）物品的筹备

① 年猪

年猪是老达保村扩塔节筹备中一项极为重要的物品，浓烈的节日氛围从杀猪时才开始①。老达保人十分重视杀年猪，"过年过节一定要吃猪肉，自家养的猪肉才好吃，不喂饲料的猪长得不快，喂养一整年才杀"②。笔者田野期间主要在李石开家居住生活，下面以李石开家筹备年猪的过程为个案，加以说明。

2021年2月6日，李石开与妹妹李娜迫一同筹备安排要宰杀一只年猪。天刚亮，家中的男子开着三轮车上山，将辛苦喂养一年的黑猪捉回宰杀，女人们在院子里支好了火塘三脚架。猪肉处理完毕，李石开将一半猪肉分给妹妹一家。中午，李石开用新鲜的猪肉烹饪了排骨冬瓜汤、橄榄生圆子、烤猪肉、腌菜炒肉等菜肴招待亲朋好友，父亲李拿巴、舅舅李扎戈、李扎丕和李扎莫带着妻子和小辈们一起来吃饭。聚餐中，李石开的儿子李扎思拿起了吉他，邀请年轻人一起唱歌喝酒。筹备年猪实际上是一场欢乐的宴会，人们唱着歌、开着玩笑、喝着酒，共同迎接即将到来的扩塔节。通过吃杀猪饭这一项简单的文化事项，在亲朋好友之间延伸出一条无形的关系链，借助年猪的筹备，在忙碌的一年重聚，诉说过去、歌唱忘忧。

---

① 杀猪在扩塔节之前的5~6天比较集中，人多的家庭每家杀一只，人数较少的家庭也会跟亲戚家合杀一只。但是杀猪也有着禁忌，即属猪的日子和礼拜天不能杀猪。
② 报告人：李石开，拉祜族芦笙舞国家级"非遗"传承人；访谈时间：2021年2月8日；访谈地点：澜沧县老达保村。

② 粑粑

粑粑，不仅是拉祜美食，也是贯穿各阶段的仪式用品，具有特殊的象征意义。春粑粑在扩塔节女人年的前一天（2021年2月11日）开始，是女人年的序幕。粑粑由两种糯米制成，白糯米和紫糯米，各家根据口味自由选择。春粑粑多是夫妻齐上阵，热腾腾的米倒进春碓里，李石开抡着一米多长的春锤使力，妻子李娜妥默契地用巧劲翻着粑粑使其受力均匀，大约捶打重复几十下，反复春三回。最后到了捏粑粑的阶段，先捏出一对比较大的粑粑，再搓出一个个掌心大小的小圆粑粑，装满了两个簸箕，小孩子们围着簸箕纷纷上前索要粑粑一解嘴馋。李娜妥说，这对大粑粑一个长一个圆，代表了一对夫妻，小粑粑代表他们的孩子们①。

③ 其他物品

节日的其他物品，包括食品、柴火、服饰等与吃穿的基本生存需求紧密相关。其中，在扩塔节前村民们将未脱粒的米，送去勐根大寨完成脱粒，南瓜、冬瓜等易储存的蔬菜也会被提前采摘堆放在一楼存储。糖、烟、啤酒、瓜子等食物是节前去勐根大寨②购买的。赶街时，也会购买节日穿的服饰，几乎所有的中老年妇女都会做拉祜族挎包。因为扩塔节正式开始后严禁上山砍伐，村民们提前开着拖拉机到8千米以外的薪炭林砍柴，以备扩塔节之用。

（3）环境清扫

扩塔节正式开始的前一天（2021年2月11日），男女老少纷纷拿着扫把出门打扫，先是扫自家门前分配的道路，之后打扫公共区

---

① 报告人：李娜妥，拉祜族芦笙舞国家级"非遗"传承人李石开的妻子；访谈时间：2021年2月8日；访谈地点：澜沧县老达保村。
② 勐根村村委会所在地离老达保寨两千米，以往这里是国有茶厂的驻地，直到现在这里依然保存着五个大队，村委会所在处为茶厂四队。听寨民说，当年有很多知青来这里工作成家，渐渐的就形成了五个大队，如今的勐根大寨是一个傣族、哈尼族、拉祜族、汉族混居的地方。

域。为了鼓励村民们更多地参与村寨中的集体劳动，老达保村实行了工分制度，由妇女队长李娜莫记录每家的出工数。扫完公共区域，村民们回家打扫自家环境，清洗脏衣服。在老达保人的眼中，清洁卫生有着"将不好的东西扫出去"[1]之意，寨内及家中的环境清扫，寄托了老达保人追求新的一年幸福的美好愿望。

（4）点香仪式

点香仪式是信仰佛教的拉祜族村寨在扩塔节筹备阶段的必备仪式，于拉祜族扩塔节正式开始的前一天进行。由于接受了基督教信仰，老达保取消了这一重要仪式。以新达保村的点香仪式作为参考。2021年2月11日，新达保村民准备好一杯米、一对香，前往莎都八的家中放置米和香，为点香仪式做准备。下午6时，莎都八李扎勇和徒弟李四带头，每家派一名男士，携带粑粑、香、猪肉上山神庙，达到后先跳《磕头舞》，再恭敬地献上四对香、六对粑粑。在莎都八的带领下向东、南、西、北四个方向鞠躬叩拜，集体点香仪式就完成了。这种传统的点香仪式，在老达保村被取消了，但这种取消并不是完全的"消失"，而是在女人年第二天的集体拜年仪式中以《点香舞》的舞蹈方式对这一传统仪式进行了再现与弥补。

2."扩鲁"——女人年的仪式与表演

"扩鲁"也叫"雅米玛扩"，意为"女人年"，是扩塔节正式开始的第一个阶段，也是扩塔节最隆重和热闹的阶段。

（1）接新水仪式

接新水仪式在女人年第一天凌晨进行，标志着女人年的正式开始。2021年2月12日凌晨4点钟鸡叫头遍时，一阵鞭炮声如惊雷打破了老达保村的寂静，接新水仪式开始了。按照传统，接新水是由

---

[1] 扩塔节之前的打扫可以将好的东西扫进家门，不好的东西扫出去。报告人：李扎莫；访谈时间：2021年1月30日；访谈地点：澜沧县老达保村。

家中的小辈进行的,而在李石开家,本应该由儿子李扎思起床接新水,奈何昨晚李扎思因聚会喝了太多酒醒不来,母亲李娜妥只好替他做了这一仪式。李娜妥拿着水壶,在自家厨房中的水龙头处接好满满的一壶水,放置在火塘上,准备天亮后的拜年仪式之用。李娜妥向笔者抱怨儿子不应该赖床不起,差点耽误了接新水的进程。

事实上,老达保村的接新水仪式是从传统的抢新水仪式演变来的。过去没有通自来水的时候,村民们以有趣而具有竞争性的抢新水仪式开启扩塔节,而现在村寨中通了自来水,就将"抢"新水变成了"接"新水。村民认为,新水有祈福治病的神奇功效,接新水就是"接到一年的福气"[1],新水能除病消灾、益寿延年,而接新水仪式从一种群体性的狂欢仪式,演变成一种家庭仪式。

(2)新年祷告仪式

将带有基督教特色的新年祷告仪式作为传统仪式的原因有两个,一是基督教在澜沧拉祜族地区的传播已有百年历史;二是基督教已实现了本土化。老达保人将耶稣基督与拉祜族原始信仰里的厄莎合二为一,用牧师李扎袜的话来说,"耶稣就是厄莎,厄莎就是耶稣"。

女人年第一天(2021年2月12日)清晨8时,老达保村民来到基督教堂参加新年祷告仪式。新年祷告会以悠扬的赞美诗作为开场。下一环节是牧师讲经,李扎袜翻开拉祜语圣经《厄莎维礼谱》[2],讲述天神厄莎用了七天的时间创造天地和生命的故事。在信仰基督教的老达保拉祜人心中,耶稣基督与天神厄莎的含义是相同的,圣经中上帝用了七天时间创造万物的故事,与拉祜族史诗《牡帕密帕》中天神厄莎造天造地、创造人类和万物故事完成了融合。最后是祷告

---

[1] 接新水是接福气之意。报告人:李扎莫;访谈时间:2021年1月30日;访谈地点:澜沧县老达保村。
[2]《厄莎维礼谱》为音译,即1992年版的拉祜文圣经和合本,里面的拉祜文为20世纪传教士创立的老文字。

环节①，祈祷在将来一年的生活中无病无灾、家庭幸福。老达保人在神圣的新年祷告仪式里虔诚地感恩厄莎为新的一年送上美好祝愿。

（3）家庭拜年仪式

家庭拜年仪式指拉祜族的亲属之间在彼此的家屋之中进行的扩塔节传统仪式，从女人节的第一天开始（2021年2月12日），到女人节的第四天（2021年2月14日）结束。

① 给父母拜年

正如拉祜族流传的"第一个厄莎就是我们的父母亲"的古训，在家庭拜年仪式中，最重要的是给父母拜年。现今59岁的李石开有三个孩子，大女儿李娜倮、大儿子李扎努、小儿子李扎思。按照传统来说，三个孩子都需要在女人年的初一来给父母拜年，但因为女儿李娜倮要在县城照顾生病的外孙，大儿子李扎努要在澜沧机场值班，都将拜年的时间往后推迟了两天。

2021年2月12日早上9时，李石开和李娜妥参加完新年祷告会后，回到家中，这时昨晚宿醉的李扎思才缓缓起床。意识到凌晨忘记起床接新水的错误的他，赶紧拿出母亲接好的新水，放在厨房的火塘上烧热。接着，李扎思拿出一个洗脸盆放在父母面前，李石开和李娜妥夫妻依次张开手掌放入盆中，李扎思提着水壶用温热的新水为父母洗手，同时父母也将手中的新水擦到脸上洗脸，接着拿出毛巾擦干。李石开站起身来，双手交叉、闭上眼睛为儿子虔诚地祷告。

像李扎思这样与父母同住的情况，给父母拜年的仪式仅需行洗手洗脸之礼即可，而村寨中与父母不同住的家庭，则会夫妻二人带上孩子，拿着一串鞭炮、一壶新水、一对粑粑、一块猪肉、一瓶饮料或酒等年礼前往父母或岳父岳母家中拜年。2021年2月15日，女

---

① 报告人：李扎袜，男，55岁，拉祜族，澜沧县老达保人，老达保村的现任牧师"莎拉"；访谈时间：2021年8月2日；访谈地点：澜沧县老达保村李扎袜家。

人年的第三天，李石开的大儿子李扎努回到了老达保。早上9时，李扎努带着妻子李娜克、女儿李娜在父母家的门口放鞭炮，喧闹声过后，李扎努将年礼放在篾桌上，李娜克端着温热的新水，为李石开、李娜妥夫妻洗手、洗脸。李石开将双手交叉垂在腰前，为李扎努一家祷告："厄莎啊，今天是女人年的初三，我的儿子、儿媳还有孙女来给我拜年了。希望您能够照顾他们，让扎努和娜克在新一年里面工作顺利，娜娜学习进步，身体健康不生病，阿门！"李娜妥拿出准备好的鸡蛋、糖果、爆米花作为回礼，还给了孙女李娜压岁钱。

②给其他长辈拜年

给哥哥、姐姐、大爹、叔叔、姑姑、舅舅、爷爷、奶奶等长辈拜年的仪式从女人年初二开始。2021年2月15日中午，大儿子李扎努一家刚给父母拜完年，就起身前往爷爷李拿巴家拜年了。为李拿巴拜年的人数比较多，李石开李娜妥夫妻、大儿子李扎努、小儿子李扎思、儿媳李娜克、孙女李娜一行人，提着装了新水的水壶、一对糯米粑粑、一块猪肉、两箱饮料一起前往李拿巴的家里。李扎思先在门口放了鞭炮，进门后李娜妥拿出盆子，为父亲李拿巴洗手、洗脸，接着热情地与李拿巴握手。李拿巴老人看到儿子、孙子及重孙女一起来拜年十分开心，说："今天是女人年初三，感谢你们都来拜年，祝厄莎保佑你们平平安安，娜娜学习进步，扎努多赚些钱，扎思早点找到妻子！"然后大家纷纷与李拿巴握手，李拿巴拿出了一些早已准备好的糖、水果和鸡蛋装到小辈们的挎包里。可见，家庭拜年仪式是一种缺乏公共表演性的传统仪式，仪式仅限于家屋内部进行，仪式的双方是拉祜亲属的小辈和长辈，尤其是给父母和老人拜年最为重要，通过仪式展现出敬老的传统社会秩序。

（4）集体拜年仪式

集体拜年仪式是一项在女人年第二天进行的重大活动，包含点香舞仪式与集体拜年两个环节。点香舞仪式与集体拜年是一个连贯的过程，前者是一项为"厄莎"表演的宗教仪式，后者则是为老达保社会成员自身而表演的集体狂欢。

① 仪式的准备

集体拜年仪式的筹备活动比较烦琐，包括年桩的竖立、乐器和年礼的准备及人员的协调。年桩是贯穿扩塔节女人年与男人年仪式和表演的象征物，年桩由村中较有威望的"白发老人"李扎戈、李扎倮、李扎莫和李扎丕四兄弟负责。2019年2月6日清晨，李扎莫上山砍伐了一棵高3米、树干笔直的松树，由于扩塔节期间禁止挖地和砍伐，砍树前李扎莫还需向"厄莎"说明："厄莎啊，这棵树是我们过年的时候做年桩用的，请您不要生气，您不能打我也不能骂我，保佑我们寨子平平安安。"接着李扎戈和李扎倮将松树栽在寨中心广场，从地里砍来芭蕉叶、甘蔗，将它们与松树牢牢绑在一起，再把桃花、李花和三角梅插上点缀。

年礼、乐器的准备及人员由节日长老李扎努和张扎妥准备。张扎妥将象脚鼓、芦笙等乐器擦净灰尘放置在年桩的一侧，他解释说："拜年的时候，芦笙是男人用的，在前面领头；象脚鼓是女人用的，跟在芦笙舞后面，里面有一个鼓已经用了两代一百多年了。"[①] 李扎努则负责用竹叶精细地包好12对粑粑及腌好的猪排骨肉，另外准备了12份饮料、啤酒、糖。集体拜年的对象也是由两位节日长老进行协调，他们在节前会议上就已经对拜年的人群和即将接受拜年的人家进行了通知，以便接受拜年的人家提前准备好回礼。

② 点香舞仪式

点香舞仪式是由德高望重的老人围绕年桩跳芦笙舞模拟点香动

---

① 报告人：李扎努，男，60岁，澜沧县老达保村人，老达保村现任节日长老。访谈时间：2021年2月10日；访谈地点：澜沧县老达保村。

作的一项仪式,也是集体拜年表演的序幕。下午近1时,李扎戈、李扎莫吹起了芦笙,老人张扎母拿起象脚鼓咚咚地敲起,用乐声号召全村人集合,村民闻声穿上盛装赶来。

80岁高龄的李扎戈吹起芦笙在最前方,迈着颤抖的步伐领跳《点香舞》①,其他会跳芦笙舞的老年男性则紧随其后,而跳摆舞的女性则在外围以年桩为中心绕圈,将年桩里里外外围了三圈。只见李扎戈在逆时针移动的过程中右腿弯曲,向后退一步,左腿紧接着向前,左脚尖模仿点香的动作点地后落下,并重复三圈。而外围的女性们则在象脚鼓的节奏中挥动着手臂,逆时针转动三圈,众人高举芦笙和手臂"哦"一声欢呼结束。在舞蹈中,位于内圈的芦笙舞者表情庄重、严肃,整个仪式的过程也沉浸在庄重的氛围里,直到最后众人高举芦笙和手臂的一刻,严肃的气氛才缓和下来,扩塔节又回到了热闹和喧嚣的气氛。

听老人卫扎母说,《点香舞》是拜年仪式的开场,在基督教传入之前及其他信仰佛教的拉祜族村寨中,都会以莎都八带领全寨男性点香敬天神厄莎作为拜年仪式的序幕②。而信仰基督教的老达保村因为基督教教义约束取消了点香的仪式步骤,只以芦笙舞中以脚尖点地、模仿为厄莎点香敬香的动作作为替代。点香舞仪式看似一个围绕着年桩而进行的集体舞蹈,实则是以一种象征的方式传承了传统的仪式,有着"为厄莎表演"的意义。

③集体拜年

2019年2月6日13:20,集体拜年紧接着点香舞仪式而进行,老达保全村人从年桩出发,按照既定的路线在12户有威望的人家进

---

① 李扎戈的左脚曾经因为交通事故受伤,因此不适合长久时间来做领舞,因此李扎戈只领导开头的《点香舞》。
② 报告人:卫扎母,男,66岁,酒井乡勐根村新达保人,新达保前任队长;访谈时间:2021年8月15日;访谈地点:酒井乡新达保村。

行拜年,并最后回到寨中心的年桩处,形成一个环线。在村民的眼中,集体拜年仪式是"老达保过年最有特色的事情",也是女人年期间村寨中最盛大的集体狂欢。

李扎戈老人暂时退出了领舞的位置,将这一重要位置交给了弟弟李扎莫和外甥李石开。在他们的引导下,拜年游行的队伍有序排好,最前方是李石开、李扎莫、李扎丕等8名男性芦笙舞者,紧接着是演奏象脚鼓、铜锣和铓镲的人,再往后就是浩浩荡荡的摆舞队伍,整个队伍总长度有50多米,十分热闹。

游行的队伍首先来到老达保村队长李扎儿家附近,听闻敲锣打鼓声和喧嚣的鞭炮声,李扎儿赶紧把通往家中二楼客厅的门关上,和妻子一起站在客厅等候。客厅的家具早已挪开,仅留两只篾桌,上面摆满了糖、花生、水果、爆米花等接待拜年者的回礼。李石开带领的拜年队伍到了李扎儿家楼下后跳起了《磕头舞》,8名芦笙舞者绕成了一个逆时针的圈,李石开面对李扎儿家楼梯的位置,如同"磕头"一般不断用很大的膝部动作完成跳步,三次"磕头"重复之后,左右倒身跳步转一圈,如此再重复三次就开始一步一跳缓慢上台阶。即将进入二楼门口的时候,李石开右脚腾空,脚掌向门口抬起一拍,模仿"踢门"的动作。"踢开"门后,前来拜年的队伍终于见到了在家中二楼客厅等待的李扎儿夫妻。随着人潮的涌入,李扎儿家的客厅被塞了个水泄不通,即使如此,人们还是在拥挤的客厅面对李扎儿夫妻重复了一遍《磕头舞》,拿出吉他献了一首《扩试哈列加》(意为"新年快乐")的赞美诗,歌词大意是:

有厄莎的照顾,我们迎来了新年,我们都很开心。厄莎帮助了我们,度过了一年,一起跟着新年走向未来……因为有厄莎的照顾,我们赞美2019年，新年之际我们真的很开心。①

年歌过后，村民们热烈的情绪达到高潮，事先准备好的年礼被放在了篾桌上，包括一对竹叶包好的粑粑、一块竹叶包好的猪排骨肉、一瓶饮料或四瓶啤酒、一包糖、一包烟等。李娜莫拿出洗脸盆，提着温水为李扎儿夫妻洗手、洗脸，洗手时人们也互道"扩试哈列加"等祝福的话。接着，队长张扎儿兴奋地为人群献上新年祝福，他笑着说："谢谢大家来给我拜年，今天是大年初二，我非常快乐。旧的一年结束了，新的一年开始了，也祝老达保的所有人快快乐乐、开开心心，大家说好不好？"语音刚落，众人们一阵欢呼。最后，浩浩荡荡的人群依次同李扎儿夫妇握手互道祝福，李扎儿的小辈亲戚们赶紧端着糖、花生、水果等食品，一把把递给即将离开的拜年者们，标志着第一家拜年游行的完成。

拜年游行的12家仪式过程基本相同，紧接着人们先后到了副队长李扎保家、快乐拉祜演艺公司主持人李玉岚家、村寨保管员李二家、村寨保安队长张扎约家拜年。而到了给下一家李娜倮拜年的时候，人们没有唱诵教堂赞美诗，而是专门选择了由李娜倮创作的《快乐拉祜》作为年歌进行合唱，歌词大意如下：

拉祜拉祜拉祜哟，快乐的拉祜人，拉起手来围起圈来，心儿贴着心。拉祜拉祜拉祜哟，快乐的拉祜人，幸福吉祥吉祥幸福，快乐到永远。

欢乐的歌声过后，李娜倮与丈夫张扎思一同接受洗手洗脸之礼，她笑着为村民们说出新年祝福："谢谢你们来给我拜年，我今天特别快乐，祝我们老达保人，今年跟《快乐拉祜》歌里唱的一样幸福快乐，天天开心！"说罢夫妻俩在阵阵欢呼中与村民一一握手互道祝

---

① 歌词翻译：李扎思，男，35岁，拉祜族芦笙舞国家级传承人李石开的儿子。访谈时间：2019年2月11日；访谈地点：澜沧县老达保村。

福，女儿张玛丽和儿子张如达在一旁快速地发放着啤酒、糖和水果。

而在接下来给牧师李扎袜拜年的时候，这种欢乐的氛围多了一份庄严的气息。之前所唱诵的年歌多是曲调欢乐、氛围热闹的，而为李扎袜所唱诵的年歌内容则是一首《感谢厄莎》的赞美诗，唱诵时人们的深情更加庄重、认真，歌词大意为：

无限带给我们福祉的这个人，就是你耶稣，你造了天地，让我们在土地上幸福地活着，我们赞美你、赞颂你，阿门。①

接着唱颂完毕，集体拜年重新恢复了热闹，人们纷纷冲向前与接受拜年的夫妻和老人们握手，互相说着吉祥的话，握手后便依次下楼准备前往下一家拜年，在喧嚣的音乐和鞭炮声中离开。12家拜年路线走完，村民们纷纷在芦笙与象脚鼓的节奏中回到寨中心的年桩处，进行短暂的休息，并为接下来的跳芦笙舞与摆舞仪式做准备。

2020年和2021年扩塔节期间全国进入抗击新冠疫情的情况下，老达保村的集体拜年全部暂停，李扎思遗憾地说："集体拜年要是没有疫情每年都会做的，本来今年还会来给我爸爸妈妈拜年，我爸我妈都准备了糖啊很多东西，后来全分给自家人吃了，不吃就怕过期了。"②

由此可见，虽然点香舞仪式与集体拜年都属于集体拜年仪式的连贯过程，二者的性质却有所不同。点香舞仪式是一项比较严肃的宗教仪式，仪式中的舞蹈所表演的目的所指向的是天神厄莎；而集体拜年是一种老达保全体社会成员沉浸其中的集体狂欢，而舞蹈表演的目的不是"神"而是"人"。

（5）跳芦笙舞与摆舞

包括嘎祭嘎仪式、跳芦笙舞与摆舞连贯的两个环节，但性质和

---

① 歌词翻译：李扎思，男，35岁，拉祜族芦笙舞国家级传承人李石开的儿子。咨询时间：2019年2月11日。
② 老达保村原先准备的集体拜年物品没有派上用场，报告人：李扎思；咨询时间：2020年10月20日；访谈地点：澜沧县老达保村。

目的有很大差别：嘎祭嘎仪式是一项为厄莎表演的宗教仪式，跳芦笙舞与摆舞表演则是为老达保社会成员自身而表演的集体狂欢。

① 嘎祭嘎仪式

嘎祭嘎仪式进行于女人年第二天的下午（2019年2月12日），"嘎祭嘎"在拉祜语中是"开门"的意思①。仪式来源于《牡帕密帕》中"为天神厄莎跳芦笙舞拜年"的典故，意在为厄莎献上年礼，祈求新的一年风调雨顺、六畜兴旺、五谷丰登。

仪式开始之前，节日长老李扎努和张扎妥在李扎戈家中提前布置一张藤篾编织的小方桌，上面放一箩谷种，谷种里插上桃花、李花及三角梅点缀，小方桌的上面再放置一块竹叶包好的猪排骨肉②、一对竹叶包好的粑粑③。选择李扎戈家作为嘎祭嘎仪式的地点，是因为李扎戈是村寨中拉祜传统文化的精通者，如今依然在村寨传统事务的决策上有着很大的权威。

在领舞李石开的带领下，李扎俫、李扎莫等8名年长的芦笙舞者有序地从寨中央广场走到李扎戈家楼下，跳摆舞的女性紧随其后。到了楼下，李石开带头跳起磕头舞的步伐，先逆时针绕圈起步，面向李扎戈家以较大的膝部动作模拟出"磕头"动作，重复三次开始一步一跳上台阶，即将进入二楼门口时，右脚腾空，脚掌向门口抬起一踢，模仿"踢门"的动作进入室内。接下来，李石开带领着芦笙舞团队围绕着方形的供桌、顺时针走12步，跺12脚，再逆时针走12步，跺12脚，反复四遍。表示一年有12个月，一天有12个时辰。此时，跳摆舞的人群也进入了李扎戈家二楼客厅，芦笙舞队伍在前、

---

① 报告人：李石开，男，拉祜族，57岁，澜沧县酒井乡老达保人，《拉祜族芦笙舞》国家级传承人。访谈时间：2019年4月9日，访谈地点：老达保李石开家中。
② 年礼中的猪肉以三年为一个周期进行筹备，前两年用猪排骨肉即可，第三年必须用猪头。
③ 粑粑为一对，一个代表月亮，一个代表太阳。

摆舞队伍在后，面对李扎戈再次跳起磕头舞，结尾时高抬芦笙、扬起手臂欢呼。

跳完后人们蹲下来仔细聆听李扎戈老人的祈祷，"厄莎啊，谷种钱这些礼都备好了，给您磕头，愿我们能够吃福喝福。寨子里面的嘎祭开始跳了，天神下面我们就吃福喝福赐给我们，谷种赐给我们，嘎祭开始了，厄莎哦。"随后，李扎戈将装着谷种与年花的箩筐双手递交给李石开，这一动作郑重而平稳，可视为拉祜传统的传承。李石开抱着箩筐，李扎保抬起小桌子，众人一起下楼，在芦笙与象脚鼓的音乐中回到年桩处。再次围绕年桩顺时针走12步，跺12脚，再逆时针走12步，跺12脚，反复四遍，将谷箩与小方桌放在年桩前，众人一齐欢呼嘎祭嘎仪式的结束，此时严肃庄重的氛围才重归轻松快乐。

从嘎祭嘎仪式的来源、内容、氛围和过程中可知，嘎祭嘎仪式在本质上是一个为天神"厄莎"献上年礼、表演芦笙舞与摆舞并祈求"厄莎"馈赠的虔诚的宗教仪式，仪式中的舞蹈指向对天神"厄莎"的表演。

② 跳芦笙舞与摆舞

随着嘎祭嘎仪式的完成，热闹的跳芦笙舞与摆舞正式开始，也是老达保所有社会成员的狂欢。村民的以年桩为中心男性在内圈跳芦笙舞，女性在外圈跳起摆舞。它包含芦笙舞与摆舞两种舞蹈，每种舞蹈又含有礼仪舞和生产生活舞两个部分。

芦笙舞的礼仪舞必须按照规定的顺序来跳，在李石开和李扎莫的带领下，前五套为：第一套《扫出扫进舞》用脚模拟扫把进行扫地，寓意新的一年将不好的东西扫出去，好的东西扫进家门。第二套《点香舞》用脚尖点地，模仿代表为天神厄莎点香敬香的动作。第三套《磕头舞》用比较大的膝盖弯曲度和身体的前后摆动，模仿磕头的动作。第四套《支桌子舞》用右脚后跟点地，脚背上勾，代表嘎祭嘎仪式。这些舞蹈仪式完成后，村民们将盛放着年礼的小桌子支回年桩旁。第五套《开莎舞》是为了纪念教人们跳芦笙舞的天神的儿子开莎而跳的①。

之后的生产劳动舞由李石开和李扎莫轮流领舞，按先后顺序分别为：模仿开荒种地时辛苦找地的过程的《找地舞》；表现上山、芟地生产劳动过程的《钐地舞》；表现拉祜男人赶牛、犁地的《犁地舞》；趣味展现劳动中被刺扎了脚，然后拔了出来再继续劳动的情节的《摞草烧草舞》；模仿抬谷种箩、撒下谷种动作的《撒谷种舞》；用向下勾起的脚尖模拟铲田埂的动作《铲田埂舞》；左右脚交替抬膝跨越展现拔秧过程的《拔秧舞》；表现丢秧苗、接秧苗、栽秧的过程的《栽秧舞》；表现薅草、扎草、踩埋草过程的《薅秧舞》；表现出"谷子黄，拉祜狂"丰收喜悦的《风吹谷子倒》；把倒伏的谷子扶起来的《绑谷子舞》；模仿右手持镰刀、左手握谷杆的《割谷子舞》。

相对而言，位于外圈的摆舞就比较简单了。摆舞在以年桩为中心的芦笙舞外围，由李娜妥等女性长者领头，按顺序分别为《钐地开垦舞》《犁地舞》《挖地敲地舞》《烧摞渣舞》《撒谷种舞》《铲田埂舞》《拔草舞》《割谷子舞》《堆谷子舞》，用丰富的手部动作模仿了在田间开垦、犁地、烧杂草、打谷、筛谷、背谷装仓的动作。舞蹈所展现的农业生产过程是连续的，表达老达保人祈盼丰收的愿望。

由此可见，虽然嘎祭嘎和跳芦笙舞与摆舞的主要内容相似，但性质却有很大不同。一开始，跳芦笙舞与摆舞的仪式与表演是以嘎祭嘎的形式进行的虔诚的宗教仪式，表演的目的指向天神厄莎；后来，转变为老达保全村人的狂欢，表演的目的从天神"厄莎"转变

---

① 报告人：李石开，男，拉祜族，57岁，澜沧县酒井乡老达保人，《拉祜族芦笙舞》国家级传承人；访谈时间：2021年1月30日；访谈地点：澜沧县老达保村李石开家中。

为全体村民。

（6）唱《牡帕密帕》

通常拜年仪式后唱《牡帕密帕》是扩塔节活动必备程序。在老达保村，《牡帕密帕》由老人和非遗传承人在传承馆内完整演唱，并通过扩音喇叭将歌声传遍全村[①]，既是一种感恩天神厄莎仪式，也是面向全村人的表演。李扎俅说：

> 过年必须唱完《牡帕密帕》，因为这是一年的结束也是新一年的开始，在这一年里所有的吃的、用的都是厄莎赐予的。[②]

从女人年第二天（2021年2月13日）开始演唱，到男人年第二天（2021年2月20日）傍晚，一共唱了"七天七夜"[③]才结束，与集体拜年和跳芦笙舞同步进行，互不干扰。

演唱之前，节日长老李扎努和张扎妥提前准备好了年礼，即一对粑粑、一块竹叶包好的猪排骨肉、一瓶米酒、糖及饮料若干放在传承馆中。国家级传承人李扎俅、李扎戈和徒弟李扎莫、李娜儿、李娜努、张扎啊、李二、李娜拉等陆续进入传承馆中坐好准备演唱。李扎俅唱出了《牡帕密帕》的开头，标志着唱《牡帕密帕》的仪式正式开始。领唱完毕，徒弟们一个接着一个来唱，唱错或唱得不到位的地方由李扎俅指导。李扎戈由于年龄较大、气息不足，坐在李扎俅的旁边听徒弟们唱并指正错误。在女人年接下来的几天（2021

[①] 老达保村中有两个高音喇叭，一个在教堂前，一个在传承馆前，教堂前的喇叭播放国家新闻、宣传政策，传承馆前的喇叭是村民广播通知与传承文化的通道。高音喇叭也是节日进行文化传承的工具，在扩塔节期间，老人和传承人们演唱的《牡帕密帕》和年歌的全部内容从传承馆传播到整个村寨。
[②] 报告人：李扎俅，拉祜族，男，78岁，澜沧县酒井乡老达保人，《牡帕密帕》国家级传承人；访谈时间：2021年2月5日；访谈地点：澜沧县老达保村。
[③] "七天七夜"是老人自身的说法，实际上"七天七夜"是为了形容《牡帕密帕》的内容繁复而说出的约数，在老达保村寨的扩塔节期间，从女人年第二天到第四天，再加上男人年第一天和第二天，每天从中午12时至下午6时，晚饭后再从8时唱到深夜12时，加起来一共是五天。

年2月13日—2021年2月16日），演唱了厄莎造天造地、造日月星辰、造草木动物，不孝子扎努扎别种葫芦造人、兄妹成婚的故事。由此可见，唱《牡帕密帕》既有仪式的性质，也有表演的特性。一方面，老人和传承人们虔诚地将天神厄莎的诞生及其事迹，包括世间万物的由来、人类的诞生与繁衍等，以仪式的形式进行演唱，达到与天神厄莎沟通和对话。另一方面，他们将古老的信仰、知识和故事在村寨范围内进行传播，透过扩音喇叭将表演的受众范围扩大，以便进行文化的传承。

3. "扩野"——男人年的仪式与表演

"扩野"是"男人年"的意思，俗称"小年"，为期3天。男人年的具体内容与女人年有极大的相关性，按时间可分为筹备，《牡帕密帕》结束，跳芦笙舞、摆舞结束和打陀螺表演四个环节。

（1）男人年的筹备

在女人年与男人年之间有为期两天的间隙，人们在这两天时间内，为男人年的正式到来做准备，也是村民们补做农活的重要时间。与女人年相一致的是，男人年也以舂粑粑为序幕。男人年前一天傍晚，节日长老李扎努广播通知各家舂粑粑，人们纷纷蒸好米，每家男女合作舂出了一对代表"爸爸妈妈"的大粑粑和很多代表"孩子"的小粑粑。相比之下，男人年比女人年的准备程序更加简单，无须杀猪，也不需要在屋内屋外做全面的清扫。

（2）《牡帕密帕》结束

从男人年的第一天中午（2021年2月19日）开始，李扎倮、李扎戈、李扎莫、张扎啊、李四、李娜努、李娜儿等传承人重聚传承馆恢复了《牡帕密帕》的演唱，唱词紧紧衔接女人年的演唱内容，先后唱到了十二对儿女长大、给厄莎拜年，在厄莎的帮助下学会种地、制衣、养牲畜、打铁等生存技能的故事。最后一部分《漫漫迁徙路》在男人年第二天下午（2021年2月20日）结束，由李扎俫收尾。《牡帕密帕》的收尾时间与跳芦笙舞与摆舞的收尾相同，李扎俫唱完后，传承馆中发出一声欢呼，《牡帕密帕》演唱就此圆满收尾。通过"七天七夜"的演唱，老达保的老人和传承人们完成了与天神厄莎进行沟通和感恩的仪式，同时也是完成了一场持续多日的盛大表演。

（3）跳芦笙舞与摆舞结束

拉祜族扩塔节的集体仪式与表演是一个有头有尾的完整过程，男人年的第二天（2021年2月12日）正式完成跳芦笙舞与摆舞的收尾。

① 跳芦笙舞与摆舞

2021年2月12日下午1时，悠扬的芦笙声和澎湃的象脚鼓声从年桩处响起，老达保村民们穿上盛装来到广场集合，一起开始欢乐地跳芦笙舞与摆舞。在礼仪舞跳完之后，澜沧县文化馆的工作人员也停止了直播，人们从女人年初二时没有跳完的生产劳动舞，以年桩为圆心开心地跳起来。

芦笙舞由李石开和李扎莫交替领舞，先后顺序为：模仿抬谷穗、握弯棍打谷子收获过程的；模仿扇掉扁谷、留下饱满的谷粒的《扬谷子舞》；模仿背谷子走路回家的《背谷子舞》；用脚掌翻动、模仿谷子装仓的《装谷子舞》。与此同时，位于芦笙舞者外圈的摆舞队伍也用手部动作模仿了在田间打谷、筛谷、背谷、装仓的过程，游客和其他村寨来的朋友们纷纷加入摆舞的队伍，从两圈增加到五圈。

短暂休息后，李石开带领芦笙舞队伍跳起了生活舞，生活舞以拉祜人舂米、砍柴、煮饭等日常生活为蓝本进行模仿，没有固定的顺序，还带着即兴发挥的成分。李石开说：

除了嘎祭嘎、嘎祭扩歌和生产劳动舞顺序不能变以外，其他的顺序可以随意来跳。①

比如与饮食有关的《舂谷子舞》《舂盐巴辣子舞》和《煮饭舞》，模仿动物的《猴子舞》《斗鸡舞》《青蛙舞》。而外圈的芦笙舞者同时跳起《舂米舞》《筛米舞》《煮饭舞》《吃饭舞》《洗澡舞》《打扮舞》等。

在欢乐的氛围中，老达保人吹着芦笙、敲着象脚鼓、踏着欢快的舞步尽情欢娱，这场狂欢持续到下午5时。与女人年相同的是，在跳芦笙舞与摆舞的过程中，全村人积极地参与其中，共享着欢乐，是一种老达保全村人的狂欢，而这样的表演的目的则是指向"敬人"，即为村民自身而进行表演。

② 嘎祭根仪式

与代表开门仪式的"嘎祭嘎"相对应，嘎祭根仪式是扩塔节跳笙的收尾，"嘎祭根"一词有结束、收尾的意思，也叫"嘎祭扩歌"。李石开说：

最后跳的舞叫作"嘎祭扩歌"，也叫"嘎祭根"，是一年收尾的意思，跳的时候正着绕两圈，第三转绕回去跳磕头舞，就结束了。②

如果说集体跳芦笙舞与摆舞是拉祜人可以即兴发挥的狂欢的话，那么嘎祭根仪式则是一个严谨而统一的仪式，它由全村人一起跳，是芦笙舞和摆舞跳完与农业生产相关的套路后的收尾舞蹈。

2021年2月15日下午5时，由李石开领头，李扎戈抬着插了年花、装满谷种的箩筐，李扎莫抬装着一对粑粑和猪排骨年礼的小桌子。以年桩为中心，芦笙舞者在最中间的一圈跳起来，而敲着象脚鼓和摆舞的人们在外面围成五圈。先顺时针一步一跺脚绕年桩转3圈，再逆时针一步一跺脚绕着年桩转3圈，如同虔诚地对天神厄莎一步

---

① 报告人：李石开，男，拉祜族，57岁，澜沧县酒井乡老达保人，《拉祜族芦笙舞》国家级传承人；访谈时间：2021年2月10日；访谈地点：老达保李石开家中。
② 报告人：李石开，男，拉祜族，57岁，澜沧县酒井乡老达保人，《拉祜族芦笙舞》国家级传承人；访谈时间：2021年2月13日；访谈地点：老达保李石开家中。

一拜。停止转圈后，面对着松树重复三次磕头舞，跳步时候膝部的弯曲很大，如同"磕头"一般；外圈跳摆舞的队伍甩着头巾，手臂交替摇摆，模仿出虔诚的"磕头"的动作。最后，芦笙舞者高抬芦笙，摆舞者挥舞手臂，一齐欢呼。与此同时，国家级传承人李扎倮在一旁的传承馆完成了《牡帕密帕》的收尾，广场和传承馆的人们一起欢呼，热闹至极。

与包含即兴性的集体跳笙表演相反，嘎祭根仪式有着明确的制度和规则，一步一跺脚的虔诚舞步象征着对于天神厄莎的崇敬与感恩。从集体跳笙表演到嘎祭根仪式，虽然都处于同一仪式地点和主体，其意义却发生了变化，反映了从集体表演的狂欢到以"厄莎"为中心的"敬神"仪式的转变。

③分福种仪式

分福种仪式是男人年第二天的最后一项重要仪式，也是老达保村在扩塔节期间举行的最后一项集体仪式。2021年2月15日下午6时，在一片欢笑声中，节日长老李扎努和张扎妥来到年桩松树旁，为全体村民分发谷种。分福种仪式来源于《牡帕密帕》中厄莎为拜年的人们分发谷种寿种的典故，由节日长老将供奉在年桩下的谷种分发给全村每家人，以求农业的丰产。李扎努说，厄莎赐予人们的种子是"福种寿种"（拉祜语 coyawd miqyawd），分福种仪式的寓意是"希望人们在新的一年中粮食有好的收成、无病无灾、幸福长寿"。①

村民们纷纷向年桩处聚集，节日长老李扎努拿起装了谷种的箩筐，把手中早已准备好的纸杯递向他，争先恐后的人群将年桩周围挤得水泄不通。每家都拿到了属于自己的一杯谷种，而分到的谷种也是有作用的，李石开说：

---

① 分福种的意义是让人们丰收和长寿，报告人：李扎努；访谈时间：2021年2月10日；访谈地点：澜沧县老达保村。

种子拿回家以后，拿到自家的谷仓里面去，再用手搅一搅，跟自己家里谷仓里的谷种混在一起，这样今年地里的收成就会更好。①

老达保人用这样的方式求得福种寿种，期盼新的一年风调雨顺，五谷丰登。

分福种快结束时，妇女主任李娜莫在广场旁边的空地上支起大锅，节日长老张扎妥将年桩边的一对猪排骨、一筐粑粑和传承馆的一对排骨及粑粑拿到铁锅旁。村民们七手八脚地烹饪年礼，当香气四溢，老达保人就一起享受这美味的年礼了。当太阳落山余晖退去，老达保村民也从广场散去，这也是扩塔节期间老达保村集体仪式的尾声。

（4）打陀螺表演

打陀螺是贯穿男人年三天的一项重要的娱乐活动，打陀螺也叫"阔朵"，老达保村的男人们无论老少都对打陀螺有极高的热情，"如果能把陀螺打烂一两个，那就意味着来年吉祥如意，瓜果丰收"②。

在男人年第一天的中午（2021年2月20日），节日长老李扎努和张扎妥在陀螺场里放了一张小藤桌，上面放置一对粑粑、一块猪排骨肉做年礼。男人年的第三天（2021年2月22日），村里最隆重的活动是和外来的朋友们比赛陀螺，比赛的消息一大早就通过扩音喇叭通知了，全村男性热情高涨，积极地开展训练。到了下午，从东回乡和澜沧县城受邀来了12名选手，老达保的村民集体出动，顶着烈日去陀螺场观看和助威。不过，虽然进行了努力的训练，老达保选手依然不敌专业的外来选手，前两局都输了。第三局中，两方选手飞出的陀螺势均力敌，村民们焦急地等待着结果，一分钟后，

---

① 分好的谷种要放在自家粮仓里，报告人：李石开；访谈时间：2021年2月10日；访谈地点：澜沧县老达保村。
② 打陀螺的意义在于丰收。报告人：张扎啊，老达保村新任队长；访谈时间：2021年2月10日；访谈地点：澜沧县老达保村。

老达保的陀螺先倒地，村民们发出了阵阵笑声，老达保队就这样以0∶3的成绩"惨败"，赛后热情地请客人们用晚餐。可见，打陀螺不仅仅是一个体育比赛，它作为一种村寨之间特殊的表演，成为不同村寨进行交往的途径，加强了社会的团结。

扩塔节在与友寨的打陀螺比赛中愉快地结束，芦笙与歌声沉寂了、欢宴散场了，但是扩塔节并不是戛然而止，节日的影响仍在延续。人们带着扩塔节中得到的欢乐和放松，重新回归进入了紧张的生产劳作中。

至此笔者对传统拉祜族扩塔节"扩哈""扩鲁"和"扩野"的仪式与表演做了描述。老达保如今依然较好地保留着传统扩塔节的核心形式与内容，没有随时代发展变迁而消逝。更重要的是，在老达保拉祜族扩塔节的各个阶段，都有着标志性的仪式与表演，这些仪式与表演是难以划清准确界限的。传统仪式并非单一的仪式，表演也并不是现代国家的专利，拉祜族扩塔节的传统仪式蕴含着浓厚的表演性，表演的对象既有"神"又有"人"。如果将扩塔节的仪式与表演合在一起来看，还能发现，几乎每一项仪式与表演里都有天神"厄莎"的影子，与"厄莎"信仰息息相关。

（三）旅游影响下的扩塔节

本节从动态视角考察老达保村拉祜族扩塔节在旅游发展的过程中发生的转变。在发展旅游影响下的拉祜族扩塔节表演经常性上演，但其性质，却与传统扩塔节不同，前者更多服务于商业性目的，后者则是为天神厄莎和老达保村民自身而表演。

1. 老达保村的旅游表演

（1）舞台表演

快乐拉祜演艺舞台是老达保乡村音乐小镇打造的重点，从2006

年起，由普洱市委宣传部、澜沧县文旅局的工作人员组成了指导团队，编排出一套包含十个节目的大型舞台演出《老达保拉祜风情实景剧》，在旅游旺季或重要接待时演出。从女人年第三天至男人年第三天（2019年2月7日至2月12日）进行持续五天的大型舞台表演。舞台表演每天两场，门票50元/人，节目有：开场《敬茶歌》、男子歌曲《打猎歌》、男女对唱《四季调》、儿童歌曲《做个好孩子》、男子舞蹈《拉祜族芦笙舞》、女子集体舞《捕鱼舞》、互动环节《拉祜族婚俗》、合唱《婚誓》《颂党恩》《实在舍不得》。

由于新冠疫情防控，2020年和2021年扩塔节暂停了大型的舞台表演活动。但游客的娱乐需求不减，散客可以通过点播小型演出的方式观赏表演。小型演出的地点由村寨中央的舞台转移到了村寨餐厅"哦扎阁"的空地上。可见，无论是新冠疫情前的大型舞台表演还是疫情暴发后的小型演出，老达保人将村寨的日常生活、拉祜族的文化特质及时代特征浓缩为一系列节目进行了舞台表演，而这种舞台表演的灵感取自日常生活，是一种日常生活的舞台化展现。

（2）仪式直播

2021年2月20日，澜沧县文化馆的馆长和工作人员带着直播和照相设备来到老达保，准备开展"非遗过大年，文化进万家"的仪式直播活动。直播快要开始时，一些原先没有穿着拉祜族服饰的村民在队长的劝说下折回穿衣[①]。

按照传统，男人年第二天的芦笙舞与摆舞应该接着女人年第二天的内容继续来跳，已跳过的内容无须重复。但为了在直播中展现出更多拉祜族文化特色，在文化馆工作人员的要求下，将观赏性强

---

① 为了直播的效果，老达保村民被统一要求穿拉祜族服装。报告人：李妹；访谈时间：2021年2月20日；访谈地点：澜沧县老达保村。

的礼仪舞重新跳了一次。村民们排成一排长队，跳芦笙舞的男性在前，跳摆舞的女性在后。节日长老李扎努将鞭炮点燃，李扎戈抬着插好了桃李花的谷种领头，李扎莫抬着放了猪肉和粑粑的藤桌，李石开吹响芦笙领舞，开始表演嘎祭嘎仪式的舞蹈。围绕着松树依次跳了《点香点蜡舞》《磕头舞》《支桌子舞》和《开莎舞》。而女士们紧跟着跳芦笙舞的男士们，在象脚鼓的伴奏下挥舞手臂跳起摆舞。同时，澜沧县文化馆的工作人员身着拉祜服装站在镜头前，用普通话进行实时解说。

这场仪式直播表演并没有完全复制嘎祭嘎仪式，跳过了从李扎戈老人家拿年礼的步骤，直接在广场上跳起嘎祭嘎的步伐，这也体现出在旅游影响下传统仪式所发生的转变。

2. 县城拜年仪式

改革开放之后，拉祜传统的拜年习俗在澜沧县复兴，人们自发地为政府机关送上年礼，这项活动在 2011 年得到了引导和规范，转变为一系列有计划、有组织、有秩序的大型拜年活动。每年扩塔节女人年第三天，澜沧县四个乡镇的代表团来到县城参与拜年仪式，各乡镇每年轮换。原先按计划老达保村 2020 年能轮换到[1]，不过这项计划因疫情而搁置了。2019 年 2 月 7 日，由惠民镇、东回镇、富东乡、文东乡的拜年团前往县城勐朗镇拜年，共有以下环节：

（1）到县城领导家拜年

到领导家拜年是县城拜年仪式的第一项进程，也是一项专属于拉祜族的仪式[2]。清晨 7 时，在澜沧县民宗委工作人员的带领下，20

---

[1] 报告人：周青青，女，33 岁，哈尼族，澜沧县勐朗镇人，酒井乡政府工作人员；访谈时间：2021 年 1 月 26 日；访谈地点：澜沧县老达保村。
[2] 报告人：李晓维，男，拉祜族，澜沧县民宗委工作人员；访谈时间：2020 年 9 月 9 日；访谈地点：澜沧县民宗委办公室。

多名勐朗镇的拉祜群众身着民族盛装，拿着年礼前往"四班子"[①]领导人家中拜年。拜年的群众由李扎努[②]老人带头，后面紧跟8名吹芦笙的男性，还有拿着两对甘蔗、一对粑粑、一壶酒、一块猪排骨肉等年礼的年轻拉祜姑娘和小伙。按照既定的路线，勐朗镇拜年依次前往党委书记杨中兴家、人大常委会主任张志荣家、政协委员周向志家，以及县长左应化的办公室。进门后先跳三圈《磕头舞》，接着为领导一家人倒上新水洗手，献出年礼。随后领导为拜年团回敬酒，出门时还不忘给拜年团装上回礼。

（2）嘎祭嘎仪式

嘎祭嘎仪式在澜沧县政府院内进行。早上10时，惠民镇、东回镇、富东乡、文东乡四个乡镇的拉祜族代表来到县政府门口等待。猪头与谷种的四个箩筐代表四个乡镇送给天神厄莎的年礼，10对芦笙舞者围绕年礼在政府大厅跳起嘎祭嘎舞，跳完后抬起年礼，吹着芦笙、敲着象脚鼓前往葫芦广场集合。此时的葫芦广场已装点一新，舞台前的空地上竖立了年桩，年桩由四棵高约两米的松树绑在神桌四脚组成。四个乡镇的拉祜族代表依次将年礼放在神桌上，围绕神桌绕圈跳起了《点香舞》，代表着县城拜年仪式的开端。

（3）民族文化巡游

11时，四个乡镇的拜年团队戴上工作牌、抬好年礼、整齐列队开始县城街道民族文化巡游。巡游路上的观众不仅有澜沧本地人，也有不少游客，现场人声鼎沸，欢呼不断。富东乡拜年团、文东乡拜年团、东回乡拜年团和惠民镇拜年团都由穿着拉祜族、佤族、彝族、傣族、哈尼族等不同民族服饰的群众组成，他们抬着拜年横幅、乡

---

① "四班子"指澜沧县党委、人大、政府和政协。
② 李扎努，男，拉祜族，澜沧县勐朗镇唐胜新村人，原国有机械厂的书记，是一名德高望重的退休老干部。

镇特色展示牌和巨型年礼游街。每项年礼都极富夸张与表演性，比如一对大粑粑需要八个成年男性才能抬得动，玉米、草果、茶叶都要制作成高约两米的葫芦形或塔形。

（4）舞台拜年

舞台拜年仪式是县城拜年仪式中最热闹的环节，也是旅游表演的集中体现。下午2点，观看巡游的人群向葫芦广场聚拢而来，把舞台周围围了个水泄不通。舞台上接受拜年的人既包括左应华、张敬荣等领导群体，也有李宗瑞、刘劲荣、刘萍等拉祜族学者。先由各拜年团敬献礼品，拜年团抬着猪头、粑粑、年猪、甘蔗等年礼一步步上台，台上的领导和嘉宾与拜年的村民们互道"新年好"，还会伸手摸摸礼品"沾福气"。接着，拜年团的上台向领导和嘉宾们敬酒，齐声唱起歌："领导喝了拉祜酒，祝你幸福吉祥。请喝一杯拉祜酒，祝你吉祥幸福快乐。"酒敬罢，县长左应华发言向四个乡镇表示感谢，并总结和鼓励了脱贫攻坚工作。接着四位乡长上台讲话，表达新年祝福，汇报本乡镇脱贫攻坚的进展和成就。

（5）嘎祭根仪式与回礼

嘎祭根即收尾仪式，于下午4时在澜沧县政府进行。10对勐朗镇的拉祜老人向着政府大楼门内的"四班子"领导人的方向跳芦笙舞，先前进三步，再退后三步，接着将右脚抬起，向门前空踢一脚，做出"踢门"的动作，政府工作人员为他们开门。进门后，10对芦笙舞者逆时针方向，在一楼大厅跳转三圈，随即面对所有的县领导们跳《磕头舞》。此时甩着头巾的女士们也在象脚鼓的伴奏下进入大厅，芦笙舞与摆舞在同一个象脚鼓的鼓点下完成了最后的三次"磕头"动作。然而，这样的嘎祭根却受到了质疑，澜沧民族宗教事务局的工作人员告诉笔者："这一段跳得不正宗，因为以前要有一个比较完整的'找地'过程才行，他们把这个步骤简化了，所以说不真实。"① 传统嘎祭根仪式进行的前奏，需多次重复前进与后退的动作模仿"找地"，而2019年的县城拜年仪式为了节省时间简化了这一动作。这件小插曲也可以说明拉祜族的领导者对于传统文化的态度，即一种极力保证拉祜传统文化不失真的态度和原则。

嘎祭根结束后，县领导们依次向各个乡镇的拜年团敬酒和回赠礼品。回礼有一沓书、一袋白砂糖、一包手帕和一袋种子，这四种礼品经过了精心挑选，每一种都具有特殊的象征意义：种子模仿天神厄莎为人类分发福种，也预示着对农业丰产的期望；科技书代表着希望澜沧县群众重视教育；手帕代表对群众重视卫生的期盼；糖象征着生活的甜甜蜜蜜。接着，县领导给乡领导递酒杯，互道新年快乐，回礼仪式在热闹的欢呼声中结束。

（6）民族大联欢表演

民族大联欢就是澜沧特有的"春晚"，也是一次难得的多民族狂欢。先是隆重的舞台表演，节目有《拉祜山乡颂党恩》《爱尼山乡情》《新米心愿》《花香东回》《春到拉祜山》《幸福景迈》等。晚会结束后，葫芦广场里的篝火点燃了，各民族围着篝火跳舞，既有拉祜族芦笙舞和摆舞，也有傣族摆舞、彝族三跺脚，甚至广场舞以及自创的舞蹈都可以在狂欢中跳，各地的游客也加入其中尽情狂欢，人们载歌载舞，直到天亮。2020年和2021年由于新冠疫情，澜沧县暂停了具有"群众聚集"性质的大型县城拜年仪式。在新冠疫情的特殊背景之下，已有几十年传统的县城集体拜年仪式也因为疫情防控而暂停。相对而言，新冠疫情之下的扩塔节在一定程度上失去了往日的"热闹"，但也是在这样的特殊背景下，拉祜族的扩塔节的仪式与表演在村落的层面展现了更加"传统"的一面。

① 报告人：李晓维，男，拉祜族，澜沧县民宗委工作人员；访谈时间：2020年9月9日；访谈地点：澜沧县民宗委办公室。

将县城扩塔节期间的集体拜年仪式与表演，与老达保村传统的集体拜年仪式与表演相比，可以明显地看出，县城的大型拜年仪式与表演几乎是村寨扩塔节的"复刻"，仪式的步骤基本相同。只不过传统的厄莎信仰核心被弱化，仪式与表演的内容放置在县城的场域中更加地夸张、富有表演性。然而，我们并不能武断地认为拉祜族扩塔节沦为了一种"旅游附属品"，从村民至县级领导人，澜沧各级拉祜族对于拜年仪式的传统性有很高的重视，不然便不会出现关于"找地"仪式是否"传统"的争论了。扩塔节的仪式与表演在"非遗"和旅游影响下在内容和形式上发生了一定的变迁，有了新的意涵，但传统的仪式与表演并没有因时代发展变迁而消失，其本质和核心依然被完整地保留了下来。

三、扩塔节与自然的秩序

本章从自然的秩序角度进行了扩塔节秩序表演的分析。无论是扩塔节的岁时节日性质,还是有着明显农耕周期指向特征的仪式,都表现出了鲜明的自然的秩序。

(一)农业生产与拉祜节日

扩塔节的节日性质与更广泛意义的拉祜族生计方式和节日系统息息相关。本节笔者先考察物候、农耕周期及其与拉祜节日系统之间的关联,再探讨旅游的发展对于老达保村自然秩序的影响。

1. 农业生产周期

物候历又叫自然历,是以植物、动物、农作物的物候期和相关的气候、水文等自然现象编制的日历[①]。以物候为参考进行农业生产拉祜人的传统生计方式以物候为参考进行农业生产,拉祜人在实践中积累了极其丰富的物候知识,并且依据物候现象来安排生产和生活,形成了拉祜族独特的物候历。

二月里来,布谷声声催人下种 / 四月里来,秧苗发得像芦篷一样,把整个田埂都盖住了 / 六月里来,谷子抽穗像马尾一样长 / 八月里来,谷子黄得像田野一片金灿灿 / 腊月里来,秋收冬藏尽丰收 / 房前李花开,房后桃花开 / 百鸟聚集在蜜糖树上,拉祜人欢聚在快乐的扩塔节里。[②]

即使老达保村开发了旅游,传统的农业生产依然是最主要的生

[①] 郑帆:《佤族传统物候历探析》,《文化产业》2020 年 11 月刊,第 15—16 页。
[②] 资料来源:《四季调》歌词,此歌是由《牡帕密帕》中天神厄莎分四季的内容改编而成的,又名《春到拉祜山》,并由澜沧县民族歌舞队在 2022 年央视春晚节目《摆出一个春天》中呈现。

计方式①，水稻是老达保村最重要的粮食作物和主食，老达保温润的气候适合水稻的生长，理论上水稻可实现一年两至三熟，但一年一熟的收成足以满足村民的日常生活。水稻的耕作，一般在农历二月开始修渠、打坝和撒种，农历三月犁地、耙地，农历四月开始插秧。从农历五月开始，水稻秧苗逐渐茁壮，水田中一片青翠、生机盎然，此时澜沧进入了雨季，湿热的天气也助长了田中的杂草和害虫，于是人们在五月开始薅草，六月与七月打农药除虫。到了农历八月，早稻开始逐渐成熟，田中金灿灿一片，从八月至十月，村民的主要任务是将成熟的水稻一批批地收获与储存，享受着丰收的喜悦。十月至次年的二月，肥沃的水田在水稻收获后成为西瓜田，西瓜与水稻的种植周期进行密切衔接，由此便完成了一年的农业生产周期轮回。

2.基于农耕的节日系统

拉祜族物候历与水稻的耕作周期有密切的联系，而耕作周期与拉祜族的节日系统之间也有着内在关联。在基督教传入之前，达保先民的节日系统由扩塔节、火把节和新米节构成；基督教传入后，老达保村将基督教中耶稣基督的诞辰圣诞节作为全村的重要节日，并将带有"驱鬼"意义的火把节取消。

最重要的扩塔节大致在农历的正月初一至正月初十期间进行，此时刚好是水稻播种之前，此时人们已经完成了过去一年从播种至收获、存储的辛苦耕作，终于能够在扩塔节期间进行一次大规模的娱乐和休息，为一年的劳动画上句号，并准备迎接新的劳动周期。火把节在每年农历六月二十四至二十五日进行，此时正好是农耕生

---

① 一些年轻人离开了村寨打工，但是留在老达保的人们仍然以农业为主要的生计方式，并以旅游业的收入作为补充，在疫情期间旅游暂停发展时更加凸显了传统农业生产的重要性。

产较为紧张的除虫期，人们点燃松明驱除"恶鬼"与害虫，向天神厄莎祈求农业的丰收。火把节的时间恰恰位于扩塔节之后、新米节之前，即万象更新与丰收之间过渡的位置和环节，有着明显的祈祷农业丰产与驱鬼的意义。新米节在农历八月十五度过，在新米节中，人们拿出自家出产的瓜果蔬菜，敬给天神厄莎，感谢天神厄莎赐予人们丰收的馈赠。而此时的农耕时间也正好对应了田间第一批早稻的成熟，不仅割着新成熟的稻子，还把倒伏的稻子扶起来固定好，准备迎接一年的大丰收。而在基督教传入之后新加入的圣诞节，也被赋予了更多感谢厄莎赐予人们幸福生活的意义。

由此可见，传统的拉祜族节日与物候及农业的周期有着极为密切的联系。无论是扩塔节，还是火把节与新米节，都是拉祜族农业的节日系统中不可或缺的一部分，承接了农业的播种、培育与收获，承载了拉祜人希望丰收的美好愿望。

图 1 水稻农业生产周期与拉祜族节日的关系

绘图时间：2021 年 1 月 20 日。

3. 旅游与生计方式的调整

作为一个积极发展旅游的"乡村音乐小镇",旅游的发展对于老达保村传统的、以农业生产为核心的生计方式也有着一定影响。

老达保村开发旅游的同时,一些年轻人与外界有了更多的接触,从而萌生出"去外面闯"的想法。李扎思就是其中的代表,在澜沧县政府的支持下,他与李扎努、李扎保等村民组建"达保兄妹组合",应邀前往北京、上海、广州等地比赛。他说:"我是2005年去北京。我们达保兄妹在北京的时候,澜沧、普洱市都大量地宣传,做过很多民族文化旅游产品推荐。"①经过多年打拼,李扎思考取了国家五级演员资格证,并成为澜沧县民族歌舞队的编内人员。事实上,老达保村像李扎思这样的年轻人不在少数,大部分的年轻人在旅游的影响下,逐渐远离了农耕的传统的生计方式,以农业生产为核心的自然秩序发生了一定转变。

旅游业的季节性也在一定程度上成为老达保村传统的农耕时间和生活方式的阻碍。为了接待游客们,五一、十一黄金周、春节及其他法定节假日期间,老达保村甚至会每天举办两场大型舞台表演活动,几乎全寨村民暂时放下农活,集体出动为游客们表演。在笔者调研时,问及疫情之前法定节假日期间的农活情况,作为快乐拉祜演艺公司其中一名股东的村民彭娜儿说:"2019年以来我一直就是特别的忙,家里还有农活,采茶叶啊都来不及做。像去年我就忙得没时间采茶叶,一年才采了一两次,只能让我老爸老妈帮着去采。"②每年暑假期间是澜沧县的雨季,茶叶在这一时期生长飞快,需要村民每天上山采摘,但因为旅游的发展需要村民表演、接待等,有时

---

① 报告人:李扎思,男,33岁,澜沧县老达保人,澜沧县民族歌舞队工作人员;访谈时间:2020年9月14日;访谈地点:澜沧县老达保村。
② 报告人:彭娜儿,女,40岁,澜沧县老达保人,现任老达保村党支部书记;访谈时间:2021年1月26日;访谈地点:澜沧县老达保村。

无暇顾及，只能让新茶叶老在茶树上。

笔者要强调的是，虽然旅游的发展对农耕有一定的调整，但老达保村的主要生计方式依然是农业，农业周期与拉祜传统节日之间的关联保留至今，老达保村如今依然维持着自然的秩序。

（二）作为岁时节日的扩塔节

本节从时间的层面探讨扩塔节与自然秩序的关系。岁时节日，主要是指受天候、物候、气候的周期性转换影响，在人们的社会生活中约定俗成的节日。岁时节日一般以年为周期，循环往复、周而复始[1]。拉祜族最显著、最重要的岁时节日就是扩塔节，它是自然时间的标尺，蕴含着自然的秩序。

1. 老达保村的时间制度

"扩塔"不仅是一个节日，也是老达保村拉祜人常用的时间单位。在老达保村，常用的时间单位有"塔"（thad）、"尼"（ni）、"哈巴"（hapa）和"扩塔"（qhawr thad）。其中，"塔"是一天中的六个时辰[2]。"尼"与太阳同义，是一日或一天的意思，又以十二生肖为周期计日。"哈巴"与月亮同义，指以月亮由新月至完全消失一整个周期的月份，一共有12个月份，30天为一个"哈巴"。过完12个"哈巴"，就迎来了"扩塔"。"扩塔"是老达保村拉祜人一年中最大的时间单位，指的是一年的周期，也有"轮回""复归"的意思，意为旧的一年的结束与新的一年的开始，时间的轮回即为"扩塔"。

2. 扩塔——自然秩序的时间标尺

将"扩塔"作为时间标尺的做法来源于《牡帕密帕》，天神厄莎

---

[1] 罗承松：《拉祜族岁时节日民俗的变迁》，《思茅师范高等专科学校学报》2005年，第10—13页。
[2] 政协澜沧拉祜族自治县委员会：《拉祜族史》，昆明：云南民族出版社，2003年，第196页。

造完天地后，用金子造了太阳，用银子造了月亮，这对日月告诉厄莎：
"因为没有日子和季节，我们没有歇息换气的地儿，就不愿意在天上
走。"①于是，天神厄莎看了看手掌的12条纹路，于是划分出了12个
生肖日。厄莎又以月亮的名字分出了12个月份，接着为太阳和月亮
各造了365级梯子方便他们走路。于是拉祜人从此有了历法，"扩塔"
的时间标尺正因此确立。

由此可见，"扩塔"是老达保拉祜族重要的时间单位，扩塔节
的性质也成了与物候和农耕周期相关的岁时节日。而作为岁时节日
的拉祜族扩塔节，正如葛兰言对于中国地方节庆的研究所作的结论
那样，亦是将人的活动规律与自然的时间相结合②，展现出了自然的
秩序。一方面，扩塔节由拉祜人主导，它还与人们经过长期农耕实
践制定的农耕周期、拉祜族的厄莎信仰及农耕休息的现实需求相关，
是一种"人的时间"；另一方面，扩塔节与拉祜族地区的天象、物候
和气候密切相关，使得它在本质上是一种"自然的时间"。扩塔节是
岁时周期轮转时的过渡，标志着过去一个周期的结束和新一轮生活
的开始，而扩塔节的意义正在于结束过去的一年，迎接幸福的来年。

（三）芦笙舞和摆舞与自然秩序

芦笙舞和摆舞是贯穿老达保村扩塔节全阶段的集体仪式与表演，
对自然的秩序的建立与调整，有着深刻的意义。

1. 丰产与自然秩序的建立

对丰产的祈愿是许多农耕村落的共同愿望，早在《金枝》中弗
雷泽就考察了用仪式来处理谷精、保证谷物生长的原始做法③。扩塔

---

①资料来源：《牡帕密帕》，2020年李建波翻译版，第二章，该版本尚未正式出版。
②萧放：《岁时——传统中国人的时间体验》，《史学理论研究》2001年第2期，第57—66页。
③[英]乔治·弗雷泽·詹姆斯：《金枝（下）》，北京：中国民间文艺出版社，1987年，
第120页。

节的芦笙舞与摆舞按时间顺序完整地展现了从犁地、播种到丰收的农业生产全过程，并清晰地指向拉祜族农业耕作的生计方式和丰产的祈愿。

老达保村在扩塔节期间表演的芦笙舞和摆舞的生产劳动舞共有30余套，展现了从犁地、播种、培育到收获和仓储的完整农业生产过程，特别是水稻的完整劳作周期，有着浓厚的丰产象征意义，这种丰产的象征意义与老达保村以农业为主的生计方式有着高度的对应。正如老人李扎莫所说，"生产劳动舞是必须跳的，芦笙舞和摆舞的顺序不能乱"[①]，生产劳动舞必须谨遵水稻成长的顺序进行，这一顺序正是按照农耕的时间和步骤进行编排的。

从古至今，老达保村作为一个以农耕为主要生计方式的拉祜村落，延续着周而复始的自然秩序。丰产的核心象征意义贯穿于老达保村拉祜族扩塔节的全过程中，本质上老达保村扩塔节的嘎祭嘎仪式、芦笙舞与摆舞、嘎祭根仪式与分福种仪式也都属于不同层面的丰产仪式。其中，芦笙舞与摆舞是拉祜人农业生产劳动场景的再现，老达保人用着夸张的动作和舞步，跳出了农业生产顺序过程。而到了分福种仪式，老达保人则在表演了连续的农业生产过程之后，借助一个分谷种的步骤将仪式带入了结尾的阶段，这种收尾也代表着新一轮农耕周期的开始。同时，老达保村民们利用跳舞、身体实践，对于农业生产过程有了进一步深化，从而加强了对自身生产生活方式的认同。人人整齐地围绕圆心跳舞、每家都能平等地分到谷种的欢乐氛围又进一步促进了老达保村的社会团结。

因此，芦笙舞与摆舞作为生产劳动舞，展示了拉祜人对于自然生产规律的理解，表达了老达保村民祈盼丰收的愿望，象征着一个

---

① 生产劳动舞的顺序不能跳乱。报告人：李扎莫；访谈时间：2021年1月30日；访谈地点：澜沧县老达保村。

农耕社会对于丰产的渴望。一系列连贯的仪式象征着以农业为主的老达保村民的日常农业生活，是日常生活的象征化表演，老达保村的劳动生产以象征的方式在仪式中得到了表达。

2. 自然秩序的调整

维克多·特纳认为，仪式是一个充斥着象征符号的自在的意义体系，而仪式中的表演，不仅反映或表达了社会系统或文化结构，从某种意义上来说，表演常常是对它的一种批判、指引或掩盖[①]。事实上，周而复始的传统农耕自然秩序与丰产的核心意义，也仅是老达保村的一种"理想化"的秩序。随着"乡村音乐小镇"的积极打造，老达保村传统的、以农业生产为核心的传统生计方式发生了变迁。乡村旅游的发展对传统的农耕秩序提出了挑战，为了应对这些变迁中难以避免的冲突，扩塔节的仪式表演能够起到调整自然秩序、预防冲突的作用。

拉祜族扩塔节的仪式表演正是这种动态观点的解释，在表演中，扩塔节的仪式表演多呈现出一种维护传统的理想状态。生产劳动舞是对于当下仍占主导地位的老达保村农业生计方式的形象化再现，也是一种对于古老的农业生产方式的追忆。例如，在实际劳动中会用到农药除虫，谷子也用三轮车来搬运，但这些现代化的耕作方式并没有展现在舞蹈中，这种变迁被人们"刻意"地忽略了。舞蹈也是一种身体性的叙事，人们通过舞蹈完成传统时间秩序的传承，维持老达保村的传统时间秩序。在这一层面上，可以发现，自然秩序的冲突被"掩盖"了，拉祜村寨传统的、以农业生计为主的社会结构通过舞蹈得到了强化。因此，即使如今的生产劳动受到了旅游的挑战，传统的农耕方式增加了很多现代的技术因素，拉祜人依然以象征的方式进行了传统自然秩序的规范，对于冲突进行了提前的预防。

---

① Turner, Victor: *The Anthropology of Performance*. NewYork: PAJ Publication,1986.72.

总之，拉祜族扩塔节既是传统自然秩序的再现，又是自然秩序的调整，对于可能会破坏秩序的因素进行提前预防。老达保村在扩塔节中的芦笙舞与摆舞有着鲜明的象征意义，象征着以农业为主的老达保村民的日常农业生活，象征的核心意义在于农业的丰产。芦笙舞与摆舞是日常农耕生活的象征化表演，老达保村的劳动生产以象征的方式在仪式中得到了表达。

（四）《牡帕密帕》与自然秩序

另一项对自然秩序的建立与调整有深刻影响的传统仪式是史诗《牡帕密帕》的演唱。演唱《牡帕密帕》拥有着仪式与表演的双重性质，既建立了周而复始的传统自然秩序，又在一定程度上调整了自然的秩序。

1. 唱《牡帕密帕》的表演性

维克多·特纳认为，仪式和表演是密不可分的，因为在一些仪式中，"参与者不仅正在仪式中做属于自己的事情，而且还试图向别人展示他们正在做什么或者已经做了什么，他们的行动有着'为观众表演'的特点。"[1]《牡帕密帕》的演唱正是仪式与表演分不开的实例。

演唱《牡帕密帕》是贯穿老达保村扩塔节全阶段的重要仪式，长达"七天七夜"的演唱呈现了从厄莎诞生到老达保村形成的过程，是一个时间上的渐进过程。《牡帕密帕》演唱的仪式，有着鲜明的表演性，是一种有着"为观众表演"特点的仪式。年近70岁的国家级"非遗"传承人李扎保是整个《牡帕密帕》演唱仪式的主导者，把握着仪式的内容和节奏。李扎保负责史诗开头和结尾的段落，即负责整个仪式的开始和结束，悠扬的曲调，随着扩音喇叭传播向全村。可见，《牡帕密帕》的聆听范围不仅局限于传承馆里的传承人、演唱

---

[1] Turner, Victor: *The Anthropology of Performance*. NewYork: PAJ Publication,1986.72.

者和观众，作为仪式主导者的李扎倮有意识地将这一仪式向全村人表演给全老达保村，让全村人聆听。在这种情况下，不管是爱聆听传统史诗的村民，还是一些对《牡帕密帕》不感兴趣的年轻人，都主动或"被迫"地接受着史诗《牡帕密帕》的仪式表演。

因此，传承人们在传承馆中接力演唱史诗《牡帕密帕》的仪式有着鲜明的"为观众表演"的特性，而《牡帕密帕》的唱词内容又包含着人们依照天神厄莎的指示而进行周而复始的农耕周期的生活方式，充分地象征了自然的秩序。

2. 自然秩序的建立与调整

在以格拉克曼和维克多·特纳为代表的曼彻斯特学派看来，秩序并不是一直处于静态的稳定状态，而仪式恰好提供了这样一个"颠覆"再重新整合秩序的机会①。《牡帕密帕》的演唱既建立了周而复始的传统自然秩序，又是对自然秩序的调整和重新整合。

（1）周而复始的传统自然秩序

"仪式是一个既有开头结尾又有中间过程的完整的特殊时刻，就像一个完整的故事，或是社会这本无尽头的长卷中的一个章节。"② 农业生产周期对于老达保村社会秩序的维持至关重要，它作为一种规律决定了人们在一年中各个阶段的生产劳动内容，使人们将这种自然的秩序维持下去。史诗《牡帕密帕》的完整演唱，正是一个建立与维持秩序的过程。

那一世，那一时 / 那一时，那一刻 / 没有天和地，没有万物生灵 / 混混沌沌的时空里，诞生了一对厄莎 / 厄雅只有头发丝那么粗，莎雅只有汗毛那么大 / 厄莎翻个身长大了，莎雅翻个身长高了 / 厄雅想要

---

① Turner, Victor. *The Anthropology of Performance*. New York: PAJ Publication，1986. 20.
② [美] 麦克尔·赫兹菲尔德:《什么是人类常识:社会和文化领域中的人类学理论实践》，北京:华夏出版社，2005年，第237页。

造天造地，莎雅想要造天造地。①

随着李扎俁老人悠扬的唱腔，史诗《牡帕密帕》演唱仪式的开端，正是天神厄莎在一片混沌中诞生，萌生出创造天地的想法。

循着四支箭的方向／妹妹和哥哥，哥哥和妹妹／心往一处想，劲往一处使／去寻找肥沃的家园／找新的地方生产重生／继续往下迁徙……我们也从牡缅密缅来到了酒井／后来又迁徙到了达保。②

这是《牡帕密帕》的收尾，厄莎创造的人类逐渐繁衍成为十二个民族，拉祜人因为战争不断迁徙至今日的老达保。

负责《牡帕密帕》演唱仪式收尾的为同一人，有头有尾、有始有终的《牡帕密帕》演唱试图构建出一个有序的世界。这种自然的时间观念不是线性的，而是轮回的，周而复始，年复一年。由此可见，《牡帕密帕》的演唱展现了周而复始、万物回归本源的性质，这种回归通过仪式表演来完成。

（2）自然秩序的调整

正如维克多·特纳所说，从某种意义上来说，表演常常是对它的一种批判、指引或掩盖③。而在拉祜族扩塔节的仪式表演中，也出现了这种对于自然秩序动态的调整。随着"乡村音乐小镇"的积极打造，老达保村传统的、以农业生产为核心的传统生计方式发生了变迁，周而复始的传统农耕自然秩序和丰产的核心意义，也仅是一种老达保村民的"理想"秩序。

在唱《牡帕密帕》的过程中，扩塔节的仪式表演多呈现出一种传统的、未经发展与变迁的、理想的状态。

不久之前在厄莎的家里，给了谷种良种／勤奋让千百种物种撒播

---

① 资料来源:《牡帕密帕》，李建波翻译版，第一章，该版本尚未正式出版，2020年。
② 资料来源:《牡帕密帕》，李建波翻译版，尾章，该版本尚未正式出版，2020年。
③ Turner, Victor. *The Anthropology of Performance*. New York: PAJ Publication, 1986. 72.

大地/三月时光过去了，四月自然来了/天上肥沃的雨水下了又下，种子破土出苗了……到了八月十五日，人们吃新米了/杀了白鸡庆贺新米节，杀了肥猪庆贺新米节。①

  唱词详细描述了从厄莎赐予人们谷种到耕田收获、过扩塔节的过程，强调了村寨的农业生产的传统生计方式。实际上，这种传统的生计方式及时间秩序已经受到了不同程度的挑战。例如，老达保村里的年轻人很少从事日常农业生产，他们大多在村外打工，早已摒弃了传统的农耕生计方式。而通过高音喇叭向全村人"强制性"表演《牡帕密帕》的方式，对于拉祜历史和传统的传承十分有益，强化了他们的民族记忆和认同感。

---

① 资料来源：《牡帕密帕》，李建波翻译版，第七章，该版本尚未正式出版，2020年。

四、社会秩序的表演

本章先以村落权威为着力点，探讨社会秩序变迁，接着从象征的角度，分析拉祜族从家至县的拜年仪式，在社会性别的视角下切入，也是本章的创新点之一。最后落脚于《牡帕密帕》，回答秩序如何回归的问题。

（一）权威的变迁与秩序的调整

正如马克斯·韦伯所说："秩序的运行离不开权威，正是由于权威的合理存在，为秩序的良好运行奠定了基础，提供了条件。[1]"人类学一直以来都保持着对于微观社区的权威的关注，如果说将老达保村落作为表演的舞台来看待，而村落中的村民，特别是村落权威人物，就成为舞台上的演员们。

本节笔者将村落权威作为考察社会秩序的着力点，试图找出在老达保村的扩塔节中起作用的村落权威，包括传统权威和新兴权威，并说明他们在扩塔节中承担的角色及产生的影响，并进一步说明传统的社会秩序是怎样的，以及传统的拉祜族社会秩序如何调整和变迁。

1. 由家至"中心佛房"的传统权威

（1）家庭内部：老人的权威

"老人是地上的厄莎。"[2] 敬老是拉祜族的传统，在拉祜家庭中，老人拥有极大的权威。德高望重的老人在村寨中也有很大话语权，被人们称为"布摩"（pud mawd），即"白发老人"。这种老人的权威，于扩塔节中以一种固定的习俗及仪式的方式集体呈现，其中最突出

---

[1] [德]马克斯·韦伯：《经济与社会（上册）》，北京：商务印书馆，1997年，第269页。
[2] 王扎体：《拉祜族哲学思想简史》，北京：民族出版社，2014年，第312页。

的表现就是家庭拜年仪式。家庭拜年仪式由来已久,《牡帕密帕》将其视为天神阿朵阿嘎的教导[①],仪式主要由小辈一家人拿着一壶新水、一对粑粑、一对香和一块猪肉等年礼向家中的老人进行拜年。小辈们来到老人家中后,男人为老人家中的"页尼"点香,女人则为白发老人夫妇用温水洗手洗脸,之后老人教导后辈们,同时也会念诵祝福和拴线。

(2)村寨层面:传统的头人制度

传统拉祜村寨头人按照职责可划分为作为村落传统的政治权威的卡些、作为村落传统的宗教权威的莎都八和摩八及作为村落传统的经济权威的章利[②]。

① 卡些

"卡些"意为"寨主、聚落首领",卡些一职由村民选举产生。作为一个村寨的主人,对内要组织和领导寨内的生产活动、传播农业生产知识,还要利用习惯法解决寨民的各种民事纠纷,如打架斗殴、夫妻理论、财产纠纷等,维护正常社会秩序;对外要代表本村寨与周边其他村寨和其他民族建立友好关系及经济往来,妥善处理民族之间的矛盾。

② 莎都八与摩八

"莎都八"意为"烧香的人",也称"佛爷",是汉传佛教宗教信仰的代理人。"摩八"是拉祜语音译,意为"占卜师",是以天神厄莎为主的万物有灵原始信仰的代理人。莎都八和摩八的任命,与世袭制有很大的关系,但也要依靠个人的悟性。莎都八的主要职能体现在村寨的重要节日和仪式中,作为村寨的代言人点香、献粑粑,

---

① 资料来源:《牡帕密帕》,李建波翻译版,第七章,该版本尚未正式出版,2020年。
② 章利代表的是村寨中的经济权威,这里的经济权威并不是说章利个人在经济上最富裕,而是作为世袭铁匠的他,掌握着农业社会最重要的生产工具。

与天神厄莎沟通，祈祷村寨的平安与幸福；摩八的职能是占卜算卦，解释人生病或发生灾难与鬼神的关系，以及主持村寨的各种日常祭祀活动。

③ 章利

"章利"意为"打铁的人"，即铁匠。拉祜族是一个以农业生产为主要生计方式的民族，掌握制作农具技术的人在村寨中的地位十分重要，从而使章利成为传统头人中的重要一员。章利的打铁手艺基本为世袭，当村民需要新的农具进行农业耕作时，章利会锤炼砍刀、长刀、斧子、镰刀、犁等。作为回报，村民们不会给章利金钱，而是轮流为章利的农田做工，用以弥补章利耽误的农业生产劳动。

④ 头人与传统扩塔节

拉祜文化传统以仪式的方式进行传承，而头人正是仪式中组织和维持秩序的重要纽带。寨主卡些是扩塔节中的协调者和代言人。卡些在扩塔节前，会与莎都八、摩八商议节日的具体流程和内容，还负责去友寨、拜年等活动安排。另外，村民杀年猪的时候，会为卡些送来两指宽的脖颈肉以感谢卡些的付出。莎都八是村寨中节日仪式的主要实践者。扩塔节期间，莎都八带领村民去山神庙敬厄莎，祈祷在新的一年中整个村寨能够受到厄莎的祝福。传统扩塔节中的集体拜年仪式是这种传统社会秩序表演的高潮，人们在德高望重的长者芦笙舞带领下，来到卡些、摩八、莎都八、章利等村落权威的家中拜年。

（3）"五佛五经"之地：中心佛房与政教合一

明末清初，拉祜族地区曾建立了一个以汉传佛教为纽带的、政教合一的社会体制，史称"五佛五经"之地①。这一体制中，佛堂分为三级：中心佛堂为一级佛堂，是整个拉祜地区政治和军事中心；

---

① 王正华、和少英：《拉祜族文化史》，昆明：云南民族出版社，1999年，第22页。

大佛堂为二级佛堂，由数十个村寨共同拥有，设大佛爷统筹政治及佛事；小佛堂为三级佛堂，小佛爷负责本村的各种佛事活动。佛堂既是佛教的中心，又是政权组织的中心，佛爷则是佛教和政治的当权者，成为政教合一体制的中枢。在这样层级严明的制度下，每逢扩塔节，低一级的佛堂主事人员需要向高一级的佛堂主事人员拜年。先由小佛堂的佛爷和头人前往大佛堂拜年，各个大佛堂也要到"佛祖帕"的南栅中心佛堂拜年。

2.扩塔节中传统权威的延续

（1）老人权威的延续

① 节日长老

老达保村中有两位专门负责扩塔节的节日长老——李扎努和张扎妥，他们主导扩塔节的时间、仪式和各项活动，在扩塔节中最有发言权。节日长老从老达保的两大姓氏中各选一名德高望重的男性而组成①。2019年扩塔节前，李扎努准备了12份集体拜年仪式之礼和3份献给天神厄莎的礼，2021年扩塔节由于集体拜年仪式的取消，村里仅需筹备3份礼，它们分别放在年桩、传承馆演和陀螺场。而张扎妥主要筹备嘎祭及分福种仪式中的谷种和乐器。事实上，在基层制度和旅游经济的发展下，两位节日长老也与新的权威有了联系，他们同样成为快乐拉祜演艺公司的一员，李扎努还将家屋改造成一家食宿一体的农家乐。

② "非遗"传承人

一些"非遗"传承人是扩塔节多项仪式的主导者，既是"非遗"

---

① 报告人：李扎努，男，60岁，澜沧县老达保村人，老达保村现任节日长老；访谈时间：2021年2月10日；访谈地点：澜沧县老达保村。

传承人①，也是人们眼中"知古礼"的"白发老人"，其中的代表如下：

李扎戈，1939年生，李扎倮、李扎莫的哥哥，李石开的舅舅。《牡帕密帕》的国家级传承人，在史诗和芦笙舞领域造诣颇高，年轻时被称为芦笙王子。他的芦笙舞风格大开大合、富有表演性，至今为整个澜沧县所沿用，但由于他岁数大了，近些年老达保村的芦笙舞领舞交给徒弟李石开。李扎戈在老达保村拥有极高声望，集体拜年的嘎祭嘎仪式从他家中开始和结束，许多晚辈节日期间向他拜年。

李扎倮，1943年生，李扎戈的弟弟，李扎莫的哥哥，李石开的舅舅。李扎倮是扩塔节中《牡帕密帕》领唱和收尾者，他的演唱通过高音喇叭在全村播放。在嘎祭嘎仪式中，李扎倮也是抬着放置了年礼的小藤桌的人，这张小藤桌在扩塔节的仪式中拥有献给天神厄莎的"神桌"的地位，也显示了李扎倮在拉祜族传统领域的权威。

李扎莫，1959年生，李扎戈、李扎莫的弟弟，李石开的舅舅。李扎莫师从哥哥李扎戈和李扎倮，是《牡帕密帕》的省级传承人。女人年初二的清晨，李扎莫去山上砍松树，加上芭蕉、甘蔗、桃花、李花作为点缀在寨中央广场竖立寨桩。扩塔节期间，他既跟随李石开跳芦笙舞，又会在传承馆接着哥哥李扎倮的《牡帕密帕》演唱。

李石开，1963年生，李扎戈、李扎莫、李扎倮的外甥，芦笙舞的国家级传承人。李石开是老达保村的文化名人，是老达保成为"乡村音乐小镇"的推动人。2019年扩塔节的嘎祭嘎仪式中，李石开接过了李扎戈递出的谷种，意味着李石开成为新的芦笙舞领舞，更是代表李石开成为寨中新一代的拉祜礼仪掌管者，完成了拉祜之礼的传承。他第一次成为领舞十分紧张："很多老人在看着，我跳的芦笙

---

① 老达保村是国家级非物质文化遗产保护名录《牡帕密帕》和《拉祜族芦笙舞》的保护传承基地之一，老达保村现有国家级传承人李扎倮（《牡帕密帕》项目）、李扎戈（《牡帕密帕》项目）、李石开（拉祜族芦笙舞项目）三人，省级传承人李扎莫（《牡帕密帕》项目）一人。

舞一点都错不了，一点都错不得！"①

节日长老与"非遗"传承人在老达保村扩塔节的仪式中发挥了重要的主导、传承和表演的作用，他们在扩塔节中的影响力，不仅来源于对于传统拉祜族文化及礼仪的掌握，而且还来源于拉祜族传统的老人所具备的权威。

（2）传统头人制度的遗留

传统拉祜头人有卡些、摩八、莎都八、章利等，当今老达保唯一遗留的头人职务是章利，而章利的权威又与传统相比发生了很大的变化。

老达保中唯一的铁匠章利叫李扎努②，他经常在村中为人们打制农具、编织竹篓等生活用具。在村民们需要砍柴刀、锄头等农具的时候，李扎努便进行制作，每把砍刀收费100元。他不仅会打铁，还十分擅长用竹子原材料编织簸箕、背篓等工艺品。然而，李扎努并不具有传统章利的权威，他在村里的"风评"似乎不太好。年轻时他曾因违法砍伐树木而被处罚，从看守所回来却发现妻子已经改嫁，从此一蹶不振，整日喝酒，村民开玩笑称他为"酒鬼"。遗憾的是，老达保村现任章利打铁与制造农具的传统技艺并没有传承下去，他说：

两个儿子都打工去了，他们也不会打铁。现在没有年轻人做这个了，太累了，要烧柴、要捶打，还有谁做这个东西啊，现在卖的有很多啊。③

有趣的是，李扎努也成了快乐拉祜演艺公司的一员。由于章利

---

① 报告人：李石开，男，拉祜族，57岁，澜沧县酒井乡老达保人，《拉祜族芦笙舞》国家级传承人；访谈时间：2021年8月4日；访谈地点：老达保李石开家中。
② 与节日长老李扎努不是同一人，在生肖命名的拉祜习俗影响下，重名是老达保普遍现象。
③ 现在的拉祜族年轻人大多不愿意学习打铁技术。报告人：李扎努；访谈时间：2021年8月11日；访谈地点：澜沧县老达保村。

李扎努会编织竹编工艺品，他的房子成为游客可以体验和购买拉祜竹编的"青竹坊"。如今的铁匠章利已经不是村寨中的经济权威，而是作为"青竹坊"中传统文化表演者和旅游经营者的角色继续发挥作用。

3.扩塔节中新兴权威的产生

新兴权威是指与传统权威相对的，在外来宗教的传入、国家基层政权的发展及旅游经济的发展过程中建立起的权威，可分为政治权威、经济权威、宗教权威。

（1）政治权威：队长与基层管理者

如今老达保村并没有"卡些"的正式职称，从正式制度的意义上来说，老达保村的卡些"消失"了。当笔者向村民们问起谁是村中的"卡些"时，大部分的村民将"卡些"的名词作为"领导"的统称进行使用，"现在的卡些就是领导，谁管寨里面日常生活的事情谁就是卡些"。① 可见，由于基层政治制度的建立，人们将传统意义上的卡些转移到村寨现有的管理者身上，代指领导或队长。因此，卡些并不是真正的"消失"，村寨现有的管理者们依然在日常实践中行卡些之职责。这样的背景下，原指寨主的"卡些"转为农村的基层管理制度中选拔出的村寨管理者的称呼，包括队长张扎啊、副队长张保、妇女主任李娜莫等②。

在扩塔节中，正如传统上为卡些拜年那样，新兴的政治权威能得到村民盛大的集体拜年的回馈。2021年的扩塔节中，为了协助政府工作人员进行仪式直播，张扎啊积极地配合劝说村民穿着传统服

---

① "卡些"与"领导"同义。报告人：李石开；访谈时间：2021年2月10日；访谈地点：澜沧县老达保村。
② 由于农村的基层管理制度三年为一个任期，任期满了则需要换届。在2021年2月之前，老达保村寨的队长为张扎儿、副队长李扎保、妇女主任李娜莫；2021年2月进行了换届选举，新任队长为张扎啊，副队长为张保和李娜莫，同时张扎啊兼任快乐拉祜演艺公司董事长，张保兼任村寨管理员，李娜莫兼任妇女主任。

饰，以及与老人们商量重跳礼仪舞。可见，新兴政治权威在扩塔节中的影响力和话语权增大了，他们既帮助村民们管理日常事务，又成为扩塔节中村寨与政府之间进行沟通的中间人。

（2）经济权威：演艺公司董事长与股东

快乐拉祜演艺有限公司现有李石开、张扎儿、彭娜儿、李军、李保等十多位股东，董事长为张扎啊，副董事长为李娜倮，他们在老达保村的旅游发展中起着引导和示范的作用，并逐渐掌握了更多的经济资源，成为老达保村寨新兴的经济权威。

在扩塔节中，这些新兴的经济权威展现出了一定的影响力。这种影响首先体现于扩塔节的筹备。快乐拉祜演艺公司在经营的过程中，会抽取演艺收入的 20% 作为集体资金，集体拜年仪式所需的猪肉和排骨的开支，就是由演艺公司的集体资金支付的。并且，新兴的经济权威的影响力直接体现于集体拜年仪式，演艺公司董事长张扎啊、副董事长李娜倮、股东李石开接受了隆重的集体拜年仪式。张扎啊说：

从2010年开始年年都会来我家拜年，拜年的队伍很长，会有一两百号人，我这个房子都挤不下。他们给我拜年主要是感谢我给他们做事情。①

（3）宗教权威：牧师与传道员

摩八与莎都八是传统拉祜村寨的宗教权威，基督教的传入使得老达保村的宗教权威发生了转变。在基督教教义中，耶稣基督是宇宙间唯一的神，因而拉祜人不再信仰家神和山神，不再需要莎都八及摩巴。即使如此，人们依然保存了对天神厄莎的信仰，以"厄莎"称呼耶稣基督，甚至将他们等同为一人。

---

① 报告人：张扎啊，老达保村新任队长；访谈时间：2021年2月10日；访谈地点：澜沧县老达保村。

牧师李扎袜和传道员李扎四是扩塔节中的重要力量，主要体现在三个方面：第一，节前会议中，牧师李扎袜作为节前会议的主持者之一，与队长、节日长老一同向村民代表们讲述了扩塔节中需要注意的宗教事宜，告诉人们在扩塔节的时候不要忘了天神厄莎的恩情；第二，扩塔节正式的开始是以基督教堂的新年祷告仪式为起点的，每到礼拜日扩塔节暂停的时候，也由牧师和传道员带领每日四次的礼拜活动，这些活动的添加也反映了基督教的传入对节日带来的重大改变；第三，牧师李扎袜与传道员李扎思都接受了村民们的集体拜年，这也是村民们对李扎袜与李扎思权威认可的一种集体表演和展现。

从权威的角度来考察秩序，以老达保为代表的拉祜族地区，有着从家庭层面的老人权威、村寨层面的头人制度和更广泛层面的"五佛五经之地"政教合一权威划分，这种秩序有着鲜明的秩序性和层级性。随着时间的推移，老达保的村落权威经历了从传统权威到传统与现代民族—国家的新型权威并举的变迁，新兴的村落权威在拉祜族扩塔节中具有更多的话语权。

（二）拜年仪式中秩序的表演

表演人类学家特纳曾使用"社会剧"（social drama）来强调仪式的表演性，表演事实上是一种社会空间中的实践①。拜年仪式是拉祜族扩塔节中最富表演性的仪式，这项仪式实则是拉祜族社会秩序的表演。本节中，笔者试图以扩塔节中最具有表演性和层级性的拜年仪式作为切入点进行象征的分析。一系列拜年仪式既表现了由家至县的社会秩序，又对秩序起到了强化和搁置冲突的作用，并展现出从传统仪式到现代民族—国家大型表演的时代特征。

---

① Turner, Victor. *The Anthropology of Performance*. NewYork: PAJ Publication，1986. 27.

1. 由家至县的拉祜族拜年仪式的表演

从地理范围上来看，拜年仪式分为家庭拜年仪式、村寨集体拜年仪式和县城大型拜年仪式三个层级，呈现出由家至县的递进式特征。这里笔者将三种拜年仪式皆作为表演来看待，是因为三个层级的拜年仪式都具有一定的表演特征，仪式的表演性也随着层级而递增。

（1）家庭拜年仪式的秩序表演

家庭拜年仪式是老达保村民们的亲属之间在彼此的家屋之中进行的拜年仪式，主要表现为小辈的亲属为长辈的亲属拜年。这样的仪式持续时间较短、覆盖范围较小、能够接收到仪式表演的"观众"也比较少。

一方面，家庭拜年仪式展现了拉祜人心中的亲属秩序，即将自己的父母作为家中的"厄莎"进行崇拜。而从女人年第二天开始的晚辈为长辈拜年，更是拉祜族传统的敬老社会伦理秩序的延续。人们在拜年的过程中为长辈献上象征着献给天神厄莎的猪肉、粑粑等年礼，并收到了长辈们精心准备的糖、水果、钱等回礼，礼物的交换更是维系拉祜亲属关系之间的纽带，维持和强化了老达保村的社会秩序。

同时，家庭拜年仪式上洗手洗脸之礼也有着独特的象征含义。这一礼仪也是从拉祜人的神话传说中发展而来，即在厄莎教会了人们做衣服、种地、冶炼农具后，人们在扩塔节来到天神厄莎的住所拜年，用新水为厄莎洗手、洗脸。并且，这一礼仪与基督教的仪式"洗礼"有一定的相似性，《圣经》中就有"耶稣为门徒洗脚"故事[①]，洗手洗脸仪式在圣经故事里得到了合理的解释。因此，在扩塔节中，用新水为老人行洗手洗脸之礼以一种固定的习俗及仪式的方式，进

---

① 资料来源：《圣经》约翰福音第 13 章，第 1—17 节。

行了集体表演。

（2）集体拜年仪式的秩序表演

女人年第二天举行的集体拜年仪式是将家庭拜年仪式的场域拓展为整个老达保村，集体拜年仪式表现出了老达保村人与人之间的秩序。

2019年扩塔节接受村寨集体拜年仪式的12家，既有老达保村的传统权威，也包含了快乐拉祜演艺公司成立后新兴的经济权威，还包含了牧师、传道员等宗教权威以及基层政治制度的队长、副队长等。他们皆是老达保村比较有威望的人物，在村民们看来，被挑选出的12家是村寨现在的"领导"或"卡些"头人①。正如"老人知古礼，卡些知断事"的古训，在老达保村民们看来，他们皆为村寨中有威望的人物，因而真诚地向这些为村民们操劳和服务的"领导"们拜年。老达保村民集体以芦笙舞和摆舞的前后起伏的身体动作象征着向这些村寨中的权威们"磕头"，致以感恩和朝拜。村寨中的集体拜年仪式是对于村落政治秩序的集中表演，人们以集体拜年表演的形式，表达了对于这些村寨中权威人物的感谢，并在一定程度上强化了这种由传统权威和新兴权威一同构成的村落秩序。

（3）县城拜年仪式的秩序表演

与家庭和村落集体拜年仪式不同的是，县城大型拜年仪式除了拉祜族参与之外，还调动了澜沧的其他少数民族，包括佤族、傣族、景颇族、哈尼族等。作为大型庆典活动的县城拜年仪式有着多种复合型的功能。这种大型仪式既包含了由村到县的献礼及民族文化巡游，通过展演与巡游的方式，展示自己的民族文化，并以多民族集体拜年的方式展示和巩固了民族团结的主题。而且这一盛大的拜年

---

① 报告人：彭娜儿，女，老达保村现任党支部书记；访谈时间：2021年1月26日；访谈地点：澜沧县老达保村。

活动通过新闻媒体的大量报道扩大知名度,达到吸引游客前来参与旅游、维系县内民族团结、打造节庆经济的目的。在政府的引导下,女人年第三天的拜年仪式逐渐转变为一个大型节庆活动,既展现了澜沧县的民族文化风貌,促进了澜沧县旅游业的发展,加强了澜沧县的文化知名度,又在仪式中将多民族自治县的各个民族整合起来,在狂欢的氛围中加强边疆少数民族地区的稳定和团结。

2. 维持与冲突:社会秩序的表演

在维克多·特纳看来,表演既是一种社会空间中的实践,又是一种特殊的叙事,它表面上只是一种具有客观性的独立活动,实际上却交织着对立性矛盾、竞争性、论争性等因素的活动类型[1]。以动态的视角来看扩塔节中的拜年仪式,由家庭到村寨,到县的拜年仪式,既是对拉祜族社会秩序的动态维持,又是对社会冲突的一些搁置,这种秩序表演的双重性最终指向社会的维持和团结。

(1) 冲突与等级:秩序的维持

仪式对社会的维持作用是人类学经典论题,例如,涂尔干十分强调仪式的"强化"功能及对于社会秩序性的维持,即"在仪式中人们尊崇社会自身,因为宇宙秩序是在社会秩序之上建构的。仪式有助于确认参与者心中的秩序"[2]。沿着此路径思考,拜年仪式之所以长期存在于拉祜族社会,其中一个重要原因就是它对拉祜社会秩序的维持作用。"我们要思考的是不断变化的象征领域,而不是静态的结构"[3],用特纳的观点,这种秩序维持的作用是一种动态的结果。

一方面,拜年仪式呈现出了不同类型的村落权威之前的冲突与博弈,他们在对拉祜族扩塔节权威性资源竞取的过程中表现出了人

---

[1] Turner, Victor. *The Anthropology of Performance*. NewYork: PAJ Publication, 1986. 33
[2] [法]爱弥尔·涂尔干:《宗教生活的基本形式》,上海:上海人民出版社,2006年,第68页。
[3] [英]维克多·特纳:《象征之林》,北京:商务印书馆,2012年,第20页。

与人之间的秩序。在老达保村，同时存在着传统权威、经济权威、政治权威和宗教权威，拉祜族扩塔节也由节日长老、牧师、演艺公司董事长和股东、非遗传承人与基层政权的组成人员共同操办和参与，不同的权威在扩塔节中试图以一种不明显的方式竞取权威性资源、争夺话语权，这一过程也展现出了一种有序的状态。

首先，以老人为代表的传统权威依然在扩塔节的仪式和表演中发挥着最重要的作用。最显著的表现是，集体拜年仪式象征"开门"的嘎祭嘎仪式依然选择在李扎戈老人家进行。另外，笔者曾因参与国家级非遗记录工程录制《牡帕密帕》的演唱视频，李扎戈老人坚持说："小年初二的时候我们《牡帕密帕》已经唱完了，所以不能再唱了，再唱的话人会发疯的。"① 经过他的建议，之前已决定演唱的传承人也拒绝了本次的演唱。不仅笔者会受到老人们的约束，现代民族—国家的行政力量也是如此。每当澜沧县文旅局想要老达保村在扩塔节中配合做一些旅游表演时，也会第一时间与老人和传承人们沟通，并在不违背拉祜族传统和禁忌的前提下进行。可见，即使当今的老达保村拥有了多元的村落权威，影响老达保扩塔节活动的核心人物，仍然是以老人为代表的传统权威，拉祜族扩塔节中社会秩序的内核并没有发生根本性的变化。

其次，近年来新兴权威对于扩塔节的影响逐渐提升。例如，在文化馆指导下的仪式直播呈现出新兴权威对传统仪式的影响，展现出了传统社会秩序在时代发展下的变迁。为了在仪式直播中展现出更多的拉祜文化特色，文化馆工作人员要求将具有更多观赏性的嘎祭嘎仪式和礼仪舞重跳一次。起初由节日长老通知，但村民依然民族服装穿戴不齐，于是作为基层行政力量的队长开始劝说村民们折

---

① 报告人：李扎戈，男，82岁，澜沧县老达保村人，《牡帕密帕》国家级传承人；访谈时间：2021年2月21日；访谈地点：澜沧县老达保村李扎戈家。

回家中穿衣。可见，作为一个发展旅游的拉祜族村寨，老达保村的传统节日受到了外界的影响和指导，节日长老对于村民们的影响是有限的，新兴的政治权威和经济权威的劝说，更容易达到目的。由此可见，传统权威的力量有一定削减，新兴权威在村落的政治秩序中实现了地位的提升。

另一方面，扩塔节的拜年仪式是对从家至县的社会等级秩序的集中表演。"任何社会都要求有一种上下尊卑的等级关系，即使是仅仅由于技术性的原因。"[①]没有动态平衡的社会地位等级秩序，不仅难以形成相对稳定的社会秩序，社会制度也难以有效地运行。家庭拜年仪式、拉祜村寨的集体拜年仪式与澜沧县城的大型拜年仪式三者，不仅地理范围、仪式内容、表演者与观众的人数有着鲜明的递进增加特征，表演性也随着层级而递增。可见三者形成了具有明显等级性的层级关系，拜年仪式的表演正是对于这种社会层级性的巩固。

因此，仪式对社会秩序维持的作用是动态的。不管是从家至县的社会等级秩序，还是村寨中的各种权威所表现出的博弈，仪式对拉祜社会中的冲突和等级进行了表演，从而维持及强化了拉祜人的社会团结。

（2）狂欢与交融：冲突的搁置

从三种拜年仪式可以看出，狂欢的氛围在扩塔节拜年仪式的各个层面皆有明显、深度的体现。在村寨集体拜年仪式中，无论是村落权威还是普通村民，无论男女，皆积极地加入拜年游行的队伍里，沉醉在扩塔节的欢乐氛围中；在盛大的县城拜年仪式里，远道而来的拜年团亦是沉浸于欢乐的歌声，还会在夜晚载歌载舞直到天明。

---

① 秦扬、邹吉忠：《试论社会秩序的本质及其问题》，《西南民族大学学报》2003年第7期，第153—158页。

从家到县拜年仪式的狂欢特性，正与人类学仪式研究的"交融"状态密切相关。特纳发展了范·盖内普的过渡仪式理论，在他看来，社会不是一个事物，而是一个过程，社会经历了一个结构、交融、结构的过程，这个过程是不断动态变化的，交融为社会结构注入活力[1]。狂欢便是交融状态的最好例证，拜年仪式为人们提供了一个体现交融（即反结构）的机会。事实上，老达保村存在着诸多冲突，例如：传统的农耕生活与旅游发展之间存在着一定的冲突，即使老达保村是一个当下热门的"旅游扶贫"和"乡村振兴"工作的示范点，许多媒体对此进行了报道和赞扬。然而通过笔者的调研发现，与外界宣传不同的是，老达保的旅游并没有真正成为村寨发展的根本动因，是传统的农业依然为其经济支柱。旅游发展只是村寨中小部分人，特别是有话语权的人实现旅游致富的手段，他们利用自身权威获取了更多的经济资源，从而使村寨中的收入差距拉大了。

在拜年仪式中，无论男女老少、无论怎样的管理与被管理的关系，人们都将社会规范和各类冲突暂时地"搁置"，所有人都开怀大笑，尽情欢乐。赫兹菲尔德将这种狂欢对于冲突的"搁置"称为"倒置"，认为"倒置也是一种再现形式，它提供了社会秩序的其他幻象，因而也有可能展示社会变革的幻想"[2]。在狂欢中较为平等的状态即一种社会秩序产生"颠倒"的象征。而不管是对冲突和社会规范的"倒置"还是"搁置"，它的最终归宿都是加固和强化了秩序。并且，处于狂欢中的每一个个体依然是社会实体的一部分。人们在进行仪式表演的时候，同样也在表演中揭示自己，即表演的反观性[3]。老达保

---

[1] [英]维克多·特纳：《仪式过程：结构与反结构》，北京：中国人民大学出版社，2006年前言。
[2] [美]麦克尔·赫兹菲尔德：《什么是人类常识：社会和文化领域中的人类学理论实践》，北京：华夏出版社，2005年，第300页。
[3] Turner, Victor. *The Anthropology of Performance*. NewYork: PAJ Publication, 1986.21.

村的拉祜人在扩塔节拜年仪式的实践中，既扮演了自己、展示了自己，又更加地了解自己，知道了"我们"和"他们"的差别，强化了作为老达保拉祜人的民族自豪感。

因此，拜年仪式一方面通过动态的冲突性与等级性，加强了拉祜社会的团结，又在另一方面使得人们进入狂欢的"交融"状态中，从而将社会中的冲突暂时搁置起来，人与人之间的秩序正是在这样维持与冲突中逐渐被表演出来。

（3）从传统仪式到旅游表演

由传统的地方仪式到现代民族—国家的大型旅游表演是人类学家研究的课题之一，赫兹菲尔德认为，从传统仪式到现代国家的文化表演的转化中，现代官僚体制亦是一种秩序的表达，"表演随着官僚制度基础结构的加强而在数量上猛增，表演犹如镜子，反映了国家集权下社会秩序的重大幻象"[①]。郭于华在《民间社会与仪式国家》[②]中考察了民间仪式与国家权力之间的复杂互动关系，认为仪式在民间社会层面，往往是日常生活最基本的生存技术，而在国家层面却成了一种权力实践的过程。

扩塔节的拜年仪式本是拉祜族由来已久的传统仪式，其起源与为传统信仰中的天神"厄莎"拜年有关。在拉祜社会发展的过程中，传统仪式渐渐增添了更多的象征含义并向旅游表演开始转变。

一方面，为了促进旅游发展，扩塔节的拜年仪式被加以旅游化改造，这种改造不仅体现在村落层面，还体现在范围更广阔的澜沧县层面。比如为了旅游增收增加的《快乐拉祜风情实景剧》舞台表演，以及由文化馆对礼仪舞以直播表演的形式重新呈现。这种旅游化改

---

① [美]麦克尔·赫兹菲尔德：《什么是人类常识：社会和文化领域中的人类学理论实践》，北京：华夏出版社，2005年，第284页。
② 郭于华：《民间社会仪式国家：一种权利实践解释》，载郭于华主编《仪式与社会变迁》，北京：社会科学文献出版社，2000年，第310—338页。

造在县城层面的表现极为明显,通过旅游经济的打造,澜沧县城的大型拜年仪式成为澜沧县一张对外宣传的"旅游文化名片"。

另一方面,正如唐·汉德尔曼对现代官僚制度的探讨,"在仪式——'传统'社会的宗教信仰活动——和由官僚政权组织的展演之间存在着巨大差别"。① 在被卷入现代民族—国家的发展进程中时,传统仪式难免增加了更多的政治色彩和内容。疫情之下的拉祜族扩塔节受到了更多的政治干预,从老达保村到澜沧县城的集体拜年仪式的取消正与这一政治干预密切相关。而澜沧县城的大型拜年仪式正是政治因素对于传统仪式改造的例子,将民族团结的愿景植入扩塔节。在现代民族—国家发展的过程中,传统仪式不可避免地被卷入现代民族—国家政治体系并增添更多的政治元素,从村寨的地方仪式到大型的文化表演的转变,更是体现出了这一政治的隐喻。

并且,从澜沧县城的大型拜年仪式的具体内容上来看,县城的大型集体拜年仪式几乎是村寨层面的老达保拜年仪式的"复刻版",放鞭炮、送年礼、洗手洗脸、长辈祝福、回礼等步骤,几乎完全"复制"和"粘贴"进入县城的层面,只是县城层面的仪式更加盛大,更加充满着政治的隐喻。为了满足政治的目的及游客对异文化的想象,在政府的主导下,将拉祜族扩塔节的文化传统进行了挖掘、包装和再造,使其更加具有展示性和表演性。从这个角度上来看,在县城举办的大型集体拜年活动更像是一种拉祜传统扩塔节文化的"再生产",将粑粑、猪肉、新水、芦笙舞、摆舞、洗手、回礼等传统仪式中原有的文化元素,进行了重新的组合与包装,形成了一种新的传统,这种传统既是对传统文化的表演,又是一种强化民族身份、增强民族团结的实践。

由此可见,扩塔节的拜年仪式本是拉祜族由来已久的传统仪式,

---

① 唐·汉德尔曼:《仪式—壮观场面》,《国际社会科学杂志:中文版》1998年第3期,前言。

在拉祜社会发展的过程中，出于旅游经济发展和政治层面的民族团结的需求，这种传统仪式渐渐增添了更多的象征含义并向旅游表演转变。

（三）社会性别秩序的表演

社会秩序包含了男女两性在长期地交往中所形成的性别秩序结构。本节笔者转向考察社会性别领域，分析拉祜族的女性在日常生活、村寨公共领域及扩塔节中表演的社会性别秩序。就拉祜族的社会性别秩序范畴而言，这种秩序既是"平等"的又是"不平等"的。

1.传统社会性别秩序

在拉祜族的传统社会性别研究中，杜杉杉博士提出的"两性合一"的性别秩序最有代表性[①]，笔者感兴趣的是，女性在家庭这一私人领域中的生活实践和在拉祜公共领域内的权威是怎样的。

（1）家庭领域的社会性别秩序

在恋爱领域，扩塔节期间"串婚"恋爱由来已久，据清道光《威远厅志》之二称"倮黑性鲠直……婚不凭媒，病不服符，以六月二十日为岁，男女杂聚、携手成圈吹笙跳舞"。[②]而在现实家庭生活中，男女共同参与活动，没有严格的性别分工。另外，在家庭财产的继承上，拉祜族普遍不以辈分和性别来论财产分配，而是由对父母的赡养来决定，女性同样有继承权。由此可见，拉祜族传统社会性别较为平等，女性在爱情、婚姻的家庭领域拥有一定的主导权。

（2）村寨公共领域中的社会性别秩序

将女性置于村寨的公共领域之中，这种较为平等的社会性别关

[①] 杜杉杉：《社会性别的平等模式："筷子成双"与拉祜族的两性合一》，昆明：云南大学出版社，2009年，前言。
[②] 《中国地方志荟萃》编委会：《中国地方志荟萃·西南卷·第六辑》，北京：九州出版社，2016年，第193页。

系发生了变化。拉祜村寨拥有权威的白发老人皆为男性，而头人卡些也是男性。当笔者问及老人们："拉祜族有没有女卡些、女摩巴、女莎都巴？"的时候，皆得到了否定回答。在基督教传入之前，万物有灵的厄莎原始信仰与汉传佛教的信仰是拉祜村寨的主要宗教信仰。但表现在禁忌上却对于女性有着更多的要求，女性不被允许进入山神庙中，处于生理期的女性被禁止进入佛房。由此可见，当女性置于村寨的公共事务时，掌握的话语权依然有限。

2. 社会性别秩序的延续与改变

而在当代老达保村的日常生活中，女性在婚姻和家庭领域、宗教领域和基层政治制度中又呈现出了新的趋势，展现出了社会性别秩序的变迁。

（1）婚姻与家庭中的"两性合一"

在婚姻与家庭的领域，当代拉祜族婚姻与家庭更加呈现出了"男女合一"的社会性别平等的内核。在老达保及其姊妹村寨新达保村，子女婚后与女方父母同住的情况比较普遍。如彭娜儿的丈夫是云南文山的汉族，在婚后由于照顾父母生活的需要同丈夫一起回到老达保村居住，节日长老李扎努也是与担任妇女队长的女儿李娜莫一家同住。当问起村寨中的拉祜人怎样看待这一现象时，他们说："看男女双方的父母有没有人照顾，如果女方的父母没有人照顾的话，那就也可以住在女方的家里"。① 涉及分家时，居住在老达保村的已婚女儿也可以较为平等地分到父母的一份财产。

（2）女性在公共领域的凸显

① 基层政治体制建设中的女性

在老达保村的基层政治体制建设中，2021年2月举行的基层管

---

① 婚后夫妻可以住在女方家中。报告人：李美萍，新达保村妇女队长；访谈时间：2021年8月30日；访谈地点：澜沧县新达保村。

理换届选举的结果表明,副队长、党支书及半数的村民代表等都是女性,女性在现代基层管理制度中发挥了更多的作用,彭娜儿和李娜莫就是其中的代表人物。

彭娜儿是老达保村的党支书,如今40岁左右,育有一儿一女。她的丈夫是村中唯一的汉族女婿,由于无法适应丈夫老家的生活,跟丈夫一起回到娘家老达保。作为村中少有的女性初中毕业生,她积极参与村寨文化活动,从翻译做起,逐渐成为支部书记。她除了负责党务工作之外,还需要承担老达保乡村旅游的宣传和接待工作,还将自家房子翻新成为"彭娜儿客栈"。

李娜莫是老达保村的副队长,并兼任了村寨中的妇女主任的职务,被村民称为"妇女队长"。主要协助队长进行村寨日常事务的监管,同时还需要对村中的妇女进行管理。李娜莫是节日长老李扎努的女儿,她将自家的家屋改建成了一间集旅游餐饮与住宿一体的农家乐"娜莫哦搓咯嘎"①,与父亲共同经营和打理。

② 旅游发展中的女性

在旅游开发后,老达保村的一部分女性发挥了旅游经济发展的带头作用,也在旅游发展中获得了一定的权威。在快乐拉祜演艺公司成立之初,李娜倮与彭娜儿便成了快乐拉祜演艺公司的股东。在选择股东的时候,当时政府与村民考虑到了股东的文化水平,因为李娜倮和彭娜儿是初中毕业生,汉语也比较流利,能够更好地代表演艺公司与外界进行沟通,渐渐地在旅游经济中发挥了重要的作用。

李娜倮是老达保村旅游发展的"代言人"之一,也是澜沧的"文化名人"。她曾创作《快乐拉祜》《实在舍不得》《颂党恩》等拉祜特色歌曲,在全国有一定的知名度。李娜倮积极带头并动员村民加入旅游经营,她在村中创办了一家拉祜风味餐厅,还与村中多名妇女

---

① "娜莫哦搓咯嘎"为拉祜语,意为"娜莫和她的朋友们"。

一起成立了手工生产合作社。2022年10月，李娜倮作为党的二十大代表赴京参会，这也是她第二次当选为全国人大代表。

③宗教领域中的女性

基督教传入老达保后，人们将对于女性有一定限制的佛教与原始信仰基本取消，在基督教领域的女性地位有明显的提升。因为在基督教中，主要的宗教场所基督教堂对于男女比较平等，男女两性皆可在教堂中进行宗教活动，女性还在教堂的唱诗班当中担任主力。牧师李扎袜的基督教知识是从东回班利的女性牧师段三妹那里学习的，可见在基督教会中，女性也可以担任牧师和传道员等权威角色，老达保的女性地位也因为外来宗教信仰的进入得到了一定的提高。

由此可见，在现代民族国家的基层政权建设、基督教的影响及旅游经济开发的影响下，当代的老达保村女性在村寨中的权威明显得到提高，更多地呈现出了"两性合一"的社会平等模式。

3. 平等与不平等：社会性别秩序的表演

而在当代的扩塔节中，社会性别秩序既表现出了平等的一面，又表现出了不平等的一面。

（1）平等：女性在当代扩塔节的凸显

①"两性合一"的仪式表演

杜杉杉博士在进行拉祜族社会性别研究时认为，拉祜族的社会性别呈现出与"两性对立"相反的"两性合一"的特性[①]，这一特征在老达保村的扩塔节中被淋漓尽致地表现出来。

笔者最初聆听《牡帕密帕》的时候，发现主语一会儿是"厄雅莎雅"，一会儿是"厄妈莎妈"，一会儿又是"厄爸莎爸"，听得一头雾水。直到李扎倮告诉我"厄莎是一个也是一对儿"才指点了迷津，

---

① 杜杉杉：《社会性别的平等模式："筷子成双"与拉祜族的两性合一》，昆明：云南大学出版社，2009年，前言。

原来，至高无上的创世神厄莎总是以一对的形式出现的，厄莎的性别也是男女合一的。厄莎既被人类亲切地称为孕育世界的"厄妈莎妈"，又被称作拥有大智慧和慈爱的"厄爸莎爸"。这两种性别的交替出现，正是说明了厄莎是合二为一的联合体。

并且，《牡帕密帕》演唱仪式的实践者包含多位女性传承人，市级传承人李娜努正是其中的代表。李娜努是老达保村第一位完全掌握《牡帕密帕》的女性，在拉祜人看来，《牡帕密帕》的内容包罗万象，浩如繁星，能够完全掌握是极其不容易的。李娜努告诉笔者，作为一名女性传承人，她最喜欢唱《牡帕密帕》中第一对人扎迪娜迪生孩子繁衍人类那一段，因为"作为女人有一段为人母的特殊经历，唱起那一段更能体会娃娃成长的状态，唱起来更生动，更能打动人心"。[1]女性悠扬歌声为史诗增加了更多的生动感，男女在《牡帕密帕》演唱仪式上的分工与合作正是"两性合一"性别秩序的直接体现。

②"女人年"与"男人年"：带有性别的阶段划分

拉祜族扩塔节的正式阶段被划分为"女人年"和"男人年"，更有趣的是，老达保的拉祜人称"女人年"为"大年"，反而"男人年"成了"小年"。这种说法也是有典故的，"以前拉祜男人比较懒，不好好儿养猪养鸡，结果女人一气就把猪和鸡放到山上了，男人赶紧去山上追，所以男人就错过了大年，男人年不杀猪的原因也是这个"。[2]这位拉祜男性长辈赞誉了女性在家庭生活中的作用，反而是将男人年作为小年的原因归于"男人比较懒"，这种男性"自黑"的方式在其他民族是十分少见的。

而在扩塔节各个阶段的仪式与表演中，女人年和男人年的具体

---

[1] 报告人：李娜努，女，55岁，澜沧县酒井乡老达保人，《牡帕密帕》市级传承人；访谈时间：2019年1月25日；访谈地点：澜沧县老达保村。
[2] 报告人：卫扎母，男，66岁，酒井乡勐根村新达保人，新达保前任队长；访谈时间：2021年8月15日；访谈地点：酒井乡新达保村。

内容也处处显示了社会性别的平等性，女性的地位获得了一定的凸显。首先体现在与宗教相关的节日事项中。女性在信仰佛教与原始信仰的传统拉祜村寨中有诸多禁忌，而在老达保，参与扩塔节新年祷告仪式的女性数量多于男性，唱诗班也是主要由女性组成，甚至牧师李扎袜的师傅也是一名女性牧师，由此可见基督教的传入对女性权威与地位凸显的作用。

女人年初二的集体拜年活动是社会性别秩序的集中表演，十二家接受拜年者中有四家的主导者是女性，村民们不仅为她们赠送年礼，还为她们行"磕头舞"和洗手洗脸之礼。集体拜年仪式表达了对于这些女性过去一年中对于村寨集体事务操劳的感恩，更是通过这种集体的表演强化了女性的权威。并且，每一家都是夫妻一同接受拜年，一定程度强化了两性合一的社会秩序。

（2）不平等：女性的边缘位置与禁忌

尽管拉祜族扩塔节的仪式与表演呈现了较为平等的"两性合一"社会性别秩序，然而，女性在仪式中较为"边缘"的站位，以及拉祜族固有的对于女性的一些禁忌在提醒笔者，在扩塔节中依然表现了"不平等"的一面。

首先，围绕着核心象征物年桩进行的拉祜族芦笙舞与摆舞是扩塔节最热闹的仪式，这项仪式贯穿女人年与男人年，成为村民们在节日中狂欢的媒介。然而，尽管男性与女性皆处于围绕年桩圆心的广场进行舞蹈的同一场域，两种性别的人们距离象征中心的年桩的距离却是不同的，即跳芦笙舞的男性距离年桩更近，成为仪式的"中心"；而演奏摆舞的女性却距离年桩稍远一些，成为与男性位置相对的"边缘"。而这种"中心"与"边缘"的位置关系，表演现出了男性与女性在拉祜人社会性别观念的不对等性。

值得注意的是，扩塔节表现出的女性地位的提升及社会性别秩序的"平等"模式，依然是指一种相对的平等，扩塔节依然对女性有一定禁忌。芦笙是拉祜族在扩塔节中的重要乐器，在扩塔节的拜年仪式及收尾中都具有关键的作用，拉祜人将芦笙舞看作是与天神厄莎沟通的媒介。但是，由于拉祜传统上禁止女性跳芦笙舞，"女性不能吹芦笙，要是吹了的话，会怀不了孕的"①，老达保并没有女性会跳芦笙舞。因为禁忌，女性在男性芦笙舞者的外围跳起摆舞，位于男性的边缘位置，丧失了在仪式中处于中心的可能性。

（四）《牡帕密帕》与社会秩序

本节笔者将以《牡帕密帕》作为切入点，回答秩序如何回归的问题。以厄莎为中心的宇宙观对秩序有深刻的影响，扩塔节实则是老达保村日常生活的象征化表演。

1."厄莎"与社会秩序

"尽管有些仪式想要达到的目的很明确，从宇宙论的意义上来看，仪式的作用就是恢复秩序，仪式是维护宇宙稳定的重要手段。"②《牡帕密帕》以总纲和根基的形式对人的秩序加以影响，建立和强调了以天神"厄莎"为中心的宇宙观。

（1）作为"嗦阔"的《牡帕密帕》

当笔者问起"拉祜族的史诗里面最有名的是什么？"问题时，澜沧县不同乡镇的老人及拉祜族学者都会说出《牡帕密帕》的名称。拉祜学者李文明说："《牡帕密帕》在我们拉祜族心目当中是'嗦阔'③，是文化传承最大的一个纲领性文本，它主要的作用是传承我们拉祜

---

① 女性不允许吹芦笙是因为当地人认为吹了芦笙就不容易怀孕。报告人：李扎戈；访谈时间：2021年2月10日；访谈地点：澜沧县老达保村。
②[美]麦克尔·赫兹菲尔德：《什么是人类常识：社会和文化领域中的人类学理论实践》，北京：华夏出版社，2005年，第237页。
③ 嗦阔，拉祜语 shawr khawd，指拉祜族传统文化中最核心的总纲。

族的文化。①"作为拉祜族文化传承的纲领性文件,《牡帕密帕》是拉祜族的"百科全书",也成了拉祜文化的根基。

在老达保村流传的《牡帕密帕》唱词中,有一章名为《独木生万物》,讲述了天神厄莎种下一棵独木,由这棵独木的枝干演变成为无数拉祜人熟知的动植物的神话。

独木树上的叶子/变成了天上飞翔的飞禽百鸟/枯朽的树枝树干/变成了跳鼠松鼠/滑落下来一对树枝/落到了糯谢湖边/变成了果子狸狐狸……②

这种"独木生万物"的说法听上去有些荒诞,但它已在拉祜族代代相传。邓启耀先生在研究古代神话的思维结构时认为,神话"不只是消遣性的欣赏或道德的训诫,而是以真实性和神圣性深入人心……具有高度的情感内容和信仰力量"。③因此,"独木生万物"的概念早已在拉祜族深入人心,而《牡帕密帕》正如这一棵"生万物"的独木的根基,作为拉祜族文化中心衍生出庞大的文化体系。

（2）以厄莎为中心的拉祜族宇宙观

宇宙观是一个民族对于自身在宇宙中的位置的思考,赫兹菲尔德在《什么是人类常识》中认为,宇宙是有序的,它不是各种物质的随意组合……这一秩序囊括了时间、机遇和可能性,并且在世俗生活中有所体现④。考察一个民族的宇宙观是考察自然秩序的前提,拉祜族的宇宙观离不开天神厄莎的传统信仰。在《牡帕密帕》中,天神厄莎从一片混沌中,创造了天、地、太阳、月亮、树木、动物和人,将整个世界从无序的混沌状态中创造了出来。扩塔节中有头

---

① 报告人：李文明,澜沧县民族文化工作队工作人员,拉祜族学者；访谈时间：2019年8月16日；访谈地点：澜沧县惠民镇旱谷坪村委会。
② 资料来源：《牡帕密帕》,李建波翻译版,第三章,该版本尚未正式出版,2020年。
③ 邓启耀：《中国神话的思维结构》,重庆：重庆出版社,2004年,第18页。
④ [美]麦克尔·赫兹菲尔德：《什么是人类常识：社会和文化领域中的人类学理论实践》,北京：华夏出版社,2005年,第129页。

有尾、有始有终的史诗演唱正是构建出一个有序的世界，体现了拉祜人的宇宙秩序。这种宇宙秩序以天神厄莎为核心，厄莎是拉祜人心中至高无上的天神，他创造了天与地、创造了万物与人类，他无所不能，却又有着人性的光辉。在唱《牡帕密帕》的仪式中，老人们用歌声唱出了天神厄莎的事迹，厄莎是创造一切的实践者，是宇宙的核心。由此可见，为了恢复秩序和维持宇宙秩序的稳定，《牡帕密帕》强调了以天神厄莎为中心的宇宙观。

2. 社会秩序的象征化表演

维克多·特纳认为，每一种仪式都有"资深的""支配性的"象征符号，这些支配性的象征符号，不仅是事先仪式目标的手段，更是代表着价值，而这些价值本身又被认为是仪式的目标，也就是说它代表着自显的价值[1]。在拉祜族扩塔节中，这种支配性的象征符号则是竖立于寨中心广场的年桩。老达保人围绕年桩进行了一系列仪式与表演，表演的目的在"敬神"与"敬人"之间切换，老达保的社会秩序在这一过程中表现出来，这种表演实则是老达保日常生活的象征化表演。

（1）年桩：象征的核心

年桩与《牡帕密帕》中的天神厄莎有极大关联。节日长老李扎努解释，组成年桩的松树、甘蔗、芭蕉、桃花、李花都具有特别的象征意义。松树代表着拉祜人的房屋，甘蔗代表着拉祜人丰衣足食、甜蜜的生活。而芭蕉是猪食的主要原料之一，插上芭蕉预祝新的一年牲畜兴旺[2]。用于点缀的桃花和李花不仅是一种年桩的装饰，它们更是作为年花以及扩塔节物候的象征，"以前人不

---

[1] [英]维克多·特纳：《象征之林》，北京：商务印书馆，2012年，第20页。
[2] 报告人：李扎努，男，60岁，澜沧县老达保村人，老达保村现任节日长老；访谈时间：2021年2月10日；访谈地点：澜沧县老达保村。

知道过年，人们就看着花过年。这个桃花和李花是寨子里管得最大的，先是桃花管，后来是李子管，他们俩一个是队长，一个是副队长"。①从李扎努的解释可知，年桩与基本生活需求息息相关，代表着对丰衣足食的幸福生活的追求。然而，当地人的解释并没有涉及年桩的本质——对拉祜族以厄莎为中心的宇宙秩序的表达。

除了跳舞和欢乐之外，年桩还有更为重要的作用和意义。在拉祜神话中，天神厄莎创造了世界的秩序，而以年桩为中心的各项仪式正是这种天神厄莎创造出来的秩序化世界的隐喻。竖立起来的年桩不仅是村寨仪式的中心，还是沟通不同宇宙层次，尤其是人与天神厄莎之间的通道，人们凭借竖立起来的年桩与超自然力量进行沟通和交往。而在年桩之下放上猪肉、粑粑、谷种等献给厄莎的年礼的行为，也是通过这一根联通不同领域的年桩向神灵们奉献和表达崇敬，也是重温宇宙秩序，是经由年桩接近神灵以整理宇宙秩序的一种实践，这种实践是依照厄莎创世的模本展开的。

（2）表演的目的："敬神"与"敬人"

嘎祭嘎仪式、跳芦笙舞和摆舞、嘎祭根仪式、分福种仪式四个连贯的环节都围绕年桩进行，性质却有很大不同。嘎祭嘎、嘎祭根和分福种仪式是一种更为庄重虔诚的宗教仪式，其表演的目的是对天神厄莎的尊敬；而跳芦笙舞和摆舞则是一种集体狂欢，是村民们为自身进行的表演。

① "敬神"的表演

嘎祭嘎仪式是扩塔节期间进行集体跳笙的开头，在老人李扎戈家中拿到年礼，再将这些年礼抬到年桩处献给天神厄莎；嘎祭根仪

---

① 报告人：李扎努，男，60岁，澜沧县老达保村人，老达保村现任节日长老；访谈时间：2021年2月10日；访谈地点：澜沧县老达保村。

式是集体跳笙的收尾,以年桩为中心,跳出一步一拜的步伐,感恩天神厄莎的恩赐。分福种仪式则是扩塔节最后一项集体仪式,由节日长老将谷种分发给全村,以求农业的丰产。不难看出,这三个仪式有一些相似的特征:第一,仪式的氛围与集体跳笙的狂欢相比,都更加的庄重而严肃;第二,这些仪式虽然在内容表现上有所不同,但其来源都与天神厄莎有密切关联;第三,仪式的地点都与年桩有关,仪式的主导人物皆为德高望重的男性长者;第四,仪式的内容是严谨而统一的,舞步不允许随意发挥。

更重要的是,这些仪式都以芦笙舞和摆舞的方式进行了表演,而表演的目的最终都指向天神厄莎。其中,嘎祭嘎仪式代表"开始",在本质上是一个为天神厄莎献上年礼、表演芦笙舞与摆舞并祈求馈赠的宗教仪式,仪式中的舞蹈指向对天神厄莎的表演。嘎祭根仪式代表"结束",以严谨统一的套路、一步一跺脚的虔诚步伐展现对于天神厄莎一步一拜的崇敬,本质上也是一个为厄莎表演的宗教仪式。而分福种仪式则是在节日长老的有序组织下,每家人分享象征着天神厄莎赐予人类的福种寿种,展现出对于天神厄莎赐予人类谷种的感恩。从"开始"到"结束"的连贯性仪式,更是拉祜传统的生计方式——周而复始的农业生产的象征性表达。因此,无论是嘎祭嘎仪式、嘎祭根仪式还是分福种仪式,都是一种敬神宗教仪式,它们都具有强烈的表演性,表演的目的所指向的是天神厄莎。

②"敬人"的表演

以年桩为中心的芦笙舞与摆舞的狂欢是扩塔节最隆重的节日内容之一。跳芦笙舞与摆舞与嘎祭嘎仪式、嘎祭根仪式和分福种仪式有着较大的差别。首先是在气氛上,前文所分析的三种仪式整体处于庄重而严肃的氛围,特别是领舞者更加地虔诚认真;而在跳芦笙舞和摆舞时,村民们一边聊天、嬉笑打闹,一边跳芦笙舞和摆舞,表情更加轻松而欢乐。在内容上，前文所分析的三种仪式的舞步和内容，是不可以任意添加和修改的，所跳的内容也仅有礼仪舞；而在集体跳芦笙舞和摆舞的表演里，虽然礼仪舞和生产舞必须按照固定的顺序来跳，但允许村民们自创一些舞步，任意发挥，它的制度和规则并没有前者明确，表演的最终目的指向的是"敬人"，即是为老达保村民自身进行的表演。

事实上，"敬人"也可看作是对外来者进行的表演。随着旅游的发展，跳芦笙舞与摆舞也是一种为外来者进行的文化表演。集中体现在男人年的仪式直播中，镜头前表演的礼仪舞更具有观赏性，村民们迈着更大的步伐及更大的手臂摇摆幅度进行表演，由此，传统仪式以在镜头前表演的形式更夸张地呈现了出来，也成了老达保村的拉祜文化向外界展示的舞台。而不论是村民为自己表演的仪式，还是村民们为外来者进行的表演，其内容都展现了社会的秩序。

结论

至此，笔者完成了关于澜沧县老达保村拉祜族扩塔节的相关研究，下面笔者将进行总述性论述。

第一，扩塔节是拉祜族特有的传统节日，在其发展和变迁的过程中表演性越来越强，节日中的仪式与表演是密不可分的。

迈克尔·赫兹菲尔德和唐·汉德尔曼等学者在讨论仪式与表演时，试图将仪式与表演进行明晰的划分，认为仪式指传统的地方仪式，而表演指现代国家的文化表演。然而，从拉祜族扩塔节的个案上来看，传统仪式并非单一的仪式，表演也并不是现代国家的专利，仪式与表演更是密不可分的。

在老达保村的拉祜族扩塔节中，包含"扩哈""扩鲁""扩野"等不同阶段，每个阶段都有着极富标志性的仪式与表演，而且这些仪式与表演是难以划清准确界限的。笔者要强调的是，不能简单地将拉祜族扩塔节传统的仪式与表演按照"传统"与"现代"区分开来。事实上，传统拉祜族扩塔节仪式与表演是密不可分的，虽然如今扩塔节表演性在时代的发展中不断增强，但是在当代民族—国家影响之下的拉祜族扩塔节仪式并未沦为一个为经济目的而进行的表演，无论是老达保扩塔节的旅游表演，还是澜沧县城的大型拜年仪式，扩塔节在当代依然保留着传统仪式的一些特征，从这个角度上来看，仪式与表演更是密不可分的。

第二，作为岁时节日的拉祜族扩塔节，集中表现了自然的秩序。

一方面，作为岁时节日的拉祜族扩塔节与自然的秩序有密切的联系。农业是老达保村民从古至今最主要的生计方式，作为物候周期性转换的岁时节日与拉祜族的农耕生计方式密切相关。即使这种以顺应自然为中心的传统生计方式在当代旅游的发展中受到了一定的"挑战",但老达保村如今依然维持着自然的秩序。老达保扩塔节中一系列连贯的仪式象征着以农业为主的老达保村民的日常农业生活,是日常生活的象征化表演,劳动生产以象征的方式在仪式中得到了表达。

另一方面,拉祜族扩塔节反映的自然秩序集中体现于跳芦笙舞与摆舞、唱《牡帕密帕》等仪式与表演中,这种自然秩序的表演是动态的而非静止的。贯穿拉祜族扩塔节的集体仪式与表演——芦笙舞和摆舞表演了自然的秩序。这种表演既是传统自然秩序的再现,又是自然秩序的调整,对于秩序中可能会破坏的因素进行提前的预防。

而老人们接力演唱史诗《牡帕密帕》同样是一个秩序的建立与调整的过程。《牡帕密帕》的完整演唱是一个建立与维持秩序的过程,唱《牡帕密帕》的仪式达到了与天神"厄莎"的交流,并展现了周而复始、万物回归本源的性质。并且,不管是芦笙舞与摆舞还是《牡帕密帕》的演唱,拉祜族扩塔节中的诸多仪式与表演又指向了天神"厄莎","厄莎"与自然秩序的建立之间也有着深刻的内在关联。

第三,拉祜族扩塔节集中表现了社会的秩序,集中体现在村落权威、拜年仪式和社会性别三个方面。

从权威的角度来考察秩序,以老达保为代表的拉祜族文化,有着从家庭的老人权威、村寨层面的头人制度和更广泛层面的政教合一的权威划分,这种秩序有着鲜明的秩序和层级性。随着时间的发展,老达保村的村落权威经历了从传统权威到传统与现代—民族国家的新型权威并举的变迁,新兴的村落权威在拉祜族扩塔节中呈现出了更多的话语权,展现了权威的变迁与秩序的调整。但是,以节日长老为代表的传统权威仍然是节日中的决定因素,拉祜族扩塔节及村落社会秩序的内核并没有发生根本性的变迁。

拜年仪式是拉祜族扩塔节中最具有表演性和层级性的仪式，既是对拉祜社会之间秩序的动态维持，又是对社会冲突的一些搁置。仪式对于社会秩序的维持是一种动态的作用，不管是从家至县的社会等级秩序，还是村寨中的各种权威所表现出的博弈，仪式对于拉祜社会中的冲突和等级进行了表达，从而维持及强化了拉祜人的社会团结。并且，在拉祜社会发展的过程中，出于旅游经济发展和政治层面的民族团结的需求，这种传统仪式渐渐增添了更多的象征含义并向旅游表演转变。

与学界具有代表性的杜杉杉博士提出的拉祜族"两性合一"[①]社会性别秩序不同的是，在扩塔节中，这种秩序既是"平等"的又是"不平等"的。一方面，扩塔节中的仪式表演有着鲜明的"两性合一"特征，女性在扩塔节的各个阶段高度参与；另一方面，女性在扩塔节一些仪式中的"边缘"位置及禁忌又表明，现代老达保村拉祜社会的性别秩序依然表现出了不平等的一面。因此，传统的拉祜村寨中的地位并没有达到明显的"男女平等"，反而是基督教的传播、旅游的发展及现代基层政权的深入，使女性在当代的扩塔节进一步得到了凸显。

第四，秩序的归宿指向史诗《牡帕密帕》，扩塔节秩序表演的核心在于村寨日常生活的象征化。

拉祜族扩塔节表演的秩序包含自然和社会的秩序两个方面，无论是自然的秩序还是社会的秩序，它们的归宿皆指向史诗《牡帕密帕》。《牡帕密帕》作为拉祜文化的核心，形成了根深蒂固的以厄莎为中心的宇宙观，这种宇宙观对于老达保村人的秩序有着深刻的影响。这种宇宙秩序以天神"厄莎"为核心，厄莎是创造一切的实践者，

---

① 杜杉杉：《社会性别的平等模式——"筷子成双"与拉祜族的两性合一》，昆明：云南大学出版社，2009年，前言。

是宇宙的核心。

第五，拉祜族扩塔节实则是老达保日常生活的象征化表演。

维克多·特纳认为，每一种仪式都有"资深的""支配性的"象征符号，这些支配性的象征符号不仅是事先仪式目标的手段，更是代表着价值[1]。而在拉祜族扩塔节中，这种支配性的象征符号则是寨中心的"年桩"。老达保人围绕"年桩"进行了一系列仪式与表演，这些表演的目的在"敬神"与"敬人"之间切换。拉祜族扩塔节的诸多仪式与表演，实则是村落日常生活的象征化表演，社会秩序通过仪式被象征化表演出来，仪式与日常生活也因此获得了有机的联系。

最后笔者想说的是，虽然拉祜族扩塔节是老达保村寨生活中的一个侧面，是一个对于拉祜人来说十分平常的节日，但是这个节日，却关联着老达保拉祜人的整个生活，容纳着拉祜文化的全面影响，自然的秩序与社会的秩序从节日中被表演出来，并回归村寨日常生活的象征。

---

[1] [英]维克多·特纳:《象征之林》，北京：商务印书馆，2012年，第20页。